ALLE ZEIT WACH 1842

Ulrich Klug

Skeptische Rechtsphilosophie und humanes Strafrecht

Band 1

Rechts- und staatsphilosophische Analysen und Positionen

Springer-Verlag Berlin Heidelberg New York 1981

Professor Dr. jur. Professor h.c. *Ulrich Klug*
Justizsenator a.D.
Kriminalwissenschaftliches Institut der Universität
Albertus Magnus-Platz, 5000 Köln 41

ISBN-13: 978-3-642-68279-7

CIP-Kurztitelaufnahme der Deutschen Bibliothek
Klug, Ulrich: Skeptische Rechtsphilosophie und humanes Strafrecht / Ulrich Klug. -
Berlin ; Heidelberg ; New York : Springer
Bd. 1. Rechts- und staatsphilosophische Analysen und Positionen. - 1981
ISBN-13: 978-3-642-68279-7 e-ISBN-13: 978-3-642-68278-0
DOI: 10.1007/978-3-642-68278-0

2143/3130-543210

Für Ruth-Marion

Vorwort

In diesem zweibändigen Werk werden Arbeiten veröffentlicht, die zu sehr unterschiedlichen Zeiten an den verschiedensten Stellen publiziert wurden, und von denen die meisten heute nur unter Schwierigkeiten beschafft werden könnten. Der Autor folgt damit mehrfach geäußerten Empfehlungen.

Gegliedert ist der Inhalt nicht nach den Erscheinungsdaten der einzelnen Arbeiten, sondern nach systematischen Gesichtspunkten. Dabei wurde versucht, ein rechtsphilosophisches und ein strafrechtswissenschaftliches Grundkonzept erkennbar zu machen, allerdings ohne systematische Geschlossenheit in Anspruch zu nehmen.

Ein Quellenverzeichnis steht am Schluß jedes Bandes.

Köln, im September 1981 *Ulrich Klug*

Inhaltsverzeichnis

Inhaltsverzeichnis Band 2

Zum Problem des kritischen Relativismus

Thesen zu einem kritischen Relativismus in der Rechtsphilosophie

Es spricht für den Gedankenreichtum der Rechtsphilosophie von Gustav Radbruch, daß seine umstrittene Stellungnahme zum Rechtspositivismus in der Darstellung seines Lehrbuchs[1] immer wieder zum erneuten Überdenken anregt. Sogar in befremdlichen Zusammenhängen glaubt man, auf diese Überlegungen Bezug nehmen zu dürfen. So verteidigte sich erst kürzlich ein wegen seiner Beteiligung an Terror-Todesurteilen angeklagter ehemaliger Richter des nationalsozialistischen Volksgerichtshofs mit Radbruchs bekannten und oft angegriffenen Worten: „Für den Richter ist es Berufspflicht, den Geltungswillen des Gesetzes zur Geltung zu bringen, das eigene Rechtsgefühl dem autoritativen Rechtsbefehl zu opfern, nur zu fragen, was rechtens ist, und niemals, ob es auch gerecht sei. Man möchte freilich fragen, ob diese Richterpflicht selbst, dieses sacrificium intellectus, diese Blankohingabe der eigenen Persönlichkeit an eine Rechtsordnung, deren künftige Wandlungen man nicht einmal ahnen kann, sittlich möglich sei. Aber wie ungerecht immer das Recht seinem Inhalt nach sich gestalten möge — es hat sich gezeigt, daß es *einen* Zweck stets, schon durch sein Dasein, erfüllt, den der Rechtssicherheit. Der Richter, indem er sich dem Gesetze ohne Rücksicht auf seine Gerechtigkeit dienstbar macht, wird also trotzdem nicht bloß zufälligen Zwecken der Willkür dienstbar. Auch wenn er, weil das Gesetz es so will, aufhört, Diener der Gerechtigkeit zu sein, bleibt er noch immer Diener der Rechtssicherheit. Wir verachten den Pfarrer, der gegen seine Überzeugung predigt, aber wir verehren den Richter, der sich durch sein widerstrebendes Rechtsgefühl in seiner Gesetzestreue nicht beirren läßt."[2]

These 1: Es besteht hinsichtlich des Erkenntniswertes kein grundsätzlicher Unterschied zwischen Werturteilen (Sollenssätzen) und Wirklichkeitsurteilen (Seinssätzen).

---

1 GUSTAV RADBRUCH, Rechtsphilosophie, 5. Auflage (besorgt von ERIK WOLF), Stuttgart 1956.

2 RADBRUCH, a.a.O. S. 182. — Als Gegenposition zum Relativismus vgl. C. A. EMGE, Über das Grunddogma des rechtsphilosophischen Relativismus, Berlin/Leipzig 1916. — Zum Rechtspositivismus vgl. HANS KELSEN, Reine Rechtslehre, 2. Auflage, Wien 1960, insbes. S. 112, 402 ff., 441 ff.

Grundlage jener von dem beschuldigten Richter zitierten positivistischen Position ist die Annahme, zwischen Wert- und Wirklichkeitsurteilen bestehe hinsichtlich ihres Erkenntniswertes ein prinzipieller Unterschied, weil — wie Radbruch sagt — die erstgenannten „nur des Bekenntnisses fähig" seien, und des Beweises nur insoweit, als sie sich lediglich auf letzte Sollenssätze — unbeweisbare Axiome — zurückführen ließen[3]. Ein Unterschied dieser Art besteht jedoch nicht. Am Anfang der Beweiskette für Seinssätze stehen ebenfalls nur unbeweisbare Grundvoraussetzungen — und übrigens auch undefinierte Grundbegriffe. Jede Erkenntnis beruht auf letzten unbewiesenen Prämissen. Dies gilt insbesondere schon deshalb, weil jede Beweisführung, und zwar auch bei Wirklichkeitsurteilen, die Geltung der Gesetze der Logik voraussetzt und diese wiederum auf gleichfalls unbewiesenen letzten Prämissen und undefinierbaren Grundbegriffen aufbauen. Insoweit ist die Annahme eines durch den Unterschied von Seins- und Sollenssätzen charakterisierten *Methodendualismus* unzulässig — was nicht ausschließt, daß es in anderer Hinsicht sinnvoll sein kann, einen Methodendualismus zu postulieren. Man denke etwa an die Möglichkeit, besondere deontische Logikkalküle oder modallogische Systeme zu entwickeln.

These 2: Ebensowenig wie eine „Blankohingabe" an Ergebnisse von Wirklichkeitsurteilen ist eine „Blankohingabe" an Ergebnisse von Werturteilen zulässig, denn beide Arten von Urteilen haben nur hypothetischen Erkenntniswert.

Aus dem Bekenntnischarakter der Werturteile leitet Radbruch die Notwendigkeit des rechtsphilosophischen Relativismus her. Da jedoch alle Urteile und nicht nur die Werturteile auf letzten unbewiesenen Prämissen aufbauen, ist mit der Feststellung des hypothetischen Charakters der Urteile die Position des Relativismus nicht nur eingeschränkt, sondern offensichtlich erweitert. Indessen sind Modifizierungen erforderlich. Das hängt mit folgendem zusammen:

Zunächst einmal muß die Einschränkung des Erkenntniswertes auch auf die Relativismustheorie selbst bezogen werden. Die Theorie des rechtsphilosophischen Relativismus hat ebenso wie jede andere Theorie nur hypothetischen Charakter. Ein absoluter Relativismus läßt sich mit der Auffassung, daß jede Theorie ein Hypothesensystem sei, eine Auffassung, die man ihrerseits *Hypothetizitätstheorie* nennen könnte, nicht in Einklang bringen. Nur ein *relativer Relativismus*[4] ist zulässig. Im Hinblick auf die darin enthaltene Begrenzungseinsicht mag statt dessen von *kritischem Relativismus* gesprochen werden.

---

[3] A.a.O. S. 100.

[4] Vgl. Ulrich Klug, Juristische Logik, 3. Auflage, Berlin/Heidelberg/New York 1966, S. 180.

Der auf diesem kritischen Relativismus aufbauende Positivismus ist dann dementsprechend ein *kritischer Rechtspositivismus*. Mit ihm würde sich keine „Blankohingabe" an eine Rechtsordnung vertragen. Eine solche „Blankohingabe" wäre unkritischer Rechtspositivismus und ließe in ihrer Uneingeschränktheit die hypothetische Erkenntnisstruktur außer acht. Sieht man Kritik und Selbstkritik als konstitutive Merkmale des Menschen an, dann ist eine „Blankohingabe" im normativen Bereich eine unmenschliche Einstellung. Es ist eigentümlich, daß dies bei Werturteilen oft vergessen wird. Bei Wirklichkeitsurteilen kommt man nicht so leicht auf gleiche oder ähnliche Gedanken. Insbesondere ist man in den Naturwissenschaften kritischer. Bei genauer wissenschaftlicher Analyse beachtet man stets den hypothetischen Charakter von Theorien über Naturgesetze. Spricht man von Naturgesetzen, so ist das nur eine abkürzende Redeweise für eine bestimmte Art von Theorien. Der nur hypothetische Erkenntniswert von Theorien bezieht sich also auch auf Naturgesetze. Wohl niemand käme auf den Gedanken, gegenüber Naturgesetzen eine unkritische „Blankohingabe" zu fordern. Naturgesetze gelten nur bis zu ihrer Widerlegung, mit der grundsätzlich immer gerechnet werden muß. Der Positivismus des Naturwissenschaftlers ist daher prinzipiell stets ein kritischer Positivismus. „Blankohingabe" gegenüber den Ergebnissen von Wirklichkeitsurteilen wäre ebenso naiv wie „Blankohingabe" gegenüber den Ergebnissen von Werturteilen.

These 3: Die Position des kritischen Relativismus enthält keinen Selbstwiderspruch.

Von kritischem Relativismus wird nach dem Gesagten dort gesprochen, wo der Relativismus relativiert wird. Man könnte nun meinen, bei dieser Argumentation schleiche sich eine Paradoxie ein. Das ist jedoch nicht der Fall, und zwar selbst dann nicht, wenn man die in der Logik entwickelten Regeln zur Vermeidung von Widersprüchen bei der Verwendung von Ausdrücken, die sich auf sich selbst beziehen, einmal unberücksichtigt läßt[5]. Die Behauptung, daß Relativieren müsse relativiert werden, setzt voraus, daß es nicht widerspruchsvoll ist, zu behaupten, der Erkenntnissatz, alle Erkenntnissätze hätten nur den Wert von Hypothesen, habe selbst nur den Wert einer Hypothese. In der Tat gerät man hier in keinen Widerspruch, denn die Aussage, alle Aussagen hätten nur den Wert von Hypothesen, bringt nicht zum Ausdruck, daß sie selbst mehr als hypothetischen Charakter haben müsse, um sinnvoll zu sein. Hierin unterscheidet sich diese Argumentation von der bekannten Paradoxie der Behauptung, daß der Satz, es gäbe keine wahren Sätze, ein wahrer Satz sei. Man kann das Gesagte leicht durch eine Heranziehung der

[5] Vgl. Rudolf Carnap, Einführung in die symbolische Logik, 2. Auflage, Wien 1960, S. 82; Albert Menne, Einführung in die Logik, Bern/München 1966, S. 67.

klassischen Lügner-Paradoxie verdeutlichen. Der Kreter, der erklärt, daß alle Kreter lügen, drückt sich paradox aus. Es entstehen die bekannten logischen Schwierigkeiten. Würde jener Kreter dagegen sagen, daß alle Kreter immer, wenn sie etwas behaupten, diese Behauptungen nur den Wert von Hypothesen hätten, so entstünden keine logischen Probleme. Bei der klassischen Paradoxie führt die Anwendung der Behauptung auf sich selbst zu Widersprüchen, weil sich nicht entscheiden läßt, ob die Behauptung des Kreters ihrerseits eine Lüge ist, oder ob sie wahr ist. Ist sie wahr, dann würde sie sich selbst widerlegen. Also wäre sie doch eine Lüge, wodurch ... und so fort ad infinitum. Bei der genannten Variation entstehen indessen keine Widersprüche, denn selbstverständlich kann die Behauptung über den hypothetischen Charakter alle Behauptungen selbst als eine Hypothese angesehen werden.

These 4: Kritischer Relativismus und Nihilismus sind nicht identisch.

Nihilistisch wäre die Auffassung, Werturteile wären stets Fiktionen, denn sie würde besagen, daß man bei Werturteilen in allen Fällen annehmen müsse, sie seien falsch, und man fingiere ihre Richtigkeit nur aus pragmatischen Gründen. Demgegenüber geht kritischer Relativismus davon aus, daß Werturteile – wie alle Urteile – nur Hypothesen seien. Über Falschheit oder Richtigkeit ist damit noch nichts Endgültiges festgestellt.

These 5: Von einem kritischen Relativismus sind Konsequenzen für die Diskussion zwischen Naturrechts- und Positivismustheorien sowie für das Problem des gesetzlichen Unrechts zu erwarten.

In der üblicherweise als Streit zwischen dem Rechtspositivismus und der Naturrechtstheorie bezeichneten Grundlagendiskussion wirkt sich der kritische Relativismus so aus, daß *beide* Positionen, nicht nur die naturrechtliche, durch den erkenntniskritischen Hinweis auf den unausweichlich hypothetischen Charakter relativiert werden müssen.

Eine neue Wendung erhält ferner die Interpretation der Behauptung, eine bestimmte, konkrete positive Rechtsnorm sei als Anordnung gesetzlichen Unrechts zu qualifizieren[6]. Hier braucht kein Normensystem mit absolutem Erkenntniswert vorausgesetzt zu werden. Erforderlich ist nur die Annahme zweier Normensysteme verschiedener Stufen und verschiedenen Ranges, für die aber jeweils die kritische Einsicht in ihren hypothetischen Charakter beachtet werden muß.

---

[6] Vgl. Gustav Radbruch, Gesetzliches Unrecht und übergesetzliches Recht, in: Süddeutsche Juristenzeitung, 1946, Nr. 5; zugleich in: Rechtsphilosophie (wie Anm. 1), S. 347 ff.

Zur Kritik des rechtsphilosophischen Utilitarismus

I. In der Philosophie pflegt man unter Utilitarismus eine Gruppe von Theorien der Ethik zu verstehen, denen zufolge das Nützliche das ethisch Gesollte ist. Man sagt, das Gute sei dem Nützlichen gleichzusetzen. Der Nutzen wird zum höchsten Ziel für sittliches Handeln erhoben. Die Utilität wird damit zur höchsten moralischen Maxime und — was dasselbe besagt — zur obersten teleologischen Direktive erklärt.

Bekanntlich sieht man als den Begründer dieser Lehre gemeinhin JEREMY BENTHAM an, obwohl es an Vorgängern, von denen vor allem BACON, HELVETIUS, HOLBACH und HUTCHESON zu nennen wären, nicht fehlt, und erste Ansätze zu einer utilitaristischen Ethik sich bereits in der antiken Philosophie zumal beim Hedonismus und Epikureismus finden lassen.

BENTHAM ist aber für den hiesigen Zusammenhang nicht nur deshalb von besonderer Bedeutung, weil er zusammen mit den beiden, seine Lehre weiterausbauenden Philosophen MILL — Vater und Sohn — der hervorragendste Vertreter des Utilitarismus ist, sondern insbesondere auch deshalb, weil der genetische Ansatzpunkt für die Entwicklung seiner Theorien sozusagen ein rechtsphilosophisches Unbehagen gegenüber dem positiven Recht seiner Zeit gewesen ist. Man weiß, daß er die Anwaltsrobe auszog, um sich der von den philosophischen Grundlagen aus vorzunehmenden theoretischen Untermauerung der Reform des geltenden Rechts zu widmen. Hierbei sah er sich gezwungen, ein neuartiges System der Ethik zu entwerfen.

Der Grundgedanke dieser seiner Ethik ist die These, daß es notwendig ist, einen *hedonischen Kalkül* oder — wie es gelegentlich auch heißt — ein *moralisches Budget* aufzustellen, denn seiner Ansicht nach richtet sich der moralische Wert oder Unwert einer jeden menschlichen Handlung danach, ob und inwieweit sie geeignet ist, das allgemeine Wohl zu fördern, und dies wiederum entscheidet sich danach, ob die betreffende Handlung in die Berechnung des größtmöglichen Glücks der größtmöglichen Zahl der Gesellschaftsglieder als positiver Faktor eingeht. Glück aber liegt dort vor, wo Lust, als der einzige durch sich selbst einleuchtende Wert, verwirklicht wird. Im Rahmen der allgemeinen Glücksbilanz soll sich dann beweisen lassen, daß der Kriminelle falsch, und der Uneigennützige richtig kalkuliert.[1]

Es ist nun bemerkenswert, daß in der Gegenwart das berühmte Prinzip des *greatest happiness of the greatest number* dort, wo man vom ethischen Utilitarismus spricht, in Abweichung von BENTHAM so weitgehend von dem Begriff der Lust gelöst ist, daß als utilitaristische These lediglich der Satz übrig bleibt, daß das Nützliche das Gute sei. Von hier aus ist es dann nur ein Schritt zur rechtsphilosophischen These, daß das Nützliche das rechtlich Gesollte sei.

II. Diese Grundbehauptung des rechtsphilosophischen Utilitarismus, die man zumeist in der Form

(1) *Recht ist, was nützlich ist*

aufstellt, wird in dieser Allgemeinheit allerdings selten behandelt. In der Mehrzahl der Fälle pflegt man sie dadurch zu modifizieren, daß man zum Ausdruck bringt, wessen Nutzen jeweils gemeint ist. Da es sich um einen auf die Sphäre des Rechts bezogenen Nützlichkeitsbegriff handelt, kommen bei der Angabe der Bezugspunkte für den Nutzen hauptsächlich der einzelne Mensch, Mehrheiten von Menschen — Kollektive — oder die gesamte menschliche Gesellschaft in Betracht. Demzufolge ergibt sich folgende Skala von Thesen des rechtsphilosophischen Utilitarismus:

(2) *Recht ist, was mir nützt.*

(3) *Recht ist, was dem Volke nützt.*

(4) *Recht ist, was der menschlichen Gesellschaft nützt.*

In dieser Skala werden nur drei Hauptmöglichkeiten erfaßt. Die These (2) kann als Ausdruck eines an Gedankengänge von STIRNER und NIETZSCHE anknüpfenden rechtsphilosophischen Solipsismus

[1] Als ersten Überblick vgl. R. FALCKENBERG, *Geschichte der neueren Philosophie*, 9. Aufl., Berlin und Leipzig 1927, S. 544 ff und die dort angegebene Literatur; ferner K. SCHILLING, *Geschichte der Philosophie*, 2. Bd., München 1944, S. 482 ff.

gelten. Hingegen bringt die These (3) eine nationale und die These (4) eine kosmopolitische Rechtsphilosophie zum Ausdruck.[2]

Daneben sind noch zahlreiche andere utilitaristische Thesen auf dem Gebiet der Rechtsphilosophie denkbar. So sind zwischen den beiden Extremen (2) und (4) weitere Formulierungen möglich, die sich auf die verschiedensten soziologischen Gruppierungen beziehen können, wie zum Beispiel auf Sippen, Stämme, Staatsbünde, Gesellschaftsklassen, Parteien, Orden, Kirchen, Sekten, Kasten, Banden usw. Aber auch in Richtung zum Speziellen wie in Richtung zum Allgemeinen ist die Skala nicht abgeschlossen. Die These (2) kann durch den Bezug auf Teile des Ichs oder durch Berücksichtigung seiner jeweiligen Situationen spezieller ausgestaltet werden.[3] Als Beispiele kämen unter dem ersten Gesichtspunkt die Behauptungen in Betracht »Recht ist, was der Entfaltung meiner geistigen Individualität nützt« oder »Recht ist, was der Befriedigung meines Triebes zur Lust nützt« und unter dem zweiten Aspekt die Thesen »Recht ist, was meinem Ansehen nützt« oder »Recht ist, was meiner Macht nützt«. Die Behauptung (4) könnte, sofern man etwa an die Existenz des Tierschutzrechtes denkt, zu der These gesteigert werden, »Recht ist, was dem beseelten Sein nützt«.

Aber auch ganz andere Perspektiven lassen sich in Formulierungen des rechtsphilosophischen Utilitarismus einfangen. Der These (2) wäre die Behauptung analog »Recht ist, was Dir nützt«. Und das hier auftretende Du könnte sich auf einen religiösen oder politischen Führer oder auch auf eine Gottesvorstellung beziehen. Die von Radbruch diskutierte These des rechtsphilosophischen Individualismus, »das Recht soll dem Individuum dienen«, würde dem gegenüber ebenso wie gegenüber der These (2) schon wieder um einen Grad allgemeiner sein.[4]

Wieder andere Tendenzen ergäben sich, wenn man aussagen würde »Recht ist, was der Kultur nützt« oder »Recht ist, was der Revolution nützt« oder »Recht ist, was der Realisierung der Idee der Demokratie nützt« oder »Recht ist, was der Diktatur des Proletariats nützt«.

[2] Charakteristisch für die nationale Position war FREISLER in *Das neue Strafrecht*, Berlin 1936, S. 40: »Recht ist, was dem deutschen Volke frommt.«

[3] Zum letztgenannten vgl. C. A. EMGE, *Über die Problematik im Begriffe der Situation*, Berlin 1944.

[4] G. RADBRUCH, *Rechtsphilosophie*, Leipzig 1932, S. 60.

Diese wenigen Hinweise zeigen, welche Vielfalt der Möglichkeiten sich hier bei genauerem Zusehen eröffnen würde.[5] Gleichwohl sollen sich die hier skizzierten Überlegungen auf die Erörterung der These (3) *Recht ist, was dem Volke nützt* beschränken, weil diese besonders häufig auftritt. Die Ursache hierfür dürfte darin zu erblicken sein, daß die geltenden positiven Rechtssysteme, von wenigen Ausnahmen wie dem Völkerrecht, dem Weltwechselrecht u. ä. abgesehen, immer noch Nationalrechte sind. Die Analyse und Kritik dieser These wird zu Ergebnissen führen, die sich dann später auch für die übrigen Formulierungen auswerten lassen. Die Untersuchung selbst gliedert sich in zwei Hauptabschnitte, von denen der erste (III bis VII) der Deutung der These und der zweite (VIII) der Prüfung ihrer Brauchbarkeit gewidmet ist. Zunächst geht es also um die Frage, was besagt eigentlich die These, und dann um die Frage, kann die These, sofern sie einmal als nicht weiter beweisbedürftige Prämisse (Axiom) akzeptiert wird, als rechtsphilosophische Hypothese Verwendung finden.

III. Jeder Versuch, die Behauptung (3) genauer zu interpretieren, wird zunächst auf die Schwierigkeit stoßen müssen, daß die hier übernommene landläufige Ausdrucksweise *Recht ist, was dem Volke nützt* bereits in rein sprachlicher Hinsicht nicht eindeutig ist, denn es kann ihr nicht angesehen werden, ob das Wort *Recht* substantivisch gemeint ist. Demgemäß läßt die Fassung der These (3) folgende zwei Auslegungen zu:

(3a) *Das Recht ist das, was dem Volke nützt.*

(3b) *Die Handlung ist eine rechte, die dem Volke nützt.*

Daß der Unterschied der beiden Interpretationen bedeutend ist, leuchtet ein. Während es bei (3a) um den Begriff des Rechtes — den Voraussetzungsbegriff der Rechtswissenschaft[6] — geht, handelt es sich bei (3b) um die rechtliche Wertung einer Handlung, also um einen Begriff der normativen Praxis.

Man erkennt sogleich, daß auch die Thesen (1), (2) und (4) in analoger Weise zweifach zu deuten sind. Die weiteren Untersuchun-

[5] Zum rechtsphilosophischen Utilitarismus vgl. im übrigen u. a. G. DEL VECCHIO, *Lehrbuch der Rechtsphilosophie*, übers. von F. DARMSTAEDTER, Berlin 1937, S. 171 ff u. 441 ff; R. STAMMLER, *Lehrbuch der Rechtsphilosophie*, 3. Aufl., Berlin u. Leipzig 1928, S. 34, 206 u. 348; W. SAUER, *System der Rechts- und Sozialphilosophie*, 2. Aufl., Basel 1949, S. 381 ff und 446 ff.

[6] C. A. EMGE, *Vorschule der Rechtsphilosophie*, Berlin 1925, S. 25.

gen werden somit stets beide Möglichkeiten berücksichtigen müssen, zumal es nicht zulässig wäre, zu behaupten, daß derjenige, der die Behauptung (1), (2), (3) oder (4) aufstellt, in Wahrheit stets nur die eine der beiden Auslegungsmöglichkeiten meint. Für eine solche Auffassung ist schon deshalb kein Raum, weil man keineswegs berechtigt ist zu sagen, daß die eine der beiden Interpretationen von vornherein gegenüber der anderen als sinnwidrig erscheint.

IV. Fragt man nach der logischen Struktur der beiden Thesen (3a) und (3b), so möchte man auf den ersten Blick hin meinen, daß es sich hier um Definitionen handelt. Bei näherer Prüfung erweist es sich jedoch verhältnismäßig rasch, daß eine derartige Deutung nicht haltbar ist.

Aus der umfangreichen und nicht unkomplizierten Definitionstheorie[7] kommt für die beiden in Rede stehenden Thesen nur die Klasse der expliziten Definitionen in Betracht, da die anderen Arten, wie etwa die der impliziten Definitionen und die der Gebrauchsdefinitionen in der Hauptsache nur dort in Frage kommen können, wo man es mit einer im Sinne der modernen Logik kalkülisierten Disziplin zu tun hat.[8] Demgegenüber kommen explizite Definitionen auch im Rahmen nicht-kalkülisierter wissenschaftlicher Untersuchungen vor, wenn auch ihre genaue Gestalt ebenfalls nur im Zusammenhang mit einem Kalkül entwickelt werden kann.

Ohne auf Einzelheiten näher eingehen zu wollen, kann jedenfalls soviel festgehalten werden, daß jeder logisch korrekten Definition — gleichgültig, ob sie in einem Kalkül oder in einem mit den alltäglichen Mitteln der natürlichen Sprache ausgedrückten Zusammenhang vorkommt — die Gestalt einer Definitionsgleichung zugrunde liegen muß, bei welcher auf der einen Seite das Definiendum und auf der anderen das Definiens steht.

Die Thesen (3a) und (3b) lassen sich nun in der Tat sehr leicht nach Art einer solchen Definitionsgleichung lesen. In (3a) ist das Definiendum der Ausdruck *Das Recht* und das Definiens der Ausdruck *Das, was dem Volke nützt.* Dem Definitionsgleichheitszeichen im Kalkül entspricht in der natürlichen Sprache das Wort *ist.*

[7] Vgl. W. DUBISLAV, *Die Definition*, 3. Aufl., Leipzig 1931; und ferner R. CARNAP, *Logische Syntax der Sprache*, Wien 1934, S. 22 ff, 58 ff u. 79 ff.

[8] Als Einführung in die moderne Logiktheorie vgl. H. SCHOLZ, *Geschichte der Logik*, Berlin 1931.

Die These (3b) bedarf einer gewissen sprachlichen Umformung, um sie als explizite Definition deuten zu können. Es versteht sich, daß hierbei der Sinn der These nicht geändert werden darf. Dieser Bedingung genügt etwa die Formulierung: *Eine rechte Handlung ist ein Verhalten, das dem Volke nützt.* Hierbei ist dann *Eine rechte Handlung* das Definiendum und *Ein Verhalten, das dem Volke nützt* das Definiens.

Nun wäre es unzulässig zu erklären, die beiden zur Debatte stehenden Definitionen seien falsch. Das würde der Tatsache widersprechen, daß explizite Definitionen Vereinbarungen über die Festlegung eines — zumeist abkürzenden — Sprachgebrauches sind. Derartige Konventionen können nicht falsch sein, sie können lediglich unzweckmäßig sein. Als Kriterien für die Beurteilung expliziter Definitionen dürfen nur die Prinzipien der Denkökonomie nicht aber Wahrheit oder Falschheit herangezogen werden. Derartige Definitionen lassen somit nur eine teleologische Wertung zu.

Hieraus folgt, daß die Begriffe *Recht* und *rechte Handlung* in der Tat so definiert werden können, wie dies in den Thesen (3a) und (3b) — die obige Deutung zugrunde gelegt — geschehen ist, ohne daß man damit etwas logisch Unerlaubtes täte, denn als Vereinbarungen sind sie gegen den Vorwurf der Falschheit gefeit.

Dagegen läßt sich aber sehr leicht nachweisen, daß es zwar nicht falsch, wohl aber unzweckmäßig wäre, derartige Definitionen aufzustellen. Der Umfang der Begriffe *Recht* und *rechte Handlung* würde zu weit, wollte man sie in der in Rede stehenden Weise definieren. Würde man zum Beispiel definitionsgemäß in dem Ausdruck »Wissenschaft vom Recht« an die Stelle von *Recht* das Definiens einsetzen — wozu man bei expliziten Definitionen stets berechtigt ist —, so erhielte man den Ausdruck »Wissenschaft von dem, was dem Volke nützt«. Damit würde deutlich, daß man unter Rechtswissenschaft in diesem nach (3a) definierten Sinne unter anderem auch die Nationalökonomie und sogar die Medizin zu verstehen hätte. Eine derartige Definition würde also schon allein deshalb unzweckmäßig sein, weil sie keine Trennung von wissenschaftlichen Arbeitsbereichen ermöglicht, deren Scheidung aus denkökonomischen Gründen erwünscht ist.

Für die Darstellung der Unzweckmäßigkeit der Definition *Eine rechte Handlung ist ein Verhalten, das dem Volke nützt* läßt sich die folgende Aussage verwerten: »Die Frage nach den apriorischen Voraussetzungen für eine rechte Handlung ist ein Problem der Rechtsphilosophie«. Setzt man hier wiederum nach Maßgabe der Definitionsgleichung für den Ausdruck *eine rechte Handlung* dessen Definiens ein, so bekommt man die Aussage: »Die Frage nach den apriorischen Voraussetzungen für ein Verhalten, das dem Volke nützt, ist ein Problem der Rechtsphilosophie«. Hat man also die obige Definition akzeptiert, so muß man in der Rechtsphilosophie unter anderem auch solche Probleme behandeln, die gemeinhin zu den philosophischen Grundlagen der Nationalökonomie, der medizinischen Wissenschaften usw. zu zählen sind. Die Unzweckmäßigkeit der definitorischen Festsetzung von (3b) ergibt sich somit in ähnlicher Weise wie diejenige von (3a). Die Deutung dieser Thesen als explizite Definitionen ist daher abzulehnen.

V. Die Verwendung der Bezeichnung *Definition* ist innerhalb der Jurisprudenz im allgemeinen uneinheitlich und unscharf. Sagt man zum Beispiel der Gesetzgeber habe irgendeinen bestimmten Begriff in der und der Weise definiert, so spricht man von echten — in der Regel expliziten — Definitionen. Es wäre deshalb verfehlt, wollte man behaupten, eine Definition des Gesetzgebers — etwa eine Legaldefinition wie in § 1113 BGB oder in § 43 StGB — sei falsch. Nur der Vorwurf der Unzweckmäßigkeit wäre gegenüber den definitorischen Festsetzungen des Gesetzgebers zulässig. Sagt man aber zum Beispiel in einem Berufungsschriftsatz, das Gericht erster Instanz habe irgendeinen bestimmten Rechtsbegriff in der und der Weise definiert, so kann damit keine echte Definition im obigen Sinne gemeint sein, denn in diesem Falle ist man durchaus berechtigt festzustellen, daß die hier in Rede stehende Definition des erstinstanzlichen Gerichtes falsch oder richtig gewesen ist. Hier sollte man besser nicht von Definitionen sprechen, sondern mit Dubislav von Worterklärungen oder Wortanalysen, denn es handelt sich hier nicht um die Festsetzung eines Sprachgebrauches wie bei den echten Definitionen, sondern um die Feststellung der Bedeutung, die ein Wort besitzt, bzw. um die Feststellung der Verwendung, die es findet.[9]

[9] DUBISLAV, a.a.O. S. 17 ff u. 131/132.

Es fragt sich nun, ob man die Thesen (3a) und (3b) womöglich als Worterklärungen oder -analysen in diesem soeben gekennzeichneten Sinne auszulegen hat. Man hat demnach zu prüfen, ob (3a) und (3b) die bestehende Bedeutung und Verwendung der Worte *Recht* und *rechte Handlung* angeben sollen, und — sofern das der Fall ist —, ob das gesteckte Ziel auch erreicht wird, ob es also zutreffend ist, daß man unter *Recht* und *rechter Handlung* das versteht, was die Thesen (3a) und (3b) angeben. Hierbei werden die in Rede stehenden Thesen in der Weise eingeschränkt, daß angenommen wird, die in ihnen aufgestellten Behauptungen beziehen sich nur auf die Gegenwart und die jüngste Vergangenheit.

Die Vorfrage, ob (3a) und (3b) die Bedeutung und Verwendung der Begriffe *Recht* und *rechte Handlung* angeben sollen, kann so beantwortet werden, daß man sagt, es gab und gibt — vor allem in der Rechtspraxis — in der Tat Juristen, welche die diskutierten Thesen mit diesem Ziel aufstellten und auch heute noch aufstellen. Die Hauptfrage aber, ob die Behauptungen (3a) und (3b) den bestehenden Sprachgebrauch zutreffend wiedergeben, muß verneint werden, wenn vorausgesetzt wird, daß sich die genannten Thesen auf die geltenden Systeme des abendländischen Rechts beziehen. Weder stillschweigend noch ausdrücklich finden in diesen die Begriffe *Recht* und *rechte Handlung* im Sinne jener Thesen Verwendung. Das wird allein schon durch die oben unter IV bei Behandlung der expliziten Definitionen getroffenen Feststellungen bewiesen, denn, wie dort gezeigt wurde, wird der Umfang der Begriffe in einer Weise erweitert, die in offensichtlichem Widerspruch zu den in der Jurisprudenz vorausgesetzten Abgrenzungen und Unterscheidungen steht. Man vergegenwärtige sich nur, was man sonst noch alles, abgesehen von den erwähnten Disziplinen der Nationalökonomie und Medizin zu den »volksnützlichen« Unternehmungen und Verhaltensarten zählen darf, um sich das Unhaltbare einer Interpretation von (3a) und (3b) als zutreffende Angaben über eine bestehende Sprachpraxis deutlich werden zu lassen.

VI. Können die untersuchten Thesen weder als explizite Definitionen noch als Wortanalysen ausgelegt werden, so liegt es nahe zu prüfen, ob sie Behauptungen über das Bestehen bestimmter Implikationen — d. h. *Wenn-so*-Beziehungen — sind. Um diese Interpretationsmöglichkeit zum Zwecke der Erprobung ihrer Richtigkeit klar herauszubringen, ist es wiederum erforderlich, unter Beibehaltung der inhaltlichen Bedeutung der Thesen eine Veränderung in der sprachlichen Formulierung vorzunehmen. Unter (3a) soll künftig die These *Wenn X Recht ist, so nützt X dem Volke* verstanden werden. Und (3b) lautet dann analog umformuliert: *Wenn Y eine rechte Handlung ist, so ist Y ein Verhalten, das dem Volke nützt.*

1. Daß die Implikation eine Beziehung zwischen Aussagen ist, kommt in den obigen Wendungen deutlich zum Ausdruck. So besteht sie bei (3a) zwischen den beiden Aussagen *X ist Recht* und *X nützt dem Volke*. Die erstgenannte ist das Implikans oder Vorderglied der Implikationsbeziehung und die zweiterwähnte das Implikat oder Hinterglied. Entsprechend besteht die *Wenn-so*-Relation bei (3b) zwischen der Aussage *Y ist eine rechte Handlung* als dem Implikans und der Aussage *Y ist ein Verhalten, das dem Volke nützt* als dem Implikat.

2. Nicht deutlich wird jedoch bei den in Rede stehenden Formulierungen, welcher Art die benutzte *Wenn-so*-Beziehung ist. Man hat — was nicht selten übersehen wird — drei verschiedene Arten scharf voneinander zu trennen. In der natürlichen Sprache kommt dies dadurch zum Ausdruck, daß man die Wendungen *Stets wenn-so*, *Nur wenn-so* und *Stets und nur wenn-so* zu unterscheiden hat. Diese Unterschiede können an dem Verhältnis zwischen irgendwelchen gegebenen gesetzlichen Voraussetzungen (V) und den dazugehörigen Rechtsfolgen (R) exemplifiziert werden. Ist die Erfüllung von V eine hinreichende — nicht auch notwendige — Bedingung für den Eintritt von R, so liegt eine *Stets-wenn-so-Relation* vor. Es gilt dann die Implikation »Stets wenn die gesetzlichen Voraussetzungen V erfüllt sind, so treten die Rechtsfolgen R ein«. Ist die Erfüllung von V dagegen nur eine notwendige, nicht aber eine hinreichende Bedingung für den Eintritt von R, so handelt es sich um eine *Nur-wenn-so*-Relation. Und ist die Erfüllung von V schließlich eine hinreichende und notwendige Bedingung für den Eintritt von R, so hat man eine *Stets-und-nur-wenn-so*-Relation. Im ersten Fall, bei der *Stets-wenn-so*-Beziehung, kann man von einer extensiven Implikation, im zweiten

Fall, bei der *Nur-wenn-so*-Beziehung, von einer intensiven Implikation und im dritten Fall, bei der *Stets-und-nur-wenn-so*-Beziehung, von einer gegenseitigen Implikation sprechen.[10]

3. Als Beispiele für die verschiedenen Implikationsarten seien erwähnt:

a) Für die extensive Implikation: Notwehr ist eine hinreichende Bedingung für die strafrechtliche Rechtfertigung einer an sich mit Strafe bedrohten Handlung. Es gilt die *Stets-wenn-so*-Relation. (§ 53 StGB)

b) Für die intensive Implikation: Die Vollendung des 16. Lebensjahres ist eine notwendige Bedingung für die Testierfähigkeit. Hier gilt die *Nur-wenn-so*-Relation. (§ 1 Abs. II des Ges. üb. d. Errichtung von Testamenten u. Erbverträgen v. 31. 7. 38-RGBl. I, S. 973)

c) Für die gegenseitige Implikation: Die Vollendung der Geburt ist eine notwendige und hinreichende Bedingung für den Beginn der Rechtsfähigkeit des Menschen. (§ 1 BGB) In diesem Falle gilt die *Stets-und-nur-wenn-so*-Relation. Während die extensive und die intensive Implikation im Rahmen der juristischen Logik sehr häufig sind, trifft man die gegenseitigen Implikationen nur äußerst selten an.

VII. Wendet man das Vorstehende auf die Analyse der Thesen (3a) und (3b) an, so hat man die Frage, ob hier das Bestehen von Implikationen behauptet sein kann, in drei die erwähnten Implikationsarten berücksichtigende Unterfragen aufzugliedern.

1. Legt man (3a) und (3b) als intensive Implikationen aus, so erhält man folgende Formulierungen: *Nur wenn X Recht ist, so nützt X dem Volke. Nur wenn Y eine rechte Handlung ist, so ist Y ein Verhalten, das dem Volke nützt.* Es leuchtet ein, daß derartige Thesen im Rahmen des innerhalb der vorliegenden Untersuchungen vorausgesetzten üblichen Systems der Rechtswissenschaft unzutreffend sind, denn zweifellos gibt es vieles, was dem Volke nützt, ohne deshalb

[10] Die extensive Implikation wird im zweiwertigen Aussagenkalkül durch den Wertverlauf WFWW, die intensive Implikation durch WWFW und die gegenseitige Implikation durch WFFW charakterisiert. Die letztgenannte pflegt man gewöhnlich als Äquivalenz zu bezeichnen. Und unter Implikation versteht man in den gebräuchlichen Logikkalkülen nur die hier extensive Implikation benannte *Wenn-so*-Relation. Die intensive Implikation wird in den bekannten Logik-Systemen nicht behandelt. Gleichwohl läßt sie sich leicht eingliedern. Vergleiche D. HILBERT u. W. ACKERMANN, *Grundzüge der theoretischen Logik*, 2. Aufl., Berlin 1938 (Neudruck New York 1946) S. 3 ff; R. CARNAP, *Abriß der Logistik*, Wien 1929, S. 6 u. 7.

Recht zu sein. Auch kann manches Verhalten volksnützlich sein, ohne daß es zugleich recht wäre.

2. Fällt die intensive Implikation als Deutungsmöglichkeit fort, so entfällt damit zugleich auch die gegenseitige Implikation als mögliche Interpretation von (3a) und (3b), denn die letztere besteht, wie die Formulierung *Stets und nur wenn-so* zeigt, nur dort, wo intensive und extensive Implikation zugleich gegeben sind.

3. Demgegenüber stellt aber die Deutung als extensive Implikation eine zulässige Interpretation dar, denn die Aussagen *Stets wenn X Recht ist, so nützt X dem Volke* und *Stets wenn Y eine rechte Handlung ist, so ist Y ein Verhalten, das dem Volke nützt* stehen nicht im Widerspruch zu den üblichen Systemen der Rechtswissenschaft. Haben (3a) und (3b) solchermaßen die Behauptung zum Inhalt, daß die besagten extensiven Implikationen bestehen, so ist damit zum Ausdruck gebracht, daß das Recht und die rechte Handlung stets die durch die Implikate näher bezeichneten Eigenschaften haben. Mehr ist nicht ausgesagt. Insbesondere ist damit nicht behauptet, daß das Recht und die rechte Handlung daneben keine anderen Eigenschaften hätten.

VIII. Da die intensive Implikation die Umkehrung der extensiven ist[11], kann man statt der unter VII, 3 angegebenen Formen von (3a) und (3b) auch sagen:

(3c) *Nur wenn X dem Volke nützt, so ist X Recht.*

(3d) *Nur wenn Y ein Verhalten ist, das dem Volke nützt, so ist Y eine rechte Handlung.*

In dieser Fassung kommt die Bedeutung dessen, was mit den auf den Volksnutzen bezogenen Thesen des rechtsphilosophischen Utilitarismus gemeint ist, wohl am klarsten zum Ausdruck.

Hat man nun solchermaßen die logische Struktur der diskutierten Thesen erhellt, bleibt zu prüfen, ob sie sich inhaltlich für die Rechtsphilosophie auswerten lassen. Hierzu wäre zumindest erforderlich, daß diese Thesen, wenn man sie einmal unbewiesen als Axiome

[11] Ebenso ist die extensive Implikation die Umkehrung der intensiven. Die hierin zum Ausdruck kommende Vertauschbarkeit läßt sich im Logikkalkül beweisen. — Zur Veranschaulichung sei das oben unter VI, 3 b erwähnte Beispiel herangezogen: Statt der intensiven Implikation »Nur wenn A das 16. Lebensjahr vollendet hat, so ist A testierfähig« kann man auch sagen »Stets wenn A testierfähig ist, so hat A das 16. Lebensjahr vollendet« und umgekehrt.

setzte, inhaltliche Folgerungen zuließen. Der logische Sachverhalt, um den es hier auf der Ebene der Rechtsphilosophie geht, ist demjenigen analog, der bei Folgerungen aus Prämissen des positiven Rechtes vorliegt.[12] Anders wäre es nur, wollte man auf den Wissenschaftscharakter der Rechtsphilosophie verzichten. Es müßten sich also mit Hilfe der obigen Thesen zum Beispiel Recht von Unrecht und rechte Handlungen von unrechten unterscheiden lassen. Das ist indessen keineswegs der Fall. Der Grund hierfür liegt darin, daß der Begriff der Nützlichkeit keinen materialen Gehalt hat. Er bezeichnet inhaltlich fast nichts, denn wenn man z. B. fragt, ob eine Handlung — etwa die Hinrichtung eines Mörders — ein volksnützliches Verhalten ist, so kann man keine Antwort geben, ohne zuvor zu wissen, was denn nun eigentlich dem Volke nützt. Es werden also prinzipiellere direktive Axiome vorausgesetzt. Der Hinweis auf die Nützlichkeit besagt also nur, daß ein teleologischer Zusammenhang gegeben ist. Er sagt aber nichts darüber aus, welches die Direktiven sind, nach denen es sich entscheidet, was als Volksnutzen anzusehen ist. Man vergegenwärtige sich etwa die beiden großen Gruppen diesseitiger und jenseitiger Utilitäten mit ihren verschiedenen theistischen, atheistischen und sonstigen Ausgestaltungsmöglichkeiten und man wird sehen, welche divergierenden Argumente für und wider die Todesstrafe hier in Betracht kommen können. Die Implikate von (3a) und (3b) erweisen sich somit als ausfüllungsbedürftig. Die Nützlichkeit ist eben, um eine Ausdrucksweise von Nic. Hartmann zu übernehmen, eine allgemeine Kategorie der Praxis.[13] Als solche hat sie nur formalen Charakter und gibt keinen teleologischen Inhalt. Sie ist nicht selbst Richtschnur, sondern weist nur auf ein Bedürfnis zur Ausrichtung hin.

IX. Das Ergebnis der Untersuchung der These (3) läßt sich somit folgendermaßen zusammenfassen:

1. Die These ist sprachlich doppeldeutig. Man hat sie in die beiden Formulierungen (3a) und (3b) aufzulösen.

2. Die Thesen (3a) und (3b) lassen sich weder als explizite Definitionen noch als Wortanalysen sinnvoll deuten.

[12] Zum Letzterwähnten vergl. K. Engisch, *Logische Studien zur Gesetzesanwendung*, Heidelberg 1943.

[13] *Ethik*, Berlin u. Leipzig 1926, S. 79 ff.

3. Sie stellen vielmehr Behauptungen über das Bestehen einer bestimmten Implikation dar.

4. Diese Behauptungen in der Gestalt von Implikationen sind als rechtsphilosophische Hypothesen unbrauchbar, weil sie keine inhaltlichen Schlußfolgerungen zulassen.[14]

X. Dieses Ergebnis läßt sich auf die anderen Thesen des rechtsphilosophischen Utilitarismus übertragen, denn die Formulierungen (1), (2) und (4) haben die gleiche Implikationsstruktur und sind durch die Verwendung des Ausdrucks *nützen* in analoger Weise inhaltsleer. Aber auch für die eingangs unter II angedeuteten weiteren möglichen Thesen trifft das Gesagte zu. Man mache die Probe und suche aus ihnen eine eindeutige Antwort für oder wider die Todesstrafe abzuleiten. Damit erweisen sich die so verschieden aussehenden Thesen als in logischer und in teleologischer Hinsicht gleichwertig, — wenn auch in negativem Sinne.

Mit Rücksicht auf die dem Worte *Nutzen* offenbar innewohnende, meist »niedere« Nutzen assoziierende Suggestivkraft, deren psychologische Analyse lohnend sein müßte, erscheint es nicht unwichtig, zu versuchen, die Diskussion einiger rechtsphilosophischer Scheinprobleme dadurch zu verhindern, daß man immer wieder auf die erwähnte Leerheit des Ausdrucks *Nutzen* hinweist, zumal kein Geringerer als KANT diesen Begriff mit jenen berühmten »Schlangenwindungen der Glückseligkeitslehre« verknüpft, und ihm dadurch einen logisch-systematisch unbegründeten Wertakzent verleiht.[15] Es ist unnötig, gegenüber dem rechtsphilosophischen Utilitarismus die Intensität ethischer Bekenntnisse auszuspielen. Es genügt, mit den Mitteln logischer Analyse nachzuweisen, daß utilitaristische Thesen inhaltslos sind und daher als Grundlage teleologischer Entscheidungen von vornherein ausfallen.

[14] Zum gleichen Ergebnis kommt G. DEL VECCHIO, a. a. O. S. 442.

[15] *Metaphysik der Sitten* 4. Aufl., 1. Teil Metaphysische Anfangsgründe der Rechtslehre, Allgemeine Anmerkung E, I nach § 49. (Ausgabe von K. VORLÄNDER, S. 159.)

Der Legalitätsbegriff

Der Legalitätsbegriff wird in der zeitgenössischen deutschen Rechtsphilosophie in den verschiedensten Bedeutungen verwandt. Es wird deshalb angebracht sein, zunächst zu versuchen, einen zusammenfassenden Überblick über die hauptsächlichsten dieser unterschiedlichen Deutungen zu gewinnen. Von der so gewonnenen Grundlage ausgehend werden dann im zweiten Teil dieser Untersuchungen die Bemühungen darauf gerichtet sein, einen Ansatz für eine systematische Klärung der vielfältigen Gesichtspunkte zu gewinnen.

I.

Aus der *Rechtsphilosophie* der Gegenwart — den Ausdruck „Gegenwart" in einem nicht zu engen Sinn verstanden — seien vor allem folgende Thesen herausgegriffen:

1. Nicht selten wird das Verhältnis von *Legalität und Moralität* zum Ausgangspunkt von Untersuchungen über den Legalitätsbegriff gewählt. So behandelt auch *Radbruch* den Legalitätsbegriff im Zusammenhang mit der Darstellung seines Verhältnisses zum Moralitätsbegriff[1]. Er knüpft dabei an die bekannte Definition von *Kant* an. Danach ist Legalität die Übereinstimmung der Handlungen mit den juristischen Gesetzen ohne Rücksicht auf die Motive des Handelnden, und Moralität die Übereinstimmung der Handlungen mit den ethischen Gesetzen, sofern die letztgenannten zugleich die Motive des Handelnden sind[2]. Die Legalität ist — wie eine weit verbreitete, *Kant* allerdings falsch auslegende Ansicht lautet — Wertung des äußeren und Moralität Wertung des inneren Verhaltens. Deshalb wird in der Rechtsphilosophie immer wieder von der Äußerlichkeit des Rechts und der Innerlichkeit der Moral ge-

[1] *Gustav Radbruch*, Rechtsphilosophie, 4. von *Erik Wolf* besorgte Auflage, Stuttgart 1950, S. 134ff. und ders., Vorschule der Rechtsphilosophie, Heidelberg 1948, S. 37.

[2] *Immanuel Kant*, Metaphysik der Sitten, Einleitung, I. — Vgl. hierzu *Werner Haensel*, Kants Lehre vom Widerstandsrecht, Berlin 1926, S. 17 u. 18.

sprochen. *Radbruch* erklärt diese Gegenüberstellung aus mehreren Gründen für eine unzulässige Vereinfachung eines komplizierten Verhältnisses:

a) Rechtliche Wertungen betreffen durchaus nicht nur das äußere Verhalten, sondern in weitem Umfang auch das innere. Dies zeigt sich im Zivilrecht bei der Berücksichtigung des guten Glaubens und im Strafrecht bei der Frage nach Vorsatz oder Fahrlässigkeit. Nach der Theorie *Radbruchs* lassen sich die Begriffe Innerlichkeit und Äußerlichkeit lediglich zur Unterscheidung der Interessenrichtung bei Recht und Moral verwenden. Das äußere Verhalten interessiert die Moral nur, wenn es Symptom eines inneren Verhaltens ist und wenn es dies innere Verhalten gewissermaßen beglaubigt. Dagegen ist das innere Verhalten für das Recht nur insoweit belangvoll, als es ein äußeres Verhalten erwarten läßt. Im Strafrecht etwa interessiert die Gesinnung des Täters[3] nur dann, wenn sie als mögliche Quelle weiterer Delikte in Betracht kommt. Auch kann man das Recht insofern als äußerlich ansehen, als der Rechtsverpflichtung stets eine Forderungsberechtigung eines anderen gegenübersteht, während die moralische Pflicht einen solchen äußeren Partner nicht kennt, da sie nicht Pflicht gegenüber einem Gläubiger, sondern Pflicht schlechthin ist.

b) Sodann kann die Art und Weise der Verpflichtung bei Recht und Moral nicht durch die Gegenüberstellung von Legalität und Moralität charakterisiert werden. Denn die verpflichtende Kraft des Rechts kann nur durch die Moral begründet werden[4].

c) Ferner ist die Legalität im weiteren Sinne gar keine spezifische Eigentümlichkeit des Rechts. Sie ist allen Werten gemeinsam, soweit sie sich nicht auf die Motive des Einzelnen beziehen. Legalität läßt sich auch zu logischen und ästhetischen Werten in Beziehung setzen.

d) Auch die These, die Äußerlichkeit des Rechts und die Innerlichkeit der Moral beruhe auf der Verschiedenheit ihrer Geltungsquellen, ist nach *Radbruch* nicht zu halten. Bekanntlich geht diese These davon aus, daß das Recht heteronom ist, weil bei ihm ein fremder Wille den Rechtsunterworfenen verpflichtet, und daß die Moral autonom ist, weil hier die Verpflichtungen nur durch die eigene sittliche Persönlichkeit auferlegt werden. Diese Unterscheidung muß nach *Radbruch* schon deshalb verfehlt sein, weil der Begriff einer heteronomen Verpflichtung ein Widerspruch in sich ist, denn die äußere Norm kann nicht als solche verpflichten. Sie verpflichtet erst dann, wenn sie in das eigene Gewissen aufgenommen ist. Heteronomie des Rechts kann danach nur bedeuten, daß das

[3] Vgl. *Hans Welzel*, Das Gesinnungsmoment im Recht, in Festschrift für *Julius v. Gierke*, Berlin 1950, S. 290ff. und *Eberhard Schmidhäuser*, Gesinnungsmerkmale im Strafrecht, Tübingen 1958.

[4] *Radbruch* verweist in diesem Zusammenhang auf *Rudolf Laun*, Recht und Sittlichkeit, 3. Aufl., Hamburg 1935.

Gewissen sich einen eigengesetzlich entwickelten Normenkomplex zu eigen macht. Es ist dies nicht anders als etwa bei der moralischen Verpflichtung zur Wahrhaftigkeit, denn die letztgenannte richtet sich nach der logisch eigengesetzlichen Wahrheit.

2. Eine weitere Möglichkeit zur Bestimmung des Legalitätsbegriffs besteht in der Abgrenzung zwischen *Legalität und Legitimität.*

a) Ausgehend von der Polarität der Begriffe Gesetz und Recht wird das Verhältnis von Legalität und Legitimität bei *Friedrich*[5] entwickelt. Danach ist eine Ordnung legitim, wenn sie rechtlich anerkannt ist, und legal, wenn sie eine gesetzliche Grundlage besitzt. Die Legitimität ist am Recht als solchem orientiert, die Legalität dagegen nur am Gesetz. Die Legitimität einer Satzung oder Entscheidung beruht auf ihrer Rechtlichkeit, die Legalität auf ihrer Gesetzmäßigkeit. *Friedrich* exemplifiziert das am Beispiel von Hitlers Herrschaft, die eine gesetzliche, aber keine rechtliche Grundlage hatte und infolgedessen zwar legal, aber nicht legitim war. Die maßgebende Unterscheidung zwischen Gesetz und Recht wird durch die Erkenntnis ermöglicht, daß es gerechte und ungerechte Gesetze gibt, und daß nur gerechte Gesetze zugleich Recht sind.

b) Im Rahmen der Staatsphilosophie kommt es zu einer indirekten, negativen Annäherung an den Legalitätsbegriff, wenn — wie bei *Coing*[6] — der Begriff der Legitimität bei den Fragen eingesetzt wird, bei denen mit dem Legalitätsgedanken nicht mehr operiert werden kann. Das ist beim Problem der Rechtfertigung der Staatsformen der Fall, denn die Rechte einer verfassungsgebenden Instanz können beim Akt echter Staatsgründung — nach Revolutionen, katastrophalen Kriegsausgängen u. ä. — im allgemeinen nicht aus Gesetzen, also nicht legal begründet werden. Hier spricht *Coing* von den bekannten Legitimitätsprinzipien der Monarchie, der Aristokratie und der Demokratie und begrenzt damit, wenn auch unausgesprochen, den Bereich der Legalität. Das Legitimitätsprinzip fordert, wie *Radbruch*[7] im gleichen Zusammenhang schreibt, daß jede neue Rechtsordnung sich aus ihrer Vorgängerin auf rechtmäßigem — wenn auch nicht legalem, so wird man hier ergänzen müssen, — Wege entwickeln soll. „Recht muß Recht bleiben".

3. Von einem *anthropologischen Legalitätsbegriff* geht *Würtenberger* aus[8]. Legalität ist in diesem Sinne eine bestimmte Art menschlicher Haltung, die als Achtung vor dem Rechtsgesetz charakterisiert wird. Je mehr das Gesetz vom Geist der Sittlichkeit durchdrungen ist, desto

[5] *Carl J. Friedrich*, Die Philosophie des Rechts in historischer Perspektive, Berlin-Göttingen-Heidelberg 1955, S. 126ff.

[6] *Helmut Coing*, Grundzüge der Rechtsphilosophie, Berlin 1950, S. 207ff.

[7] Rechtsphilosophie (s. oben Anm. 1), S. 189.

[8] *Thomas Würtenberger*, Die Legalität, in: Gegenwartsprobleme des Internationalen Rechts und der Rechtsphilosophie, Festschrift für *Rudolf Laun*, Hamburg 1953, S. 619ff.

höher wird es in der Achtung der dem Gesetz Unterworfenen stehen. Um so eher wird es auch die Moralität des Einzelnen ansprechen. Die Achtung vor dem bestehenden Recht wird damit nach einer Formulierung von *Riezler*[9] zu einem ethischen Gefühl. Indessen bleibt, wie *Würtenberger*[10] ausführt, die Eigenständigkeit der Legalität gegenüber der Moralität bestehen, da das Vorliegen einer an die sittlichen Grundlagen der Rechtsordnung anknüpfenden Motivation des Handelns für die Legalität nicht gefordert ist. Es genügt die Anerkennung der legalen Ordnung als solcher, denn in der Achtung vor der im Gesetz verwirklichten Ordnung menschlicher Beziehungen liegt der Kern der als Legalität anzusprechenden Haltung. Ihr eignen Nüchternheit und sachliche Kühle, verbunden mit einem Relativitätsmoment, das aus der Einsicht in die notwendige Unvollkommenheit allen Gesetzgebungswerks resultiert[11].

4. Daß im modernen Rechtsstaat das *Legalitätsprinzip* im Sinne einer Bindung staatlicher Organe an die Gesetze gilt, ist unbestritten. *Coing* erklärt dieses Prinzip als eine Auswirkung der iustitia protectiva[12]. Im Art. 20 Abs. III des Grundgesetzes heißt es ausdrücklich: „Die Gesetzgebung ist an die verfassungsmäßige Ordnung, die vollziehende Gewalt und die Rechtsprechung sind an Gesetz und Recht gebunden".

a) Die *Auswirkungen des Legalitätsprinzips* sind passivierende und aktivierende:

aa) Der passivierende Effekt besteht darin, daß die Handlungs- und Entscheidungsmöglichkeiten für Verwaltung und Rechtsprechung im Interesse der Freiheitssphäre und der Rechtssicherheit beschränkt sind. Die staatliche Machtausübung soll prinzipiell für jeden Staatsbürger durch die Nachprüfung ihrer Legalität kontrollierbar sein (*Coing*[13]).

bb) Es kommen aber auch aktivierende Auswirkungen in Betracht. Im Rahmen der Gesetze ist der Staat zur Justizgewährung verpflichtet. Er hat die Gerichte und die sonstigen Rechtspflegeorgane zur Verfügung zu stellen und den Gang des Verfahrens mit dem Doppelziel „Wahrheit und Gerechtigkeit" zu regeln (*Eb. Schmidt*[14]). Der Gesetzunterworfene hat einen Anspruch auf Justizgewährung (*Niese*[15]). Im Strafprozeßrecht beruht hierauf das spezielle auf die Staatsanwaltschaft bezügliche in § 152 Abs. II StPO geregelte Legalitätsprinzip, auf Grund dessen die Staatsanwaltschaft als Trägerin des staatlichen „Anklagemonopols" verpflichtet ist, wegen aller gerichtlich strafbaren und verfolgbaren Hand-

[9] *Erwin Riezler*, Das Rechtsgefühl, 2. Aufl. 1946, S. 79.
[10] A. a. O. S. 622.
[11] *Würtenberger*, a. a. O. S. 624.
[12] A. a. O. S. 211.
[13] A. a. O. S. 211, 212.
[14] Lehrkommentar zur Strafprozeßordnung, Teil I, Göttingen 1952, S. 29.
[15] *Werner Niese*, Doppelfunktionelle Prozeßhandlungen, Göttingen 1950, S. 12.

lungen einzuschreiten, sofern zureichende tatsächliche Anhaltspunkte vorliegen, und soweit nicht gesetzlich ein anderes bestimmt ist[16].

b) Besondere Probleme ergeben sich sodann bei der Bestimmung der *Grenzen des Legalitätsprinzips*.

aa) Der positivistische, engste Standpunkt der Bindung an das Gesetz, nach dem der Richter „Sklave des Gesetzes" sein sollte, ist schon in der zweiten Hälfte des 19. Jhs. kaum noch vertreten worden (*Bockelmann*[17]). Um der vom Gesetzgeber nicht vorausberechenbaren Vielfalt der konkreten Fälle gerecht werden zu können, werden Richter und Verwaltungsbeamte berechtigt, weitgehend selbständig zu werten und mitunter gesetzgebergleich zu entscheiden und zu verfügen (*Engisch*[18]). Der Gesetzgeber selbst schränkt die Auswirkungen des Legalitätsprinzips ein und bedient sich hierbei verschiedener Methoden. Die beabsichtigte *Auflockerung der Legalität* wird nach *Engisch*[19] vor allem dadurch erreicht, daß „unbestimmte" Begriffe (z. B. „geeignete Maßregeln" § 231 StPO), „normative" Begriffe, die bei der Anwendung eine Wertung erfordern (z. B. „ehrlose Gesinnung" § 20 StGB), Ermessensbegriffe (z. B. das richterliche Ermessen bei der Strafzumessung[20]) oder Generalklauseln (z. B. Verstoß gegen die „guten Sitten" § 826 BGB) benutzt werden. Die intensivste Ausweitung des Legalprinzips ist erreicht, wenn der Grundsatz von „Treu und Glauben" (§ 242 BGB) als allgemeine Auslegungs- und Rechtsfindungsregel herangezogen wird (*Nipperdey*[21]), Aber auch hier wird noch Gesetzestreue, d. h. also Legalität gefordert. Diese legalen Durchbrechungen des Legalitätsprinzips verweisen auf außergesetzliche Bewertungsmaßstäbe, die nach der Ansicht von *Esser*[22] und *Wieacker*[23] Grundsätze oder Maximen, d. h. verbindliche Weisungen für richterliches Handeln im Einzelfall, jedoch keine übergesetzliche Naturrechtskodifikation sein können.

bb) Besonderer Erörterung bedarf bei der Bestimmung der Grenzen der Legalität der extreme Fall einer *rechtswidrigen Legalität*. Da es in der deutschen Justiz in den Jahren zwischen 1933 und 1945 durch den Erlaß

---

[16] Vgl. zum strafprozeßrechtlichen Legalitätsprinzip *Eb. Schmidt* a. a. O. S. 165—175.

[17] *Paul Bockelmann*, Richter und Gesetz, Festgabe für *R. Smend*, Göttingen 1952, S. 23ff.

[18] *Karl Engisch*, Einführung in das juristische Denken, Stuttgart 1956, S. 107 und ders., Die Idee der Konkretisierung in Recht und Rechtswissenschaft unserer Zeit, Heidelberg 1953, S. 180ff.

[19] Einführung in das juristische Denken, S. 108ff.

[20] Vgl. *Günter Spendel*, Zur Lehre vom Strafmaß, Frankfurt 1954, S. 168ff.

[21] *Nipperdey* in: *Enneccerus-Nipperdey*, Allgemeiner Teil des bürgerlichen Rechts, 14. Aufl. (1952), § 51 II Nr. 3.

[22] *Josef Esser*, Grundsatz und Norm, Tübingen 1956.

[23] *Franz Wieacker*, Gesetz und Richterkunst, Karlsruhe 1958 und ders., Zur rechtstheoretischen Präzisierung des § 242 BGB, Tübingen 1956.

rechtswidriger Gesetze möglich geworden war, daß der solche Gesetze korrekt anwendende Richter zum Verbrecher wurde, hat dieses Problem nicht nur theoretische Bedeutung. Während *Feuerbach* zu Beginn des 19. Jhs. noch von der Überzeugung ausging, das im Wesentlichen von ihm verfaßte bayerische Strafgesetzbuch verkörpere die Identität von Gesetz und Recht[24], bemerkt *Eb. Schmidt* für die Gegenwart, daß nichts so zweifelhaft geworden sei, wie die Frage, an was der Richter nun eigentlich gebunden sei, — eine Frage, die um so ernster ist, als die Möglichkeit neuen gesetzlichen Unrechts für Gegenwart und Zukunft selbstverständlich nicht ausgeschlossen ist (*Bockelmann*[25]). In der Rechtsphilosophie der Gegenwart und in der Rechtsprechung des Bundesverfassungsgerichts[26], in der das Problem zur Sprache kommen mußte, da auch der Verfassungsgeber rechtswidrig handeln könnte (*Federer* und *Wintrich*[27]), begnügt man sich im allgemeinen mit der bekannten Formel von *Radbruch*[28], „daß das positive, durch Satzung und Macht gesicherte Recht auch dann den Vorrang hat, wenn es inhaltlich ungerecht und unzweckmäßig ist, es sei denn, daß der Widerspruch des positiven Gesetzes zur Gerechtigkeit ein so unerträgliches Maß erreicht, daß das Gesetz als ‚unrichtiges Recht' der Gerechtigkeit zu weichen hat". Zur näheren Klärung der Frage, wann dieses unerträgliche Maß erreicht ist, verweist *Eb. Schmidt* auf das im Art. 1 des Grundgesetzes verankerte Prinzip der Unantastbarkeit der Menschenwürde, aus dem genauere Entscheidungskriterien erarbeitet werden sollen[29].

5. Eine Analyse des Legalitätsbegriffs legt schließlich die Frage nach den *Gesetzesinhalten* nahe. Dabei geht es einmal um die Voraussetzungen, die erfüllt sein müssen, damit ein Gesetz inhaltlich richtig, d. h. also rechtmäßig und nicht rechtswidrig ist, und zum andern um die Frage, ob unabhängig von der Richtigkeitsfrage inhaltliche Bindungen bestehen.

a) Nach *Emge*[30] ist hier zu unterscheiden zwischen dem Problem des richtigen Gesetzes einerseits und der Frage nach dem richtigen Verhalten des Gesetzgebers andererseits. Unter beiden Gesichtspunkten ist davon auszugehen, daß jedes Gesetz zunächst einmal nur ein Komplex von Direktiven ist, die nichts weiter sind als Anmaßungen eines Gesetz-

[24] Vgl. *Eb. Schmidt*, Gesetz und Richter, Karlsruhe 1952, S. 5.

[25] A. a. O., S. 38.

[26] BVerfGE 3, 231 ff.

[27] *Julius Federer*, Die Rechtsprechung des Bundesverfassungsgerichts zum Grundgesetz für die Bundesrepublik Deutschland, in: Jahrbuch des öffentlichen Rechts, neue Folge Band 3 (1954), S. 20ff. — *Josef M. Wintrich*, Zur Problematik der Grundrechte, 1957, S. 1C.

[28] *Gustav Radbruch*, Gesetzliches Unrecht und übergesetzliches Recht, Süddeutsche Juristenzeitung 1946, Nr. 5 und ders. Vorschule der Rechtsphilosophie, Heidelberg 1948, S. 31. — *Federer* a. a. O. S. 23. — *Wintrich* a. a. O. S. 9.

[29] A. a. O., S. 19.

[30] *Carl August Emge*, Einführung in die Rechtsphilosophie, Frankfurt und Wien 1955, S. 231ff.

gebers. Die Frage, ob die angemaßte Verbindlichkeit für den diesen Direktiven Unterworfenen auch wirklich besteht, ob also die Gesetze auch Recht sind, ist immer neu zu stellen. Die Antwort hängt von der Berücksichtigung zweier Maximen ab: vom — wie *Emge* sagt — Gebot der Sachlichkeit und vom Gebot der Höhe des Gesichtspunktes[31]. Das Erstgenannte, das man auch Konkretisierungsmaxime nennen könnte, fordert die Beachtung der jeweiligen einmaligen konkreten Situation mit allen Schwierigkeiten der Konkretisierung, wie sie auch von *Engisch* analysiert wurden[32]. Denn nur für die konkrete Situation, nicht für ein abstractum läßt sich das Richtige bestimmen. Das Gebot der Höhe des Gesichtspunktes, das auch Teleologisierungsmaxime genannt werden könnte, verweist demgegenüber auf die teleologische Abhängigkeit von jener dem wirklichen Sein oder Verhalten gegenüberstehenden höchsten Direktive, die religiös als göttliches Gebot und philosophisch als höchstes regulatives, ethisches Prinzip verstanden werden kann. Beide Maximen fordern die Bewältigung einer unvollendbaren Aufgabe vom Menschen, der sich infolgedessen immer wieder vor diese alles entscheidende grundlegende Problematik des richtigen Gesetzes gestellt sieht. Zu im Grundsätzlichen gleichen Ergebnissen kommen, insbesondere im Hinblick auf die Situationsgebundenheit menschlichen Handelns, *Welzel*[33] und *Wieacker*[34].

b) Inhaltliche Bindungen sollen sich nach einer gegenwärtig besonders in der deutschen Strafrechtswissenschaft vertretenen Ansicht, abgesehen von der im Vorangehenden angeschnittenen Richtigkeitsfrage, auch aus ontologischen Gründen ergeben. Man sagt, daß die „Natur der Sache“ die freien Regelungsmöglichkeiten des Gesetzgebers sachlogisch binde. Diese Theorie, die — soweit sie von Vertretern der Strafrechtswissenschaft verteidigt wird — mit dem hier nicht zu diskutierenden Finalismusstreit, über dessen derzeitigen Stand *Gallas* zusammenfassend berichtet[35], zusammenhängt, wird vor allem von *Coing*[36], *Esser*[37], *Fechner*[38], *Kaufmann*[39], *Maihofer*[40], *Niese*[41], *Stratenwerth*[42], *Welzel*[43],

[31] A. a. O., S. 233/234.

[32] S. o. Anm. 18, Die Idee d. Konkr. usw.

[33] *Hans Welzel*, Naturrecht und materiale Gerechtigkeit, Göttingen 1951, S. 181.

[34] Gesetz und Richterkunst (s. oben Anm. 23), S. 10.

[35] *Wilhelm Gallas*, Zum gegenwärtigen Stand der Lehre vom Verbrechen, Berlin 1955.

[36] A. a. O., S. 118ff.

[37] A. a. O., S. 346/347.

[38] *Erich Fechner*, Rechtsphilosophie, Tübingen 1956, S. 146ff. und 190ff.

[39] *Arthur Kaufmann*, Naturrecht und Geschichtlichkeit, Tübingen 1957, S. 26ff.

[40] *Werner Maihofer*, Recht und Sein, Frankfurt a. M. 1954, S. 121/122.

[41] *Werner Niese*, Die moderne Strafrechtsdogmatik und das Zivilrecht, Juristenzeitung 1956, S. 457ff.

[42] *Günter Stratenwerth*, Das rechtstheoretische Problem der „Natur der Sache“, Tübingen 1957.

[43] A. a. O., S. 197/198.

Wieacker[44] und *Erik Wolf*[45] vertreten. Man ist versucht, von einer ontologischen Schule in der Rechtsphilosophie zu sprechen. Der entscheidende Gesichtspunkt dieser Richtung ist die These, daß es auf dem ontologischen und sachlogischen Felde „ewige Wahrheiten" gibt, die kein Gesetzgeber der Welt abändern könne[46].

II.

Die sich schon bei dem vorangeschickten kurzen Überblick über den Begriff der Legalität in der deutschen Rechtsphilosophie ergebende Mehrdeutigkeit fordert eine *systematische Analyse*, deren prinzipielle Ansatzpunkte nunmehr darzustellen sind.

1. Grundlegend für die genauere Erfassung des Legalitätsbegriffes, bei dem im hiesigen Zusammenhang zunächst immer an das juristische Gesetz gedacht wird, ist die Klärung des *allgemeinen*, nicht nur in der Rechtswissenschaft, sondern auch in vielen anderen Forschungsbereichen vorkommenden *Gesetzesbegriffs*. Da dieser als Oberbegriff für alle in Betracht kommenden Spezialfälle geeignet sein muß, hat er eine sehr formale und abstrakte Struktur. Dieser allgemeine Gesetzesbegriff wird in der Logik entwickelt und hat nach *Carnap*[47] die Form einer *allgemeinen Implikation* von der Art der Aussageform „Für jedes x gilt: Wenn x P ist, so ist x Q". — Setzt man zum Beispiel für P den Ausdruck „ein Mensch" und für Q den Ausdruck „ein sterbliches Lebewesen" ein, so bekommt man die allgemeine Implikation, die besagt, daß alle Menschen sterbliche Lebewesen sind. — Ein Gesetz im allgemeinsten Sinne liegt also immer dann vor, wenn eine allgemeine Aussage über Voraussetzungen und die von ihr implizierten Folgen gegeben ist. Man erkennt leicht, daß dieser Gesetzesbegriff ebenso auf naturwissenschaftlichem oder mathematischem wie auf sozialwissenschaftlichem Gebiet verwendbar ist. Ein juristisches Gesetz ist mithin eine allgemeine Implikation zwischen Rechtsvoraussetzungen und Rechtsfolgen. Daß es verschiedene Implikationsarten — extensive, intensive und gegenseitige Implikationen[48] — gibt, kann in diesem Zusammenhang außer Betracht bleiben.

2. Zur systematischen Ordnung der unter I behandelten verschiedenen Thesen zum Legalitätsbegriff bedarf es aber der Heranziehung noch weiterer begrifflicher Unterscheidungen. Vergleicht man etwa den als Gegenbegriff zur Moralität benutzten Legalitätsbegriff (oben I, 1) mit

---

[44] Gesetz und Richterkunst (s. oben Anm. 23), S. 13/14.

[45] *Erik Wolf*, Das Problem der Naturrechtslehre, Karlsruhe 1955, S. 44ff., 88 u. 111.

[46] *Welzel*, a. a. O., S. 198.

[47] *Rudolf Carnap*, Einführung in die symbolische Logik, Wien 1954, S. 34 (Nr. 9c).

[48] *Ulrich Klug*, Juristische Logik, 2. Aufl., Berlin-Göttingen-Heidelberg 1958, § 4 Nr. 1, 4 und 10.

dem anthropologischen Legalitätsbegriff (oben I, 3), dann erkennt man, daß es sich um Begriffe aus sehr verschiedenen Bereichen handelt, denn die Frage, wie man jeweils den Beweis führt, daß Legalität vorliegt oder nicht, wird in beiden Fällen unterschiedlich beantwortet werden müssen. Ob ein dem Gesetz Unterworfener die Haltung der Legalität, d. h. ob er Achtung vor dem Gesetz hat, das kann nur durch Beobachtung, durch psychologische Tests u. ä. Verfahren ermittelt werden. Die Verifikation der Behauptung über Legalität in diesem Sinne ist also ein empirisches Unternehmen. Dagegen ist die Frage, ob Legalität im Sinne von Übereinstimmung eines gegebenen Verhaltens mit gegebenen juristischen Gesetzen vorliegt, offensichtlich kein empirisches, durch Beobachtungen zu verifizierendes, sondern ein rein logisches Problem. Empirisch zu klären sind nur die Vorfragen, nämlich ob ein bestimmtes Verhalten und ein bestimmtes Gesetz gegeben sind. Aber die entscheidende, rechtlich bedeutsame Frage, ob das gegebene Verhalten legal ist in Bezug auf ein vorliegendes Gesetz, entscheidet sich nach logischen Kriterien, wobei das typisch Juristische dieser Problematik darin liegt, daß zu den Voraussetzungen, d. h. zu dem Vorderglied der Gesetzes-Implikation, teleologische Prämissen gehören, die möglicherweise im Gesetz nicht ausdrücklich genannt sind, sondern aus der ratio legis hergeleitet werden müssen[49]. Das Letztgenannte kompliziert das Verfahren, ändert aber nichts Grundsätzliches an der logischen Struktur. Nennt man nichtempirische Verifikationen apriorische, dann hat man es im zuletzt erörterten Fall mit einem *apriorischen* Legalitätsbegriff zu tun, während es sich bei der anthropologischen Legalität um einen *empirischen* Begriff handelt, — wobei man sich darüber klar sein muß, daß es sich um eine abkürzende Redeweise handelt, denn an sich können nur Aussagen apriorisch oder empirisch sein, nicht die in ihnen vorkommenden Begriffe.

3. Für die systematische Einordnung des Legalitätsbegriffs sind ferner noch folgende, an die Analyse des Geltungsbegriffs bei *Emge*[50] und *Radbruch*[51] anknüpfende Gesichtspunkte zu berücksichtigen:

a) Unter Legalität kann Übereinstimmung mit den Gesetzen der Logik gemeint sein. Dann hat man es mit *logischer Legalität* zu tun.

b) Legalität kann sich sodann auf die Gesetze einer positiven Rechtsordnung beziehen. Hier spricht man zweckmäßigerweise von *juristischcr Legalität.*

c) Bezieht sich die Übereinstimmung eines Verhaltens auf die Gesetze der Ethik, dann liegt *ethische Legalität* vor. — Ist das Objekt, dessen

[49] *Klug*, a. a. O., § 18.

[50] A. a. O., S. 316ff. und ders., Geschichte der Rechtsphilosophie, Berlin 1931, S. 66ff.

[51] Rechtsphilosophie (s. o. Anm. 1), S. 174ff.

Übereinstimmung mit den Gesetzen der Ethik festgestellt ist, selbst ein Gesetz, dann kann man diesen auf sog. richtige Gesetze bezogenen Spezialfall ethischer Geltung zur besonderen Hervorhebung *ideale Legalität* nennen.

d) Von *soziologischer Legalität* wird man bei der Übereinstimmung mit soziologischen Gesetzen sprechen können.

e) Bezieht sich die Legalität auf die sog. sachlogischen Gesetze — auch Seinsgesetze genannt — dann handelt es sich um *ontologische Legalität.*

f) *Ästhetische Legalität* ist die Übereinstimmung mit den Gesetzen der Ästhetik.

g) *Psychologische Legalität* wäre schließlich die Übereinstimmung mit psychischen Gesetzen.

Die im vorstehenden skizzierten Möglichkeiten für die Aufgliederung des Legalitätsbegriffs sind nicht vollständig. Da es physikalische, chemische und andere naturwissenschaftliche, mathematische, historische und sonstige Gesetze gibt, wären noch zahlreiche weitere Legalitätsbegriffe zu entwickeln. Das kann nicht Wunder nehmen, weil der Gesetzesbegriff ein logischer Begriff ist, und er infolgedessen grundsätzlich in allen Wissenschaftsbereichen vorkommt. Diese weiteren Möglichkeiten interessieren jedoch im hiesigen Zusammenhang weniger.

4. Wendet man die verschiedenen Interpretationen des Legalitätsbegriffs auf die oben unter I dargestellten rechtsphilosophischen Thesen an, so zeigt sich folgendes:

a) Obwohl der *logische* Legalitätsbegriff als von der Erfahrung unabhängige, apriorische Grundlage für alle übrigen Legalitätsarten in Betracht kommt, wird er ausdrücklich in keinem der genannten Fälle in Bezug genommen. Er wird stillschweigend vorausgesetzt und zwar auch dort, wo man in der Jurisprudenz die axiomatische Methode[52] bewußt verläßt und sich einer Topik im Sinne von *Viehweg*[53] als ars inveniendi bedient. Wo immer der juristische Legalitätsbegriff vorkommt, ist der logische stets mitgemeint, es sei denn man verzichtet auf logische Korrektheit.

b) Nicht so eindeutig ist die Analyse hinsichtlich des *juristischen* und des *ethischen* Legalitätsbegriffs.

aa) Die Gegenüberstellung von Legalität und Legitimität (oben I, 2) gestattet noch eine klare Subsumtion, denn dort, wo die Gesetzesfrage maßgebend ist, wird der juristische Legalitätsbegriff, und dort wo die Rechtsfrage entscheidend ist, der ethische und — falls die Legitimität eines Gesetzes selbst in Frage steht — der ideale Legalitätsbegriff ge-

[52] Vgl. hierzu *Klug*, a. a. O. (s. oben Anm. 48), § 17.
[53] *Theodor Viehweg*, Topik und Jurisprudenz, München 1953, S. 15ff.

meint. Das gilt entsprechend auch für das staatsphilosophische Legitimitätsprinzip.

bb) Dagegen erscheint die systematische Klärung des Begriffspaares Legalität und Moralität (oben I, 1) schwieriger. Da *Radbruch* den Verpflichtungsgrund des Rechts in der Moral sieht, muß man bei seinen Thesen davon ausgehen, daß sowohl Legalität wie Moralität im Sinne einer ethischen Legalität gemeint sind.

cc) Beim Legalitätsprinzip (oben I, 4) ist die juristische Legalität überall dort gemeint, wo zunächst nur auf die Bindung durch das positive Gesetz verwiesen wird, die ethische dagegen dort, wo zusätzlich auf das Recht als Bindungsquelle Bezug genommen ist. Das gilt deutlich für Art. 20 Abs. III des Grundgesetzes, jedoch ist es nicht eindeutig, wenn etwa *Wieacker* — doch wohl bewußt — von einer *außer*gesetzlichen und nicht von einer *über*gesetzlichen Rechtsordnung spricht. Dagegen ist wiederum unzweifelhaft die juristische Legalität gemeint, wenn von rechtswidriger Legalität gesprochen wird, denn hier ist gerade Divergenz zwischen juristischer und ethischer Legalität das Charakteristische.

dd) Bei dem Problem des richtigen Gesetzes, wie überhaupt ganz allgemein bei der Richtigkeitsfrage, die beim Gesetzesinhalt (oben I 5a) von entscheidender Bedeutung ist, geht es um die rechtsphilosophische Kardinalfrage, wie aus juristischer Legalität ethische Legalität wird.

c) Die *ontologische* Legalität ist dort in Anspruch genommen, wo von sachlogischen Bindungen des Gesetzgebers (oben I, 5b) die Rede ist. Hier wird dann die These vertreten, daß eine Divergenz zwischen ontologischer und juristischer Legalität zu einem Widerspruch mit logischer Legalität führe, und daß zwischen ontologischer und ethischer Legalität kein Widerspruch denkbar sei. Bei der Diskussion dieser Theorie hängt alles von der hier nicht weiter zu verfolgenden Frage ab, ob es eine kontrollierbare Erkenntnis ontologischer Gesetze, sog. Seinsgesetze, gibt, oder ob man sich hier, wie *Engisch*[54] zutreffend meint, nur auf dem Gebiet des philosophischen Glaubens bewegt.

d) Bei der Verwendung des Begriffs der Legalität zur Kennzeichnung einer menschlichen Haltung (oben I, 3) ist zu unterscheiden zwischen dem, worauf sich diese Haltung bezieht und der Haltung selbst. Ist die Haltung nur eine Achtung vor dem positiven Gesetz, dann hat man es mit juristischer Legalität zu tun. So wäre etwa ein reiner Positivist charakterisiert. Bezieht sich die Haltung nicht auf Gesetze, sondern auf das Recht, dann liegt ethische Legalität vor. Erst in diesem Falle hätte man es mit einem echten Juristen im anspruchsvollen Sinn des Wortes zu tun. Im übrigen ist der Sachverhalt sehr komplex, denn auch die logische und die ästhetische Legalität können ins Blickfeld kommen. Die erstgenannte

[54] Idee der Konkretisierung usw. (s. oben Anm. 18), S. 115; ähnlich auch *Coing*, a. a. O. (s. oben Anm. 6), S. 128/129.

beim Typ des „Korrekten“ oder „Pedanten“, die zuletztgenannte bei demjenigen, dessen Verhalten vom „Mißfallen am Streit“ gelenkt wird. Sogar die ontologische Legalität käme für die Typisierung eines Verhaltens insofern in Betracht, als man es hier mit Haltungen zu tun hätte, die im Gegensatz etwa zum Skeptiker und Aporetiker durch Glaubenssicherheit hinsichtlich des Blicks in das Wesen des Seins charakterisiert wären. Bei den einzelnen Möglichkeiten gibt es darüber hinaus mannigfaltige Überschneidungen und Kombinationen hinsichtlich der Legalität, auf die sich die Haltung bezieht. Sie können hier nicht weiter verfolgt werden. Bei der Haltung der Legalität selbst ist der psychologische Begriff der Legalität gemeint. Insoweit käme es also auf eine Heranziehung psychologischer Gesetze zur Persönlichkeitsanalyse an. Die anthropologische Legalität erweist sich somit als ein vielschichtiges, nicht uninteressantes Gebilde, das zu weiterer Untersuchung anregt.

Das Gleiche gilt indessen auch hinsichtlich des Legalitätsbegriffs in allen seinen übrigen Bedeutungen und systematischen Relationen, von denen hier nur ein begrenzter Ausschnitt dargestellt werden konnte.

Kritik in strafrechtlicher und rechtsphilosophischer Sicht

Jede nicht zu enge Diskussion des Problems der Kritik muß auch die Rolle der Kritik im Strafrecht berühren. Dabei leuchtet es ein, daß Fragen, wie etwa die nach den Grenzen zwischen einer zulässigen Kritik an einer Person und einem strafbaren Angriff auf die Ehre, oder die nach dem Recht, die Wahrheit zu sagen, selbst wenn dadurch Interessen anderer verletzt werden, nicht allein aus strafrechtlicher Sicht beantwortet werden können, sondern zu Grundlagenfragen der Rechtsphilosophie weiterführen. Diese Gedankenschritte lassen sich indessen erst dann vollziehen, wenn der mehrdeutige Begriff der Kritik wenigstens in Umrissen zuvor geklärt ist.

1. Wo immer von Kritik die Rede ist, werden vor allem folgende Bedeutungen in Betracht kommen:

a) In erster Linie wird man bei Kritik an eine Form der Stellungnahme zu denken haben. Allerdings muß es sich um eine *beurteilende* Stellungnahme handeln. Beurteilung heißt in diesem Zusammenhang das Prüfen des Gegenstandes der Stellungnahme an bestimmten Maßstäben. Der Stellungnehmende versucht zu ermitteln, ob und wie das Objekt der Messung den vorausgesetzten direktiven Axiomen entspricht. Der geprüfte Gegenstand – im weitesten ontischen Sinne des Wortes – ist, „so, wie er sein soll" oder das ist nicht der Fall. Eine solche beurteilende Stellungnahme ist dann Kritik in einem *ersten* Sinn. Daß bei dieser Deutung nicht jede, sondern nur die beurteilende Stellungnahme Kritik ist, ergibt sich u.a. daraus, daß jede Beantwortung einer Frage eine Stellungnahme ist, ohne immer zugleich Kritik zu sein. Der Tatzeuge, der auf die Frage des Richters antwortet, er habe nichts gesehen, nimmt Stellung, übt aber keine Kritik. Gegenstände der Kritik können Personen, Leistungen und Sachen sein. Die Definition von *Clauberg* und *Dubsilav*, wonach es sich bei Kritik stets um Aussagen über Aussagen handle[1], stellt demgegenüber eine zu starke Einschränkung des Begriffes dar, die in bestimmten wissenschaftlichen Zusammenhängen zweckmäßig sein mag, die aber dem herrschenden Sprachgebrauch sicher nicht gemäß ist. Daß sich Kritik in diesem Sinne auf Personen und Leistungen erstrecken kann, versteht sich von selbst. Weniger einleuchtend ist es auf den ersten Blick, daß auch Sachen als Objekte einer Kritik in Betracht kommen, die keine Leistungen von irgendwelchen Personen sind. Gleichwohl ist auch das möglich, denn es ist zum Beispiel sinnvoll, Landschaften unter ästhetischen Aspekten kritisch zu würdigen und zu vergleichen.

1 Systematisches Wörterbuch der Philosophie, S. 258/259. Leipzig 1923

Im Einzelnen hat man bei diesem Begriff der Kritik zwischen *ausdrücklicher* und *nicht ausdrücklicher* Kritik einerseits und zwischen *echter* und *unechter* Kritik andererseits zu unterscheiden. Unter nicht ausdrücklicher Kritik ist eine solche zu verstehen, die nur durch schlüssiges Verhalten geäußert wird. Hier wäre etwa an ironisch übersteigerte Beifallsgesten und ähnliches zu denken. Echte Kritik liegt vor, wenn die beurteilende Stellungnahme auf wirklicher oder doch zumindest gutgläubig vermeintlicher Prüfung beruht. Unecht ist dagegen eine solche Kritik, die nur den Anschein vorangegangener Prüfung erweckt oder doch zu erwecken sucht.

Das Ergebnis der Kritik kann *negativ-ablehnend, positiv-zustimmend* oder *neutral-unentschieden* sein.

Kritik kann selbst der Kritik unterzogen werden. In solcher *Kritik der Kritik* kann die zum Gegenstand der Beurteilung gemachte Kritik etwa als kritiklose Kritik gekennzeichnet werden, wobei unter Kritiklosigkeit der Mangel an gründlicher Prüfung, an vorsichtigem Abwägen usw. verstanden werden kann. Das entgegengesetzte Extrem wäre das, was man strenge Kritik nennt. Ihre Übertreibung würde einen „Kritikaster" oder "Krittler" kennzeichnen.

b) Eine ganz andere Bedeutung des Begriffs der Kritik liegt dort vor, wo man unter Kritik das *Urteilsvermögen* einer Person versteht. Jemand hat Kritik in diesem *zweiten* Sinn, wenn er zu besonders gründlicher Kritik in der obigen ersten Bedeutung des Wortes in der Lage ist. Der entgegengesetzte Typ wäre ein kritikloses Individuum. In diesem Zusammenhang spielt dann die Fähigkeit zur Selbstkritik eine besondere, hier nicht näher zu erörternde Rolle.

c) Eine *dritte* Bedeutung bekommt der Terminus Kritik dort, wo von kritischen Situationen und ähnlichem gesprochen wird. Hier ist eine Grenzsituation gemeint, die unmittelbar vor einer Wendung zum Guten oder zum Schlechten steht. Spricht man dagegen nicht von einer kritischen Lage, sondern von einer kritischen Person, so meint man wiederum etwas anderes. Es soll hier zum Ausdruck gebracht werden, daß jemand auf Grund eines gesteigerten Urteilsvermögens – Kritik im *zweiten* Sinne – besonders anspruchsvoll ist.

d) Schließlich kann Kritik noch in einem *vierten* Sinne gemeint sein. Das zeigt sich, wenn Kritik dem Dogma, der Autorität und möglicherweise auch der Tradition gegenübergestellt wird. *Kant* hat seine Philosophie, die er als antidogmatisch, antiautoritär und weitgehend auch als traditionslos im Sinne einer originären Erneuerung – jener berühmt gewordenen „Kopernikanischen Wendung" – verstanden wissen wollte, in diesem Sinne des Wortes eine Kritik genannt. Wenn heute von Kritizismus gesprochen wird, so bezieht sich dies deshalb in der Regel auf seine Philosophie, ohne daß der mit diesem Ausdruck leicht assoziierte negative Bedeutungsgehalt, der an übertriebene Formen der Kritik im eingangs erwähnten ersten Sinne erinnert, mitgemeint ist.

2. Rechtlich bedeutsam sind alle diese verschiedenen Begriffe der Kritik. *Strafrechtlich relevant* sind dagegen nur einige der erwähnten Deutungen. Als wichtigste kommt hier die Kritik in dem unter 1a) näher bestimmten Sinn in Betracht und auch

dies nur insoweit, als sie negativ ist. Wenn auch der Ausdruck Kritik im geltenden deutschen Strafrecht nicht vorkommt, so hat im Rahmen des Beleidigungsstrafrechts eine Bestimmung die Kritik gleichwohl zum Gegenstand. Das war erforderlich, weil der Gesetzgeber die Frage klären mußte, in welchen Fällen negative, sich auf eine Person oder deren Leistungen beziehende Stellungnahmen Beleidigungen sind und unter welchen Voraussetzungen dies nicht der Fall ist. So bestimmt *§ 193 StGB:*

„Tadelnde Urteile über wissenschaftliche, künstlerische oder gewerbliche Leistungen, ingleichen Äußerungen, welche zur Ausführung oder Verteidigung von Rechten oder zur Wahrnehmung berechtigter Interessen gemacht werden, sowie Vorhaltungen und Rügen der Vorgesetzten gegen ihre Untergebenen, dienstliche Anzeigen oder Urteile von Seiten eines Beamten und ähnliche Fälle sind nur insofern strafbar, als das Vorhandensein einer Beleidigung aus der Form der Äußerung oder aus den Umständen, unter welchen sie geschah, hervorgeht."

Für das *kommende Strafrecht* ist eine ähnliche Bestimmung vorgesehen. Endgültiges steht naturgemäß noch nicht fest. Nach § 184 des Entwurfs von 1959 wird folgender Wortlaut vorgeschlagen:

„1) Äußerungen zur Kritik wissenschaftlicher, künstlerischer, beruflicher, gewerblicher oder anderer Leistungen zur Erfüllung einer Rechtspflicht, zur Ausübung eines Rechts oder zur Wahrnehmung eines berechtigten öffentlichen oder privaten Interesses sind nicht als Beleidigung strafbar, soweit die Handlungsweise des Täters ein angemessenes Mittel ist, den angestrebten Zweck zu erreichen.

2) Wer durch Berichterstattung, insbesondere durch Presse- oder Funkberichte, einem ernsthaften Bedürfnis nach Unterrichtung der Öffentlichkeit dient, nimmt ein berechtigtes öffentliches Interesse im Sinne des Absatzes 1 wahr."

In allen Fällen, die von der geltenden Bestimmung und von dem Vorschlag für das kommende Strafrecht näher charakterisiert sind, handelt es sich um Formen der beurteilenden – negativen – Stellungenahme zu Personen oder ihren Leistungen, also um Kritik. Da diese, soweit sie hier behandelt ist, zu negativen Ergebnissen kommt, läßt es sich in vielen Fällen nicht vermeiden, daß diese Kritik direkt oder indirekt die Kundgabe einer Mißachtung eines anderen und somit den objektiven Tatbestand einer Beleidigung enthält. Damit wird aber die Frage wesentlich, wann eine Kritik, die den Beleidigungstatbestand erfüllt, gleichwohl zulässig ist. Hier versuchen der bereits erwähnte § 193 StGB – und ähnlich die vorgeschlagene neue Bestimmung – die Grenze zu ziehen.

3. Der tragende Gedanke, mit dessen Hilfe die erforderliche Abgrenzung gefunden werden soll, und der voraussichtlich auch im kommenden Strafrecht beibehalten wird, ist der Gesichtspunkt der *Wahrnehmung berechtigter Interessen.* Man geht dabei davon aus, daß in den in Frage kommenden Fällen eine Notstands-Situation entsteht, weil sich derjenige strafbar macht, der negative Kritik dadurch übt, daß er – wie § 186 StGB bekanntlich sagt – in Beziehung auf einen anderen eine Tatsache behauptet oder verbreitet, welche geeignet ist, jenen anderen verächtlich zu machen oder in der öffentlichen Meinung herabzuwürdigen, wenn es nicht gelingt, den Nachweis zu erbringen, daß jene behaupteten Tatsachen wahr sind. Hat der die Kritik

Übende ein wichtiges Interesse an der Äußerung seiner Ansicht, – etwa um gefährliche Mißstände aufzudecken – so kommt er in eine Zwangslage, falls er nicht sicher ist, den Beweis für die Wahrheit seiner Behauptungen führen zu können, weil z.B. sein Gewährsmann inzwischen verstorben ist. Ihm bleiben dann nur zwei Möglichkeiten, nämlich, entweder auf die Wahrnehmung seiner Interessen zu verzichten oder das Risiko einer Bestrafung wegen der Verletzung der Ehre eines anderen einzugehen. Diese Notstandslage hat der Gesetzgeber berücksichtigt, inderm er in der erwähnten Bestimmung des § 193 anordnete, daß in einer Konfliktslage der geschilderten Art die Interessen des Kritikers dem Anspruch des Angegriffenen auf Nichtverletzung seiner Ehre vorgezogen werden dürfen, wenn es sich um berechtigte Interessen handelt. Es findet hier eine Rechtsgüterabwägung statt, bei der sich auf der einen Seite die Ehre und auf der anderen Seite das wahrgenommene Interesse gegenüberstehen.

Zur Frage, wann bei dieser Güterabwägung die Ehre des Angegriffenen zurückstehen muß und die Kritik des Angreifers folglich zulässig ist, gibt es eine umfangreiche Rechtsprechung, aus der im Nachstehenden nur einige der wichtigsten Argumente herausgegriffen seien[2].

a) Ausschlaggebend ist zunächst einmal die Überlegung, daß die Behauptung nicht erweislich wahrer, ehrenrühriger Tatsachen den Kritiker nur dann rechtfertigt, wenn sie das rechte Mittel zum rechten Zweck ist. Obwohl dies im geltenden Recht nicht ausdrücklich gesagt ist, ist der ausschlaggebende Charakter dieses Gesichtspunktes unbestritten. Im künftigen Strafrecht wird der Gesetzestext, wie der obige Vorschlag zeigt, diesen Gedanken voraussichtlich ausdrücklich erwähnen.
b) Der erstrebte Zweck ist dann ein rechter, wenn er nach allgemeinen Rechtsnormen und nach dem Sittengesetz als zulässig erscheint. Das Sensationsinteresse oder Interesse an der Erlangung politischer Macht, – um nur zwei Beispiele zu nennen – reichen prinzipiell nicht aus. Je schwerer die in der Kritik liegende Ehrverletzung ist, desto bedeutsamer muß das wahrgenommene Interesse für den Kritiker sein, wenn der erstrebte Zweck ein rechter sein soll. Schon in der Praxis des Reichsgerichts wurde deshalb verlangt, daß die wahrgenommenen Interessen den Täter persönlich nahe angehen müssen.
c) Aber selbst dann, wenn die Berechtigung des verfolgten Zweckes nachgewiesen werden kann, ist nicht jedes eingesetzte Mittel zulässig und „geheiligt". Die in der Kritik enthaltenen ehrverletzenden Behauptungen müssen zur Interessenwahrnehmung erforderlich gewesen sein. Dies sind sie nur dann, wenn der Täter keine andere Möglichkeit zur Wahrnehmung seiner berechtigten Interessen gehabt hat, wenn er sich also in einer echten Zwangslage befand. Außerdem kann als erfor-

2 Neben den bekannten Lehrbüchern des deutschen Strafrechts von *v. Liszt-Schmidt, Maurach, Mayer, Mezger, v. Weber* und *Welzel* sowie den Kommentaren von *Frank, Dreher-Massen, Jagusch-Mezger-Schaefer-Werner, Kohlrausch-Lange, Schönke-Schröder* und *Schwarz* vgl. ferner *Claus Seibert*, Zur Wahrnehmung berechtigter Interessen, Monatsschr. für Deutsches Recht 1951, S. 709–712

derlich nur anerkannt werden, was in der betreffenden Situation noch als „maßvoll" erscheint. Hinzu kommt schließlich, daß die ehrverletzende Kritik als Mittel zur Wahrnehmung berechtigter Interessen nur dann angemessen sein kann, wenn die Behauptung der ehrenrührigen Tatsachen nicht leichtfertig, sondern erst nach sorgfältiger Prüfung geschehen ist. Die Rechtsprechung verlangt deshalb die Erfüllung einer Informationspflicht. Dies gilt ganz besonders für Presseveröffentlichungen. Es muß sich also um echte Kritik (oben 1a) handeln.

d) Sind die vorgenannten Bedingungen erfüllt, dann ist das Verhalten des Kritikübenden nicht mehr rechtswidrig. Das gilt aber nicht für den Exzeß, und zwar ebensowenig für den intensiven Exzeß, wenn die Kritik unsachlich übertreibt, wie für den extensiven Exzeß, wenn die Kritik auf dem einen Gebiet nur Vorwand ist für das unsachliche Übergreifen auf ein anderes. Ein Kritikexzeß mag allenfalls, wenn er nicht oder nur in geringerem Maße vorwerfbar ist, die Schuld beseitigen oder mindern[3].

4. Es ist nicht leicht, das all diesen Überlegungen zugrunde liegende Prinzip zu ermitteln. *Klee* glaubte, daß der tragende Gedanke, die aus dem System des Beleidigungsstrafrechts zu entnehmende Anerkennung des Rechts die Wahrheit zu sagen, sei[4]. Aus diesem Grundgedanken soll sich die Folgerung ergeben, daß bei der erörterten Güterabwägung die Wahrnehmung berechtigter Interessen dem Anspruch auf Nichtverletzung der Ehre vorgehe. Manches scheint hierfür zu sprechen. So vor allem die Tatsache, daß die Behauptung oder Verbreitung ehrenrühriger Tatsachen nicht strafbar ist, wenn sich ihre Wahrheit nachweisen läßt, – es sei denn, daß die Form der Äußerung oder Verbreitung oder die Umstände, unter denen sie geschah, ein über den nicht zu umgehenden achtungsverletzenden Charakter hinausgehendes Mehr an Ehrenkränkung enthält. Dieser Fall würde z.B. vorliegen, wenn statt sachlicher Formulierungen beschimpfende benutzt werden, die auf eine bewußte Kränkungsabsicht zurückschließen lassen.

Eine genauere Betrachtung der hier in Rede stehenden Notstandslage zeigt aber deutlich, daß der zunächst bestechende Gedanke von *Klee* keine in allen Fällen tragfähige Grundlage bietet. Selbst wenn man von der erkenntnistheoretischen Pilatusfrage „Was ist Wahrheit?" absieht, so zeigt sich doch, daß es Notstandssituationen gibt, bei denen die Wahrnehmung berechtigter Interessen das Verhalten des Täters rechtfertigt, obwohl die in Betracht kommenden Äußerungen bewußt der Wahrheit zuwider aufgestellt wurden. Hierher gehört der vom Reichsgericht in diesem Sinne entschiedene, berühmt gewordene Fall der Verleumdung eines Zeugen zur Sicherung des Freispruchs eines Unschuldigen[5]. Aber selbst wenn man, wie *Welzel*[6], die wohl richtige Meinung vertritt, daß es sich hier um keinen Fall des § 193

3 *Schaefer* in Strafgesetzbuch (Leipziger Kommentar), 8. Aufl., Anm. V, 1 zu § 193

4 *Karl Klee*, Das Recht auf Wahrheit als Grundprinzip des § 193 StGB. In: Festgabe für Reinhard von Frank, S. 365–390. Tübingen 1930

5 Entscheidungen des Reichsgerichts in Strafsachen Band 48, S. 414

6 *Hans Welzel*, Das deutsche Strafrecht, S. 262, 6. Aufl., Berlin 1958

StGB handelt, weil hier die besondere Notstandsvoraussetzung fehlt, die in der Ungewißheit darüber liegt, ob der Angegriffene durch tadelnswertes Verhalten wichtige Interessen verletzt hat, reicht der Gedanke, es gehe bei der Wahrnehmung berechtigter Interessen um eine Konsequenz aus dem Recht die Wahrheit zu sagen, nicht aus, weil die durch § 193 gerechtfertigte Achtungsverletzung sich nicht nur auf *Tatsachenbehauptungen*, sondern auch auf *Werturteile* erstreckt. Dies bringt der Gesetzgeber deutlich zum Ausdruck, wenn er unter anderem von einer Kritik durch tadelnde Urteile über wissenschaftliche, künstlerische oder gewerbliche Leistungen spricht. Hier geht es nicht mehr um die *Wahrheit* der Kritik – daß etwa ein Komponist von einem anderen abgeschrieben habe –, sondern um ihre *Richtigkeit* in bezug auf die vorausgesetzten Maßstäbe, also um Bewertungen, wie man kürzer, aber ungenauer zu sagen pflegt. Man wird deshalb den *Grundgedanken des § 193 in einem allgemeinen Recht zur Kritik*, sowohl im Hinblick auf Tatsachenbehauptungen als auch auf Werturteile erblicken müssen. Aus diesem Prinzip folgt zwar auch das grundsätzliche Recht, die Wahrheit zu sagen, aber es ergibt sich aus ihm noch mehr, nämlich das weitere grundsätzliche Recht zu nicht am Kriterium der Wahrheit zu messenden, sondern bewertenden negativen Äußerungen.

5. Die sich an diese These anknüpfende weitere Frage, woraus sich denn nun ein solches allgemeines Recht zur Kritik herleite, führt, abgesehen von den mit den Grundrechten zusammenhängenden staatsrechtlichen Problemen zu rechtsphilosophischen Grundlagenfragen. Läßt sich nämlich eine allgemeine, über den Bereich des Rechts hinausgehende, alle menschliche Bemühungen einschließende *Pflicht zur Kritik* begründen, dann ist das Recht zur Kritik hieraus eine zwangsläufige Folge.

Eine derartige allgemeine Pflicht zur Kritik könnte als irrationale oder als rationale Maxime aufgestellt sein. Der erste Weg führt zu Glaubenslehren, deren Maßgeblichkeit sich wissenschaftlicher Untersuchung entzieht.

Als rationale Maxime folgt die allgemeine Pflicht zur Kritik aus der Kombination einer erkenntnistheoretischen mit einer ethischen Prämisse. Die *erkenntnistheoretische* lautet: Die Erkenntnis dessen, was ist – des Wahren –, und dessen, was sein soll – des Richtigen –, ist niemals mit letzter unbezweifelbarer Sicherheit möglich. Und die *ethische* Prämisse besagt, daß die ständige Bemühung um eben diese Erkenntnis des Wahren und des Richtigen gleichwohl unabdingbar gefordert ist. Stets wenn Tatsachenbehauptungen über das, was ist, aufgestellt oder Werturteile über das, was sein soll, gefällt werden, sind neben anderen immer auch diese Prämissen vorausgesetzt. Sie zu bestreiten, wäre nicht sinnvoll.

Aus den ersten Prämisse folgt, daß gegenüber allen Aussagen, sei es über das, was ist, oder sei es über das, was sein soll, stets Kritik möglich ist, und aus der zweiten, daß zu dieser Kritik eine Verpflichtung besteht, denn ein kritikloses Bemühen um jene Erkenntnis wäre wegen der Erkenntnisgrenzen ein widerspruchsvolles Verhalten.

Besteht aber solchermaßen eine allgemeine Pflicht zur Kritik, dann gibt es auch ein Recht zur Kritik. Da dieses Recht aus allgemeinen Prinzipien abgeleitet wird, ist es unabhängig von der Bestätigung in irgendeiner positiven Rechtsordnung. Es ist also selbst ein überpositives Prinzip.

Gleichwohl pflegt man in positiven Rechtsordnungen auf jeden Fall dann, wenn sie rechtsstaatlich sind, dieses Recht zur Kritik ausdrücklich oder konkludent anzuerkennen. Für eine solche Positivierung kommt neben dem Verfassungsrecht insbesondere das Strafrecht in Betracht, und so ist im deutschen Strafrecht diese Anerkennung in der oben erörterten Weise innerhalb des Beleidigungsstrafrechts erfolgt.

Thesen für eine Analyse des Menschenbildes im Recht

- Eine rechtsphilosophische Skizze -

Jeder Rechtsordnung, sei sie kodifiziert oder nicht kodifiziert, liegt eine mehr oder weniger bestimmte Auffassung vom Menschen zu Grunde. Unmittelbar oder mittelbar ist nahezu jede Rechtsnorm der Ausdruck eines bestimmten Leitbildes vom Menschen. Die Auslegung und die Anwendung einer bestimmten Rechtsordnung wird man nur dann richtig verstehen können, wenn man sich des in den betreffenden rechtlichen Regelungen spiegelnden Menschenbildes mehr oder weniger deutlich bewußt ist. Es ist deshalb eine für jede Zeit neugestellte wichtige Aufgabe, sich in der juristischen Grundlagenforschung um die Herausarbeitung des für das Recht maßgebenden Menschenbildes zu bemühen.

Da die Frage, warum eine bestimmte rechtliche Reglung so und nicht anders erfolgt ist, nur dann beantwortet werden kann, wenn man sich über die der Regelung zugrunde liegende Auffassung vom Menschen und seiner Bestimmung einig ist, kann es nicht ausbleiben, daß jenes Bild vom Menschen im Recht nicht nur empirische Konturen aufweist. Der Sinn menschlichen Daseins ist nun einmal ein Problem, das über den Bereich des Erfahrbaren hinausreicht, und das deshalb tradtionsgemäß zu den sogenannten metaphysischen Problemen gezählt wird. In einer Analyse des Menschenbildes im Recht werden deshalb neben empirischen zugleich metaphysische Thesen zwangsläufig auftreten müssen. Infolgedessen muß zunächst einmal versucht werden, sich über den hier verwendeten Begriff der Metaphysik Klarheit zu verschaffen.

Seit längerem hat man sich in den modernen Wissenschaften daran gewöhnt, zwischen einer Theorie und der Theorie über jene Theorie zu unterscheiden. Die Letztgenannte behandelt die Erstgenannte als das Objekt ihrer Untersuchungen. Es ist deshalb üblich, die erstgenannte Theorie Objekttheorie zu nennen. Diejenige Theorie, deren Untersuchungsobjekt die Objekttheorie ist, nennt man dann Metatheorie. Sind Theorien Systeme von Sätzen, dann ist die Metatheorie ein System von Sätzen über Sätze. So betrachtet kann man die Sätze der Objekttheorie Sätze erster Stufe und die Sätze der Metatheorie, deren Sätze sich auf die Sätze erster Stufe beziehen und die über die Sätze erster Stufe etwas aussagen, Sätze zweiter Stufe nennen.

Auf der Basis dieser Stufengliederung unterscheidet man beispielsweise Mathematik und Metamathematik oder Logik und Metalogik. Faßt man nun Metaphysik als Grundlagenwissenschaft auf und sieht man jeweils in der Metatheorie die auf die Objekttheorie bezogene Grundlagenwissenschaft, dann ist jede Metatheorie die Metaphysik der betreffenden Objekttheorie. Die Metalogik ist bei dieser Sprachregelung die Metaphysik der Logik und die Metamathematik die Metaphysik der Mathematik.

Diese zunächst vielleicht überraschend wirkende Terminologie dürfte sich bei genauerer Analyse weitgehend mit mindestens einem Teil der traditionellen Auffassung der Metaphysik als Grundlagenwissenschaft treffen. Am Begriff der Metalogik wird das besonders deutlich, denn Metalogik gehört auf jeden Fall zu den klassischen Themen der Metaphysik.

Indessen empfiehlt es sich, bei der hier vorgenommenen rationalen Bestimmung des Begriffs der Metaphysik noch ein zusätzliches Merkmal einzuführen. Hierbei ist davon auszugehen, daß es möglich ist, jede Metatheorie ihrerseits wieder zu einer Objekttheorie zu machen, indem man ein System von Sätzen dritter Stufe, die etwas über die Sätze zweiter Stufe aussagen, bildet. Man erhält auf diese Weise eine Meta-Metatheorie. Dieses Verfahren läßt sich fortsetzen, so daß sich ein unendlicher Regress entwickelt. Dem meist unklar gebildeten traditionellen Begriff der Metaphysik wird man wohl dann am nächsten kommen, wenn man sagt, diejenige Metatheorie, die die Sätze höchster Stufe enthält, ist die Metaphysik der betreffenden Objekttheorien, denn bei dieser Metatheorie höchster Stufe ist man in der Tat bei den Grundlagen angelangt. Es ist dies die Stelle, in jenem erwähnten unendlichen Regress, an der man haltmacht. – Daß in diesem Haltmachen bei der Bildung von Metatheorien ein Moment der Willkürlichkeit liegt, sei hier nur am Rande angemerkt.

In den Metatheorien höchster Stufe treten notwendig undefinierte Grundbegriffe und unbewiesene Grundbehauptungen auf. Ein Teil der Aufgaben dieser Metatheorie in höchster Stufe wird somit darin bestehen, die sogenannten letzten unlösbaren Probleme möglichst genau zu umgrenzen. Damit trifft sich dieser Metaphysikbegriff auch mit dem Begriff der Metaphysik, den Nicolai *Hartmann* in seiner „Metaphysik der Erkenntnis" verwendet, wenn er von einer „Metaphysik der Probleme" spricht.

Dieser rationalen Auffassung der Metaphysik kann, wie ein Blick in die Geschichte dieses Begriffs zeigt, eine irrationale Interpretation an die Seite gestellt werden, die man „spekulative Metaphysik" zu nennen pflegt. In dieser Metaphysik geht es im wesentlichen um das, was man mit *Jaspers* als einen philosophischen Glauben charakterisieren kann. Eine Analyse des Menschenbildes im Recht wird selbst, wenn sie nur erste vorläufige Thesen bringt, nicht umhin können, beide Arten der Metaphysik zu berücksichtigen.

I

Jeder Versuch einer Analyse des Menschenbildes im Recht wird zunächst einmal von einer erkenntnistheoretischen Problematik überschattet. Erkenntnisgewinnung ist schwierig. Sichere Erkenntnis ist unmöglich. „Der Mensch ist", wie *Goethe* einmal zu *Eckermann* sagte, „nicht geboren, die Probleme der Welt zu lösen, wohl aber zu suchen, wo das Problem angeht, und sich sodann in der Grenze des Begreiflichen zu halten." Wenn nun die Probleme der Welt schon von vornherein aus dieser besonderen, begrenzten Stellung des Menschen schwierig und letztlich unlösbar sind, werden Erkenntnisbemühungen gewissermaßen in der Potenz problematisch, wenn der

Mensch sich selbst als der, der eigentlich die Probleme nicht zu lösen vermag, zum Problem wird. Das ist ein Relativitätsfaktor, mit dem man sich abfinden muß.

II

Versucht man sich zunächst mit Hilfe der Phänomene eine Vororientierung zu verschaffen, dann wird man am besten mit der Untersuchung der Frage beginnen, wie eigentlich der Jurist und unter den Juristen insbesondere der Gesetzgeber den Menschen zu sehen pflegt. Für den Astronomen mag der Mensch nichts weiter als ein Stäubchen im All, das unendlich Kleine sein. Der Jurist sieht ihn ganz sicher nicht so. Der Mensch ist dem Mann des Rechts aber auch nicht das, was er dem Biologen sein mag, ein Zellenstaat vielleicht oder eine Einheit biologischer Entelechie. Der Mensch ist dem Juristen vielmehr in erster Linie ein soziales Wesen, und zwar ein ganz besonders ausgezeichnetes Wesen, denn der Mensch steht dem Recht im Mittelpunkt. Nur auf ihn bezieht sich das Recht. Andere Lebewesen können grundsätzlich keine Rechtssubjekte sein. Das ist eine seit altersher bestehende Auffassung, und zwar eine Auffassung, die im Laufe der Rechtsgeschichte weitgehend konstant geherrscht hat. Nur gelegentlich hat es abweichende Versuche gegeben, wie etwa im antiken Naturrecht, wo man von einem Recht unter den Tieren sprach. Von dieser Vorstellung leben gelegentlich noch heute manche symbolische Märchen über Tierreiche. Soweit ist man ernstlich jedoch kaum gegangen, daß man dem Tier etwa ein Notwehrrecht gegenüber dem Menschen gegeben hätte, – ein Gedanke, der dem Juristen fern, dem Philosphen sicherlich nicht gar so weitab liegt, und für den mancher Tierfreund vielleicht ein weitgehendes Verständnis aufbringt. Aber im Grunde bleibt der Mensch selbstverständlicher Mittelpunkt des Rechts, und dies vor allem im modernen Rechtsempfinden. Nur Objekt des Rechts kann das Tier sein.

Demgegenüber wird die Stellung des Menschen als eine so zentrale empfunden, daß man sich daran gewöhnt hat zur näheren Kennzeichnung seiner Rechtsposition jene rechtslogisch zwar nicht unbedenkliche, teleologisch aber außergewöhnlich anschauliche Formel *Kants* zu verwenden, nach der ein Mensch niemals Mittel zum Zweck sein dürfe, wenn man ihm seine Würde als Menschen nicht nehmen wolle. Die Kehrseite dieses Gedankens ist dann allerdings die Konsequenz, daß für das moderne Rechtsempfinden nur der Mensch ein Rechtsbrecher sein kann. Tierprozesse oder gar Strafverfahren gegen leblose Objekte, wie sie aus dem Mittelalter und aus der Antike bekannt sind, werden nur noch als atavistische Absonderlichkeiten im rechtshistorischen Gedächtnis bewahrt.

Daß der Mensch der zentrale Anknüpfungspunkt für alles Rechtliche sein müsse, ist eine Gedanke, der sich soweit man das erkennen kann, im Laufe der jüngeren Geschichte des abendländischen Rechts kaum noch gewandelt hat. Das bedeutet aber nicht, daß sich das Bild des Menschen im Recht nicht während der gleichen Zeit verändert hätte. So war in der Antike während bedeutender Phasen der Rechtsentwicklung bekanntlich nicht jeder Mensch Rechtssubjekt im vollgültigen Sinne. Weitgehend versagt wurde die Rechtssubjektivität beispielsweise dem Kind und dem Sklaven. In manchen rechtlichen Regelungen war auch der Fremde, der Barbar, nicht Rechtssubjekt und damit nicht Mensch im eigentlichen rechtlichen Sinne. Immerhin hat die Kritik hieran schon frühzeitig Anstoß genommen. Ihrer Zeit weit voraus waren insofern die Rechtsphilosophen der Stoa. Vielleicht darf man sagen, daß die Stoiker die ersten wirklich modernen Rechtsphilosophen gewesen sind. Bei ihnen findet sich schon der Gedanke an ein Weltbürgerrecht und damit zugleich die Forderung, daß alle Menschen vor dem Recht grundsätzlich gleich seien, sowie daß es allgemeine Menschenrechte gäbe. Indessen gerieten diese Erkenntnisse der stoischen Rechtsphilosophie bald wieder in Vergessenheit. Erst Humanismus und Aufklärung greifen diese Ideen wieder auf, die sich dann bis heute hielten, – von zeitweiligen unmenschlichen Rückschlägen, wo Angehörige bestimmter Rassen oder Klassen wegen dieser Zugehörigkeit zum nicht vollberechtigten Menschen niederen Grades erklärt wurden, abgesehen.

Neben der Frage, wer im Rechtssystem als Mensch im vollen Rechtssinne aufzutreten berechtigt ist, ist für die Analyse des Menschenbildes im Recht die speziellere Frage, welches Leitbild der jeweiligen Rechtsdogmatik im Laufe ihrer geschichtlichen Entwicklung zugrunde liegt von besonderer Bedeutung. Eine genaue und differenzierte Untersuchung würde sich lohnen. Im hiesigen Zusammenhang können nur einige Konturen und auch diese nur skizzenhaft angegeben werden.

Es ist üblich anzunehmen, daß im europäischen Mittelalter der Mensch ein stark durch Sitten und Gebräuche und religiöse Auffassung gebundenes Wesen sei. Wenn es auch nicht einleuchtend ist, warum sich hieraus ein Unterschied zur Gegenwart ergeben sollte, so glaubt man doch sagen zu dürfen, daß der mittelalterliche Mensch stärker durch die Gruppe charakterisiert gewesen sei. Auf die tragende Rolle der Zünfte, der Ritterorden und anderer Kollektiven pflegt man hinzuweisen. Humanismus, Renaissance und Aufklärung werden dann als Durchbruchsphasen des individualisierten Menschen angesehen. Es mag dahin gestellt bleiben, ob Schablonen dieser Art genauerer historischer Analyse und Kritik standhalten würden. Gleichwohl ist lehrreich hieran die Exemplifizierung zweier möglicher Menschenbilder im Recht, nämlich das des kollektivierten und das des individualisierten Menschen als Rechtssubjekt. Die unter diesen Leitbildern entwickelten Rechtssystem müssen von radikaler Unterschiedlichkeit sein.

Andere Projektionen des Menschenbildes im Recht werden sichtbar, wenn man Egoismus und Altruismus als entscheidende Charakteristika ansieht. Im ersten Falle mag man an das polizeistaatliche Recht des Absolutismus erinnert werden. Der Altruismus scheint dagegen die Basis eines sozialen Rechtssystems sein zu können.

Auch der utilitaristische Mensch, der homo oeconomicus kann zum Leitbild der rechtlichen Regelungen werden. Man könnte geneigt sein, diesen Typ des Kaufmanns und Unternehmers in den Zivilrechtsordnungen des 19. Jahrhunderts als verwirklicht anzusehen. Zivilrechtliches Denken scheint hier über die Ufer getreten zu sein. Die Rechtsfragen, die sich beispielsweise bei der Euthanasie im Sinne der Sterbehilfe, d. h. beim Geben eines schmerzstillenden aber lebensverkürzenden Medikaments ergeben, werden aus dieser Sicht als ein zivilrechtlich analysierbares Problem angesehen. Auf die Frage nach der Rechtfertigung des Arztes, der jene Sterbehilfe leistete, glaubte man im deutschen Recht antworten zu können, der Arzt handele in Geschäftsführung ohne Auftrag, falls ihm der Kranke wegen seines Krankheitszustandes kein Mandat mehr erteilen konnte, – ein paradoxer Gedanke, der die Überspitzung dieser „zivilistischen" Sicht des Menschen im Recht deutlich zeigt.

Dort, wo sich in neuerer Zeit das Arbeitsrecht als ein ganz neues Rechtsgebiet entwickelt hat, scheint ein Leitbild wirksam geworden zu sein, das wieder mehr durch soziale Bindungen und Kollektivierungen charakterisiert ist. Hier zeigt sich, daß man unter Umständen gezwungen ist, für einzelne Rechtsbereiche innerhalb ein und derselben staatlichen Rechtsordnung verschiedene Leitbilder anzunehmen. Die moderen Gesellschaft und die in ihr erforderlich gewordenen rechtlichen Regelungen sind so komplex geworden, daß sich die These anbietet, es könne kein einheitliches für alle Rechtsbereiche maßgebendes Bild vom Menschen geben.

Verstärkt wird man in dieser Auffassung, wenn man sich noch nach dem Bild vom „negativen Menschen" im Recht fragt. Gemeint ist damit das Bild, das sich der Gesetzgeber vom Rechtsbrecher im Strafrecht macht. Wie man weiß, wurde der überführte und verurteilte Verbrecher in der Antike und im Mittelalter – zumindest in der Praxis – kaum mehr als ein Tier und damit als ein rechtloses Wesen angesehen. Das ändert sich erst später durch die Aufklärung. Aber selbst dann beherrscht das Strafrecht ein Menschenbild, das sich auf die anderen Rechtsmaterien nur schwer übertragen läßt. Für die Entwicklung des deutschen Strafrechts ist hier der Rechtsphilosoph und Strafrechtler *Feuerbach* von kennzeichnender Bedeutung. Verhaftet in der naturalistischen Auffassung seiner Zeit, sieht er im Menschen ein Triebwesen, das vom Spiel der Motive gesteuert wird. Wie, so muß man sich unter dieser Voraussetzung fragen, kann man den so determinierten Menschen strafrechtlich beeinflussen, wie kann man die Begehung von Straftaten möglichst schon durch eine geeignete Ausgestaltung des Strafrechts im voraus verhindern. Wenn der Mensch dem Parallelogramm der motivierenden Kräfte ausgeliefert ist, dann kommt es offenbar darauf an, daß schon vom Strafrecht selbst Motive gesetzt werden, bevor es zur Anwendung seiner Normen kommt. *Feuerbach* entwickelte demgemäß seine berühmt gewordene Strafrechtstheorie des psychologischen Zwanges. Mit Hilfe der abschreckenden Wirkung der im Strafgesetzbuch enthaltenen Strafdrohungen soll der Täter nach dieser Theorie von der Begehung einer Straftat zwangsläufig zurückgehalten werden. Aufgabe des Gesetzgebers ist es also, zu versuchen, so intensiv abzuschrecken, daß in demjenigen, der mit der Begehung eines Verbrechens spielt, ein wirksames Gegenmotiv auftritt, das die zur Tat treibenden Motive kompensiert. Daß hier der Einfluß der Aufklärung spürbar ist, zeigt sich daran, daß immerhin vorausgesetzt wird, der Mensch nenne, obwohl er in seinem Verhalten weitgehend das Produkt seiner Triebe und Motive ist, doch noch soviel Vernunft und Entscheidungsvermögen sein eigen, daß er selbst in denjenigen Situationen, in denen überhaupt erst das Für und Wider der Kriminalität aktuell wird, immer noch unter den Motiven abzuwägen in der Lage sei. Diese Theorie ist eigentümlich pessimistisch, denn sie geht davon aus, daß alle Menschen mehr oder weniger „latente Lumpen" seien. In jedem schlummert das Verbrechen. Nur die glückliche Konstellation der Motive verhindert es, daß im Einzelfall von der latenten Möglichkeit zum Verbrechen Gebrauch gemacht wird. Man erinnert sich einer oft zitierten Äußerung von *Goethe*, der einmal erklärte, als ihm von einem Verbrechen berichtet wurde, stets, wenn er von Verbrechen höre, habe er sich vorstellen können, daß er das betreffende Verbrechen, so scheußlich es auch sei, selbst hätte begehen können.

In der strafrechtlichen Theorie der Gegenwart wird, ausgehend von der These, der Mensch sei in erster Linie ein Kollektivwesen, häufig eine soziologische Auffassung vertreten. Sie sieht im Delinquenten vor allem das Opfer seines sozialen Milieus.

Die Gesellschaft ist mitschuldig, sei es als Umweltfaktor oder sei es über die „Gesellschaft der Vorfahren" als ausschlaggebender Faktor der Erbanlage. Noch spukt der „geborene Verbrecher" durch die Theorien. Als äußerste antihumane Konsequenz dieser Auffassung mag schließlich die auf bestimmte Rassen oder Klassen bezogene „Ungeziefer-Theorie" vertreten werden, die dann selbst eine kriminogene Wirkung entfaltet. Günstigsten Falles erscheint hinter Rechtsordnungen, in denen der Mensch nur als determinierter Wirkfaktor berücksichtigt ist, das zum Bild der Ameise oder der Arbeitsbiene pervertierte Menschenbild.

III

Schon durch eine knappe Skizze der Phänomene wird deutlich, wie vielschichtig der Fragenkomplex ist, und wie bunt die Antworten ausfallen. Zahlreiche Thesen über das Menschenbild im Recht scheinen möglich zu sein. Es fragt sich aber, ob den zahlreichen, einander zum Teil widersprechenden Variationen, wie sie in der Rechtsgeschichte und in der Gegenwart auftreten, ein allgemeineres prinzipielles Menschenbild zugrunde liegt, – ein Problem rechtlicher Grundlagenforschung, also ein Problem der Rechtsphilosophie.

Bekanntlich betreibt man Rechtsphilosophie vor allem aus folgenden Gründen: Einmal aus negativem Anlaß, denn es gibt das, was man das Unbehagen am Recht, in Verwendung eines Ausdrucks von *Freud* aus einer anderen Sphäre, nennen kann. Auf ähnliches spielte *Goethe* an, wenn er seinen Mephisto davon sprechen läßt, daß sich Gesetz und Rechte wie eine ewige Krankheit forterben. Es geht um die Spannung zwischen Gesetz und Recht, d. h. also zwischen dem, was positiv als konkrete Rechtsordnung gegeben ist, und dem, was als „richtiges Gesetz" eigentlich gelten sollte. Diese Spannung führt zu den Grundlagenproblemen. Das gesetzliche Unrecht – als höchst paradoxer, aber sicherlich zulässiger Begriff – ist ein Motiv zur rechtsphilosophischen Analyse.

Ein anderes ebenfalls negatives Motiv führt zur rechtsphilosophischen Bemühung. Es handelt sich um jenes Motiv, das im vorigen Jahrhundert seinen wirksamsten Ausdruck in einem Wort des Richters und Rechtsphilosophen *von Kirchmann* gefunden hat: „Drei berichtigende Worte des Gesetzgebers und ganze Bibliotheken werden zu

Makulatur". Mit diesem Hammerschlag ist der Wissenschaftscharakter der ganzen Jurisprudenz grundsätzlich in Frage gestellt, – Anlaß genug eine rechtsphilosophische Erklärung zu versuchen.

Aber es gibt auch positive Impulse zur rechtsphilosophischen Besinnung. Zu diesen gehört zunächst die Tatsache, daß die geltenden konkreten Rechtsordnungen an vielen Stellen ihres Systems auf außerrechtliche Normen und überpositive Prinzipien verweisen. Schon im Rechtsleben des Alltags spielt das eine nicht unwichtige Rolle. Die Frage etwa, ob und wie einfachste Kauf-, Dienst- oder Werverträge zu erfüllen sind, ist eine Frage, die sich nur bis zu einem bestimmten Grenzbreich hin aus dem positiven Recht selbst entscheiden läßt. Sogar der Nichtjurist – und dieser vielleicht früher als der Jurist selbst – fordert Ergänzung und Lückenfüllung durch vorgeordnete Grundsätze. Der deutsche Gesetzgeber verweist in diesem Zusammenhang bekanntlich auf „Treu und Glauben" und damit auf die Normen des Sittengesetzes. Solche Rück- und Weiterverweisungsversuche hat man, wie nicht anders zu erwarten ist, schon früher unternommen. Erinnert sei etwa an das Leitbild des „pater familias", den Inhaber der väterlichen Gewalt. Das war ein extrem patriarchalisches Menschenbild, mit dessen Hilfe die römischen Juristen auf übergesetzliche Normen Bezug nahmen. Als man am Ende des vorigen Jahrhunderts versuchte, diesen Gedanken in das moderne deutsche Zivilrecht zu übernehmen, kam man auf den quasi-romantischen Gedanken, das Leitbild des „guten Hausvaters" in die Gesetzgebung einzufügen. Dieser Vorschlag wurde indessen nur so lange aufrecht erhalten, bis jemand darauf hinwies, hieraus ergäbe sich die Konsequenz, daß man etwa von einer Tänzerin verlangen müsse, sie habe ihren Engagementsvertrag nach diesem Prinzip zu erfüllen, also mit der Sorgfalt eines guten Hausvaters zu tanzen. Paradoxe Begriffskombinationen in dieser oder ähnlicher Art hat man durch die allgemeinere Ausdrucksweise mit Hilfe der Begriffe „Treu und Glauben" vermeiden können. Aber je allgemeiner die Formulierungen sind, desto näher liegt es, und umso zwingender wird es, nach rechtsphilosophischen Prinzipien zur Interpretation derartiger Rückverweisung auf vorgeordnete Normen zu suchen. Denn was das Sittengesetz sei, was Treu und Glauben im Rechtsverkehr zu bedeuten hätten, das läßt sich eben nicht mehr autark aus dem positiven Recht selbst heraus beantworten.

Schließlich führt die Tendenz zu supranationalen und weltweiten rechtlichen Regelungen zur Rechtsphilosophie. Man mag Realist oder Idealist, Skeptiker oder Fortschrittsgläubiger, Pessimist oder Optimist sein, eines läßt sich offensichtlich nicht leugnen, daß es ein bewußtes oder unbewußtes, direktes oder indirektes, unablässiges Bemühen gerade in der modernen Rechtsentwicklung gibt, die verschiedenen Nationalrechte zu größeren Einheiten bis hin zu einem Weltrecht zusammenzuführen. Solche Bemühungen sind nicht neu. Sie sind eigentümlicherweise auch nicht dort zuerst erfolgreich, wo man das am ehesten vermuten möchte, nämlich im Bereich des Völkerrechts. Es wird oft vergessen, daß es rechtliche Regelungen in höchst realistischen Bereichen gibt, von denen man schon seit längerem sagen kann, daß sie ein partielles Weltrecht darstellen. Hierher gehört beispielsweise eine so prosaische Materie wie das Wechselrecht. Die Kaufleute – man mag das überraschend oder selbstverständlich finden – haben sich in der ganzen Welt mit ihren Forderungen an den Juristen am ehesten durchgesetzt. Man wird in diesem Zusammenhang daran erinnert, daß schon *Kant* die Meinung vertrat, es werde eines Tages der Kaufmannsgeist sein, der durch seinen Egoismus über eine „List der Vernunft" am wirksamsten für die Einrichtung eines Weltbürgerrechts und damit für die Herstellung des Weltfriedens eintreten werde.

Sogar einige Ansätze zur Bildung eines Weltstrafrechts lassen sich beobachten. Das galt schon für die Delikte des Sklaven- und Menschenhandels sowie für die Tatbestände der Geld- und Münzfälschungen. Weltstrafrechtliche Tendenzen hat auch der Nürnberger Gerichtshof für die Tatbestände der Kriegsverbrechen zu verwirklichen gesucht. Die Weltkonvention über den Völkermord, das Genocidium, vom 9.12.1948 liegt auf der gleichen Entwicklungslinie. Das Vorankommen ist mühselig, aber Fortschritte sind erkennbar. Eine Verständigung im weltrechtlichen Bereich setzt jedenfalls aber eine überpositive Klärung rechtlicher Grundkategorien voraus. Dies oder etwa auch die Frage nach der normativen Begründung für die Verpflichung zum Einhalten internationaler Verträge führt zur überpositiven Grundlagenforschung, also zur Rechtsphilosophie. Sie allein kann bei der Entwicklung einer einigermaßen tragfähigen Basis für rechtliche Regelungen zwischen Rechtssubjekten, deren Rechtsauffassungen auf kontroversen Ideologien, also etwa auf religiöser oder atheistischer Position aufbauen, herangezogen werden. Wer sonst sollte in einer für beide Seiten verbindlichen Weise die Geltungsproblematik für Verträge zwischen Theisten und Atheisten analytisch und synthetisch untersuchen?

Für das Problem des Menschenbildes im Recht sind nun vor allem zwei Hauptgedankenkreise der Rechtsphilosophie von Bedeutung: Die Entwicklung des Rechtsbegriffs und die Analyse der Rechtsidee. Man fragt also zunächst nach dem was ist, und was logisch vorausgesetzt werden muß, für das, was ist. Und man fragt zum anderen, nach dem was sein soll, nach den Kriterien für die Bewertung gegebener Rechtsordnungen. Die Untersuchungen nach dem Rechtsbegriff fallen in den Bereich der logischen und der erkenntnistheoretischen Analyse. Die Untersuchungen, die zur Frage nach der Rechtsidee führen, sind werttheoretische oder, wie man auch zu sagen pflegt, axiologische Untersuchungen, also solche, die nach den Werten fragen. Überlegungen der ersten Art führen zur juristischen Logik und zur juristischen Erkenntnistheorie. Diese Fragenkreise sind für die hier interessierende Problematik nur mittelbar von Bedeutung. Dagegen berührt sich die Frage nach dem Menschenbild im Recht mit der Frage nach der Rechtsidee unmittelbar.

Viele Thesen und Theorien der modernen Philosophie sind für eine aktuelle Stellungnahme von entscheidender Bedeutung. Nahe liegt es, die Thesen von *Nicolai Hartmann*, als eines Philosophen, für den die Wertphilosophie eines der zentralen Anliegen seiner Bemühungen gewesen ist, heranzuziehen. Nicht so sehr seine umfangreiche Ontologie als vielmehr seine Theorie der Ethik interessiert hier. Man weiß, daß *Nicolai Hartmann* der Verfechter einer Theorie von den absoluten Werten gewesen ist. Den heute noch wesentlichen Kern dieser Theorie bildet die These, daß es im Bereich der Ethik notwendig sei, die Existenz von Werten vorauszusetzen, die unabhängig von der Erfahrung, also a priori gültig seien. Um das gleiche Grundproblem ringt die Rechtsphilosophie seit altersher. Eine genaue Diskussion wäre ein umfangreiches Unternehmen. Indessen mag man ohnehin erkennen, daß jedenfalls die Grundtendenz dieser Auffassung schwer widerlegbar ist. Leugnet man die Notwendigkeit einer solchen Wert-Voraussetzung, also die Annahme höchster regulativer Prinzipien, um mit *Kant* zu sprechen, dann gerät man in eine schwer zu vermeidende widersprüchliche Situation, denn die These, es gebe kein allgemein gültiges sinnvolles Verhalten, stellt sich entweder selbst in Frage oder sie ist logisch unzulässig. Abkürzend zusammengefaßt läuft diese Argumentation – ein apagogischer Beweis, d. h. ein Beweis, der dadurch geführt wird, daß man den Widerspruch des Gegensatzes nachweist, – auf folgendes hinaus: Der ethische Nihilist huldigt der Auffassung, man solle sich danach richten, daß es nicht gebe, wonach man sich zu richten habe, – also auch nicht nach eben dieser seiner These! Diese axiologische Grundantinomie hat eine ähnliche Struktur wie die Grundantinomie der Erkenntnistheorie, die als Ausgangspunkt für die immer wieder erneuerten Bemühungen um die Erforschung der Wahrheit gelten mag: Wer erklärt, es gebe keine Erkenntnisse, widerspricht sich entweder selbst, denn eben diese These soll ja gerade eine Erkenntnis sein, oder stellt eine nach den Gesetzen der Logik unzulässige Behauptung auf. In noch schärferer Formulierung läuft diese Argumentation auf den Satz hinaus: Es ist eine absolut gültige Erkenntnis, daß es keine absolut gültige Erkenntnis gibt.

Der axiologische Ansatzpunkt ist somit klar. Es wäre sinnbezogenes menschliches Verhalten nicht mehr denkbar, wenn es kein Kriterium für Richtigkeit und Unrichtigkeit des Verhaltens gebe. Jeder Schritt des Menschen wird fragwürdig. Das kann eine sinnvolle Haltung des Individuums sein, der Gesetzgeber aber darf von dieser nihilistischen Postiion nicht ausgehen, wenn er überhaupt etwas deklarieren will. Er kann sich übrigens damit trösten, daß es jedenfalls ein heuristisches Prizip für Wertungen gibt, das man das Prizip der eindeutigen Entscheidbarkeit extremer Fallsituationen nennen könnte. Dort, wo es beispielsweise um Leben oder Tod geht, ist die Entscheidung in der Regel einfach. Auch wird es niemandem im Grunde zweifelhaft sein, daß die Frage, ob Rechtsansprüche von der Hautfarbe des betreffenden Menschen abhängig sein dürfen, zu verneinen ist. Schwierigkeiten bereiten die diffizilen Fälle mittlerer Fallkonstellationen.

Der kurze Blick auf die Problematik einer nihilistischen Ausgangsposition zeigte im übrigen, daß der axiologische und der logische Aspekt gegenseitig voneinander abhängig sein können. Sie stehen miteinander in funktionalem Zusammenhang. Ein berühmtes Beispiel aus der Antike mag dies verdeutlichen: Wie erzählt wird, sollen die die Sophisten Protagoras und Euathlus einmal miteinander einen Prozeß geführt haben. Protagoras war der Lehrer des Euathlus. Zwischen ihnen war vereinbart worden, daß Euathlus die zweite Hälfte des Honorars für den Unterricht in der Sophistik erst dann zu zahlen habe, wenn er seinen ersten Prozeß gewonnen hätte. Euathlus nahm den Unterricht, aber er prozessierte nicht. Einige Zeit nach beendetem Unterricht wurde Protagoras die Sache zu dumm. Er wollte sein Honorar haben und strengte schließlich eine Klage gegen Euathlus an. Aufgefordert, sein Klagebegehren zu begründen, sagte Protagoras den Richtern: Wie immer ihr auch entscheidet, Euathlus muß zahlen. Denn, entweder ich gewinne den Prozeß, dann wird Euathlus zur Zahlung verurteilt, und er muß auf Grund eures Urteils zahlen. Oder aber ich verliere den Prozeß, dann hat Euathlus seinen ersten Prozeß gewonnen, und er muß auf Grund des Vertrages zahlen, den ich mit ihm abgeschlossen habe. Euathlus zur Verteidigung aufgefordert, erwiderte: Mein Lehrer, so sehr ich ihn schätze, irrt. Ich muß in keinem Falle zahlen. Denn es gibt nur zwei Möglichkeiten: Entweder ihr verurteilt mich oder ihr weist die Klage ab. Weist ihr die Klage des Protagoras gegen mich ab, so brauche ich auf Grund eures Urteils nichts an Protagoras zu zahlen. Gebt ihr aber seiner Klage statt, dann habe ich einen Prozeß verloren und nicht gewonnen, und ich brauche auf Grund meines Vertrages mit Protagoras nicht zu zahlen, denn in diesem Vertrag war vereinbart, daß ich erst dann zu zahlen hätte, wenn ich meinen ersten Prozeß gewonnen habe würde. Nach der Überlieferung sollen die Richter auf Grund dieser beiden Argumentationen in Verzweiflung geraten sein und sich zurückgezogen haben, um den Prozeß ad calendas graecas zu vertagen.

Die in diesem Sophistenstreit entstandenen Schwierigkeiten hängen damit zusammen, daß nur der logische und nicht zugleich der axiologische Aspekt des Falles berücksichtigt wurde. Einen modernen Juristen würde man mit diesem Fall, sofern man ihn sich in eine Gegenwartssituation übersetzt dächte, wohl kaum in Schwierigkeiten bringen können. Er würde von der unergiebigen rein logischen Analyse rasch zur Prüfung der axiologischen Problematik schreiten, und dabei feststellen, daß der Vertrag der beiden streitenden Partner deutlich den Sinn hatte, daß Euathlus jedenfalls eines Tages zahlen sollte. Er müßte den Vertrag im Sinne des deutschen bürgerlichen Rechts nach Treu und Glauben erfüllen und dürfte die Zahlung des Honorarrestes nicht endgültig verweigern.

IV

Zurückkehrend auf das hier interessierende Problem des Menschenbildes im Recht wird man zunächst fragen müssen, was sich bei logischer Analyse ergibt. Zunächst zeigt sich, daß das Bild des Menschen im Recht sehr abstrakt ist. Als Beispiel sei etwa das Wechselrecht herangezogen. Der Unterzeichner und der Akzeptant eines Wechsels interessieren in ihren eigentlichen menschlichen Belangen das Recht überhaupt nicht. Im streng formalen Urkundenprozess wird man in der Regel allein wegen der Unterschriftsleistung zur Zahlung verurteilt. Das zugrunde liegende Rechtsgeschäft bleibt im wesentlichen unberücksichtigt.

Auch der Aktionär – um ein weiteres Beispiel vom Menschenbild her gesehen anzuführen – ist ein merkwürdiges gesellschaftsrechtliches Gespenst. An ihm interessieren keine konkreten menschlichen Qualitäten, an ihm ist nur seine Beteiligung am Kapital der Aktiengesellschaft bemerkenswert. Nur als Inhaber von Stimmrechten tritt er in der Generalversammlung auf. Seine Anonymität und Maskenhaftigkeit ist eine seiner wichtigsten Eigenschaften.

Wie abstrakt das Menschbild im Recht sein kann, zeigt sich schon dort, wo man festzustellen gezwungen ist, von welchem Zeitpunkt an in der biologischen Geschichte des einzelnen Individuums davon gesprochen werden darf, daß ein Mensch im vollgültigen rechtlichen Sinne existent ist. Bereits innerhalb ein und derselben Rechtsordnung kann diese Frage bei verschiedenen Rechtsmaterien unterschiedlich geregelt sein. So ist beispielsweise im deutschen Bürgerlichen Recht gesagt, daß die Rechtsfähigkeit des Menschen mit der Vollendung der Geburt beginnt, – ein relativ deutlicher Zeitpunkt, obwohl die Rechtsprechung zeigt, daß es selbst hier Zweifelsfragen gibt. Ganz anders ist die gleiche Zeitpunktsfrage im deutschen Strafrecht beanwortet. Der Zeitpunkt, von dem an ein Mensch als geschütztes Rechtsgut Objekt strafbarer Handlung sein kann, liegt in einem früheren Abschnitt der Entwicklungsgeschichte des einzelnen. Die Festlegung dieses Zeitpunkts ist für die Beantwortung der Frage bis wann ein das keimende Leben zerstörender Eingriff eine Abteibung, und von wann an dieser Eingriff die Tötung eines lebenden Menschen ist. Da es im deutschen Strafrecht keine strafbare fahrlässige Abtreibung, wohl aber eine strafbare fahrlässige Tötung gibt, kann von der Bestimmung dieses Zeitpunktes die Verurteilung oder der Freispruch einer Hebamme, die sich fahrlässig verhalten hat, abhängig sein. Dieser Zeitpunkt liegt im deutschen Strafrecht am Beginn der Geburt des Menschen und nicht wie im deutschen Bürgerlichen Recht bei der Vollendung der Geburt. Das Bild des Menschen ist bei diesen Regelungen so abstrakt, daß es für die Rechtsordnung keinen Widerspruch bedeutet, eine so unterschiedliche Regelung vorzusehen.

Andererseits spielt selbstverständlich auch der Mensch im konkreten Sinne im Recht eine nicht unerhebliche Rolle. Das zeigt sich im Familienrecht. Wenn beispielsweise das Personensorgerecht nach rechtskräftiger Scheidung der Eltern so geregelt werden soll, wie die Interessen der Kinder es fordern, so hat der Gesetzgeber hier den konkreten Menschen in allen seinen Bezügen im Blick. Niemals könnte ein Richter, der eine solche Frage zu entscheiden hätte, sich damit begnügen, allein nach dem Akteninhalt zu urteilen. Er muß sich eine deutliche Anschauung von den konkreten Menschen, um die es geht, verschaffen.

Schon an diesen wenigen Beispielen zeigt sich, daß das Menschenbild im Recht zwischen einem höchst abstrakten und einem sehr konkreten Typ schwankt und dabei zugleich die Tatsache demonstriert, daß die Begriffe „abstrakt" und „konkret" keine absolute, sondern nur eine relative Kennzeichnung erlauben.

Aber noch ein weiteres Begriffspaar ist für die Analyse des Menschenbildes im Recht bedeutsam: Der Begriff des Naiven auf der einen und des Kritischen auf der anderen Seite. Naiv ist es beispielsweise im Grunde, wenn etwa im Verfassungsrecht von der Gleichheit vor dem Gesetz gesprochen wird. So wichtig dieser Grundsatz als Maxime ist, so naiv ist er im streng logischen Sinne. Denn was heißt hier „gleich"? Kenner der Logik erinnern sich in diesem Zusammenhang daran, daß schon *Leibniz* darauf aufmerksam gemacht hat, daß Gleichheit zur Ununterscheidbarkeit führt und damit zur Identität wird. *Leibniz* sprach deshalb von identitas indiscernibilium. Mit wirklicher Gleichheit im Sinne von Identität kann man aber im Verfassungsrecht gar nichts anfangen. Erst bei axiologischer Betrachtung des Gleichheitsbegriffes verliert sich jene aus logischer Sicht nicht zu bestreitende Naivität des Gleichheitssatzes.

Andererseits setzt das Recht in vielen Fällen ein skeptisch-kritisches Menschenbild voraus. Deutlich demonstriert dies das Grundgesetz der Bundesrepublik in seinem Art. 2, denn dort heißt es: „Jeder hat das Recht auf die freie Entfaltung seiner Persönlichkeit, soweit er nicht die Rechte anderer verletzt und nicht gegen die verfassungsmäßige Ordnung oder das Sittengesetz verstößt." Durch die hier vom Gesetzgeber ausgesprochenen Einschränkungen der Entfaltungsmöglichkeiten des Menschen wird der ganze vielschichtige axiologische Bereich, d. h. also der gesamte Wertbereich der Moral und der überpositiven Normen miteinbezogen. Die nach diesem Grundrecht zu vollziehenden Einzelentscheidungen setzen einen verantwortungsbewußten und kritischen Menschen voraus. Man könnte fast fragen, ob hier der Staatsbürger nicht überfordert ist.

Die Kontrastierung des naiven und kritischen Menschenbildes enthält keine Wertung von der Art, daß die Naivität notwendigerweise den geringeren Wert hätte. Eine solche Einseitigkeit wäre ganz sicher dort unberechtigt, wo von tragischer Naivität gesprochen werden müßte. Sie kommt dort ins Spiel, wo der Mensch vor der unlösbaren Aufgabe steht, die Gleichheit vor dem Gesetz und die ihr notwendig zugeordnete Verschiedenheit im einzelnen Fall zu verwirklichen. In der Novelle „Das Gesetz" von *Thomas Mann* ist die Sympathie des Lesers deshalb bei Moses, der sich in tragisch genialer Naivität darum abmüht, selbst im kleinsten Rechtsfall das gerechte Urteil, in dem vor dem höchsten regulativen Prinzip das Gleiche gleich und das Verschiedene verschieden bewertet wird, zu finden und nicht auf der Seite seines weltmännischen Schwagers, dem diese Mühe von vornherein vergeblich erscheint und der deshalb rät, etwaige aus der Bestechlichkeit von Richtern resultierende Ungerechtigkeiten in Kauf zu nehmen, ein Rat, den er mit „edlen Gebärden" begleitet, „die einem das Leben erleichterten, schon wenn man sie nur sah". Die axiologische Einordnung des naiven Menschenbildes auf der einen und das kritischen auf der anderen Seite bleibt stets eine durchaus ambivalente und zweifelhafte.

Legt man das Schwergewicht der Betrachtung auf die werttheoretische Seite, dann erweist sich, daß es hier einen ebenso weit gespannten Rahmen für die verschiedenen Variationen des Menschenbildes im Recht gibt. Der Ausdruck eines ausgesprochen optimistischen Menschenbildes ist etwa Art. 1 des Grundgesetzes der Bundesrepublik, wo von der Würde des Menschen die Rede ist. *Schopenhauer* hätte sicher Bedenken angemeldet. Die Formulierung des Art. 1 des Grundgesetzes ist jedoch eine der pessimistischen Weltsicht klar entgegengesetzte Wertentscheidung des Verfassungsgesetzgebers. Relativistische Kritik ist damit naturgemäß nicht zum Schweigen gebracht. Gelegentlich hat sogar der Gesetzgeber in gefährlicher Weise resigniert. Im Art. 26 des deutschen Grundgesetzes ist erklärt, daß Handlungen, die geeignet sind, und in der Absicht vorgenommen werden, das friedliche Zusammenleben der Völker zu stören, insbesondere die Führung eines Angriffskrieges vorzubereiten, verfassungswidrig sind. Gleichzeitig ist in diesem Artikel angeordnet, daß derartige Handlungen unter Strafe gestellt werden sollen. Der Erlass einer solchen Strafbestimmung ist bisher noch nicht erfolgt.

Die pessimistische rechtsphilosophische Schau hat ihren wirkungsvollsten Ausdruck nicht in der Rechtstheorie, sondern in der Poesie gefunden. Es sind die Werke von *Kafka*, die immer wieder um die rechtsphilosophische Grundproblematik, wie dies allein schon die Themen „Der Prozess" oder „Das Gesetz" und manche andere zeigen.

Eine Lösung versucht die Existenzphilosophie in ihrer Ausprägung bei *Jaspers* mit der These von der Spannung zwischen der subjektiven Entscheidung und den objektiven Werten, die niemals ganz auflösbar sei, und deshalb zu einem existentiellen Grundphänomen gehöre, aus dem die heroische Haltung als Stellung zwischen der vereinfachenden Optimismus-Pessimismus-Kontroverse folge.

Immerhin bleibt es eigentümlich und bemerkenswert, daß schon der Gesetzgebungsakt als solcher in demokratisch-rechtsstaatlichen Systemen als ein Ausdruck einer zumindest relativ-optimistischen Auffassung des Menschenbildes angesehen werden muß. Der Erlaß demokratischer Spielregeln kann nur dann einen Sinn haben, wenn man der Meinung ist, die menschliche Natur enthalte Möglichkeiten für die Verwirklichung einer solchen Chance. Das Gegenbild spiegelt sich in diktatorischen Rechtsordnungen, in denen der Untertan das gesetzgeberische Leitbild wird.

V

Zieht man das Fazit aus den skizzierten Aspekten, so wird man feststellen können, daß das Menschenbild im Recht oft simplifiziert ist, insbesondere dort, wo es jeweils nur abstrakt, naiv, optimistisch oder pessimistisch ist. Vielschichtig wird das Bild dort, wo man versucht das Konkrete zu fassen und gleichwohl die kritische Position gewahrt ist. Im Grunde ist letzte Klarheit über das jeweils herrschende Menschenbild im Recht kaum zu gewinnen. Das Bild bleibt problematisch und entspricht damit der Problematik und Unberechenbarkeit der menschlichen Natur. Das hat eine positive Seite, und zwar positiv insofern, als es stets dann, wenn keine definitiven Ergebnisse präsentiert werden, sinnvoll bleibt, sich immer wieder von Neuem um Werterkenntnis und Formulierung der vorauszusetzenden höchsten regulativen Prinzipien zu bemühen. Vor allem darf man hoffen, daß es denkbar sei, in der Erkenntnis des Gesollten in gleicher Weise Fortschritte zu machen, wie sie in der Erkenntnis des Seienden im Bereich der exakten Erfahrungswissenschaften möglich sind. Endgültige Lösungen brauchen deshalb nicht erwartet zu werden. Aber das gilt in der gleichen Weise für die Seinserkenntnis. Jedenfalls braucht sich niemand, der sich um die Förderung der Weltrechts- und Weltstaatsentwicklung bemüht, sagen zu lassen, dies alles sei im Hinblick auf eine angeblich feststehende Natur des Menschen von vornherein und a priori sinnlos.

Aber problematisch bleibt das Gesamtbild gleichwohl Es ist immer zugleich das Bild eines Menschen, in dem die Kriminalität eine seiner existentiellen Möglichkeiten ist. Deshalb bleibt der Gesetzgeber gezwungen, rechtliche Regelungen von der Art des Strafrechts zu konstruieren, bei denen, wie man gesagt hat, lediglich das ethische Minimum menschlichen Verhaltens eingegrenzt ist.

Schließlich führt die immer wieder neue und niemals endgültige Sicht des Menschenbildes zu immer wieder neuen Forderungen nach Änderung des geltenden Rechts. Die Fragwürdigkeit des Menschenbildes verhindert die Statik rechtlicher Regelungen und führt zur nicht endenden Kette von Rechtsformen.

VI

Soweit die vorstehenden Überlegungen bestehende positive Rechtsordnungen zum Anknüpfungspunkt für analytische Feststellungen hinsichtlich des jeweils vorausgesetzten Menschenbildes gewählt haben, handelt es sich um empirische Untersuchungen. Ihre Ergebnisse können durch andere Erfahrungen widerlegt, bestätigt oder ergänzt werden.

Der von Fall zu Fall skizzzierte Inhalt der getroffenen Feststellungen enthält aber mancherlei metaphysische Thesen, die zur irrationalen Metaphysik zu zählen sind. Man könnte die These wagen, daß jede Rechtsordnung auf einem mehr oder weniger bewußten irrationalen Menschenbild aufbaut und daher ohne Berücksichtigung der zugrundeliegenden irrationalen Methaphysik nicht zutreffend interpretiert werden kann. Das gilt vor allem für das Verfassungsrecht, wenn es Begriffe wie die Menschenwürde, das Sittengesetz u. ä. – von religiösen Präambeln ganz abgesehen – enthält.

Oft ist das empirisch festgestellte Leitbild seiner Struktur und seinem materialen Gehalt nach der rationalen Metaphysik zuzuordnen. Hier geht es dann um mehr oder weniger exakte Metatheorien, die rational überprüfbar sind. Wenn beispielsweise in einem demokratischen Staatsrecht ein Menschenbild vorausgesetzt wird, das die bereits erwähnten Chancen für die Tendenz zu rechtmäßigem Verhalten einschließt, so ist das kein irrationaler Faktor, keine unkontrollierbare metaphysische Hoffnung, sondern eine logische Notwendigkeit für das Funktionieren der demokratischen Spielregeln. Das ist eine metatheoretische These, von der nicht verkannt wird, daß sie ein Postulat ist. Die Erfahrungen der Praxis mögen sie widerlegen. Dennoch ist diese Prämisse eine logische Notwendigkeit, wenn die betreffende rechtliche Regelung sinnvoll sein soll. Es wird für Leitbilder dieser Art kein Absolutheitscharakter in Anspruch genommen. Wohl aber müssen sie als notwendige Hypothesen hingenommen werden.

Auch der Rechtspositivismus kommt nicht ohne metatheoretische Voraussetzungen dieser Art aus. Schon die These, diese Behauptung sei falsch, wäre eine metatheoretische Aussage über die Theorie des Postivismus. Man ist deshalb berechtigt von einer Metaphysik des Positivismus zu sprechen, sofern man damit eine rationale Metaphysik im eingangs erörterten Sinne meint.

Beschränkt man die Frage nach dem Menschenbild im Recht auf Rechtsordnungen freiheitlicher Demokratien, dann muß die Anwort lauten, daß diese Rechtssysteme notwendig das Leitbild eines Menschen voraussetzen, bei dem die Tendenz zur Freiheit und nicht zur Unterwerfung, zum gleichberechtigten Partner und nicht zum Untertan vorherrscht. Toleranz und Humanität müssen für den Menschen dieses

Leitbildes zu den höchsten Werten rechnen. Nur so kann die Verwirklichung eines freiheitlichen Rechtsstaats angestrebt werden, – wenn auch die Realität hinter dem Ideal zurückbleiben wird. In Anlehnung an den Vorschlag von *Pascal*, auf die Existenz Gottes eine Wette abzuschließen, könnte man dem Skeptiker, dem die Realisierungsmöglichkeiten zweifelhaft erscheinen, empfehlen, jedenfalls auf die Existenz des zur Freiheit tendierenden Menschen zu wetten.

Anmerkungen

J. P. Eckermann, Gespräche mit Goethe, Erster Band, Gespräch am 15. Oktober 1825. – Vgl. auch *G. Radbruch*, Rechtsphilosophie, 4. Aufl. (1950), S. 97.

Zum folgenden vgl. *Engisch*, Vom Weltbild des Juristen, 1950, S. 26 ff.

Vgl. *P. Barth*, Die Stoa, 3./4. Aufl. 1922, S. 136 ff, 140.

Vgl. hierzu *G. Radbruch*, Der Mensch im Recht, 1927.

Vgl. auch hierzu *K. Engisch* a.a.O., S. 34. *J. H. von Kirchmann*, Über die Wertlosigkeit der Jurisprudenz als Wissenschaft, 1847.

Grundlegend sind hier vor allem die Untersuchungen von *C. A. Emge* u. a. neuestens in seiner „Einführung in die Rechtsphilosophie", Frankfurt/Main und Wien 1955.

Vgl. *U. Klug*, Juristische Logik, 3. Aufl. Berlin, Heidelberg und New York 1966.

Nicolai Hartmann, Ethik, 3. Aufl. Berlin 1949.

Vgl. *Thyssen* im Archiv für Rechts- und Sozialphilosophie, Band XII, 1954, S. 1 ff.

Universalität und Totalität

Zum dreihundertsten Geburtstag von Gottfried Wilhelm Leibniz

1.

Die an einschneidende historische Erfolge oder Erniedrigungen anknüpfende geschichtswissenschaftliche Analyse wird entsprechend der Vielfalt ursächlicher Zusammenhänge aus der unendlichen Fülle zahlreiche unterschiedliche richtungsbestimmende Faktoren als wesentliche aufzeigen können. Die kaum begonnene Diskussion über die Gründe für das Geschehen der jüngsten Vergangenheit wird lange nicht verstummen und mancher neue Standpunkt wird manche bisher nicht gesehenen entscheidenden Momente erkennen lassen. Insoweit jedoch, als eine — wie man wohl feststellen darf — spezifisch oder zumindest überwiegend deutsche Geisteshaltung als kausal für die Entwicklung der verflossenen Jahre von Weimar bis Auschwitz und von Potsdam bis Stalingrad in Betracht kommt, läßt sich die Differenz zwischen dem, was hätte sein sollen und dem, was war, kaum besser umgrenzen, scheint es, als durch das Begriffspaar Universalität und Totalität, — Allseitigkeit und Ganzheit.

Es zeigt sich unschwer, daß diese Begriffe, bezieht man sie auf Erkenntnis — oder auch nur auf Kenntnis als die Vorform der Erkenntnis —, einen polaren Gegensatz bezeichnen, wenn man im Bereich der dem Menschen gegebenen Möglichkeiten bleibt. Echte Universalität der Erkenntnis, die sich auf die ganze Weite der verschiedensten Erkenntnisbereiche aller Wissenszweige zu erstrecken strebt, ist mit echter Totalität, die bis zu den letzten Gründen innerhalb eines einzelnen begrenzten Bezirks jener Bereiche vorzustoßen sich bemüht, nicht vereinbar. Hier setzt die Denkökonomie unausweichliche Grenzen, ganz abgesehen davon, daß die der Erkenntnis in jedem Falle innewohnende prinzipielle Beschränkung wirkliche Allseitigkeit und ebenso wirkliche Ganzheit unmöglich macht.

Für die Bewährung in der menschlichen Gesellschaft und die hierfür unerläßliche humane Toleranz ist die Hintansetzung universaler Tendenz stets ein folgenschwerer Mangel. Nur in seltenen Fällen können die hierdurch hervorgerufenen Nachteile durch ernstes Streben nach Totalität ausgeglichen werden, denn wirkliche Tiefe im Spezialbereich führt wegen des funktionellen Zusammenhangs der gesamten Erkenntnisgebiete notwendig zur Universalität. Unerträglich aber müssen die Konsequenzen sein, die aus antiuniversaler Schein-Ganzheit erwachsen. Fanatische und überhebliche Intoleranz gedeiht in dieser jegliche Problematik verdeckenden Enge. Äußere und innere Unendlichkeiten werden nicht mehr gesehen. Der ekstatische Bourgeois ist das Ergebnis.

So ist es denn kein Wunder, wenn man in totalitärer Zeit mit einem universalen Geist wie dem Weltbürger Leibniz wenig anzufangen wußte.

2.

Daß ein Philosoph und Polyhistor von der Struktur dieses Leibniz „zwei" Geburtstage hat, nämlich den 21. Juni und den 3. Juli 1646, je nachdem ob man im „alten Stil" des Julianischen oder im „neuen Stil" des erst seit etwa 1700 in Deutschland geltenden Gregorianischen Kalenders zählt, wirkt symbolhaft. Die Relativität von dergleichen Daten und „Jubiläen" kann nicht wirksamer unterstrichen werden. Eine kleine Änderung des Bezugssystems für die Zeitkoordinate — seit der Erfindung des Logikkalküls durch Leibniz weiß man derartiges genauer zu sagen — verändert die konservativste Liste altbewährter Gedenk- und Festtage. Welch ernstzunehmender Sinn sollte auch die bloße „Wiederkehr" innerhalb des aus anfangloser Vergangenheit kommenden und in unendliche Zukunft weisenden Zeitablaufs haben?

3.

Daß der Blick für das Unendliche und die daraus folgende zur Bescheidung zwingende Einsicht in die Relativität menschheitlicher Zielsetzungen unabdingbare Voraussetzungen für echte Größe sind, sollte sich von selbst verstehen. Ebenso müßte mangelnde Universalität dort zur Vorsicht gemahnen, wo es um die Bewertung historischer Persönlichkeiten geht. Denn universaler Zuschnitt des geistig-seelischen Aufbaus — d. h. Hinwendung zum „Universum" — und Schau des Transfiniten bedingen sich auch psychologisch.

„Je suis tellement pour l'infini actuel, qu'au lieu d'admettre, que la nature l'abhorre, comme l'on dit vulgairement, je tiens qu'elle affecte par-tout, pour mieux marquer les perfections de son Auteur", schrieb Leibniz einmal.

Man wird es nicht bezweifeln wollen, daß die deutschen Geschicke sich anders entwickelt hätten, wäre mehr Leibnizsche Weltweite wirksam gewesen. Es ist deshalb aus mehr Gründen als aus „kabbalistischen" gerechtfertigt, uns heute dieses bedeutenden Geistes zu erinnern. — Von kabbalistischen Motiven ist die Rede, weil, wie nebenher angemerkt sei, streng genommen nicht recht erfindlich ist, warum eigentlich gerade die „runden" Zahlen bekränzt werden. Welche Irrationalitäten wirken sich hier aus? Das ist eine Frage, die Leibniz sicher zu einer Antwort angeregt hätte, denn zu seinen charakteristischen Wesenszügen gehört die Vorliebe zur Herstellung analogisierender Beziehungen zwischen der logisch-mathematischen — also rationalen — und der mystisch-irrationalen Sphäre. Dies zeigt beispielsweise die Tatsache, daß er seine mathematische Entdeckung, wie man mit Hilfe der dyadischen Schreibweise — also mit nur zwei Ziffern (etwa „0" oder „1") — sämtliche Zahlen zu schreiben vermag, dazu benutzen wollte, um den Chinesen die These der chinesischen Philosophie von der Erschaffung der Welt aus der Zweiheit des Nichts („0") und des Gottes („1") zu beweisen.

4.

Die äußeren Daten seines Lebensweges lassen bereits die europäisch-weltbürgerliche Basis erkennen:

In eigentümlicher Weise stimmt seine Lebenszeit mit der Zeit des Wirkens der mächtigsten politischen Potenz jener Tage — mit der Regierungszeit Ludwig XIV. — überein. Drei Jahre bevor Leibniz am 21. 6. — bzw. am 3. 7. — 1646 als Sohn eines Juristen von nicht geringem Ruf in Leipzig geboren wurde, bestieg der Roi Soleil den Thron Frankreichs. Und als Leibniz siebzigjährig in Hannover am 14. 11. 1716 starb, war der Bourbone erst ein Jahr tot. Daß die Person Ludwig XIV. für Leibniz von besonderer Bedeutung war, ist bekannt. Die Anregungen, die Leibniz durch das Paris der Wissenschaft erfuhr, wohin ihn ein den französischen König betreffender diplomatischer Auftrag des kurmainzischen Hofes führte, waren maßgeblich für seine wichtigsten Leistungen.

Die Bedeutung Ludwig XIV. für Leibniz war aber nicht nur eine mittelbare. Der Politiker Leibniz mußte, da der Pariser Hof einen entscheidenden Einfluß auf die Entwicklung aller politischen Probleme jener Zeit hatte, im diplomatischen Spiel der Kräfte jedesmal den eleganten Herrscher und seine geistvollen Ratgeber berücksichtigen.

Die Blicke der europäischen Welt waren nach Versailles gerichtet. Leibniz-Porträts zeigen einen Kavalier à la mode. Die Individualisierung und Originalität seiner Persönlichkeit waren so gesichert, daß die Übernahme fremder überlegener Zivilisation keine „Umbiegung" zur Folge haben konnte.

Den Schritt in die Welt vollzieht dieser Weltmann früh. Knapp 15 Jahre ist er alt, als er die Universität Leipzig bezieht. Noch nicht siebzehnjährig wird er Bakkalaureus der Philosophie, zehn Monate später ist er Magister. Als den Professoren Leipzigs diese wissenschaftliche Karriere zu rasch ging, und sie ihn deshalb wegen seines zu jugendlichen Alters — nicht etwa wegen mangelnder Kenntnisse — zum juristischen Doktorexamen nicht zulassen, begibt er sich nach Altdorf, wo er als Zwanzigjähriger zum Dr. jur. mit derart glänzendem Erfolg promoviert, daß ihm sogleich eine Professur angeboten wird. Höflich lehnt er ab. Die Bindungen wären zu groß gewesen. Ihn drängte es über die bürgerlichen Schranken hinaus.

Er geht nach Nürnberg und siedelt dann nach Frankfurt über, um auf Veranlassung des Ministers Baron von Boineburg in kurmainzische Dienste zu treten. Er reist im Auftrag Boineburgs nach Straßburg und 1672 nach Paris. Dort bleibt er über vier Jahre und besucht zwischenein London. Erst auf Grund dreimaligen Anerbietens des Herzogs Johann Friedrich von Hannover begibt er sich von Paris über London, Amsterdam und Haag an den dortigen Hof, wo er ein Jahr später Hannoverscher Hofrat wird.

Wenn Leibniz auch bis zu seinem Tode im Dienst der Herzöge von Hannover bleibt, so hat damit gleichwohl das europäische Niveau seines Lebensstils keineswegs sein Ende gefunden. Seine zahlreichen Reisen führen ihn nach Wien, Rom, Venedig, Berlin, Dresden und viele andere Orte geistig-kultureller oder politisch-diplomatischer Bedeutung.

Das äußere Bild rundet sich, vergegenwärtigt man sich, was Leibniz schließlich „wurde": Zugleich Hannoverscher, Kurbrandenburgischer und Russischer Geheimer Justizrat, Reichshofrat des Deutschen Reiches, Braunschweigisch-Lüneburgischer Historiograph, Mitglied der Royal Society in London und der Akademie in Paris, Präsident der Kurbrandenburgischen Sozietät der Wissenschaften und Reichsfreiherr, — um nur einiges zu nennen. Während seines Aufenthaltes in Rom erhielt er sogar das für einen Protestanten ganz ungewöhnliche und ehrende Angebot einer Bestellung zum Kustos an der Vatikansbibliothek.

5.

Der Vielfalt seiner geistigen Leistungen in wenigen Zeilen gerecht zu werden, ist nicht möglich. Als Philosoph, Jurist, Mathematiker, Theologe, Techniker, Geologe, Historiker, Philologe und produktiver Politiker hat er gewirkt. — Gerade in Bezug auf dieses letztere ist kürzlich Leibniz mit Recht von einem bekannten Schauspieler als beispielgebend genannt worden auf einer politisch-kulturellen Veranstaltung einer großen deutschen Stadt. Er wurde damit jener undemokratischen Haltung des „unpolitischen" Wissenschaftlers und Künstlers deutscher Prägung gegenübergestellt.

Welche gewaltige Denkkraft ihn beherrschte, kann erahnt werden, bedenkt man, daß es ein und derselbe Mensch war,

der die Möglichkeit eines Logikkalküls entdeckte,

der die metaphysische These von der prästabilierten Harmonie der Monaden entwarf, der einen großzügigen und originalen Plan zur Reformierung des Römischen Rechts nach den Prinzipien einer zu erneuernden juristischen Logik entwickelte,

der die religionsphilosophische Schrift „Theodizee" — eines der einflußreichsten Bücher in Deutschland, wie Gerhard Stammler es nennt — schrieb,

dem die umstürzende Erfindung der Infinitesimalrechnung durch das Auffinden der Rechenoperationen des Integrierens und Differenzierens gelang,

der die erste Rechenmaschine schuf, die nicht nur wie diejenige von Pascal Additionen und Subtraktionen, sondern auch Multiplikationen und Divisionen leistete,

der Windräder konstruierte, die als Betriebsmotoren für die Pumpwerke der Zeche „Dorothea-Landscron", eines Bergwerkes im Harz, vorgesehen waren,

der als Historiker bei Bearbeitung der Geschichte des Welfenhauses, entgegen dem Brauch seiner Zeit, von echter Quellenforschung ausging,

der als Geologe wichtige erdgeschichtliche Entdeckungen in einem „Protogaea" genannten Werk veröffentlichte,

der vergleichende Sprachforschung trieb,

und der die mit der Konzeption der von allen Einzelwissenschaften vorausgesetzten Grundwissenschaft (scientia generalis) zusammenhängende Konstruktion eines „möglichst vernunftgemäßen Lateins" als exakte Gelehrtensprache versuchte, die als Vorstufe einer reinen Vernunftsprache für die scientia generalis dienen sollte.

Es leuchtet ein, daß derart vielseitige Leistungen nur im Rahmen eines Lebens- und Arbeitsstiles von brillierender Buntheit zustande kommen. Bezeichnend hierfür ist etwa seine Italienreise. Anlaß dieser Unternehmung waren seine historischen Untersuchungen. Die umfangreichen Quellenstudien in Archiven und Bibliotheken hinderten ihn indessen nicht daran, zu gleicher Zeit Verbindung mit den in China tätigen Jesuitenmissionaren anzuknüpfen, Bergbau-, Hütten- und Münzwesen zu studieren, — und nebenbei noch als erfolgreicher Heiratsvermittler bei der Verlobung des Herzogs von Modena mit der Prinzessin Charlotte von Braunschweig zu wirken.

Um zu versuchen, diesem Feuerwerk der Vernunft noch die Färbung Leibnizscher Ironie beizugeben, ohne die er nicht der homme d'esprit des Barock wäre, sei ferner berichtet, wie er als Zwanzigjähriger in Nürnberg mit der Gesellschaft der Rosenkreuzer verfuhr: Das geheimnisvolle Gebaren dieser Alchimisten reizte ihn, ohne daß es ihm zunächst infolge der Exklusivität der Gesellschaft gelungen wäre, irgendwelche Einblicke zu gewinnen. Aus alchimistischen Büchern entnahm er daraufhin die dunkelsten Stellen und faßte sie in einem Brief zusammen, dessen Inhalt ihm selbst weitgehend unverständlich war. Er erweckte den Eindruck eines in die tiefsten Geheimnisse eingedrungenen „Eingeweihten" und würde nicht nur sogleich in die Gesellschaft aufgenommen, sondern avancierte sogar rasch zu ihrem Sekretär.

6.

Die Universalität der Bemühungen von Leibniz entbehrt gleichwohl nicht einer tragischen Note. Seine Pläne waren so groß angelegt, daß er nur selten über geniale Entwürfe hinauskam. Die Zahl der zu seinen Lebzeiten veröffentlichten Werke ist gering. Umso umfangreicher war sein Briefwechsel, der ihn mit den bedeutendsten Köpfen seiner Zeit, wie Arnauld, Jakob und Johann Bernoulli, Bossuet, Huyghens, Newton, u. a., verband und wichtigste Ergebnisse seiner Arbeit enthielt. Zahlreich sind auch die fragmentarischen Skizzen, die er hinterließ, und in denen sich oftmals in anspruchsloser Verbindung erleuchtende Erkenntnisse finden.

Das Geschick zwang ihn, einen der freiesten Geister seiner Zeit, in die Rolle des Fürstendieners. — Mehring, der sozialistische Philosoph, betont es bedauernd. — Dies führte zu Einengungen, die den erwähnten fragmentarischen Charakter seines Werkes noch verstärkten. Zur Verwirklichung seiner Pläne mußte er „unerlaubte" Reisen durchführen und, als Folge davon, neue Schwierigkeiten bei Hofe in Kauf nehmen. Als er vereinsamt starb, waren die Differenzen so erheblich geworden, daß die braven hannöverschen Beamten glaubten, seinem Begräbnis fern bleiben zu müssen.

Das Mißgeschick des Unvollendetseins scheint sich auch über sein Lebensende hinaus auswirken zu sollen. Während der 230 Jahre seit seinem Tode ist es nicht gelungen, sämtliche Werke zu veröffentlichen. Drei Anläufe zu Gesamtausgaben sind genommen worden, der erste erst im Jahre 1843 von Pertz, der zweite von Klopp 1864 und der dritte 1923 durch die Preußische Akademie der Wissenschaften. Keinem war bisher ein Erfolg beschieden. Man ist versucht, selbst hier jenen Zusammenhang zu vermuten zwischen Universalität, Unendlichkeit und Unvollendetem.

7.

Die Frage nach dem Bleibenden im Werke von Leibniz wird aus verschiedenen Situationen verschiedene Antworten finden. Unstreitig werden aber stets die bahnbrechende Erfindung der Infinitesimalrechnung und seine Forschungsergebnisse auf dem Gebiete der Logik als überdauernde Leistungen genannt werden müssen.

Während bezüglich des Integrierens und Differenzierens damit etwas fast selbstverständliches gesagt wurde, liegt es überraschenderweise auf dem Gebiete der Logik anders. Erst seit einigen Jahrzehnten ist die grundlegende Bedeutung der Leibnizschen Konzeptionen im Bereiche der Grundlagenforschung, wie heute der hier gemeinte Zweig der Logik genannt zu werden pflegt, erkannt. Daß Leibniz' Gedanken die moderne Forschung in genialer Weise eröffnen und insofern der echte „Ausgangs"-Punkt dieses Wissenschaftszweiges sind, kann nicht klarer zum Ausdruck kommen, als in der Tatsache, daß der amerikanische Philosoph A. Church sein chronologisch geordnetes Verzeichnis der gesamten Literatur zur modernen Logik bis zum Jahre 1935 in „The Journal of Symbolic Logic" mit den einschlägigen Schriften von Leibniz beginnen läßt. Auch hat es den Anschein, als stünde man heute erst am Beginn der durch Leibniz eröffneten Möglichkeiten.

Es geht dabei kurz gesagt um nicht mehr und nicht weniger als um das Bemühen, auch auf nicht-mathematischem Gebiet den Beweisverfahren durch Konstruktion einer geeigneten Formelsprache nebst der dazugehörigen Operationsregeln die Präzision und Überprüfbarkeit, die man auf mathematischem Felde längst gewohnt ist, zu verleihen. M. a. W., es geht darum, auch das nicht-mathematische Denken exakt zu gestalten. Um die ganze Tiefe der Bedeutung von Leibniz für diese modernsten philosophischen Bemühungen zu ermessen, lese man die temperamentvollen Sätze von Heinrich Scholz in seiner „Metaphysik als strenge Wissenschaft" nach. Leibniz war es, der als erster das Programm für die Kalkülisierung des Denkens entwarf und mit seiner Verwirklichung während seines ganzen Lebens rang. Daß er über Entwürfe nicht hinauskam, liegt im Wesen der Sache. Ein derartig fundamentales Werk geht über die Kraft des Einzelnen. Nur kollektive wissenschaftliche Arbeit konnte zu den Ergebnissen führen, die heute erreicht sind.

8.

Die Einsicht, daß wissenschaftlicher Fortschritt nicht ohne intensive Zusammenarbeit möglich ist, hat Leibniz den Plan nahegelegt, die Gründung wissenschaftlicher Akademien allenthalben anzuregen. Die Gründung der Berliner Sozietät gelang ihm. Für Dresden, Wien und Petersburg blieb ihm der Erfolg versagt, obwohl Persönlichkeiten von der Bedeutung Peters des Großen seinen Absichten geneigt waren.

Die in diesen Plänen sich dokumentierende Grundhaltung ist es, die das Gedenken an Leibniz besonders aktuell macht. Es ist nicht die Pietät, sondern das Vorbild, daß die Feier seines 300jährigen Geburtstages rechtfertigt. Mit jener Grundtendenz nämlich hat es folgende Bewandtnis: Leibniz versprach sich von der internationalen Zusammenarbeit derartiger Akademien nicht nur einen rein fachlichen Fortschritt, sondern ihm schwebte als geheimstes Ziel die Förderung einer Republik des Geistes vor, für die nationale Grenzen und Interessen von gänzlich untergeordneter Relevanz wären. Die Förderung universaler Bildung mußte die Gefahr totalitärer Nationalismen bannen. — So blieb Leibniz, diesen seinen kosmopolitischen Intentionen entsprechend, mit einer den chauvinistischen Spießer erschreckenden Sicherheit 1674 unbedenklich in Paris, obwohl Deutschland mit Frankreich im „Reichskrieg" stand.

Er gedachte — seiner Zeit voraus — in dieser Weise zwischen dem aufkommenden Osten und dem mächtigen Westen, zwischen dem Rußland Peters des Großen und dem Frankreich Ludwig des XIV. zu vermitteln. Ähnliche Motive bestimmten ihn bei seinen Anstrengungen, eine Vereinigung der christlichen Kirchen herbeizuführen. Konfessionelle Totalität mußte sich nach seiner Meinung bei genügender Toleranz zum Wohle aller überbrücken lassen. Die souveräne universale Haltung Leibnizens wird durch seinen Plan einer Kombination der politischen mit der religiösen Vermittlung besonders deutlich: 1708 schlug er ein Weltkonzil bei Peter dem Großen vor.

Die Analogien zu den heute drängenden Problemen sind zahlreich. Es wird nützlich sein, sich eines Deutschen zu erinnern, der jenen anderen Teil deutschen Wesens verkörpert, der immer wieder — nicht nur im übertragenen Sinne — verschüttet zu werden pflegt. Denn, wenn überhaupt noch ein fördernder Beitrag zum internationalen Aufbau geleistet werden kann, so nur aus geistiger und universaler Haltung heraus.

Hellhörigen mag es ein bemerkenswertes Symptom sein, daß der Münchener Philosoph Huber im Gefängnis bis zum Tage seiner Hinrichtung am 13. Juli 1943 an einer begonnenen Arbeit über Leibniz schrieb.

Zur Rechts- und Staatsphilosophie der geordneten Anarchie

Der Rechtsstaat und die Staatsphilosophie der geordneten Anarchie

I.

Zu den Kuriositäten der traditionellen Staatsphilosophie gehört seit altersher das Phänomen, daß die Theorie der Staatsformen, soweit sie an die Anzahl der Herrschenden als das unterscheidende Kriterium anknüpft, keine logische Geschlossenheit aufweist, sofern man nämlich den Grenzfall, daß keiner herrscht, als zum System gehörig ansieht. Der „Null-Fall" bleibt unberücksichtigt, obwohl die Berücksichtigung dieses Grenzfalles eigentlich nahe liegen sollte, zumal sie — wie zu zeigen sein wird — nicht zuletzt für die Analyse des Rechtsstaatsbegriffs und seine praktische Anwendung wichtige neue Aspekte ergibt.

Die Nichtberücksichtigung des Grenzfalles einer Staatsform, bei der es keine Herrschenden und dementsprechend auch keine Herrschaftsunterworfenen gibt, kann wissenschaftsgeschichtlich in Parallele zu der Tatsache gesetzt werden, daß die traditionelle aristotelisch-scholastische Logik den Grenzfall der leeren Klasse in der Lehre vom Syllogismus ebenfalls unberücksichtigt ließ.

Das klassische, auf die Staatsphilosophie der Antike zurückführbare, nach der Zahl der Herrschenden konstruierte System der Staatsformen, das Ernst von Hippel in seiner allgemeinen Staatslehre [1] ebenfalls zum Ausgangspunkt seiner Untersuchungen über Staatsformen gemacht hat, kennt nur drei Grundtypen: die Einherrschaft, die Mehrherrschaft und die Allherrschaft.

Diese Einteilung — mag sie juristisch oder soziologisch gemeint sein — ist als Darstellung von strukturellen Möglichkeiten selbstverständlich wertfrei. Die Frage, welche dieser Formen bei konkreter Verwirklichung in einer bestimmten historischen Situation gut oder verwerflich ist, bleibt offen. Sie kann erst sinnvoll gestellt werden, wenn entsprechende Kriterien für ihre Entscheidung zur Hand sind. Erst wenn ein Metasystem

[1] Berlin u. Frankfurt a. M. 1963, S. 113 ff und 224 ff.

von Sätzen über das, was sein soll — also ein System von Moralnormen etwa —, gegeben ist, kann für den konkreten Anwendungsfall zwischen jenen Möglichkeiten entschieden werden. Letztlich müßte man Aussagen über den Sinn des Seins im umfassendsten Sinne zur Verfügung haben, um das Problem der richtigen (besten) Staatsform aufwerfen zu können. Ein solches Erkenntnisziel hat sich die Theorie nicht gesteckt, wenn sie Strukturanalysen von der hier in Rede stehenden Art erarbeitet. Der klassische Unterschied zwischen juristischer Methodenlehre — wie sie beispielsweise ENGISCH betreibt [2] — und am teleologischen zentral interessierter Rechtsphilosophie — etwa im Sinne vom EMGE [3] und ERNST VON HIPPEL [4] — kommt hier ins Spiel.

Umso erstaunlicher ist es, daß häufig schon eine bloße Änderung der Terminologie zu fast automatischen Wertungen führt. Setzt man beispielsweise für Einherrschaft und Mehrherrschaft die Bezeichnungen Monarchie und Oligarchie ein, dann ergeben sich vielfach sogleich positive oder negative Wertassoziationen. Es ist deshalb angezeigt, ausdrücklich darauf hinzuweisen, daß für die Entwicklung eines logisch geschlossenen Systems von Staatsformen die gleiche Wertfreiheit in Anspruch genommen werden kann, wie sie ganz allgemein für Strukturanalysen gilt. In der emotionsfernen Relationenlogik etwa kommt niemand auf den Gedanken, die zweistellige Relation im Gegensatz zur dreistelligen — oder umgekehrt — für „böse" zu erklären. Im emotionsnahen Bereich der Staatsformen ist das offensichtlich anders; hier vermengt man aus ideologischen Gründen in mehr oder weniger naiver Weise die Aspekte. Logisches und Teleologisches werden fehlerhaft durcheinander geworfen.

Betrachtet man dagegen die sich im Hinblick auf die Zahl der Herrschenden ergebenden strukturellen Möglichkeiten unabhängig von irgend einem Bezug auf ein Metasystem von Sollenssätzen nicht formaler Art, bleibt man also wertneutral, bietet sich zunächst einmal die Unterscheidung zwischen Monarchie und Polyarchie an. Bei der als Monarchie charakterisierten Staatsform herrscht nur einer, bei der Polyarchie gibt es mehr als nur einen Herrschenden. Während der Begriff der Monarchie in Bezug auf das Strukturelement der Anzahl der Herrschenden eindeutig ist, bedarf der Begriff der Polyarchie noch genauerer Differenzierung. Zunächst ist in Abweichung von anderen Staatsform-Systemen festzusetzen, daß von Polyarchie nicht gesprochen werden soll, wenn alle herrschen. Dieser Grenzfall werde Panarchie genannt. Ferner ist es zweckmäßig zu vereinbaren, daß von Polyarchie nur dann die Rede sein soll, wenn die Herrschenden gegenüber den Herrschaftsunterworfenen, den Untertanen, in der Mehrheit sind. Der Fall, daß die Herrschenden nicht in der Mehrheit sind, werde Oligarchie genannt.

[2] Karl ENGISCH, Einführung in das juristische Denken, 3. Aufl., Stuttgart 1964.

[3] Carl August EMGE, Einführung in die Rechtsphilosophie, Frankfurt/Main-Wien 1955.

[4] Vgl. z. B. aaO, S. 179 ff.

Auf Grund dieser Definition kann man dann vier Staatsformen unterscheiden:

1. Die *Monarchie*: Es herrscht nur einer.
2. Die *Oligarchie*: Es herrschen einige; d. h. genauer: die Zahl der Herrschenden ist nicht größer als die Zahl der Untertanen und nicht kleiner als zwei.
3. Die *Polyarchie:* Es herrschen viele; d. h. genauer: die Zahl der Herrschenden ist größer als die Zahl der Untertanen.
4. Die *Panarchie*: Es herrschen alle.

Betrachtet man diese Skala, die in Wahrung antiker Tradition den Grenzfall der Herrschaft aller enthält, so sollte sich der Gedanke aufdrängen, den entgegengesetzten Grenzfall einer Staatsform, bei der keiner herrscht, in das System mit aufzunehmen. Tut man dies, dann ergibt sich als weitere Möglichkeit:

5. Die *Anarchie:* Es herrscht keiner.

Den weiteren Überlegungen wird dieses fünfgliedrige System zugrundegelegt. Jedoch wird kein Ausschließlichkeitsanspruch damit geltend gemacht, denn es lassen sich unter rein logischem Aspekt naturgemäß noch andere Struktursysteme entwickeln. Man braucht nur an die Begriffe der qualifizierten Minorität und der qualifizierten Majorität zu erinnern, um sich weitere Konstruktionsmöglichkeiten zu vergegenwärtigen. Die verfassungsrechtliche Praxis und das private Gesellschaftsrecht der Rechtsordnungen der Welt bieten zahlreiche weitere Beispiele.

Bemerkenswert ist, daß die beiden Grenzfälle, die *Panarchie* und die *Anarchie*, sich insofern decken, als es bei beiden Strukturtypen keine Herrschaftsunterworfenen, keine Untertanen gibt. Daraus resultiert eine bedeutsame Verwandtschaft zwischen Demokratie und Anarchie, falls die Struktur der Erstgenannten sie zu einem Unterfall der Panarchie macht, — was nach dem traditionellen, uneinheitlichen Sprachgebrauch beim Demokratiebegriff durchaus nicht stets so ist, denn vielfach wird schon dann von einer Demokratie gesprochen, wenn nur die Struktur der Polyarchie verwirklicht ist.

Das obige System ist rein formal. Es gibt nur die Strukturen für Staatsform-Möglichkeiten an. Unberücksichtigt bleibt deshalb hier, daß eine *Monarchie* als Tyrannis oder als liberal-humanes Königtum, eine *Oligarchie* als Herrschaft der Besten — als Aristokratie — oder der Reichsten oder der durch Abstammung aus bestimmten Familien Ausgezeichneten und eine *Polyarchie* als tolerante Majoritätsherrschaft oder als diktatorische Unterdrückung einer religiös, rassisch, national oder in sonstiger Weise charakterisierten Minderheit auftreten kann. Das Gleiche gilt für die beiden Grenzfälle. Bei ihnen bleibt hier ebenfalls unbeachtet, daß eine *Panarchie* als freiheitliche Demokratie oder als korrumpierte Ochlokratie und eine *Anarchie* als anthropophile Gemeinde oder als Gangsterkollektiv vorkommen könnte, um nur einige der denkbaren vielfältigen Realisierungsmöglichkeiten zu nennen.

Das zu betonen ist nicht überflüssig, denn unvoreingenommene Strukturanalyse ist in diesem Bereich selten. Der Begriff der *Oligarchie,* der schon vom Sprachlichen her deutlich analytische, wertfreie Bedeutung hat, wird in der traditionellen allgemeinen Staatslehre fast nur noch für die Bezeichnung der Herrschaft durch eine Gruppe von Reichen benutzt. Für eine Herrschaft gleicher, im oben unter Nr. 2 definierten Sinne oligarchischer Struktur, bei der sich die herrschende Gruppe durch Leistung oder Abstammung heraushebt, wird der terminus *Aristokratie* benutzt. Hier kommt das Phänomen der Vernebelung von harten Machtpositionen durch Theorienmystik ins Blickfeld. Dem simplen Denken wird suggeriert, die Leistungsfähigsten — etwa die stärksten Krieger — seien die Besten. Von dort ist es nur ein Schritt zur These, die aus bestimmten Familien Abstammenden seien die Leistungsfähigsten und „folglich" die Besten. Herrschen sie, dann ist das eine Aristokratie, eine Herrschaft der Besten. Hat man aber diesen Begriff in dieser Weise belegt, dann verliert die formal richtige Kennzeichnung der Herrschaft der wirtschaftlich Mächtigen als Oligarchie ihre Neutralität und bekommt fast von selbst den bekannten negativen Wertakzent, denn im Begriffsbereich der Aristokratie ist kein Raum mehr für diesen Anwendungsfall der durch Herrschaft einer Gruppe charakterisierten Staatsstruktur. So kann die Staatsphilosophie immer tiefer in den Begriffsnebel der Vorurteile geraten. Am Ende gelangt man schließlich zu sattsam bekannten Thesen wie „Es gibt keine anständigen Kapitalisten" und „Eine kapitalistische Herrschaftsform kann kein Rechtsstaat sein", sowie umgekehrt „Es gibt keine anständigen Kommunisten" und „Eine kommunistische Herrschaftsform kann kein Rechtsstaat sein". In allen diesen Behauptungen wird aus bloßer Strukturanalyse in unexakter Weise eine Wertung erschlichen, während in Wahrheit erst die konkrete Verwirklichung einer Struktur in Raum und Zeit durch den lebendigen Menschen und sein Verhalten eine Wertung zulässig macht.

Auf diese Zusammenhänge mußte hingewiesen werden, weil der Begriff der *Anarchie* in fast noch erstaunlicherer Weise durch politisch-ideologische Emotionen verundeutlicht ist. Anarchie wurde oben in Übereinstimmung mit der Wortbedeutung als gesellschaftlicher Zustand definiert, bei dem keiner herrscht, und bei dem es also auch keinen Untertanen gibt. Ohne nähere Begründung geht nun die traditionelle Staatstheorie davon aus, daß Anarchie kein rechtlich geregelter Zustand, geschweige denn eine Staatsform sein könne. Die Anarchie liegt für Georg JELLINEK [5] — worauf ERNST VON HIPPEL zutreffend hinweist [6] — „im Bereich der faktischen, nicht der rechtlichen Möglichkeit". Noch extremer ist die weitverbreitete These, daß sich Anarchie und Ordnung widersprechen. Darauf, daß dies falsch ist, haben schon Hans KELSEN [7]

---

[5] Allgemeine Staatslehre, 7. Nachdruck der 3. Aufl., Berlin 1960, S. 477.
[6] AaO, S. 108.
[7] Allgemeine Staatslehre, Berlin 1925, S. 29.

und Rudolf STAMMLER [8] hingewiesen. Bereits die im vergangenen Jahrhundert in der historischen Wirklichkeit vorgetragenen politischen Theorien des Anarchismus setzten Ordnung voraus und strebten sie an. Sie wollten lediglich bestehende Ordnungen durch andere ersetzen. Max STIRNERS „Verein der Egoisten" ist als Leitbild des individualistischen Anarchismus ebenso wie der Syndikalismus, den die Vertreter des kollektiven Anarchismus anstrebten, eine Ordnung [9].

Aber nicht nur zwischen Ordnung überhaupt und Anarchie besteht kein zwingender Widerspruch. Auch die Rechtsordnung wird durch den Zustand der Herrschaftslosigkeit nicht ausgeschlossen. Das wird oft verkannt, obwohl die Völkerrechtsordnung zwischen souveränen, rechtlich und machtpolitisch unabhängigen Staaten ein Zustand rechtlich geordneter Anarchie ist, denn es gibt in ihr keinen Herrschenden und keinen Herrschaftsunterworfenen, wenn man unter dem Erstgenannten eine natürliche oder juristische Person versteht, die einer anderen Normen vorschreibt und zugleich in der Lage ist, deren Befolgung zu erzwingen. Aber selbst im innerstaatlichen Recht sind anarchische Regelungen nicht unbekannt. Das zeigt sich im Familien-, Genossenschafts- und Gesellschaftsrecht. Wenn es beispielweise in einer Ehe kein Oberhaupt oder in einer offenen Handelsgesellschaft bei zwei Gesellschaftern, von denen jeder einen 50%-igen Anteil besitzt, keinen Chef, sondern nur gleichberechtigte Partner gibt, dann sind das keine ordnungslosen Zustände, sondern Konstellationen einer rechtlich geregelten, möglicherweise sogar sehr streng geregelten Herrschaftslosigkeit, also Zustände der geordneten Anarchie.

Es bleibt aber zu erwägen, ob sich nicht etwa Staat und Anarchie widersprechen. Das ist in der Tat bisher weitgehend angenommen worden. Indessen gibt es keinen logischen Zwang, der zu dieser These führt. Ein anarchisch geordneter Staat ist keine contradictio in adjecto, legt man die obige Definition der Anarchie zugrunde. Daß die entgegengesetzte Auffassung die herrschende ist, hängt damit zusammen, daß der Anarchiebegriff bisher nur so gesehen wurde, wie ihn die im Laufe der Geschichte auftretenden Theorien und Ideologien sahen. Das ist eine unzulässige Einengung der logisch-begrifflichen Möglichkeiten. Der Konstruktion einer Staatsform ohne Herrschende und ohne Untertanen steht theoretisch nichts im Wege. Eine andere Frage ist ihre Realisierbarkeit. Aber vor diesem Problem steht man bei den übrigen Strukturtypen ebenso. Absolut reine und unvermischte Verwirklichungen sind ebensowenig möglich wie exakte Dreiecke in der Realität. Zwangsausübungen in den Ausnahmebereichen der Kriminalität, der gemeingefährlichen

[8] Die Theorie des Anarchismus, in Rechtsphilosophische Abhandlungen und Vorträge, Erster Band, Charlottenburg 1925, S. 53.

[9] Zum individualistischen Anarchismus vgl. jetzt die anregende Untersuchung von Carl August EMGE, Max Stirner — Eine geistig nicht bewältigte Tendenz, Nr. 12 der Abhandlungen der Geistes- und Sozialwissenschaftlichen Klasse, Jahrgang 1963, der Akademie der Wissenschaften und der Literatur, Wiesbaden 1964.

Krankheiten, der Katastrophensituationen usw. ändern nichts Grundsätzliches an der Struktur als solcher. Bei der Anarchie als Staatsform geht es um einen anarchischen Gesellschaftszustand, einen Staat ohne Untertanen, der nach dem Grundsatz der strengen Rechtsgleichheit geordnet ist. Die Zulässigkeit rechtlicher Regelungen richtet sich dort nach einem Herrschaftslosigkeitsmodell, das man zur Hervorhebung des Fehlens eines rechtlichen und machtpolitischen „Oben" und „Unten" ein „*Round-table-Modell*" nennen kann, wobei für gewisse unerläßliche Steuerungsfunktionen eine Modifikation nach dem „*Primus-inter-pares-Prinzip*" kein Widerspruch wäre. Utopisch braucht der Versuch, eine Struktur von der Art einer solchen *geordneten Anarchie* zu verwirklichen, nicht zu sein. Das lehren die Völkerrechtsordnung, die Praxis der inter- und der supranationalen Organisationen, die privatrechtlichen Genossenschafts- und Gesellschaftsverfassungen, das moderne Familienrecht, die rechtliche Struktur wissenschaftlicher Universitäts-Fakultäten sowie anderes mehr. Im übrigen drückt sich — wie darzutun sein wird — in allen modernen Bemühungen um die Verwirklichung einer rechtsstaatlichen Demokratie das Streben nach der Staatsform der geordneten Anarchie, nach Abschaffung des Untertanen aus. Um dies genauer zeigen zu können, bedarf es zunächst eines Eingehens auf den Rechtsstaatsbegriff.

II.

In der Allgemeinen Staatslehre tritt der Begriff des Rechtsstaats bekanntlich als Gegenbegriff zum Begriff des Macht- und Willkürstaats auf. Obwohl er außerdem im positiven Recht, wie z. B. in verschiedenen geltenden deutschen Gesetzen — im Grundgesetz, in den Verfassungen von Bayern, Baden-Württemberg, Hamburg und Niedersachsen sowie in dem für die Justizbehörden im Verkehr mit der Zone maßgebenden Rechts- und Amtshilfegesetz — und in der höchstrichterlichen Rechtsprechung vorkommt, also nicht nur theoretische, rechtsmetaphysische und rechtspolitische, sondern zugleich positivrechtliche Bedeutung hat, stößt seine genaue Definition auf Schwierigkeiten, zumal es üblich ist, neben dem allgemeinen Begriff noch die Sonderfälle des sozialen, des bürgerlichen und des ständischen Rechtsstaats zu unterscheiden.

Eine prinzipielle Schwierigkeit für die Begriffsbestimmung scheint zunächst dann zu entstehen, wenn man wie KELSEN den Begriff des Rechts als identisch mit dem des positiven Rechts definiert, und außerdem von der „Identität der Staatsordnung mit der Rechtsordnung" ausgeht. Unter diesen Voraussetzungen ist jeder Staat ein Rechtsstaat im formalen Sinne [10].

[10] KELSEN aaO, S. 91; ders. Reine Rechtslehre, 2. Aufl., Wien 1960, S. 314.

Damit ist aber nicht, wie man oft bei der Darstellung des Rechtspositivismus meint [11], das letzte Wort über die Relation zwischen Positivismus und Rechtsstaatsbegriff gesprochen. Schon KELSEN selbst wies darauf hin, daß es außerdem zulässig und sinnvoll sei, die Frage zu stellen, „in welchem Maße rechtsinhaltliche Garantien dafür geboten sind, daß die individuellen Rechtsakte tatsächlich den generellen Normen entsprechen", und schrieb, diese Frage „beantwortet der Begriff des Rechtsstaats im materiellen oder technischen Sinne des Wortes" [12].

Das zeigt an, daß es möglich ist, das Problem des Rechtsstaats von der Bindung an das Für und Wider beim Streit um den Rechtspositivismus zu lösen. Man kann also noch einen Schritt weitergehen und sagen, die erwähnte prinzipielle Schwierigkeit ist in der Tat nur eine scheinbare. Es hängt dies mit der bekannten Weiterentwicklung der allgemeinen wissenschaftlichen Methodenlehre durch die moderne Logiktheorie zusammen. Man sieht durch sie heute klarer, daß und wie es möglich ist, in exakter Weise Satzsysteme stufenförmig einander zuzuordnen, so daß über dem „niederen" System ein „höheres" steht. Das zuletztgenannte, üblicherweise Metasystem genannt, enthält Sätze über die Sätze des erstgenannten, das man deshalb Objektsystem zu nennen pflegt. Diese Struktur läßt naturgemäß Steigerungen zu, so daß die Meta-Sätze ihrerseits zu Objektsätzen eines noch „höheren" Metasystems werden. Dies letztgenannte ist dann also ein Meta-Metasystem. In dieser Art kann weiter gesteigert werden, falls das methodologisch zweckmäßig erscheint. Das ist ein rein logisches Phänomen. Von irgendeiner metaphysischen, empirischen, positivistischen oder sonstigen Bindung kann hier keine Rede sein.

Wendet man das Gesagte auf die Rechtstheorie an, dann kann man irgendwelche Normensysteme einander als Objekt- und Meta-Normensysteme zuordnen. Zugleich sind Meta-Meta-Normensysteme usf. denkbar. Dies alles gilt für den Rechtspositivisten ebenso wie für den Rechtsmetaphysiker.

Es liegt nahe, den Rechtsstaatsbegriff als einen Begriff eines Meta-Normensystems zu definieren. Da das Meta-Normensystem Normen über das Objekt-Normensystem, mithin Normen über Normen, enthält, bekommt der Rechtsstaatsbegriff eine normative Funktion in Bezug auf das jeweilige Objektsystem, ohne daß der Positivismusstreit geschlichtet werden müßte. Es wird freigestellt, das Metasystem als ein positives oder als ein naturrechtliches oder sonstwie überpositives auszulegen. In diesem Sinne einer strikten Methodentoleranz ist das Folgende zu verstehen.

Bei der Definition dieses für Normen über Normen bestimmten Rechtsstaatsbegriffs genügt es im hiesigen Zusammenhang, einige inten-

[11] Vgl. etwa Alfred ALBRECHT, Art. Rechtsstaat, in Staatslexikon der Görres-Gesellschaft, 6. Band, 6. Aufl., Freiburg 1961, S. 690.
[12] AaO, S. 91.

sive Implikationen anzugeben, also so zu verfahren, daß festgelegt wird, von einem Rechtsstaat könne *nur dann* gesprochen werden, *wenn* die und die Bedingungen erfüllt sind [13]. Als solche notwendigen Bedingungen kommen vor allem in Betracht:

1. Die *Freiheitsmaxime:* Die Rechtsordnung garantiert die größtmögliche Freiheit aller. Einschränkungen bedürfen stets besonderer Rechtfertigung; sie sind nur als Notlösungen zulässig (*Ultima-ratio-Maxime* als Unterfall der Freiheitsmaxime)." In dubio pro libertate".

2. Die *Gleichheitsmaxime:* Die Rechtsordnung garantiert die Gleichheit vor dem Gesetz und verbietet Privilegierungen von Einzelnen oder Gruppen und Klassen.

3. Die *Kontrollmaxime:* Keine Rechtsbefugnis ist unkontrolliert. Zur Kontrolle sind unabhängige Gerichte und die öffentliche Meinung berufen. Die Trennung von Gesetzgebung, Regierung und Rechtsprechung einerseits und die Sicherung der freien Entwicklung der öffentlichen Meinung andererseits dienen der Verwirklichung der Kontrollmaxime. Opposition ist stets zulässig. (*Oppositionsmaxime* als Unterfall der Kontrollmaxime).

4. Die *Legalitätsmaxime:* Die Gesellschaft begrenzt ihre Einwirkungen auf den Einzelnen durch streng bestimmte, mit der Einräumung von unabdingbaren Grundrechten verbundene rechtliche Regelungen, welche die Reaktion der Gesellschaft so weit wie möglich prognostizierbar machen. Durch diese Regelung bindet sich die Gesellschaft selbst und unterwirft sich der Kontrolle.

Die Formulierungen dieser Maximen sind stark vereinfacht. Für die praktische Anwendung wäre eine Transposition in Normen Voraussetzung. Als Meta-Normen bieten sie weitgehend nur Strukturen für Strukturen. Soweit sie Wertungen enthalten, wird die Richtigkeit schlicht vorausgesetzt. Dem Rechtspositivisten mag diese Richtigkeit aus Konventionen, Anerkennungen oder sonstigen empirischen Setzungen herleitbar erscheinen. Der Rechtsmetaphysiker mag sie als aus Naturrechtsprinzipien oder sonstigen überpositiven Grundsätzen begründbar ansehen.

Bei der Anwendung und Konkretisierung der Maximen entstehen wegen des hohen Abstraktionsgrades Schwierigkeiten. Sie lassen sich in manchen Fällen durch Heranziehung des Anarchiebegriffs einschränken.

III.

Daß der Gegensatz von Ordnung und Chaos sich nicht mit dem Gegensatz von Herrschaft — sei sie Monarchie, Oligarchie, Polyarchie oder Panarchie — einerseits und Anarchie andererseits deckt, geht aus

[13] Zum Begriff der intensiven Implikation vgl. Ulrich Klug, Juristische Logik, 2. Aufl., Berlin-Göttingen-Heidelberg 1958, S. 28, 33 u. 43.

dem oben Gesagten bereits hervor. Alle diese Strukturtypen für Staatsformen sind geordnet und chaotisch realisierbar. Daß Anarchie als in Raum und Zeit verwirklichte Struktur möglicherweise leichter zur Unordnung führt, mag ein empirisch-soziologisches Phänomen sein, ist aber mit dieser Struktur als solcher logisch keineswegs notwendig verbunden. Im übrigen teilt die Anarchie das Schicksal schwieriger Realisierbarkeit als geordnete Staatsform mit Polyarchie und Panarchie, wie sich bei praktizierter Demokratie immer wieder zeigt. Eine Konzentrationslager-Ordnung ist nun einmal „leichter" zu verwirklichen. An dem logischen Fehler des angeblichen Widerspruchs zwischen Anarchie und Ordnung läßt sich der makabre Erfolg erkennen, mit dem seit altersher die Herrschenden ihren Untertanen aus durchsichtigen Gründen suggerierten, ohne Herrschaft gäbe es unausweichlich das Chaos.

In Wahrheit beweist ein Vergleich mit den erwähnten vier rechtsstaatlichen Maximen, daß die Struktur der geordneten Anarchie geeignet ist, als Direktive für die Verwirklichung des Rechtsstaats, also eines folgerichtig geordneten Staatstyps, zu dienen. Freiheit und Gleichheit im Sinne der beiden ersten Maximen setzen notwendig voraus, daß es keine Herrschenden gibt. Andernfalls ist die Freiheit mindestens nicht die größtmögliche für alle Individuen, und an umfassender Gleichheit fehlt es ebenfalls, wenn es Herrschende gibt. Das sind strukturlogische Konsequenzen.

Entsprechendes gilt aus empirisch-soziologischen Gründen für die Kontroll- und für die Legalitätsmaxime. Durchgreifende Kontrolle ist nur unter Ausschaltung von Herrschaftseinflüssen möglich. Untertanen sind machtlose Kontrolleure der Regierung, und Opposition kann ihre ganze Wirkung nur entfalten, wenn sie gleichberechtigt am runden Tisch sitzt, ohne von einer „Obrigkeit" gefährdet zu sein. Und was die Selbstbindung an die rechtlichen Regelungen anlangt, so wird diese ebenfalls erst wirklich glaubhaft, wenn die Legalitätskontinuität durch keine Herrschaftseinflüsse ausgeschaltet werden kann. Ohne Anarchie keine Prognose für die Reaktion der Gesellschaft, denn erfahrungsgemäß neigt der Herrschende zur Willkür der „einsamen Entschlüsse". Dauerhafte Ordnung ist nur bei Round-table- und Primus-inter-pares-Strukturen zu erwarten.

Bis in manche Einzelheiten rechtlicher Probleme lassen sich Folgerungen bei direktiver Verwendung des Strukturbegriffs der geordneten Anarchie ziehen. Es seien hier lediglich die nachstehenden kurz angedeutet:

1. Daß die modernen Massenstaaten Regierungen als Steuerungsgremien benötigen, bedarf keiner besonderen Betonung. Aus der Leitfigur der geordneten Anarchie ergeben sich jedoch Begrenzungsforderungen. So sollte für rechtsstaatliche Regierungen in diesem Sinne der automatische Wechsel der Regierungschefposition im streng geregelten zeitlichen Rhythmus von der Verfassung — etwa nach schweizerischem Vorbild — vorgeschrieben sein. Ferner sollte die Regierungszeit in der Weise begrenzt sein, daß die Verfassung bestimmte Zeitspannen vorschreibt,

nach deren Ablauf keine unbegrenzte Wiederwahl erlaubt ist, ähnlich wie dies im deutschen Grundgesetz für den Bundespräsidenten vorgesehen ist. Für die Beschlußfassung müßte, abgesehen von Notstandssituationen, mehr als bisher von der Notwendigkeit der Einstimmigkeit mit dem daraus resultierenden Vetorecht der Beteiligten Gebrauch gemacht werden. Was hier praktikabel ist, müßte die Erfahrung lehren. Zunächst könnten schrittweise Annäherungen an die stets eine schwere Aufgabe darstellende echt anarchische Ordnung versucht werden.

2. Besonders wichtig für die Verwirklichung der Rechtsstaatsidee ist die Verhinderung von Herrschaftsansprüchen, die in den Intimbereich des Individuums eindringen.

a) Hierher gehören als Beispiele die unter dem gleichheitsrechtswidrigen Einfluß des Rassismus stehenden Eheverbote gegenüber Angehörigen verschiedener Rassen und die damit zwangsläufig sich ergebende Pönalisierung des außerehelichen Verkehrs zwischen Partnern verschiedener Rassen. Unvergessen ist in diesem Zusammenhang die Rechtsperversion der Nationalsozialisten in dem berüchtigten „Gesetz zum Schutze des deutschen Blutes und der deutschen Ehre" vom 15. 9. 1935 (RGBl I S. 1146) mit seinem im § 5 mit Zuchthaus bedrohten Tatbestand der Rassenschande [14]. In der Gegenwart kennt einen entsprechenden atavistischen und rechtsstaatswidrigen Straftatbestand das Südafrikanische Recht [15]. Im deutschen „Recht" war diese Regelung die Folge der rasseideologisch determinierten kriminellen Monarchie Hitlers; im südafrikanischen „Recht" ist sie die Konsequenz einer rasse-ideologisch determinierten Oligarchie.

b) Die Abwehr rechtsstaatswidriger Eingriffe einer sich im moralischen Bereich zur Herrschaft berufen fühlenden Gruppe in den Intimbereich steht im deutschen Strafrecht der Gegenwart bei der Frage der Strafbarkeit freiwilliger medizinisch oder eugenisch nicht erforderlicher Sterilisationen durch den Arzt zur Diskussion [16]. Diejenigen, die hier eine Strafbarkeit des Arztes annehmen, sanktionieren damit einen Zeugungs- und Empfängniszwang. Das aber ist eine Herrschaftsaufoktroyierung mit brutaler Zwangsanwendung, denn der Strafrahmen reicht nach dem Gesetz z. Zt. bis zur Zuchthausstrafe. Die Vertreter der Strafbarkeit der freiwilligen, auf Wunsch des Betreffenden vom Arzt vorgenommenen Sterilisation vergessen, daß vom Strafrecht nur das

[14] Der Ausdruck „Rassenschande" ist seinerzeit sogar zum gesetzlichen terminus erhoben worden. Vgl. § 11 Abs. II der zum obigen, meist abgekürzt als „Blutschutzgesetz" bezeichneten Gesetz ergangenen Ersten Ausführungsverordnung vom 14. 11. 1935 (RGBl I S. 1334) i. d. F. der ErgVO. vom 16. 2. 1940 (RGBl I S. 394).

[15] Vgl. Alfred V. Lansdown, Outlines of South African Criminal Law and Procedure, second Edition, Cape Town-Wynberg-Johannesburg 1960, S. 107/108 mit Hinweis auf Act Nr. 23 of 1957.

[16] Vgl. das Urteil des BGH in dem Verfahren gegen Dr. Dohrn NJW 1965 S. 355 und JZ 1965 S. 220 (mit Anm. von Hanack) und aus dem Schrifttum vor allem Roxin JuS 1964 S. 373 sowie Eb. Schmidt JZ 1964 S. 298 und Urbanczyk NJW 1964 S. 425.

„ethische Minimum" garantiert werden soll. Die Freiheitsmaxime gebietet deshalb die Straffreiheit. Die Entscheidung muß dem Gewissen des volljährigen Einzelnen und seines Arztes überlassen bleiben. Ob es eine Verpflichtung zur Aufrechterhaltung der Zeugungs- und Empfängnisfähigkeit gibt, das ist eine moralische, keine rechtliche Frage, zu der sich die vor allem kompetenten außerstaatlichen Stellen, die Vertreter religiöser oder weltanschaulicher Lehren äußern sollen [17]. Erziehung, Rat und Ermahnung, nicht aber die Anwendung rechtlichen oder gar strafrechtlichen Zwanges sind die Denk- und Handlungskategorien, die hier in Betracht kommen.

Wohl wissend um die niemals ganz zu lösende philosophische und pragmatische Problematik rechtlichen Bemühens sollten sich Gesetzgeber und Richter gleichwohl stets der Tatsache bewußt bleiben, daß die freiheitliche Entscheidung zugunsten der geordneten Anarchie für das moderne Rechtsstaatsbewußtsein schon vorentschieden ist. Die Degradierung des Partners zum Untertan verletzt die Menschenwürde.

[17] Hier wird u. a. die Lehre von den Ehezwecken bedeutsam. Vgl. Heribert WAIDER in ZStW Bd. 75 (1963) S. 220 und in dieser Festschrift S. 278. — Zum Sterilisierungsproblem allgemein: ARNDT, NJW 1963, S. 848 und Carl-Friedrich von WEIZSÄCKER, Bedingungen des Friedens, 3. Aufl., Göttingen 1964, S. 10/11.

Ordnung und Gesellschaft

Als Aufgabe des Korreferats soll es angesehen werden, die Skizze einer ein wenig nüchternen Begriffsanalyse vorzuführen und insofern zugleich ein Symptom für die zwei Sprachen in der Philosophie der Gegenwart zu bieten. Am Schluß wird aber wohl doch trotz dieses Dualismus, der sich in dem Verhältnis von Haupt- und Ergänzungsreferat spiegelt, so steht zu hoffen, eine gemeinsame Diskussion möglich werden. Im übrigen wird es sicherlich nicht unerlaubt sein, vor allem an den Gegenbegriff der Ordnung anzuknüpfen. Nach kurzen Andeutungen zur Begriffsklärung im ersten Teil soll also dann im zweiten und dritten Teil der Ausführungen Diskussionsmaterial aus der Theorie der Anarchie ausgebreitet werden. Im vierten Teil werden schließlich einige Folgerungen aus dem Gesagten gezogen.

I.

1) Zu beginnen ist mit einer Sprachregelung, einer semantischen Abgrenzung des Begriffs der Ordnung. Man wird die Logik fragen müssen, wenn man einen so allgemeinen Begriff wie den der Ordnung in den Griff bekommen möchte. Und in der Tat gibt es dort einen eingeführten Sprachgebrauch, der sich im Rahmen der Mengenlehre entwickelt hat und der später in den Klassenkalkül übernommen wurde. Man pflegt zu sagen, daß dort, wo zwischen zwei beliebigen Elementen einer Klasse irgendwelcher Gegenstände eine bestimmte transitive und asymmetrische Relation oder deren Umkehrung (Konverse) besteht, eine

geordnete Klasse vorliegt[1]). Es handelt sich mithin bei dem Begriff der geordneten Klasse um einen sehr allgemeinen Begriff, der sich auf die Klassifikation irgendwelcher Gegenstände bezieht und bei dem das Entscheidende dies ist, daß jene Relation, wie man sagt, die geordnete Klasse „erzeuge", oder, wie man richtiger sagen sollte, die geordnete Klasse definiert.

Zur Erläuterung des Gesagten sei bemerkt: Unter einer transitiven Relation versteht man bekanntlich eine Beziehung, die dadurch charakterisiert ist, daß stets dann, wenn die Relation zwischen einem ersten und einem zweiten Beziehungsglied und außerdem zwischen dem zweiten und einem dritten besteht, diese Relation auch zwischen dem ersten und dem dritten Glied besteht. Wenn etwa A älter ist als B, und B älter ist als C, dann ist A ebenfalls älter als C. Hier ist das Ältersein die transitive Relation. Asymmetrisch ist eine Relation, wenn, falls sie gilt nicht zugleich die Umkehrung gilt. Ist z. B. X biologisch Vater von Y, dann kann Y niemals biologischer Vater von X sein. — *Carnap*[2]) hat mit Recht bei diesem Beispiel darauf hingewiesen, daß dies für den juristischen Vater nicht gilt. Falls es für die Adoption keine juristischen Grenzen gibt, ist es denkbar, daß man nacheinander gegenseitig Vater und Sohn ist.

Außerdem wurde in der Klassenlogik ein weiterer Terminus eingeführt, der im hiesigen Zusammenhang dienlich sein kann: der Begriff der wohlgeordneten Klasse. Man spricht dann von einer wohlgeordneten Klasse, wenn die ordnende Relation die Elemente so zueinander in Beziehung setzt, daß es ein erstes, ein zweites, ein drittes usw. Element gibt, daß also eine lineare Ordnung entsteht[3]). Im juristischen Bereich sind zahlreiche Beispiele für wohlgeordnete Klassen leicht zur Hand. Man denke etwa an den Fall, daß ein Protokollchef bei einem diplomatischen Empfang eine Ordnung in der Menge der Anwesenden derart hergestellt hat, daß eine eindeutige Eingruppierung von Platz 1 bis zum letzten Platz entsteht. Eine solche „Menge" von Diplomaten wäre also eine wohlgeordnete Klasse in der Terminologie der Logik. Sicherlich ist dies der Typ einer Struktur, die man in allen Fällen heranziehen muß, wo von „strenger" Ordnung eines Kollektivs von Elementen gesprochen wird. Man könnte indessen auf der anderen Seite noch weiter abstrahieren, indem man die definierende Relation noch weniger bestimmt sein läßt, vielleicht nur verlangt, daß sie irreflexiv ist, daß also kein Element zu sich selbst in der definierenden Relation

1) Vgl. K. W. Clauberg und W. Dubislav, Systematisches Wörterbuch der Philosophie, 1923, S. 553; genauer R. Carnap, Einführung in die symbolische Logik, 2. Aufl., 1960, S. 122, 123.

2) A. a. O., S. 225.

3) Clauberg/Dubislav u. Carnap wie Anm. 1.

steht. Aber das soll hier zur Vereinfachung der Problematik außer acht gelassen werden.

Übernimmt man die dargestellte Sprachregelung der Logik, dann kann man sagen, Ordnung sei die Eigenschaft einer Klasse, nämlich in jenem allgemeinsten Sinn die Eigenschaft, durch eine transitive und asymmetrische Relation definiert zu sein.

Bekanntlich pflegt man gelegentlich noch in einem anderen Sinn von Ordnung zu sprechen, falls man etwa einen Begriff wie den der idealen Ordnung mit dem etwas überraschenden Gegenbegriff der idealen Unordnung zuläßt und dazwischen Ordnungsgrade unterscheidet. Unter idealer Ordnung in einer Klasse kann man dann z. B. die völlige Trennung verschiedenartiger Elemente in Teilklassen verstehen, die jeweils nur gleichartige Elemente enthalten. Man denke beispielsweise an die schwarzen und weißen Felder eines Schachbrettes. Ordnet man diese Felder so an, daß eine Teilklasse nur schwarze und eine Teilklasse nur weiße enthält, dann könnte man vereinbaren zu sagen, es liege eine ideale Ordnung vor. Der Gegenbegriff wäre dann der Fall der idealen Unordnung. Er läge vor, wenn der größte Trennungs- oder Mischungsgrad erreicht würde. Beim Schachbrett-Beispiel wäre diese Situation gegeben, wenn die Felder so angeordnet würden, wie dies beim normalen Schachbrett üblich ist, wenn also auf ein schwarzes Feld immer ein weißes folgt und gleichfarbige Felder niemals mit irgendeiner Seite aneinander liegen. Wenn man an das erwähnte Diplomatenbeispiel zurückdenkt, und sich eine Konferenz zwischen Ost- und West-Diplomaten vorstellt, dann wäre also eine ideale Ordnung der Konferenztischplätze diejenige, bei der auf der einen Seite nur Ost-Diplomaten und auf der anderen nur West-Diplomaten sitzen. Eine ideale Unordnung wäre dagegen die wechselnde Reihenfolge, so daß immer ein Ost-Diplomat neben einem West-Diplomaten — gewissermaßen in „bunter" Reihenfolge — sitzt.

Auffällig ist es, daß bei der zuletzt genannten Gruppierung von Unordnung die Rede ist, obwohl man nach dem natürlichen Sprachgebrauch nur von einer anderen Art der Ordnung sprechen würde. Dies hängt offensichtlich damit zusammen, daß man bereits einen Ordnungsmaßstab zur Hand hat, der konsequent benutzt sein mag, der aber nicht überall anwendbar ist, wo der Begriff der Ordnung zur Diskussion gestellt ist.

Zur Vervollständigung des Überblickes ist ferner noch darauf hinzuweisen, daß man schon in der traditionellen philosophischen Sprache den Terminus Ordnung in grundsätzlich verschiedener Weise anwendet. Man spricht von Seins-Ordnung und von Sollens-Ordnung. Bei der Seins-Ordnung würde es sich in Anwendung des logischen Ordnungsbegriffes, wie er zunächst erörtert wurde, um eine Klassifikation von seienden Gegenständen irgendwelcher Art handeln. Auf der anderen

Seite wäre eine Sollens-Ordnung eine Klassifikation, erzeugt durch eine Relation zwischen Sollenssätzen. Komplikationen, auf die hier nicht weiter einzugehen ist, ergeben sich dann, wenn man vom Sein des Sollens spricht und vom Sollen des Sein.

Tritt der Ordnungsbegriff unter einem bestimmten, zunächst noch nicht näher zu charakterisierenden Absolutheitsaspekt auf und sieht man ihn als irgendwie in der Seins- oder Sollens-Ordnung vorgegeben an — sei es in religiöser oder sei es nicht-religiöser Interpretation —, dann benutzt man heute, wie zum Beispiel *Veit*[4]), gerne wieder den terminus „ordo" und stellt die Thesen auf, daß es ein Seins-ordo (ordo rerum) und ein Sollens-ordo gäbe. Ein Sollens-ordo wäre etwa das Naturrecht zu nennen.

2) Bemüht man sich nunmehr, auch für den Begriff der Gesellschaft die allgemeinste Form zu finden, dann wird man zunächst einmal für den hiesigen Zusammenhang eingrenzen müssen und sagen, man wolle hier nur von menschlicher Gesellschaft handeln. Der Gesellschaftsbegriff kann selbstverständlich in einem weiteren Sinne verstanden werden und wird in der modernen Soziologie oft auch auf Tierkollektive angewandt. Diese Möglichkeit sei hier eingeklammert. Man hat es also jeweils mit einer Klasse von Menschen zu tun, wenn von einer Gesellschaft gesprochen wird. Und es bleibt nichts anderes übrig, als festzu stellen, daß auch hier definierend für diesen Begriffsbereich, für diese Klasse, eine Relation ist, von der sich im Hinblick auf ihre logische Struktur nur sagen läßt, daß es sich um eine transitive asymmetrische Relation handeln müsse, wenn eine eindeutige Zuordnung der Gesellschaftsglieder gegeben sein soll.

Diese Definition der Gesellschaft als einer geordneten Klasse führt zu einer bemerkenswerten Anwendung auf ein altes rechts-theoretisches Problem, das zur Erläuterung der Begriffsbestimmung dienen möge, — nämlich auf das Verhältnis von Recht und Staat. Es ist üblich zu sagen, Recht und Staat seien etwas Getrenntes. Das hat man sehr lange unreflektiert als selbstverständlich hingenommen. Erst *Kelsen* hat demgegenüber die bekannte Identitätsthese von Recht und Staat aufgestellt[5]). Es fragt sich, was an Hand des bisher Gesagten zu dieser These zu sagen wäre. Zunächst wird man sich hüten müssen, in dieser Gegenüberstellung der Thesen über Identität und Nichtidentität von Recht und Staat eine Antinomie zu sehen, die zur eindeutigen Entscheidung in der einen oder anderen Richtung zwingt. Das ist sicher nicht so. Es kommt vielmehr darauf an festzustellen, was jeweils gemeint ist.

Die übliche, dualistische rechtstheoretische Auffassung, die der

4) Ordo und Ordnung — Versuch einer Synthese, in O. Veit, Der Wert unseres Geldes, 1958, S. 195 ff.

5) H. Kelsen, Reine Rechtslehre, 2. Aufl., 1960, S. 189 ff.

Kelsen'sche zu widersprechen scheint, würde, auf ihre logische Struktur betrachtet, dahingehend zu charakterisieren sein, daß derjenige, der die Trennung annimmt, zwischen der Klasse von Elementen und der sie ordnenden Relation unterscheidet. Der Betreffende hat der ordnenden Relation den Terminus Recht und den geordneten Elementen — genauer: dem Feld der Relation — die Bezeichnung Staat gegeben. An der Zulässigkeit einer derartigen semantischen Festsetzung kann nicht gezweifelt werden. Sie enthält keinen logischen Widerspruch. Ob sie zweckmäßig ist, das wäre eine andere, hier nicht zu diskutierende Frage.

Wenn *Kelsen* von der Identität von Recht und Staat spricht, wobei unter Recht stets positives Recht verstanden wird, so meint er nicht die Identität im strengen Sinne der Übereinstimmung in allen Eigenschaften[6]), denn er betont ausdrücklich, daß nicht jede Rechtsordnung ein Staat, wohl aber jeder Staat eine Rechtsordnung sei[7]). Die hier gemeinte logische Struktur ist sonach die Inklusionsbeziehung zwischen Klassen. Die Klasse der Staaten ist bei dieser Auffassung eine Teilklasse der Klasse der Rechtsordnungen. Das hat die Folge, daß Staat und Rechtsordnung funktional miteinander verknüpft sind. Es versteht sich, daß auch diese definitorische Festsetzung mit ihren Konsequenzen logisch korrekt ist, wenn auch die Verwendung des Identitätsbegriffes von dem üblichen Sprachgebrauch abweicht. Unter Zugrundelegung der Definition von *Kelsen* ist es jedenfalls richtig, daß der Begriff des Staates nicht von dem des Rechts getrennt werden kann, denn bei dieser Sprachregelung ist unter einem Staat stets eine Rechtsordnung zu verstehen.

II.

Was nun den Gegenbegriff zur Ordnung, den Begriff der Anarchie anlangt, so ist bei seiner Analyse vorab zu beachten, daß zwischen der Anarchie selbst und einer Theorie über die Anarchie unterschieden werden muß. Im zuletzt genannten Fall spricht man am besten von Anarchismus. Beide Begriffe sind nicht eindeutig.

1) Oft pflegt man unter Anarchie einen Zustand der Herrschaftslosigkeit zu verstehen und meint damit Freiheit vom Zwang. In diesem Sinne hat *Fichte* bekanntlich erklärt, es sei der Zweck aller Regierung, die Regierung überflüssig zu machen. Setzt man den so verstandenen Begriff der Anarchie mit dem Ordnungsbegriff in Bezie-

6) Carnap a. a. O., S. 111; D. Hilbert u. W. Ackermann, Grundzüge der theoretischen Logik, 4. Aufl., 1959, S. 143; J. M. Bochenski u. A. Menne, Grundriß der Logistik, 1954, S. 59.

7) A. a. O., S. 289, 319 u. 320.

hung, dann zeigt sich, daß Ordnung und Anarchie sich nicht widersprechen. So ungenau die Begriffsbestimmung der Anarchie als Freiheit vom Zwang immer sein mag, jedenfalls ist mit Anarchie in diesem Sinne noch nichts über Ordnung ausgesagt. Das gleiche gilt für die Redeweise von der Herrschaftslosigkeit, selbst wenn man darunter etwas anderes meint als Freiheit vom Zwang. Herrschaftslosigkeit impliziert nicht Ordnungslosigkeit.

Auf der anderen Seite wird man jedoch fragen müssen, Freiheit von welcher Herrschaft, Freiheit von welchem Zwang suchten jene Anarchisten des vorigen Jahrhunderts, die die Anarchie auf ihr Panier schrieben. Vielleicht kommt man dem Gegenbegriff zur Ordnung näher, wenn die Antworten auf diese Fragen untersucht werden. Allerdings interessiert im hiesigen Zusammenhang nicht die politisch-faktische Seite der anarchistischen Bewegungen als historisch wirklich gewordener Erscheinungen, sondern der theoretische Aspekt.

a) Dieser Zwang, von dem man frei zu sein wünscht, kann ein juristischer sein. Herrschaftslosigkeit läuft dann auf „Abschaffung des Rechts" hinaus, wobei mit dem Ausdruck Recht das positive Recht gemeint ist. Allerdings ist das kein Ziel, das für die Anarchisten charakteristisch wäre. Dieser Gedanke — in der Variation eines Absterbens des Rechts — taucht ebenso im Rahmen der betont antianarchistischen Theorie des Marxismus auf.

b) Mit Freiheit vom Zwang kann ferner eine Freiheit von einem soziologisch-faktischen Zwang gemeint sein. Hier wird Recht nicht „abgeschafft", sondern nicht befolgt.

c) Schließlich kann die Forderung nach Freiheit vom Zwang als das Verlangen nach Freiheit vom ethischen Zwang des Sittengesetzes gedeutet werden.

Diese drei Möglichkeiten — sie berühren sich mit den Ergebnissen der Behandlung des Geltungsproblems bei *Emge*[8]) — können außerdem in Kombinationen miteinander auftreten. So kann Freiheit vom Zwang etwa interpretiert werden als Freiheit vom soziologisch-faktischen und zugleich vom juristischen Zwang, ohne daß gleichzeitig Freiheit vom ethischen Zwang mitgemeint ist. Es kann jedoch auch sein, daß Freiheit vom ethischen Zwang gefordert sein soll, möglicherweise ohne Freiheit vom soziologisch-faktischen, vielleicht aber wieder mit Freiheit vom juristischen Zwang. Kurz, hier sind verschiedene Kombinationen möglich.

2) Eine ganz andere Auslegung des Anarchiebegriffs liegt vor, wenn gesagt wird, Anarchie sei Gesetzlosigkeit. Diese Begriffsbestimmung ist wiederum mehrdeutig. Jedenfalls aber besteht keine Iden-

8) C. A. Emge, Einführung in die Rechtsphilosophie, 1955, S. 315 ff.

tität mit dem Begriff der Herrschafts- oder Zwangslosigkeit. Gesetzlosigkeit kann vielmehr einmal ein Fehlen juristischer Gesetze besagen. Es fehlen dann Bestimmungen eines höchsten Gewalthabers. Dieses Fehlen kann ein totales oder ein partielles sein. Im zuletztgenannten Fall spricht man in der Rechtstheorie vom rechtsfreien Raum und von der Rechtslücke. — Es kann insoweit auf die Untersuchungen von *Engisch*[9]) verwiesen werden. — Gesetzlosigkeit kann ferner eine Gesetzlosigkeit im soziologisch-faktischen Sinne sein. Damit ist dann mindestens teilweise das gemeint, was in der Rechtstatsachenforschung zum Gegenstand der Untersuchungen gemacht wird. Man fragt nach dem tatsächlichen Nichtbefolgen vorgegebener Gesetze. Man spricht von Revolutionssituationen, von wilden Streiks und dergleichen mehr. Schließlich mag Gesetzlosigkeit aber auch im ethischen Sinne interpretiert werden. Hier hat man es dann zu tun mit der Propagierung eines ethischen Nihilismus oder Relativismus. Erwähnenswert ist es, daß der Atheismus nicht notwendig in diese Gruppe gehören muß. Man denke etwa an die Ethik *Nicolai Hartmanns*[10]). Das gleiche würde für den Agnostizismus gelten. Man muß also jeweils sehr genau prüfen, ob wirklich Freiheit vom ethischen Gesetz gemeint ist, und darf nicht zu der voreiligen Schlußfolgerung kommen, daß dort, wo antireligiöse Thesen vertreten werden, dies gemeint sei, so sehr jene Tendenzen aus der einen oder anderen Position heraus angegriffen werden mögen. Immerhin ist vielleicht doch soviel zu sagen, daß jedenfalls dort, wo man an den extremen Anarchismus denkt, zugleich an die Freiheit oder die angebliche Freiheit vom ethischen Gesetz gedacht wird. Der Anarchist in diesem Sinne, das ist der harte und bewußte Egoist, wie ihn in der Literatur *John Henry Mackay* und andere als Typ gesehen haben.

III

Ein Blick auf die Anarchismustheorien zeigt, daß diese den Anarchiebegriff nicht eindeutig verwenden. Die letzte rechtsphilosophische Analyse stammt, soweit ersichtlich, von *Rudolf Stammler*[11]). Er hat sie im Jahre 1894 vorgetragen, also in einer Zeit, in der das Anarchismus-Problem noch praktisch aktuell war.

Zwei Hauptrichtungen pflegt man zu nennen: den individualistischen und den kollektivistischen Anarchismus.

---

9) K. Engisch, Der Begriff der Rechtslücke, in Sauer-Festschrift 1949, S. 85 ff; ders., Der rechtsfreie Raum, in Zeitschrift für die gesamte Staatswissenschaft 1952, S. 415 ff.

10) Nicolai Hartmann, Ethik; 3. Aufl., 1949, 85. Kapitel; ders. Teleologisches Denken, 1951, 13. Kapitel.

11) R. Stammler, Die Theorie des Anarchismus (urspr. 1894), in Rechtsphilosophische Abhandlungen und Vorträge, I. Band, 1925, S. 49 ff.

1) Hauptvertreter der *individualistischen* Richtung, die „schrankenlose Freiheit des Einzelnen", insbesondere unbeschränktes Privateigentum und unbeschränkte Assoziationsfreiheit zum „Verein der Egoisten" fordert, ist *Stirner*. Er ist ausgesprochen antiliberal, denn die im Liberalismus vorgesehene Macht der Mehrheit ist nach seiner Meinung ein Zwang, von dem sich der Einzelne ebenso wie von jeder anderen Macht befreien möchte. — Erkenntnistheoretisch baut *Stirner* auf einem materialistischen Solipsismus auf. — Es knüpfen diese Gedanken an sehr frühe Ideen der *Stoa*, wie sie vor allem von *Zenon* entwickelt wurden, an. Danach ist der tatsächliche Staat niemals der wahre Staat, weil es im Grunde nur eine Weltordnung der Menschen, also allenfalls einen Weltstaat geben kann.

Später klingt ähnliches in der Rechtstheorie des Urchristentums wieder an und in neuerer Zeit versucht der englische Schriftsteller *Godwin* eine Wiederbelebung stoischer und urchristlicher Rechtsvorstellungen. Er fordert eine freiheitliche Ordnung in einer bindungslosen Gesellschaft und glaubt, jenem urchristlichen Optimismus folgend, daß dann eine Selbstverwirklichung der Gerechtigkeit möglich sein werde. Indessen läßt sich leicht erkennen, daß man es hier nicht mit einer eigentlichen Anarchie-Vorstellung zu tun hat, denn eine Freiheit vom ethischen Zwang ist bei dieser Position ebensowenig wie bei *Tolstoj*, der analoge rechtsphilosophische Grundtendenzen vertritt, gemeint. *Tolstoj* spricht von der Selbstauflösung der bisherigen Ordnungen. Diese sollen, wie er sich wörtlich ausdrückt, einer neuen Rechtsordnung in der Form einer Rechtskirche weichen. Manche Autoren meinen, daß diese Thesen einen religiösen Anarchismus zum Ausdruck bringen. Indessen ist nicht einzusehen, inwieweit hier ein anarchischer Zustand gemeint sein soll, denn es wird jedenfalls die von den politisch tätigen Anarchisten, wie etwa *Netschajew*, geforderte sogenannte Propaganda der Tat durch Attentate und andere Gewaltmaßnahmen scharf abgelehnt.

Der individualistische Anarchismus steht in Opposition zum Sozialismus, der vom individualistischen Anarchismus, wie ihn der seinerzeit in Deutschland schreibende schottische Schriftsteller *Macay* schilderte, als etwas angesehen wird, was auf dem Leidensweg der menschlichen Gesellschaft durchschritten werden muß. Um vom Kapitalismus fortzukommen, müssen Sozialismus und Kommunismus als Durchgangsstationen zunächst hingenommen werden. Die kommunistische Gesellschaftsform ist dann „die letzte Universaldummheit der Menschheit" vor der freien anarchistischen Assoziation [12]).

Mit diesen Hinweisen darf die Skizze des individualistischen Anarchismus abgeschlossen werden. Hier nicht weiter zu verfolgende Ver-

12) Zitiert bei Stammler, a. a. O., S. 73.

bindungslinien zu *Nietzsche* und *Sartre* drängen sich auf. Gerade das wichtige Sartre-Zitat in dem Referat von *Maihofer* zeigte es deutlich.

2) Die Gegenposition zum individualistischen ist der kollektivistische Anarchismus. Auch hier geht es um den Fortfall des Zwanges. Freie Genossenschaften und ähnliche gesellschaftliche Zusammenschlüsse werden angestrebt. Der Unterschied kann folgendermaßen charakterisiert werden: An die Stelle des individualistischen freien Einzeleigentums tritt das Kollektiveigentum des brüderlichen Kommunismus, aber nicht im Sinne der Erschaffung eines kommunistischen Staatsgebildes, sondern in der Form freier Zusammenschlüsse, für die sich die Bezeichnung des Anarcho-Syndikalismus eingebürgert hat. Andererseits wird hier ebenso wie beim individualistischen Anarchismus die Klassenlosigkeit als Gesellschaftsideal herausgestellt.

Erste Ideen für einen solchen kollektivistischen Anarchismus lassen sich bei *Babeuf* erkennen. Schon frühzeitig forderte er die Abschaffung des individualistischen Eigentums und seinen Ersatz durch nationale Gütergemeinschaften sowie eine gerechte Arbeitsverteilung.

Eigentlicher Hauptvertreter der Thesen des kollektivistischen Anarchismus ist aber *Proudhon* mit seinem immer wieder zitierten Schlagwort, daß Eigentum Diebstahl sei. Ausgehend von der Hypothese einer natürlichen Ordnung, nach der Handel und Wandel einer festen Gesetzlichkeit unterliegen, ist *Proudhon* der Meinung, daß jedes Eingreifen die natürliche Entwicklung hindert und deshalb schädlich ist. Dieses Axiom voraussetzend entwickelt er den Vorschlag des sogenannten mutualistischen Systems eines auf Gegenseitigkeit beruhenden zinslosen Kredits.

Eine andere Variante des kollektivistischen Anarchismus vertrat *Bakunin*. Wie man weiß, forderte er die Abschaffung von Staat, Religion und Ehe. Die menschliche Gesellschaft sollte lediglich in den Formen der Landkommunen und der Arbeitsgenossenschaften organisiert werden. Der von *Proudhon* entworfene Gedanke einer natürlichen Gesetzlichkeit, die man gewissermaßen nur walten zu lassen braucht, tritt, soweit ersichtlich, bei *Bakunin* nicht auf.

Man sieht bei diesem bunten und notgedrungen knapp skizzierten Bild, daß die verschiedenen Deutungsmöglichkeiten des Anarchiebegriffs stark durcheinandergehen. Bei den Vertretern des individualistischen Anarchismus, wie etwa bei *Stirner*, wird man in der Tat die Tendenz zur Freiheit sowohl vom ethischen als auch vom juristischen Zwang erkennen können. Ob damit aber gleichzeitig Gesetzlosigkeit im Sinne von Freiheit vom soziologisch-faktischen Zwang gemeint ist, bleibt offen. Ein genaueres Studium der Theorien des individualistischen Anarchismus zeigt, daß die vertretenen Thesen nicht zu Ende gedacht sind. Beim kollektivistischen Anarchismus lassen sich indessen ähnliche Unklarheiten und Überschneidungen in der Deutung des Anarchiegedankens erkennen. Es fragt sich, was all dem für den Versuch einer Analyse des Ordnungsgedankens entnommen werden kann Wichtige Hinweise hierzu enthält die Darstellung des Anarchieproblems durch *Stammler.* Er schied zunächst den kollektivistischen Anarchismus aus, weil dieser ganz zweifellos starke Ordnungselemente enthält und insofern kein echter Anarchismus im strengen Sinne des Wortes sein kann. Er diskutiert dann nur noch den individualistischen Anarchismus. Auf die Frage, was es eigentlich heiße, daß man sich in freier Form zusammenschließen solle, antwortet er, daß hiermit nur das Abschließen von Konventionen gemeint sein könne, und daß man sich insoweit nicht in der Sphäre des Rechts, sondern im Bereich der Konventionalregeln bewege. Die Unmöglichkeit der Verwirklichung einer solchen Gesellschaftsform suchte *Stammler* mit einem sehr knappen Argument, daß man das „Unmündigen-Argument" nennen könnte, zu beweisen[13]). Konventionalregeln lassen sich, wie *Stammler* argumentiert, nicht verallgemeinern. Sie können also nicht in dem gleichen Sinn, wie dies beim Recht der Fall ist, Allgemeingültigkeit beanspruchen. Anknüpfend an die Rechtsphilosophie von *Kant* erklärt dann *Stammler* weiter, daß derartige Konventionalregeln folglich keine vom Empirischen unabhängige Regeln sein können, da sie nicht auf alle Menschen anwendbar sind. Handlungsunfähige Personen, also Kinder, Geisteskranke und sonstige Unmündige können keine Konventionen eingehen. Infolgedessen ist, falls man ein apriorisches Regelsystem sucht, wie es nach seiner Auffassung das Recht ist, die Abschaffung des Zwanges kein erreichbares Ziel. Die Konventionalregel ist eine von empirischen Voraussetzungen abhängige Regel. Sie hängt also von Bedingungen ab, von denen das Recht, wie *Stammler* meint, unabhängig ist.

IV

Für das Ordnungsproblem ergibt sich aus dem Gesagten:

1. Zunächst einmal dürfte aus der Struktur des Ordnungs- und des Gesellschaftsbegriffs die Konsequenz zu ziehen sein, daß jedenfalls alle Gesellschaften, einschließlich der verschiedenen anarchistischen, stets geordnet sind. Das ist insofern nichts Überraschendes als sich das ex definitione ergibt.

2. Andererseits lassen sich mit Rücksicht auf die eingangs behandelten Definitionen geordnete von nicht geordneten Gesellschaften dann unterscheiden, wenn man die einen Ordnungszustand definierende Relation in bestimmter Weise einschränkt. Es bedarf hierzu nur einer entsprechenden Relationsdefinition. Dies entspricht durchaus dem gewöhnlichen Sprachgebrauch. Denn man wird wohl nur selten sagen, daß schon dann eine Ordnung zwischen Menschen besteht, wenn überhaupt

13) Stammler a. a. O., S. 74. ff.

irgendeine beliebige Relation gegeben ist. Vielmehr würde man sagen, daß ein Zustand der Nicht-Ordnung vorliegt, wenn die „ordnende" Relation keine sonstigen Definitionsmerkmale aufweist.

3. Berücksichtigt man das über die Anarchie vorgelegte Material, dann zeigt sich, daß der Anarchiebegriff als prinzipieller Gegenbegriff nicht geeignet ist. Denn nirgends sind ordnungslose Zustände gemeint. Immer ist eine irgendwie geordnete Gesellschaftsform vorausgesetzt. Selbst bei *Stirner* ist die Rede von einem Verein der Egoisten. Stattdessen bestätigt die Hinzuziehung des Anarchiegedankens die These, daß Gesellschaften immer geordnet sind, sie mögen noch so „anarchieverdächtig" sein. Bei allen Anarchismus-Positionen geht es immer nur um den Ersatz einer Ordnung durch eine andere. Und nimmt man etwa eine wirtschaftstheoretische These wie das mutualistische System von *Proudhon,* dann sieht man sogar Verbindungslinien zwischen Anarchismus und Liberalismus—Verbindungslinien, die den Liberalismus nicht desavouieren, weil in jedem Falle eine Eigengesetzlichkeit und keine unkontrolllierbare Willkür vorausgesetzt wird.

4. Die Betrachtung des Anarchiebegriffs läßt sodann einen Rückschluß auf den Ordnungsbegriff insofern zu, als die Mehrdeutigkeit des Anarchiegedankens — jeweils unter dem Aspekt des juristischen, des soziologisch-faktischen oder des ethischen Anarchiebegriffs — darauf hinweist, daß eine analoge Mehrdeutigkeit beim Ordnungsbegriff ebenfalls berücksichtigt werden muß. Man hat also, wenn man von Ordnung in bezug auf menschliche Gesellschaften spricht, jeweils zwischen juristischer, soziologisch-faktischer und ethischer Ordnung zu unterscheiden.

5. Schließlich ist noch zu bedenken, daß beim Ordnungsbegriff, wie eingangs hervorgehoben wurde, zwischen Seinsordnung einerseits und Sollensordnung andererseits unterschieden werden muß.

a) Betrachtet man die Sollensordnung, dann wird man sogleich an die Notwendigkeit erinnert, in der Rechtsphilosophie das Verhältnis von juristischer und ethischer Ordnung zu diskutieren.

b) Andererseits kann im Hinblick auf den Begriff der Seinsordnung im hiesigen Zusammenhang auf die wirtschaftsphilosophische These von *Veit* hingewiesen werden, wonach eine liberale Marktwirtschaft supraempirisch in einem ordo rerum verankert sei. Hier hat man es mit einem Ordnungsgedanken, für den absolute Geltung beansprucht wird, zu tun, und der in Parallele zum rechtsphilosophischen Absolutismus steht. Der wirtschaftstheoretische Gegenbegriff wäre die zentrale Lenkungswirtschaft, die der Beliebigkeit faktischer menschlicher Entscheidungen unterworfen ist und insofern ein Analogon zum rechtsphilosophischen Relativismus darstellt. In der Ausdrucksweise der an den Anfang dieses Korreferats gestellten Definitionen besagt dies, daß jene die jeweiligen Gesellschaftsklassen definierenden Relationen im einen

Falle als willkürlich festgesetzte und im anderen Falle als gebundene Voraussetzungen hingenommen werden müssen. Indessen würde eine Diskussion dieser grundsätzlichen Kontroversen den dem Korreferat gesteckten Rahmen überschreiten. Es muß vielmehr der Versuch genügen, Anknüpfungspunkte für das Einsetzen der Diskussion gegeben zu haben.

DISKUSSIONSBERICHT

Zur Einführung bemerkt Prof. Veit, daß das Thema Ordnung und Gesellschaft in einem Kongreß für Philosophie am Rande liege. Da aber der Gesamtgegenstand des Kongresses ein Begriff sei, der im sozialen Leben eine besondere Funktion habe, falle dem Symposion die Aufgabe zu, manches konkreter zu gestalten, als dies in anderen Arbeitsgruppen möglich sei. Dadurch gewinne das Symposion zentraleren Charakter. Die farbige Zusammensetzung der Beteiligten komme dem zugute.

Bericht über die Diskussion:

Engisch zeichnet die beiden gegensätzlichen Positionen der formalen Analyse durch Klug (hier geht es um die Existenz von Ordnung) und der viel materialeren Analyse durch Maihofer (hier geht es um die Essenz von Ordnung, die innere Materialstruktur). Die größere Problematik steckt in dem letzteren. Ordnung kommt nach Kants Auffassung dort nicht zustande, wo der Mensch nur als Mittel und nicht als Person gesehen wird. Obwohl die Menschen sich im Leben wechselseitig als Mittel benutzen (z. B. der Käufer den Verkäufer) bewegen sie sich dabei doch in vorgegebenen Ordnungen. Sie nehmen sich z. B. im allgemeinen nichts heimlich oder gewaltsam weg, obwohl dies ja auch zweckmäßig sein könnte. Es ist also dort, wo Menschen überhaupt in der Mittel-Zweck-Relation miteinander verkehren, immer schon eine bestimmte moralische und rechtliche Ordnung vorausgesetzt. Worin besteht nun diese Ordnung? Bei Maihofer ist das eigentliche Rückgrat die moralische Ordnung, die hinter der rechtlichen Ordnung steht. Es geht heute in erster Linie um die Versöhnung des richtigen Rechtes oder des Naturrechtes mit der Geschichte. Es besteht einerseits das Bedürfnis nach der Aufdeckung einer richtigen Ordnung, andererseits aber auch das Bedürfnis nach Berücksichtigung der geschichtlichen Daten. Die Frage, was für eine bestimmte historische Situation richtig ist, ist ex post relativ leicht zu beantworten. Z. B. kann man für die Sklaverei in der Antike heute leicht sagen, daß sie für die damalige historische Situation nicht unrichtig war. Schwierig ist es immer nur für die Gegenwart, also ex ante zu sagen, was für die historische Situation die richtige Ordnung ist. Nehmen wir als Beispiel die Virginität der Frau.

Die geordnete Anarchie als philosophisches Leitbild des freiheitlichen Rechtsstaats

Es ist aus der Mode gekommen, sich in der Rechts- und Staatsphilosophie über Staatsformen Gedanken zu machen. Das führt zu manchen Unklarheiten und eröffnet Möglichkeiten für bedenklichen Begriffszauber im politischen Bereich.

Der aus der Lehre von den Staatsformen stammende Begriff der Anarchie spielt in diesem Zusammenhang seit langem eine Sonderrolle. Er ist bis zum Nachtmahr ängstlicher Staatsdiener mythologisiert, obwohl er schon auf den ersten Blick als wertfreier Strukturbegriff erkennbar sein müßte – jenseits von Gut und Böse. Aber diese neutrale und wissenschaftliche Sicht scheint immer wieder emotional verstellt zu sein, obwohl sie durch die Intentionen einer reinen Rechtslehre, wie sie *Hans Kelsen* schon seit Jahrzehnten eindrucksvoll vortrug, nahegelegt sein sollte[1].

Erklären läßt sich die Verteufelung dieses Begriffes zum Teil wohl durch eine nicht genügend scharfe Trennung zwischen dem staatstheoretischen Begriff der Anarchie und dem politisch-ideologischen Faktum des Anarchismus.

Im deutschen Strafrecht wird die Erinnerung an die Anarchisten durch die erst 1964 modernisierten besonderen Straftatbestände für Sprengstoffattentate wachgehalten. Die Tatbestände waren in ihrer ursprünglichen Fassung gesetzgeberisch durch ihr Abgleiten vom Schuldprinzip ebenso mißglückt wie jenes Attentat anläßlich der Enthüllung des überprächtigen Niederwalddenkmals, bei dem am 28. 9. 1883 durch eine Dynamitbombe Kaiser Wilhelm II. und die deutschen Länderfürsten mit einem Schlage liquidiert werden sollten und das der Anlaß für die übereilte Einführung jener Straftatbestände gewesen ist.

Zu Füßen jenes Germaniadenkmals im Niederwald bei Rüdesheim am Rhein geschah nichts, weil die Zündschnur verregnet war. Aber andere Attentate, die nicht so glimpflich verliefen, beunruhigten Europa um die Jahrhundertwende unter dem Zeichen des Anarchismus. Indessen, genau dies ist es, was für das rechtstheoretische Interesse ohne Belang ist. Es geht nicht um das historische Phänomen des Anarchismus, sondern um das rechtsphilosophische Problem der Anarchie, also um die Analyse eines Grenzfalles der Theorie möglicher Staatsformen. Es müßte gelingen, sich von der Bombenlegerphobie zu lösen, zumal dann, wenn ein neues Durchdenken des Anarchieproblems – wie sich zeigen wird – zu fruchtbaren Leitbildkonstruktionen und insbesondere zu der Einsicht führen kann, daß Gewaltaktionen extrem nicht-anarchisch sind.

Eine ausgearbeitete Strukturtheorie der Anarchie gibt es bisher anscheinend nicht. Man ist sich aber wohl darin einig, daß der Anarchiebegriff jedenfalls ein auf der Herrschaftsrelation aufbauender Begriff ist und daß er sich infolgedessen dafür eignet, Formen der gesellschaftlichen Zuordnung von Personen zu charakterisieren. Entsprechende Anwendungen auf Gruppenbildungen bei Tieren mögen denkbar sein, können aber bei der Analyse außer acht gelassen werden.

Einigkeit herrscht traditionell ferner über das Verhältnis zwischen Anarchie und Ordnung einerseits und zwischen Anarchie und Staat andererseits. Es ist üblich, zu sagen, Anarchie sei erstens ein Zustand der Unordnung, und zweitens seien Anarchie und Staat unversöhnliche Gegensätze. Meistens wird die zweite These mit der Begründung aus der ersten abgeleitet, daß der Staat ein Ordnungszustand sei und infolgedessen ein anarchischer Staat eine Contradictio in adjecto sein müsse. Beide Thesen sind falsch.

Anarchie ist ein Ordnungsbegriff. Das läßt sich, falls man dem Ausdruck »Anarchie« keine vom klaren Wortsinn abweichende Bedeutung gibt, verhältnismäßig leicht zeigen. Hierbei geht man am zweckmäßigsten von anderen weniger problematischen Begriffen aus der Lehre von den Staatsformen aus. Daß beispielsweise der Begriff der *Monarchie* ein auf einen gesellschaftlichen Zustand bezogener Ordnungsbegriff ist, wird von niemandem bestritten. Die Definition der Monarchie als eines elementaren gesellschaftlichen Strukturbegriffs besagt, daß in einer monarchisch geordneten Gesellschaft nur einer herrscht – wobei unter herrschen eine normative Beziehung zwischen konkreten Personen, nicht zwischen Dingen oder Ideen, zu verstehen ist. Alle anderen Mitglieder der Gesellschaft sind in diesem Falle Untertanen, sofern man unter einem Untertanen einen Beherrschten versteht.

Herrschen mehr als einer, aber weniger als die Mehrheit der Gesellschaftsmitglieder, dann kann man von einer *Oligarchie* sprechen.

Hier ist die Anzahl der Herrschenden stets kleiner als die der Untertanen. Ist die Anzahl der Herrschenden größer als die der Untertanen oder ist die Anzahl beider Gruppen gleich groß, dann hat man es mit einer *Polyarchie* zu tun. Typische Fälle oligarchischer und polyarchischer Gesellschaftssysteme sind so geordnet, daß in der Oligarchie eine kleine Gruppe und in der Polyarchie eine erhebliche Majorität herrschen. Die sich zur Gleichzahligkeit hin annähernden Grenzfälle beider Formen sind nicht typisch und wurden nur aus definitionstheoretischen Gründen um der Geschlossenheit des Systems der Strukturen willen berücksichtigt.

Herrschen alle, kann man von *Panarchie* sprechen und hat damit den Schlußstein zum klassischen Struktursystem der Dreigliederung von Einherrschaft, Mehrherrschaft und Allherrschaft, lediglich modifiziert um eine zusätzliche Aufgliederung der Mittelgruppe.

Überblickt man die vier Strukturen Monarchie, Oligarchie, Polyarchie und Panarchie, dann drängt sich die logische Ergänzung des Systems durch die Beifügung des Begriffs der *Anarchie* geradezu auf. Die Anarchie bezeichnet dann diejenige Gesellschaftsstruktur, bei der niemand herrscht, und steht damit als der entgegengesetzte Extremfall der Panarchie gegenüber. Beide Strukturen stimmen darin überein, daß sie einen gesellschaftlichen Zustand charakterisieren, in dem es keine Untertanen gibt. In der Panarchie ist dies so, weil alle Gesellschaftsglieder Herrscher sind, und in der Anarchie folgt das daraus, daß es unter den Gesellschaftsgliedern keinen Herrscher gibt.

In diesem geschlossenen fünfgliedrigen Struktursystem sind die benutzten Begriffe so wertfrei wie mathematische Begriffe. Die Analyse ergibt nicht das geringste dafür, daß irgendeine Struktur besser oder schlechter ist als eine andere. Sollte eine Wertskala der Strukturen entwickelt werden, müßten zusätzliche, etwa teleologische Prämissen an das System herangetragen werden. Das ist oft verkannt und ebensooft vorsätzlich verstellt worden. Deutlich zeigt sich das daran, daß Allein-Diktatur und Tyrannei nur Unterfälle der Monarchie; Aristokratie und Juntaherrschaft nur solche der Oligarchie oder der Polyarchie; und Demokratie sowie sog. »Pöbel«-Herrschaft nur mögliche Unterfälle von Polyarchie und Panarchie sind.

Anarchie ist also eine besondere Art gesellschaftlicher Ordnung, nicht anders als Monarchie, Oligarchie, Polyarchie und Panarchie. Anarchie und Ordnung widersprechen einander nicht. Schon *Kelsen* wies hierauf hin[2]. In einer anarchisch geordneten Gruppe müssen die einzelnen Glieder in der Weise einander zugeordnet sein, daß es weder Herrscher noch Beherrschte gibt. Anarchie ist Herrschaftslosigkeit. Sie setzt mithin absolute Gleichberechtigung aller voraus. Nur unter dieser Voraussetzung gibt es keine Untertanen und keine »Obertanen«, wie Karl Kraus die Herrschenden nannte. Anarchie ist eine Ordnung nach dem »round-table«-Modell, wo der Untertan durch den Partner ersetzt ist.

Eine *geordnete Anarchie* ist also durchaus keine Contradictio in adjecto. Sie ist aber auch kein Pleonasmus, weil der Zustand der Herrschaftslosigkeit auch einmal das Ergebnis einer chaotischen und zufälligen Situation sein kann. Immerhin ist wirkliche Anarchie ein Gesellschaftszustand, der eine so komplizierte Balance der Rechte voraussetzt, daß eine Realisierung außerhalb geordneter Verhältnisse kaum denkbar ist. Außerdem vergegenwärtige man sich, daß revolutionäre Zustände mit Gewaltanwendungen und dem »Recht des Stärkeren« alles andere als Anarchien sind. Der Bombenwerfer beherrscht seine Opfer in extremster Weise. Anarchisten pflegten von Anarchien nur zu reden.

Ob die Ordnung einer Gesellschaft unter dem Prinzip der Anarchie schwerer zu verwirklichen ist als beispielsweise nach dem Modell der Monarchie, ist kein logisches Problem, sondern nur eine praktische Frage. Anarchie zu realisieren ist sicherlich schwer, weil in Gruppen mit großer Mitgliederzahl die Herstellung des erforderlichen Gleichgewichtszustandes von der Erfüllung sehr komplexer Voraussetzungen abhängig ist.

Es gehört zu den nachdenkenswerten Tatsachen, daß die Einsicht in den Ordnungscharakter des Anarchiebegriffs leichter ist, wenn man auf den Terminus »Anarchie« verzichtet und statt dessen immer von Herrschaftslosigkeit spricht. Indessen ist das nur ein psychologisches und soziologisches Problem. Die falsche Identifizierung der Anarchie mit dem Chaos und die ständige Wiederholung der These, ohne Herrschaft gäbe es keine Ordnung, sind uralte Methoden, mit denen die Herrschenden den Beherrschten die unumstößliche Notwendigkeit ihrer Herrschaft suggerieren. Natürlich wäre der Erfolg dieses vernebelnden Vorgehens geringer, würde man – was nach jener These folgerichtig wäre – deutlich zum Ausdruck bringen, man vertrete die Ansicht, ein Zustand der Gleichberechtigung sei kein geordneter Zustand. Das Widersinnige jener Lieblingsthese aller Herrschenden käme ans Tageslicht. Aber mit dem Slogan, ohne

Untertanen gehe es nicht, kann man eine bestehende Herrschaft propagandistisch schlecht stützen.
Daß es in der gesellschaftlichen Wirklichkeit anarchisch geordnete Gruppen gibt und diese Struktur mithin nicht lediglich theoretische Bedeutung hat, ist leicht zu zeigen. So ist beispielsweise im deutschen Familienrecht die Ehe – ein Fall einer zweigliedrigen Gruppe – anarchisch geordnet. Die Ehepartner sind gleichberechtigt. Das Eherecht kennt keinen Herrscher und keinen Untertan in der Ehe. Diese Anarchie ist sogar im Art. 3 Abs. II GG verfassungsrechtlich geschützt.
Größere Gruppen können nach dem Vereinsrecht anarchisch geordnet sein, wenn z. B. Beschlüsse der Mitglieder nur einstimmig gefaßt werden können, jedes Mitglied also ein Vetorecht hat.
Das gleiche gilt für wirtschaftsrechtliche Gesellschaftsformen. Man denke an eine Handelsgesellschaft zwischen zwei Partnern mit 50 % Anteilen, eine Struktur, die nicht selten bewußt gewählt wird oder auch die Folge eines erbrechtlichen Vorganges ist.
Ein Beispielsfall größten Stils ist die Völkerrechtsordnung zwischen souveränen Staaten. Sie ist Ordnung ohne Herrschaft, also ein Zustand echt anarchischer Struktur.
Aus dem Gesagten ist die strukturtheoretische Folgerung zu ziehen, daß es möglich ist, auch anarchische Staatsordnungen zu konstruieren. Ein Staat ohne Untertanen ist keine Paradoxie. Eine Staatsordnung auf der Grundlage folgerichtiger Gleichberechtigung ist eine Ordnung, in der die Staatsangehörigen zueinander im Partnerschaftsverhältnis, nicht im Verhältnis des Herrschens und Beherrschtwerdens stehen, mithin eine anarchische Ordnung.
Da es in der Panarchie ex definitione ebenfalls keine Untertanen gibt, weil alle herrschen, könnte eine Staatsordnung auf der Basis der Gleichberechtigung ihrer Struktur nach auch als Panarchie charakterisiert werden. Der Begriff der Anarchie gibt die Struktur jedoch besser wieder. Daß alle herrschen, ist zwar eine logisch einwandfrei konstruierte Grenzmöglichkeit im System möglicher Strukturen. Ihre praktische Verwirklichung stößt aber auf die Schwierigkeit, daß es keinen realen Sinn hat, zu sagen, alle seien Herrscher, wenn es keine Beherrschten gibt. Anders liegt es beim Anarchiebegriff. Hier kann man unbedenklich sagen, niemand sei Beherrschter, weil eine solche Aussage sinnvoll ist selbst dann, wenn es das Korrelat – den Herrscher – nicht gibt. Im Gegenteil, gerade dies ist ihr Sinn.

Geht man davon aus, daß von einem modernen freiheitlichen *Rechtsstaat*, sieht man von vielen anderen notwendigen Voraussetzungen ab, nur dann gesprochen werden kann, wenn der Grundsatz der Gleichberechtigung aller gilt, ist die Staatsform der geordneten Anarchie die idealtypische Rechtsstaatsstruktur[3]. Sie wird realiter sicherlich niemals ganz erreicht. Stets aber muß sie als Leitbild beachtet werden, wenn überhaupt der freiheitliche Rechtsstaat angestrebt werden soll. Genau dieses anarchische Idealbild ist – bewußt oder unbewußt – maßgebend, wenn der Typ des Obrigkeitsstaats abgelehnt und bekämpft wird.
Gegen die These, die Anarchie könne eine Staatsform sein, ließe sich vielleicht vorbingen, der moderne Massenstaat sei ohne Berechtigung zu Zwangseingriffen nicht denkbar. Insbesondere gelte dies für das Strafrecht und die Strafjustiz. Dazu ist zu sagen, daß die Verwirklichung einer idealen Struktur nahezu niemals in reiner Form möglich ist. Das gilt aber für die anderen Strukturmodelle ebenfalls. Der Leitbildcharakter der anarchischen Ordnung bleibt für den Rechtsstaat verbindlich, selbst wenn in pathologischen Grenzsituationen auf die Realisierung verzichtet werden muß.
Ebensowenig würde der Einwand durchgreifen, daß im modernen Massenstaat regiert werden müsse, dies aber mit Herrschaftslosigkeit unvereinbar sei. Regieren im Sinne des folgerichtig anarchisch geordneten Rechtsstaats ist Steuern und Repräsentieren nach dem Primus-inter-pares-Prinzip, nicht Herrschen. Die Perversion des Regierens zum Herrschen ist in concreto einigermaßen leicht festzustellen. Die abstrakte Grenzziehung ist schwierig und wenig sinnvoll. Das Bild des Kapitäns eines Schiffes drängt sich auf. Der Kapitän steuert, aber herrscht nicht.
Die Analyse der Strukturprobleme beim Anarchiebegriff hat indessen nicht nur theoretische Bedeutung. Ein Blick in die Rechtspraxis beweist, daß die anarchische Ordnungsstruktur als Leitbild und Klärungsfaktor eine wichtige Rolle spielt. Es gibt viel mehr realisierte Anarchie in den geltenden nationalen und internationalen Rechtsordnungen, als man zunächst vermuten möchte.
Im weltweiten internationalen Bereich über alle west-östlichen und sonstigen Grenzen hinweg spielt das Ordnungsprinzip der Anarchie eine ganz entscheidende Rolle. Supranationale Organisationen, voran die UN, können nur anarchisch konstruiert werden. Allein auf diesem Wege kann erreicht werden, daß souveräne Partner Teile ihrer Rechte auf jene Institutionen übertragen. Neue Herrschafts-

formen will in diesem Bereich niemand zulassen. Aber das herrschaftslose »round-table«-Modell kann bei allen Beteiligten als Basisstruktur für gleichmäßige Einschränkungen von Rechtspositionen zu Gunsten einer supranationalen Einrichtung hingenommen werden. Einer Weltrechtsordnung kann man sich nur nähern, wenn das Leitbild der Anarchie wirksam ist. Man ist geneigt, diese Einsicht in die Formel zu kleiden: Zukunftschancen für die UN und andere supranationale Institutionen bestehen nur dann, wenn sich die Beteiligten zur Ordnungsstruktur der Anarchie bekennen.

Im innerstaatlichen Bereich spielt der Anarchie-Gedanke ebenfalls eine wichtige Rolle. Als Beispiele wurden bereits das Eherecht, das Vereinsrecht und das Recht der Handelsgesellschaft genannt. Im einzelnen kann das in diesem Zusammenhang nicht entwickelt werden. Einige weitere Beispiele seien aber noch andeutungsweise erwähnt.

Der klassische Fall einer anarchischen Ordnung eines gesellschaftlichen Zusammenschlusses ist die Genossenschaft. Sie ist stets als mit dem Willen zur reinen herrschaftslosen Partnerschaft gegründet anzusehen. Die Leitung einer Genossenschaft steuert, aber sie herrscht nicht.

Im Wirtschaftsrecht müssen ferner die Bemühungen um Erhaltung des freien Spiels der Kräfte in der sozialen Marktwirtschaft durch die Kontrolle und Einschränkung von Wettbewerbsbeschränkungen, insbesondere von Kartellen, als Sicherung der Herrschaftslosigkeit gedeutet werden.

Als besonders einleuchtendes Beispiel für eine folgerichtig durchgeordnete Anarchie mag das Straßenverkehrsrecht gelten. Hier »herrscht« geordnete Anarchie bis in die letzten Einzelheiten der Regelungen hinein. Abgesehen von begrenzten Notsituationen und ähnlichen Konstellationen gibt es keine Vorrechte, es sei denn auf der Basis der Gleichberechtigung normierte, allen zustehende Vorfahrtsrechte u. ä. Das große, teuere Auto »mit eingebauter Vorfahrt« ist eine antianarchische Chimäre.

Durchmustert man die gegenwärtig praktizierten Regierungsformen, so zeigt sich:

Diktatoren und solche, die nach dieser Machtposition verhüllt oder unverhüllt streben, pflegen auch heute noch mit dem unlogischen Scheinargument »Ohne Herrschaft keine Ordnung« als Narkotikum für ihre Untertanen zu operieren.

Bei konstitutionellen Monarchien kann von echter Monarchie keine

Rede sein. In diesen Systemen ist der Fürst – oder die Fürstin – oft zum dekorativen Symbol der Anarchie gesteigert.
Regiert irgendwo in höchster Instanz eine Gruppe, eine Junta, ein Regierungsausschuß oder etwas Ähnliches, dann wird gegenüber den Regierten die struktur der Oligarchie verwirklicht sein. Dagegen könnte die Anarchie das Ordnungsprinzip für die innere Struktur jener herrschenden Gruppe sein.
Es wird oft über die Staatsverdrossenheit der jungen Generation geklagt. Nicht jene Verdrossenheit, sondern die Klagen darüber sollten hellhörig machen. Staatsverdrossenheit wird meist die anerkennenswerte Beantwortung von Herrschaftsanmaßungen, also von anti-anarchischen Tendenzen sein. Hier werden dann mit Recht Gegengewichte zur Abwehr von Gefahren für den sensiblen Zustand der Gleichberechtigung gesetzt. So gesehen ist es sinnvoll, unverdrossen verdrossen zu sein. Dem braucht nur der nicht zuzustimmen, der Gefallen daran findet, als Untertan zu leben.
Will man dieser Staatsverdrossenheit eine positive Wendung geben, um unfruchtbares Verharren in der Ablehnung zu vermeiden, dann mag man zum Engagement für das Grundgesetz der Bundesrepublik aufrufen, denn das Grundgesetz verbietet den Obrigkeitsstaat. Die im Grundgesetz geregelte freiheitliche demokratische Grundordnung impliziert vielmehr eine Gesellschaftsstruktur, die weder Unter- noch Obertanen, sondern nur gleichberechtigte Partner kennt. Das Grundgesetz ist damit der eindrucksvolle historische Versuch, sich dem Ideal der Herrschaftslosigkeit, der geordneten Anarchie zu nähern, jener Anarchie, die Kant als »Gesetz und Freiheit ohne Gewalt« definierte[4].

Anmerkungen

* Die erste Fassung dieses Beitrages erschien in: NEUES FORUM XIII/154, Wien 1966.

1. Reine Rechtslehre, 2. Aufl., Wien 1960.
2. Allgemeine Staatslehre, Berlin 1925, S. 29.
3. Vgl. U. Klug, Der Rechtsstaat und die Staatsphilosophie der geordneten Anarchie, in: Staat-Recht-Kultur, Festgabe für Ernst von Hippel, Bonn 1965, S. 148 ff.
4. Immanuel Kant, Anthropologie in pragmatischer Hinsicht, § 109 II.

Spezialprobleme der Juristischen Logik

Die Reine Rechtslehre von Hans Kelsen und die formallogische Rechtfertigung der Kritik an dem Pseudoschluß vom Sein auf das Sollen

I

Zu den Basisthesen der Reinen Rechtslehre von Hans Kelsen zählt der bekannte Satz von der prinzipiellen Unterscheidung zwischen Seins-Aussagen und Sollens-Aussagen mit der Konsequenz, "daß daraus, daß etwas ist, nicht folgen kann, daß etwas sein soll, so wie daraus, daß etwas sein soll, nicht folgen kann, daß etwas ist."[1] Obwohl das, wie man meinen möchte, schon auf den ersten Blick als logisch zwingend erscheinen sollte, ist dieser Dualismus von Sein und Sollen, auf dem Kelsens Analyse und Theorie des positiven Rechts aufbaut, immer wieder das Ziel lebhafter Angriffe geworden. Das Motiv der Proteste ist klar, denn schon an dieser Stelle, also bereits bei der Grundlegung der Reinen Rechtslehre, wird die ausschlaggebende Entscheidung für das Naturrechtsproblem getroffen. Falls nämlich die These richtig ist, dann kann es keine Deduktion von Normen für das Verhalten der Menschen aus der Natur als etwas Seiendem geben, wie immer der Begriff der Natur verstanden wird, ob als Natur des Menschen oder als Natur der Sache, ob als empirische oder apriorische Natur, als Wesen des Seins oder als ein sonstiges Etwas. Stets können Normen nur aus Normen abgeleitet werden. Mit Recht weist Kelsen darauf hin, daß der Dualismus von Sein und Sollen keinesfalls bedeute, Sein und Sollen stünden beziehungslos nebeneinander.[2] Gleichwohl bleibe es dabei, daß die Ansicht, man könne aus einem Sein ein Sollen deduzieren, auf einem "fundamentalen logischen Fehler"[3] beruhe. Bisher ist es—"selbstverständlich" sagt der Logiker[4]—keinem der Gegner Kelsens geglückt, je einen überprüfbaren, logisch korrekten Schluß von einer Aussage über ein Sein auf eine Aussage über ein Sollen zu demonstrieren, es sei denn, man fügte den Seinsprämissen mindestens eine Sollensprämisse bei, was aber gerade Kelsen bestätigen, nicht widerlegen würde. Unter diesen Umständen ist es ein geistesgeschichtliches Kuriosum, daß trotz der weltweiten Wirkung Kelsens und seiner Reinen Rechtslehre der juristische Wunschtraum von der Deduktion des Sollens aus dem Sein weitergeträumt wird. Es lohnt sich deshalb, Kelsens dualistische Position erneut zu durchdenken und sie unter Benutzung von Darstellungsweisen der modernen Logik zu diskutieren.

II

Die Auffassung, Sein und Sollen dürften nicht getrennt werden, und man sei berechtigt und in der Lage, vom Sein auf das Sollen, von Seiendem auf Normen zu schließen, wird in der Rechtsphilosophie der Gegenwart in sehr verschiedenen Weisen vertreten.

Zur Begründung nimmt man vor allem auf folgende Thesen Bezug:[5]

1. Die Rechtsnormen ergeben sich aus der Natur der Sache. (Naturrechtsargument).
2. Der Normeninhalt ist durch das Wesen der Dinge vorgeschrieben. (Phänomenologisches Argument).
3. Der Gesetzgeber ist beim Erlaß von Rechtsnormen sachlogisch — ontologisch — gebunden. (Ontologisches Argument).
4. In den Sollenssätzen des Rechts kann nichts Unmögliches gefordert werden. (Praktikabilitätsargument).
5. Aus den Zwecken des Rechts folgt die Bindung der möglichen Mittel. (Teleologisches Argument).
6. Das Recht muß die Interessen der Menschen beachten. (Ökonomisches Argument).
7. Das Recht muß die zeitgenössischen Wertungen respektieren. (Axiologisches Argument).
8. Der Gesetzgeber muß Entwicklungstendenzen berücksichtigen. (Historisches Argument).
9. Das Recht kann nicht über die Triebe und Bedürfnisse der Menschen hinweggehen. (Anthropologisch-psychologisches Argument).
10. Das Recht ist von den gesellschaftlichen Gesetzlichkeiten abhängig. (Soziologisches Argument).

Trotz sehr unterschiedlichen und ungenauen Sprachgebrauchs besteht das Gemeinsame aller dieser und ähnlicher Ansichten in der Behauptung, daß sich aus Seins-Aussagen Sollens-Aussagen herleiten ließen, und zwar aus einer oder—meistens—mehreren Seinsprämissen eine oder mehrere Sollensforderungen. Dies ist mit der verbreiteten Kurzformel des Schlusses vom Sein auf das Sollen gemeint.

III

Psychologisch ist das Festhalten an dieser Behauptung im Hinblick auf die prinzipielle Unsicherheit der Rechtserkenntnis und das daraus resultierende Bedürfnis, Anlehnung zu suchen, verständlich. Logisch ist die in Rede stehende These nicht haltbar:

1. Das kann man bereits ohne Einsatz der von der mathematischen

Logik zur Verfügung gestellten Mittel evident machen, indem man sich das Folgende vergegenwärtigt: Aus einer noch so umfangreich gedachten Menge von Prämissen, die keinen Sollenssatz enthält, kann niemals ein Sollenssatz gefolgert werden, denn es müßte sonst möglich sein, daß in dem Schlußsatz eine Eigenschaft — nämlich das Gesolltsein von etwas — auftreten könnte, die nicht in den Prämissen vorgekommen ist. Es wäre dies so, als ob in einer Sprache, in der es einen Ausdruck für ein Sollen nicht gäbe, dieser Ausdruck plötzlich durch Häufung oder Kombination von Ausdrücken von selbst entstünde.

2. Das Gesagte kann durch ein elementares, stark vereinfachendes Beispiel auf der Basis der klassischen, aristotelischen Syllogistik erläutert werden. Ausgegangen werde von zwei Seins-Aussagen der nachstehenden Art, wobei gewisse mit der Benutzung der natürlichen Sprache zusammenhängende Ungenauigkeiten, die sich bei strenger Formalisierung in der Kunstsprache eines logischen Kalküls vermeiden ließen, im Interesse besserer Anschaulichkeit in Kauf genommen seien:

a. Man lebt nur dann in friedlicher Koexistenz, wenn man Verträge einhält.

b. Man fördert Wissenschaft und Kunst nur dann erfolgreich, wenn man in friedlicher Koexistenz lebt.

Das sind zwei Behauptungen über etwas, was ist. Mit (a) und (b) werden also zwei Thesen über Seiendes aufgestellt. Ob sie wahr sind, werde hier nicht geprüft. Setzt man aber voraus, daß sie wahr sind, so folgt aus ihnen gleichwohl nichts für ein Sollen. Insbesondere läßt sich aus diesen Prämissen der Satz, man solle Verträge einhalten — pacta sunt servanda —, nicht herleiten. Aus der Behauptung, daß etwas so ist, wie es (a) und (b) aussagen, folgt in keiner logisch irgendwie zwingenden Weise, daß etwas derartiges oder etwas anderes sein soll. Dagegen läßt sich ein neuer Seinssatz sehr wohl aus (a) und (b) erschließen, nämlich der Satz:

c. Man fördert Wissenschaft und Kunst nur dann erfolgreich, wenn man Verträge einhält.

Das Wort "man" ist hier wie auch schon bei (a) und (b) der sprachliche Ausdruck für eine Variable. Der Gegenstandsbereich dieser Variablen ist hier als begrenzt zu denken auf irgendwelche natürliche oder juristische Personen, anstelle von "man" könnte also beispielsweise "ein Staat" eingesetzt werden. Über ein Sollen äußert sich

(c) ebensowenig wie die Prämissen (a) und (b). Zu einer Sollensconclusio gelangt man erst, wenn mindestens eine — meistens mehr als eine — Sollensprämisse (normative Prämisse) vorausgesetzt wird. Es seien beispielsweise als normative Prämissen noch die folgenden Sätze (d) und (e) den Prämissen (a) und (b) beigegeben:

d. Man soll Wissenschaft und Kunst erfolgreich fördern.

e. Alles, was notwendige Bedingung für das Sein dessen ist, was sein soll, soll ebenfalls sein.

Auf einen Beweis von (d) und (e) ist hier ebenso wie bei (a) und (b) zu verzichten. Die Sätze (a), (b), (d) und (e) werden als Axiome hingenommen. Übrigens könnte der Satz (e) ein *normenlogisches Regress-Axiom* genannt werden.

Nunmehr kann auf Sollenssätze geschlossen werden. Es ergibt sich nämlich zunächst:

f. Man soll in friedlicher Koexistenz leben.

Dies folgt aus den Prämissen (b) und (d) mit Hilfe von (e). Auf den ersten Blick sieht es so aus, als wäre (e) überflüssig, weil man (f) unmittelbar aus (b) und (d) ableiten könnte. Eine solche Annahme wäre jedoch unzutreffend. Sie rührt offensichtlich daher, daß man es sich bei verhältnismäßig leicht durchschaubaren Zusammenhängen nicht selten erlaubt, logisch erforderliche Zwischenglieder einer Beweiskette als stillschweigend vorausgesetzt zu überspringen.

Aus (a) und (f) folgt jetzt mit erneuter Heranziehung von (e) der gesuchte Satz:

g. Man soll Verträge einhalten (pacta sunt servanda).

Man hätte diesen Satz übrigens schon durch Anwendung von (e) auf (c) und (d) gewinnen können, indessen beruhte auch (c) auf den Prämissen (a) und (b). Um zu dem demonstrierten Satz (g) zu gelangen, waren also in dem hier behandelten Beispiel jedenfalls die vier Prämissen (a), (b), (d) und (e) vorauszusetzen. Vom Sein allein —(a) und (b)—konnte nur wieder auf ein Sein—(c)—, nicht auf ein Sollen—(g)—geschlossen werden. Hierzu bedurfte es erst der Hinzufügung der Sollens-Prämissen (d) und (e).

3. Ein Beispiel für die Ableitung eines Sollenssatzes ohne Inanspruchnahme des normenlogischen Regress-Axioms wäre etwa der nachstehende elementare Schluß, in dem (g) nicht als normative Schlußfolgerung sondern als normative Prämisse verwendet wird:

g. Verträge sollen gehalten werden.

h. Verlöbnisse sind Verträge.

Folglich gilt:

i. Verlöbnisse sollen gehalten werden.

Die logische Struktur dieses Schlusses entspricht dem normativen Syllogismus, wie ihn *Kelsen* mehrfach in der Reinen Rechtslehre erwähnt.[6] Im übrigen sei für dieses Beispiel sowohl als auch für das vorangehende vorsorglich betont, daß es sich bei diesen Demonstrationen nur um stark vereinfachte Modellfälle handelt, bei denen von zahlreichen Komplikationen bewußt abgesehen wurde, um die logische Grundstruktur möglichst deutlich herauszustellen.

4. Besonders durchsichtig wird die logische Struktur der Ableitung in den vorerwähnten Beispielsfällen bei einer Darstellung mit den Mitteln den Klassenlogik. Um die benutzten Aussagen in Formeln dieser Klassenlogik — in ihrer üblichen Gestalt — übersetzen zu können, braucht man sich nur zu vergegenwärtigen, daß die Redeweise "man lebt in friedlicher Koexistenz" umgeformt werden darf in den Ausdruck "man gehört zur Klasse derjenigen, die in friedlicher Koexistenz leben."

Dementsprechend darf der Satz "man hält Verträge ein" ohne Sinnentstellung umgeformt werden in den Ausdruck "man gehört zur Klasse derjenigen, die Verträge einhalten." Bezeichnet man die Klasse derjenigen, die Verträge einhalten durch das Symbol "v" und die Klasse derjenigen, die in friedlicher Koexistenz leben durch das Symbol "k" dann erhält die Prämisse (a) in der üblichen Klassenlogik die Form:

(a) $$k \subset v$$

Sie besagt, daß k eine Teilklasse von v ist.[7] Damit ist zum Ausdruck gebracht, daß alle Elemente von k zugleich Elemente von v sind. Anschaulich gesprochen besagt dies, daß man Element von v sein muß, um Element von k sein zu können. Das heißt aber nichts anderes als dies: Man muß zu denjenigen gehören, die Verträge einhalten, um zu denjenigen gehören zu können, die in friedlicher Koexistenz leben.

Zur Übersetzung von (b) in eine Formel des Klassenkalküls werde in entsprechender Weise die Klasse derjenigen, die Wissenschaft und Kunst erfolgreich fördern, durch das Symbol "w" bezeichnet. Die Prämisse (b) lautet dann klassenlogisch unter Verwendung des oben schon definierten Symbols "k":

(b) $$w \subset k$$

Diese Formel ist zu lesen: w ist eine Teilklasse von k. Das bedeutet, daß alle Elemente von w zugleich Elemente von k, und daß nur Elemente von k Elemente von w sind. Das ist aber, wie man sich leicht klar macht, genau der Sinn der Behauptung (b), denn in bildlicher Redeweise ist gesagt, dass man zur Klasse k gehören muss, um zur Klasse w gehören zu können.

Der Satz (c)—die conclusio aus (a) und (b)—erhält in der Klassenterminologie sodann die Form:

(c) $$w \subset v$$

Sie besagt, daß w eine Teilklasse von v ist. Das läßt sich in der Tat aus (a) und (b) auch im Klassenkalkül herleiten, denn die Formel

$$[(w \subset k) \ \& \ (k \subset v)] \rightarrow (w \subset v)$$

— die besagt, daß stets, wenn w eine Teilklasse von k und k eine Teilklasse von v ist, w auch eine Teilklasse von v ist — ist allgemeingültig.[8] Sie ist übrigens die klassenlogische Form des sog. modus barbara der traditionellen Syllogistik. Bei dieser Darstellung im Klassenkalkül zeigt sich, ebenso wie bei der vorangehenden nicht formalisierten Wiedergabe des Ableitungszusammenhanges, daß aus den Seins-Aussagen nirgends eine Sollens-Aussage erschlossen werden kann. Die klassenlogische Abbildung bringt das besonders klar zum Ausdruck, weil man hier sogleich überschaut, welche Begriffe benutzt werden. Unter ihnen ist kein Sollens-Begriff.

Zu normativen Konsequenzen kommt man erst dann, wenn normative Prämissen von der Art der Sätze (d) und (e) eingeführt werden. In der klassenlogischen Darstellung kann man das folgendermaßen tun: Zunächst bildet man die Klasse derjenigen, die etwas tun, was gesollt ist. Sie werde durch das Symbol "s" bezeichnet. Die Prämisse (d) bekommt dann die Gestalt

(d) $$w \subset s$$

Diese Formel besagt, dass w eine Teilklasse von s ist. Anschaulich gesprochen bedeutet dies, daß diejenigen, die Wissenschaft und Kunst erfolgreich fördern, etwas tun, was gesollt ist.

Das normenlogische Regress-Axiom wird in den nachstehenden klassenlogischen Ausdruck übersetzt:

(e) $$[(\alpha \subset \beta) \ \& \ (\alpha \subset s)] \rightarrow (\beta \subset s)$$

In dieser Formel bedeuten die griechischen Buchstaben α und β Klassen irgendwelcher Verhaltensweisen. An ihre Stelle können also die oben definierten Klassenkonstanten v, k, oder w eingesetzt werden. Zu lesen wäre die Formel (e): Wenn α eine Teilklasse von β und außerdem α auch eine Teilklasse von s ist, so ist β ebenfalls eine Teilklasse von s. Der Formelteil $(\alpha \subset \beta)$ besagt, daß die Verhaltensweise β notwendige Bedingung der Verhaltensweise α ist. Der Formelteil $(\alpha \subset s)$ besagt, daß α eine gesollte Verhaltensweise ist. Beide Formelteile gemeinsam implizieren den Ausdruck $(\beta \subset s)$, der besagt, daß die Verhaltensweise β gesollt ist. Die gesamte Formel sagt also: Wenn das Verhalten β notwendige Bedingung für das Verhalten α ist, und außerdem das Verhalten α gesollt ist, dann ist auch das Verhalten β gesollt. Man erkennt leicht, daß dies dem oben erwähnten normenlogischen Regress-Axiom entspricht.

Es versteht sich von selbst, daß die Formel (e) kein allgemeingültiger klassenlogischer Ausdruck ist, sondern ein Axiom, das vorausgesetzt werden muß, um zu der gewünschten normenlogischen Ableitung zu kommen. Diese Ableitung geschieht nunmehr in der Weise, daß die obigen Konstanten in die Formel (e) wie folgt eingesetzt werden:

$$[(w \subset v) \ \& \ (w \subset s)] \rightarrow (v \subset s)$$

Der Formelteil $(w \subset v)$ ist die oben aus den Prämissen (a) und (b) bewiesene Formel (c). Der Formelteil $(w \subset s)$ ist die Prämisse (d). Nach der bekannten Modus-ponens-Regel ist damit der Formelteil $(v \subset s)$ bewiesen. Der Ausdruck $(v \subset s)$ besagt, daß die Klasse derjenigen, die Verträge einhalten, eine Teilklasse derjenigen ist, die etwas tun, was gesollt ist. Das ist aber nichts anderes, als der durch die klassenlogische Abbildung erforderlich gewordene, umständlichere Ausdruck für den Satz: Man soll Verträge einhalten — pacta sunt servanda.

5. Die vorstehende Skizze einer Übersetzung des Ableitungsbeispiels in der Klassenlogik hat gezeigt, daß die Sollens-Satzconclusio nur erzielt werden konnte durch die zusätzliche Einführung der Sollens-Satz-Prämissen (d) und (e). Mit den zur Darstellung der Sollens-Aussagen benutzten Klassenkonstanten k, v, und w kann kein Sollens-Satz formuliert werden, da sie durch die Definitionen gebunden sind. Im angeblichen Schluß vom Sein auf das Sollen wird also das entscheidende Beweisglied ausgelassen.

a. Das Zauberkunststück der Hervorbringung des Sollens aus dem Sein ist daher im günstigsten Fall —in der Terminologie der traditionellen Schlußlehre—ein *Enthymem.*[9] Darunter ist ein Ableitungszusammenhang zu verstehen, der durch Weglassung von Prämissen abgekürzt ist. Erfolgt diese Weglassung bewußt, dann liegt selbstverständlich kein Fehlschluß vor, denn bei der Überprüfung der Richtigkeit der Folgerung können die genannten Prämissen um die fehlenden ergänzt werden.

b. Ist dagegen das Fehlen von Prämissen übersehen, dann liegt ein echter Fehlschluß, eine *Sprung-Deduktion* vor. Durch das Überspringen von Prämissen fehlt einer solchen "Ableitung" die Beweiskraft.

c. Ein Sonderfall ist der bewußte Verzicht auf rationale Überprüfbarkeit der Schlußfolgerung. Man kann hier von *irrationaler Überbrückung einer Beweislücke sprechen.*

IV

Eine Durchmusterung der unter II erwähnten verschiedenen Argumentationen für einen Ableitungszusammenhang zwischen Seinsprämissen und Sollensfolgerungen ergibt im Hinblick auf die drei soeben genannten Gesichtspunkte des Enthymems, der Sprung-Deduktion und der irrationalen Überbrückung von Beweislücken ein recht unterschiedliches Bild.

1. Beim Folgern aus der *Natur der Sache* liegt sicherlich oft enthymematisches Schließen vor. Man kürzt bewußt ab, wenn man beispielsweise sagt, es folge aus der Natur des Menschen, daß die Heiratsfähigkeit vom Gesetzgeber mit einem bestimmten Lebensalter, das in dem betreffenden Rechtsbereich typisch sei für die Erlangung der biologischen Reife, gekoppelt werden müsse. Daß hier normative Prämissen in Kenntnis ihrer logischen Notwendigkeit weggelassen werden, zeigt sich sogleich, wenn man bedenkt, daß die Heiratsfähigkeit statt an die biologische an die charakterliche und geistige Reife, die im allgemeinen später eintritt, gebunden werden kann, oder daß es möglich ist, eine mittlere Lösung für richtig zu halten. Aus den biologischen, psychologischen, charakterologischen und intellektuellen Tatsachen, die für die Natur des Menschen typisch sind, folgt für ein Sollen gar nichts. Das wird in einer Diskussion dieses Beispiels meist zugegeben. Man verweist dann darauf, daß die normative Entscheidung über den ausschlaggebenden Gesichtspunkt — den biologischen oder den psychologischen usw. — stillschweigend, "heimlich" (Emge) vorausgesetzt wurde.[10]

Wenn die Meinung vertreten wird, die Rechtsfindung aus der Natur der Sache sei konkretes Naturrechtsdenken[11]), so ist dagegen insoweit nichts einzuwenden, als damit auf die normativen Prämissen hingewiesen wird. Rechtstheoretisch bedenklich ist aber die Verknüpfung mit dem Naturrechtsgedanken als einer Hypothese über die bindende Kraft jener normativen Prämissen. Hierfür gibt es keinen logischen Grund, denn aus der Notwendigkeit von Sollensprämissen für Sollensfolgerungen folgt nichts für die Erkenntnisquelle dieser Prämissen.

Nun ist zwar das enthymematische Argumentieren als denkökonomisches Abkürzungsverfahren logisch unbedenklich, aber doch eben nur dann, wenn man sich über die fortgelassenen Prämissen im klaren ist. So ist es aber erfahrungsgemäß nicht immer, wenn aus der Natur der Sache juristisch gefolgert wird. Oft liegt der echte Schlußfehler der Sprung-Deduktion vor. Man meint dann unmittelbar von den Seinsaussagen über die Natur der Sache zum Sollenssatz springen zu dürfen. Deshalb sollte das Auftreten des Begriffs der Natur der Sache in der Regel ein Achtungssignal sein, das auf logische Ungenauigkeit hinweist.

2. Andere logische Bedeutung als das im Vorstehenden erwähnte naturrechtliche Argument, das mit dem Begriff der Natur der Sache operiert, hat das bei angeblichen Folgerungen vom Sein auf ein Sollen nicht selten anzutreffende *phänomenologische* Argument. Wenn hier aus dem "Wesen der Dinge" gefolgert wird und damit nicht die "Natur der Sache" gemeint ist, dann wird in der Regel kein bewußtes Fortlassen normativer Prämissen, also kein enthymematisches Schlußverfahren, gemeint sein. Als Beispiel wäre etwa daran zu denken, daß aus dem "Wesen der Strafe" oder aus dem "Wesen der Strafjustiz" etwas für oder gegen die Todesstrafe hergeleitet wird. Man könnte vielleicht meinen, hier läge ein besonders eklatanter Fall des Denkfehlers der Sprung-Deduktion vor, weil eine komplexe Vielheit von normativen Prämissen übersehen zu sein scheint. Indessen wäre damit die Art und Weise der Argumentation in den meisten Fällen wohl nicht richtig getroffen. In Wahrheit dürfte es sich hier darum handeln, daß auf rationale Beweisführung — bewußt oder unbewußt — verzichtet wird. Das zeigt sich daran, daß hier nicht auf eine logische Ableitung, sondern auf "Wesensschau" verwiesen wird, — ein gedankenlyrisches Analogon zum theologischen Offenbarungsbegriff. Eine kontrollierbare Verifikationsmethode für die Ergebnisse der "Wesensschau" wird nicht gegeben. Für logische Argumentationen in diesen Quasi-Schlüssen vom Sein auf das Sollen ist deshalb kein Raum.

3. Für die logische Analyse wichtiger ist dagegen das *ontologische Argument*, das verschiedene Bedeutungen haben kann.

a. Zunächst kann mit der ontologischen oder sachlogischen

Bindung des Gesetzgebers gemeint sein, daß die Naturgesetze, insbesondere der Physik, der Biologie usw. dem Gesetzgeber vorgegeben sind. Das ist trivial und wird nirgends bestritten. Das Parlament, sagt ein bekanntes englisches Sprichwort, kann alles, nur nicht aus einer Frau einen Mann machen.

b. Ferner kann mit der ontologischen oder sachlogischen Bindung des Gesetzgebers gemeint sein, daß dieser bei der Definition der in seinen Rechssatzsystemen benutzten Begriffe nicht frei sei. Diese Behauptung scheint mit der Tatsache, daß dem Gesetzgeber außerordentlich weitreichende Möglichkeiten bei seinen Sprachregelungen zur Verfügung stehen, nicht im Einklang zu stehen. Anknüpfend an die erwähnte englische Redewendung sei zur Unterstreichung der hier ganz anders gelagerten Probleme daran erinnert, daß der Gesetzgeber sehr wohl imstande ist zu erklären, eine Kauffrau sei ein Kaufmann.[12] Indessen braucht diese Frage hier nicht diskutiert zu werden, weil sie in dieser Form noch keinen Schluß von einem Sein auf ein Sollen betrifft, sondern lediglich auf ein Problem der Definitionstheorie bezieht.

c. Schließlich kann aber mit der ontologischen oder sachlogischen Bindung des Gesetzgebers auch gemeint sein, daß sich aus ontologischen oder sachlogischen Einsichten Sollenssätze erschließen lassen. Wenn das gemeint ist, fällt diese Auffassung mit dem naturrechtlichen Argument zusammen. Alles, was oben bereits über das Ableiten von normativen Schlußfolgerungen aus der sog. Natur der Sache gesagt wurde, gilt dann hier ebenfalls. Die Ableitung eines Sollens aus dem sich ontologisch oder sachlogisch darstellenden Sein ist also bestenfalls ein enthymematisches Schließen, möglicherweise aber eine Sprung-Deduktion.[13]

4. Das ontologische Argument tritt nicht selten in etwas schwächerer Variation auf. Man sagt dann, der Gesetzgeber könne nichts Unmögliches fordern, und es ergäbe sich daher insofern etwas für das Sollen aus dem Sein, als dem Gesollten jedenfalls durch das Seiende unübersteigliche Grenzen gesteckt wären.[14] Ein Spielraum für die Normierung bleibt, aber eben nur ein begrenzter. Wer so argumentiert, geht in der Regel enthymematisch vor, denn hier wird stillschweigend eine echte normative Prämisse vorausgesetzt. Es wird nämlich vorausgesetzt, daß die Normierungen des Gesetzgebers praktikabel sein sollen. Man kann deshalb hier von einem *Praktikabilitätsargument* sprechen. Es darf nicht lauten, in Sollenssätzen des Gesetzgebers *kann* nichts Unmögliches gefordert werden, sondern es muß heißen, es *soll* in ihnen nichts Unmögliches gefordert werden.

Oder man muß sich so ausdrücken, daß man sagt: Wenn der Gesetzgeber nur das anordnen soll, was die Rechtsunterworfenen befolgen können, dann kann in seinen Sollenssätzen Unmögliches nicht verlangt werden. Die hier vorausgesetzte Sollensprämisse wird allerdings oft für so selbstverständlich gehalten, daß man es sich erlaubt, abkürzend, also enthymematisch, zu schließen. Ein unmittelbares Folgern vom Sein auf das Sollen wird bei dieser These demnach gar nicht behauptet.

5. Bei der im Vorangehenden erörterten Praktikabilitätsargumentation geht es, wie genauere Analyse zeigt, um einen Sonderfall der Berücksichtigung des Verhältnisses zwischen Zweck und Mittel, also um ein *teleologisches Argument.* Zweifellos ist es richtig, daß die Setzung bestimmter Zwecke, die der Gesetzgeber erreichen möchte, eine Bindung der Sollenssätze zur Folge hat. Es ist Seinserkenntnis, wenn gefragt wird, mit Hilfe welcher Mittel ein Zweck erreichbar ist. Aber nicht aus dieser Feststellung dessen, was ist, wird deduziert, was sein soll. Vielmehr muß zunächst in normativer Prämisse festgelegt sein, welcher Zweck erreicht werden soll. Erst dann läßt sich ermitteln, welche Mittel damit zugleich gesollt sind. Auch hier wird also nicht aus dem Sein ein Sollen erschlossen. Die Seinsbindung an die Mittel ergibt sich erst nach der normativen Wahl der Zwecke. Das oben erwähnte *normenlogische Regress-Axiom* [III (2) Formel (e)] läßt sich für die Ableitung von Sollenssätzen erst auswerten, wenn zuvor mindestens eine Sollensprämisse die Entscheidung der Frage erlaubt, welches Sein sein soll, dessen notwendige Bedingungen dann gleichfalls sein sollen. Bei der hier in Rede stehenden teleologischen Argumentation wird im strengen Sinne garnicht behauptet, es sei ein Sollen aus einem Sein zu ermitteln, denn im allgemeinen wird auf die gesetzten Zwecke, also auf ein Sollen, als Deduktionsbasis hingewiesen. Erst wenn diese Sollensprämisse wegen ihrer "Selbstverständlichkeit," oder aus anderen Gründen weggelassen wird, handelt es sich um enthymematisches Schließen. Der Schlußfehler der Sprung-Deduktion wird in diesem Zusammenhang selten auftreten.

6. Ebenfalls Sonderfälle teleologischen Argumentierens aus der Mittel-Zweck-Relation sind das *ökonomische,* das *axiologische* und das *historische* Argument. In allen diesen drei Argumentationsarten wird ebenfalls nirgends aus einem Seinssatz ohne eine Sollensprämisse ein Sollenssatz erschlossen.

a. Wenn es beim *ökonomischen* Argument heißt, der Gesetzgeber habe die Interessen der Menschen zu beachten, so muß stets zu den diese Interessen wiedergebenden Seinsprämissen mindestens eine normative Prämisse hinzugefügt werden, die sagt, welche Interessen beachtlich und welche unbeachtlich sind. Es leuchtet ein, daß nicht alle Interessen maßgeblich sein können. Zahlreiche Interessen stehen zueinander im Widerspruch. Es muß also zunächst normativ ausgewählt werden, bevor ein Sollen ableitbar wird. Sind die Interessen, deren Beachtung geboten ist, bekannt, dann erst kann auf Grund der Seinserkenntnis in die Mittel, welche für die Erreichung dieses Zwecks notwendig sind, festgestellt werden, die Berücksichtigung welcher Mittel gesollt ist. Die Sollensentscheidung kann nicht, wie manchmal voreilig gesagt wird, dadurch umgangen werden, daß der Gesetzgeber auf die Berücksichtigung der *überwiegenden* oder der *allgemein anerkannten* Interessen verwiesen wird. Denn hier muß ebenfalls eine normative Prämisse, die zum Ausdruck bringt, daß die überwiegenden oder die allgemein anerkannten Interessen maßgeblich sein sollen, vorausgesetzt werden. Ohne eine normative Entscheidung geht es hier ebensowenig. Daraus, daß irgendwelche Interessen überwiegen oder allgemein anerkannt *sind*—einem Seinssatz — folgt in keiner Weise, daß diese Interessen auch maßgeblich sein *sollen*. Der Gegenstandpunkt, daß gerade diese Interessen nicht beachtlich sein sollen, ist logisch ebenso möglich. Man denke an einen *normativen Snob-Effekt*, eine *"Elite-Ethik"* oder ähnliches. Wie in allen anderen Fällen so ergibt das Sein selbst nichts Normatives.

b. Analog verhält es sich mit dem *axiologischen* Argument, in dem gesagt wird, der Gesetzgeber und das von ihm erlassene Recht müßten die zeitgenössischen Wertungen respektieren. Am Anfang der Ableitung steht hier ebenfalls die in einer Sollensprämisse festzuhaltende Entscheidung, welche Wertungen zu respektieren sind, denn nicht alle zeitgenössischen Wertungen können eine Respektierung erreichen, weil zwischen ihnen ebenfalls Widersprüche bestehen. Im übrigen wäre eine Sollensprämisse selbst dann unerläßlich, wenn der unwahrscheinliche Fall einer Harmonie zwischen allen zeitgenössischen Wertungen gegeben wäre, denn es müßte mindestens der Satz vorausgesetzt werden, daß die zeitgenössischen Wertungen beachtet werden sollen. Die Gegenposition, daß nur die nichtzeitgenössischen Wertungen relevant sein sollen, ist hier gleichfalls logisch möglich. Man erinnere sich etwa an den *Traditions-Snobismus*.

c. Eine Sollensentscheidung erfordert schließlich auch das *historische* Argument, weil daraus, daß bestimmte Entwicklungstendenzen als Seinsphänomene, als Fakten,—oft geradezu aufdringlich—erkennbar sind (zu denken wäre etwa an Tendenzen zu verstärkter Hexenverfolgung, zu erweiterter Anwendung der Todesstrafe usw.), nichts dafür folgt, daß dies auch so sein soll, oder daß dies vom Gesetzgeber berücksichtigt werden soll. Die logische Struktur der Argumentation ist die gleiche wie bei dem ökonomischen und dem axiologischen Argument. Das dort Gesagte gilt hier ebenfalls. Zu Gunsten vieler rechtsphilosophischer Autoren ist hier sowohl wie beim ökonomischen und beim axiologischen Argument anzunehmen, daß ein enthymematisches Folgern gemeint ist, wenn die Berücksichtigung dieser Seinsaspekte als eine Art des Schließens vom Sein auf das Sollen angesehen wird.

7. Das *anthropologisch-psychologische* Argument, der Gesetzgeber könne nicht über die Triebe und die Bedürfnisse der Menschen, genauer: über die anthropologischen und psychologischen Gesetze, hinweggehen, hat verschiedene Aspekte.

a. Zunächst kann es als ein Hinweis darauf angesehen werden, daß die Sollenssätze des Rechts nichts anthropologisch und psychologisch Unmögliches verlangen können. Es gehört insoweit zur Gruppe der Praktikabilitätsargumente. (Vgl. IV 4.)

b. Sodann läßt es sich verstehen als der allgemeinere Hinweis auf sachlogische Bindungen, wobei hier vor allem die menschliche Psyche und ihre Gesetze mit der "Sache" gemeint sind, um deren "Logik" es geht. Damit wäre das ontologische Argument angesprochen. (Vgl. IV 3.)

c. Es kann schließlich aber noch in diesem Argument die Behauptung einer Bindung an die "Natur der Sache" im Sinne der Natur der Seele enthalten sein. (Vgl. IV 1.) In allen diesen Fällen gilt das Gesagte. Nirgends kann sich eine Auswirkung im normativen Bereich, in der Sollenssphäre, ohne eine entsprechende Sollensprämisse, in der die Berücksichtigung psychischer Gesetzlichkeiten gefordert wird, ergeben. Lediglich daraus, daß seelische Tatsachen irgendwie geartet sind — es mag dies noch so unumstößlich gelten — folgt für sich nicht, daß etwas sein soll. Erst wenn Gesetze praktikabel sein sollen, wenn sie Naturgesetze berücksichtigen sollen, und wenn sie das, was für die menschliche Psyche typisch ist, beachten sollen, wenn also geeignete Sollensprämissen vorliegen, kann das psychologische Argument zu Sollensfolgerungen führen. Für die anthropologische Position ist diese logische Struktur der Fragestellung deutlich vermerkt, wenn Viehweg hervorhebt, Rechtstheorie sei als Grundlagenforschung in den letzten Fragen auf das anthropologische Gebiet verwiesen, "wenn man annimmt, daß das Recht dem Menschen ermöglichen soll, als Mensch zu leben."[15] Die Gegenposition ist hier wie in den oben behandelten Fällen ebenfalls leicht zu konstruieren, wie etwa das mystische Leitbild des Übermenschen bei Nietzsche zeigt.

8. Das *soziologische* Argument tritt vor allem in zwei Hauptformen auf:

a. Nicht selten wird von Soziologen die Meinung vertreten, der Begriff des Sollens sei überhaupt sinnlos. Sollenssätze seien lediglich in bestimmter Weise stigmatisierte Fakten. Von dieser Position aus läßt man dann nur die sog. Rechtstatsachen gelten und bestreitet die Möglichkeit einer auf Erkenntnis von Normen gerichteten Rechtswissenschaft. Rechtswissenschaft sei nur als ein Teil der Rechtssoziologie möglich. Der Blick ist dann nur auf den Mechanismus der sozialen Ordnung gerichtet. Man interessiert sich für die Probleme des risikofreien Sich-Bewegens in sozialen Kreisen, des Manövrierens im gesellschaftlichen Milieu und anderes mehr.[16] Zur Darstellung dieser Phänomene ist man auf Sollenssätze nicht angewiesen. Es werden nur aus Seinsvoraussetzungen Seinsfolgerungen abgeleitet. Es leuchtet ein, daß von diesem Standpunkt aus das Problem eines aus Seinsprämissen zu folgernden Sollens nicht auftreten kann.

b. Das ändert sich, wenn die These vertreten wird, man müsse die Ergebnisse der Rechtsphilosophie mit denen der Rechtssoziologie verbinden und daraus unter Berücksichtigung der "tendenziellen Regelmäßigkeiten" eine Technik der Verbesserung des Rechts einer gegebenen Gesellschaft in einer gegebenen Zeit entwickeln.[17] Hier wird wieder enthymematisch geschlossen, denn es ist stillschweigend vorausgesetzt, daß jene tendenziellen Regelmäßigkeiten maßgebend sein sollen. Der Gegen-den-Strom-Schwimmer-Idealismus wäre ja ebensogut möglich. (Vgl. IV 6.)

c. Mit einer ähnlichen Problemstruktur hat man es schließlich zu tun, wenn die These vertreten wird, das Recht sei von den gesellschaftlichen Gesetzlichkeiten in der Weise abhängig, daß sich der Inhalt der Sollenssätze aus ihnen ergäbe, die rechtlichen Sollenssätze seien—etwa nach der Terminologie des Marxismus—der von der materialistisch interpretierten gesellschaftlichen Basis determinierte ideologische Überbau. Die logische Struktur dieses Arguments ist die gleiche wie bei den bereits behandelten ökonomischen, axiologischen, historischen und anthropologisch-psychologischen Argumenten, die ohnehin im weiteren Sinne ebenfalls als soziologische Thesen aufgefaßt werden können. Wie in allen diesen Fällen so bleibt es auch hier: Die Feststellungen von Kausalitäten und sonstigen Determinationen erfordern Seinsaussagen. Selbstverständlich sind solche Feststellungen auch bezüglich des Entstehungsvorganges von Gesetzen und sonstigen Rechtssätzen möglich, denn Sollenssätze können ebenfalls als Fakten untersucht werden. In einer Metasprache, d.h. in einer Sprache, in der man über eine andere Sprache, die sog. Objektsprache, spricht, kann man in der Form von Seinssätzen über objektsprachliche Sollenssätze reden. Einer der Gründe für die häufig zu beobachtende Verwirrung bei der Analyse des Verhältnisses von Sein und Sollen dürfte gerade darin zu suchen sein, daß man im allgemeinen ohne formalen Verstoß metasprachlich vom Sein des Sollens sprechen darf. Aber das ändert nichts daran, daß eine Sollenssatz-conclusio stets mindestens eine Sollenssatz-Prämisse voraussetzt. Um das ohne nochmaliges Eingehen auf die oben unter III besprochenen logischen Gründe für das soziologische Argument erneut einzusehen, braucht man sich nur klar zu machen, daß aus der Beobachtung einer Bindung vorkommender Rechtsordnungen bestimmter Art an gesellschaftsgesetzliche Vorgänge ohne Hinzunahme mindestens einer Sollensprämisse immer nur abgeleitet werden kann, daß etwas so ist, niemals aber, daß es auch so sein soll, wie es ist.

9. An Kelsens Ausgangsbasis, dem logischen Dualismus von Sein und Sollen, kann also keine rechtstheoretische Position vorbei, sofern in ihr der Begriff des Sollens oder ein äquivalenter Begriff offen oder versteckt vorkommt. Daß Kelsen hierauf immer wieder hingewiesen hat, ist zu keiner Zeit und erst recht nicht in der Gegenwart unnötig gewesen, denn immer wieder wird in merkwürdig gefühlsbetonter Weise von der zu "schroffen" Trennung zwischen Sollen und Sein gesprochen. Das ist im Grunde nichts anderes, als würde man von der zu "schroffen" Trennung zwischen Dreiecken und Vierecken sprechen.

Anmerkungen

1. Hans Kelsen, *Reine Rechtslehre.* 2. Aufl. Wien 1960. S. 5.
2. Kelsen, a.a.O. S. 6.
3. Kelsen, a.a.O. S. 405.
4. Vgl. den von Kelsen, a.a.O. S. 5, Anm. **, zitierten Logiker Arthur N. Prior, der in seiner Schrift *Logic and the Basic of Ethics*, Oxford 1949, S. 18, kurz und bündig schreibt: "That it is impossible to deduce an ethical conclusion from entirely non-ethical premises."
5. Vgl. hierzu den Überblick bei Karl Engisch, *Die Idee der Konkretisierung in Recht und Rechtswissenschaft unserer Zeit.* Heidelberg 1953. S. 101 ff.
6. Kelsen, a.a.O. S. 196 ff. und 363 ff.
7. Vgl. U. Klug, *Juristische Logik*, 2. Aufl. Berlin/Göttingen/Heidelberg 1958. S. 65 ff.
8. Klug, a.a.O. S. 73 mit weiteren Schrifttumshinweisen.

9. M. W. Drobisch, *Logik*, 2. Aufl. Leipzig 1851. S. 115; W. Burkamp, *Logik*, Berlin 1932. S. 140.

10. Methodisch im gleichen Sinne, wenn auch unter etwas anderen Aspekten wird das gleiche Beispiel verwendet bei N. Bobbio, "Über den Begriff der Natur der Sache." In: *Archiv für Rechts- und Sozialphilosophie*, Band 44 (1958). S. 313. Sehr deutlich verweist auch Karl Engisch, *Einführung in das juristische Denken*, 2. Aufl. Stuttgart 1959, S. 191, anhand eines arbeitsrechtlichen Beispiels auf die vorausgesetzten normativen Prämissen hin, wenn er zutreffend auf die *Wertvorstellung* abhebt, die in die "Natur" des Arbeitsverhältnisses "eingegangen" seien. Das Gleiche gilt für Günter Stratenwerth, *Das rechtstheoretische Problem der Natur der Sache*, Tübingen 1957, hinsichtlich der Herausarbeitung der *Wertperspektiven* bei der Argumentation aus der Natur der Sache. Noch deutlicher sagt Carl A. Emge, *Philosophie der Rechtswissenschaft*, Berlin 1961, S. 316, mit anderer Terminologie: "Nackte Tatsachen" können "niemals ohne heimliches Mitwirken teleologischer Intentionen teleologische Ergebnisse bringen." Vgl. ferner C. A. Emge, *Einführung in die Rechtsphilosophie*, Frankfurt a.M. u. Wien 1955, S. 346 und 356.

11. So z.B. W. Maihofer, "Die Natur der Sache." In: *Archiv für Rechts- und Sozialphilosophie*. Band 44 (1958). S. 173, 174.

12. Das gilt, wenn auch nicht ausdrücklich so ausgesprochen, für §1 des deutschen Handelsgesetzbuches.

13. Eine Kombination des ontologischen mit dem phänomenologischen Argument liegt vor, wenn A. Kaufmann in Zusammenhang mit Überlegungen zu einer Ontologie des Rechts von "Rechtswesenheit" spricht. Vgl. A. Kaufmann, *Naturrecht und Geschichtlichkeit*. Tübingen, 1957, S. 28, und ders., *Das Schuldprinzip*. Heidelberg 1961, S. 99.

14. H. Welzel, *Naturrecht und materiale Gerechtigkeit*. 4. Aufl. Göttingen 1962. S. 197.

15. Th. Viehweg, "Rechtsphilosophie als Grundlagenforschung." In: *Archiv für Rechts- und Sozialphilosphie*, Bd. 47 (1961). S. 537.

16. Vgl. beispielsweise Th. Geiger, *Arbeiten zur Soziologie*, ausgewählt und eingel. v. P. Trappe, Neuwied 1962.—Als Gegenposition vgl. H. Kelsen, *Reine Rechtslehre*. 2. Aufl. Wien 1960, S. 107 ff.

17. So etwa G. Gurvitch, *Grundzüge der Soziologie des Rechts*, übers. von P. Trappe, Neuwied 1960, S. 221.

Zum Problem der logischen und erkenntnistheoretischen Grundlagen der juristischen Kausalitätslehre

Ein Beitrag zur Frage der rechtlichen Behandlung der sog. Rentenneurose

Inhaltsverzeichnis

Die Meinungsverschiedenheiten über die rechtliche Behandlung der Rentenneurose bilden ein gutes Beispiel für die Notwendigkeit, sich auf die systematische Einheit der Einzelwissenschaften und deren gemeinsame Beziehungen zu der von ihnen allen vorausgesetzten Grundwissenschaft, der Philosophie, zu besinnen. Hier wie auch sonst in der Rechtswissenschaft überall dort, wo das Problem des Ursachenbegriffs auftaucht, wird bald erkannt, daß es bei dem Versuch grundsätzlicher Klärung einzelwissenschaftlicher Fragen erforderlich ist, die Ergebnisse wissenschaftlicher Philosophie heranzuziehen. Mit Recht haben daher *Dansauer* und *Schellworth* (1) die Diskussion dadurch auf eine breitere Basis gestellt, daß sie nachgewiesen haben, wie eine positive Beendigung der Auseinandersetzungen über die Rechtsprechung des Reichsgerichts zur Frage der Rentenneurose nur durch Heranziehung wichtiger, von der Philosophie seit längerem bereits erarbeiteter Unterscheidungen möglich ist. Die für diese Problematik bedeutsamen rechtswissenschaftlichen Gesichtspunkte sind bereits von berufener Seite ausführlich erörtert worden. Im folgenden soll versucht werden, durch Berücksichtigung philosophischer Theorien zur Klärung beizutragen.

I. Die Meinungsverschiedenheit über die Behandlung der Rentenneurose im Schadenersatzrecht beruht bekanntlich darauf, daß das Reichsgericht das Vorliegen eines Kausalzusammenhangs zwischen einem Unfall und einer Neurose in bestimmten Fällen annimmt, in denen die medizinische Wissenschaft das Vorliegen eines ursächlichen Zusammenhangs verneint.

Es leuchtet ein, daß für eine Entscheidung dieses Streites eine genaue Analyse dessen, was man unter Kausalität zu verstehen hat, erforderlich ist. Eine solche Analyse kann mit den Mitteln der modernen Logik wesentlich genauer vorgenommen werden, als dies früher der Fall war. Unter moderner Logik verstehen wir hier die nichtklassische Logik (auch Logistik genannt), d. h. diejenige Theorie der Logik, die ausgehend von Anregungen durch *Leibniz* vor allem durch *Frege* und *Russell* gefördert worden ist (2). Eine nähere Charakterisierung dieser neuesten Forschungen kann in diesem Rahmen nicht vorgenommen werden. Es sei nur darauf hingewiesen, daß es sich um eine Erweiterung und exaktere Umformung der klassischen Logik handelt, die hauptsächlich durch die mathematischen Wissenschaften angeregt worden ist, weil sich die klassische Logik in der Form, wie sie im wesentlichen seit *Aristoteles* unverändert fortbestand, als nicht ausreichend für die Bearbeitung gewisser mathematischer Probleme erwiesen hat. Man kann sagen, daß es sich um eine Mathematisierung der Logik handelt, ohne daß damit ein Primat der Mathematik gegenüber der Logik ausgesprochen würde. Vielmehr zeigt sich, daß bei einer bestimmten Auffassung über die moderne Logik sich aus den logischen Grundbegriffen alle mathematischen Begriffe ableiten lassen, so daß also umgekehrt die ganze Mathematik ein Zweig der Logik wird (3). Es ist hier ferner nicht der Ort, die moderne Analyse des Determinationsprinzips einerseits und des Kausalitätsprinzips andererseits in ihren Einzelheiten darzustellen, denn dazu wäre die Heranziehung eines komplizierten logischen Apparats erforderlich. Es kann hier vielmehr einfach auf die Ergebnisse der Untersuchung *Carnaps* Bezug genommen werden (4). Aufgabe der folgenden Hinweise wird es sein, Folgerungen für das hier zu erörternde Problem aus jenen Ergebnissen zu ziehen.

1. Wird der Satz aufgestellt, daß zwischen einem x und einem y ein Kausalzusammenhang besteht, so hat man, geht man auf die allgemeinste logische Struktur dieses Satzes zurück, eine zweistellige Funktion gebildet (5). Die zweistellige Funktion stellt die logische Abbildung einer Beziehung dar. Zwischen x und y, so kann man dies auch ausdrücken, besteht ein funktionaler Zusammenhang. Man sieht sogleich, daß lediglich mit der Feststellung, daß zwischen einem x und einem y eine Beziehung bestünde, noch gar nichts darüber ausgesagt ist, daß diese Beziehung die Form der Kausalität angenommen hat. Es muß also eine speziellere Beziehung vorliegen, wenn gesagt wird, x sei die Ursache von y.

2. Das Hauptmerkmal dieser Beziehung wird, wie ohne weiteres einleuchtet, die Tatsache sein müssen, daß y von x in bestimmer Hinsicht abhängig (determiniert) ist, d. h. also, daß zwischen ihnen das Verhältnis der Determination besteht. Diese Aussage kann nicht mehr allein als zweistellige Funktion dargestellt werden. Wie man leicht erweisen kann, bedarf es, will man ein Determinationsverhältnis beschreiben, stets einer zusätzlichen Angabe darüber, inwiefern y von x abhängig ist. Zum Beispiel ist es sinnvoll zu sagen, y ist hinsichtlich seiner Farbe von x determiniert. Es sei, um ein noch spezielleres Beispiel zu nehmen, die Farbe eines Gegenstands y abhängig von einer Lichtquelle x. Wenn jetzt die Farbe des Gegenstands y mit der Farbe der auf ihn fallenden Lichtstrahlen wechselt, so ist es sinnvoll zu sagen, daß y durch x hinsichtlich seiner Farbwerte determiniert ist. Die Angabe allein, daß y durch x determiniert ist, bleibt unverständlich. Um also eine derartige Abhängigkeitsbeziehung (Determination) auszudrücken, bedarf es der Angabe einer dreistelligen Funktion. Man mag sich dies ungenau etwa so veranschaulichen, daß man sagt, daß die zwischen x und y bestehende Beziehung ihrerseits noch zu einem z in Beziehung zu setzen ist, wenn zwischen x und y eine Determination besteht (6).

3. An diesem Punkt der Erörterung logischer Grundverhältnisse ist man bereits an einer Stelle angelangt, die für den Streit um die Behandlung der Rentenneurose in der Rechtsprechung von maßgeblicher Bedeutung ist. Irrtümlicherweise wird nämlich im juristischen Schrifttum häufig dort von Kausalität gesprochen, wo es sich nur um Determination handelt. Daß Kausalität lediglich einen besonderen Fall der Determination darstellt, ersieht man daraus, daß zwar immer dort, wo Kausalität vorliegt, auch Determination gegeben ist, daß aber keineswegs stets, wo Determination gegeben ist, auch Kausalität vorliegt. Das einleuchtendste Beispiel hierfür bietet die Mathematik. Fast überall handelt es sich bei mathematischen Operationen um Abhängigkeitsverhältnisse. Hat man z. B. den einfachen Ausdruck $a = {}^1/_2 b$, so besteht zwischen a und b ein Determinationsverhältnis hinsichtlich bestimmter Zahleinsetzungen derart, daß immer, wenn für a oder für b etwa eine ganze Zahl als Wert eingesetzt ist, der entsprechende Wert auf der anderen Seite festliegt. (Angenommen, man setzte für $b = 10$ ein, dann

ist der für a einzusetzende Wert — hier 5 — von der Einsetzung in b abhängig.) Es leuchtet ein, daß es unüblich wäre, in derartigen Fällen der Determination von Kausalität zu sprechen. Die Aussage, der jeweilige Wert von b sei kausal für den Wert von a ist unzulässig, andernfalls würden bestehende Unterschiede unberechtigterweise vernachlässigt. Man wird also noch genauer zu prüfen haben, in welchen Fällen der Determination von Kausalität die Rede sein kann. Wenn nun der Begriff der Kausalität nicht mit dem Begriff der Determination identisch sein soll, was, wie gesagt, zu dem Kuriosum führen würde, bei mathematischen Abhängigkeitsverhältnissen auch von Ursächlichkeiten zu sprechen, dann wird man das entscheidende Moment in dem Begriff des Raums zu sehen haben, so daß festgestellt werden kann: Kausalität ist Determination im Räumlichen. — Selbstverständlich ist für die Definition des Kausalitätsprinzips in erster Linie noch der Zeitbegriff zu berücksichtigen. Für die hier in Rede stehende Frage ist die Kategorie des Raums jedoch das entscheidende Merkmal (7). Erst wenn man den Kausalitätsbegriff in dieser Weise abgrenzt, sind strengere Unterscheidungen möglich. Nunmehr zeigt sich, daß das instinktive Widerstreben, in dem oben erwähnten mathematischen Determinationsverhältnis von Kausalität zu sprechen, der logischen Sachlage durchaus entsprach. Da es sich dort nicht um räumliche Beziehungen handelte, lag wohl Determination, aber keine Kausalität vor. Nun zeigt sich aber auch sofort, daß es nicht richtig ist, wenn man von psychischer Kausalität spricht. Denn psychische Vorgänge werden ja gerade dadurch charakterisiert, daß sie nicht räumlich sind. Das Ergebnis, zu dem also die Untersuchungen der modernen Logik geführt haben, stimmt mit dem Grundargument, auf das sich *Dansauer* und *Schellworth* im Anschluß an die erkenntnistheoretischen Untersuchungen von *v. Kern* stützen, vollkommen überein (8). Es kann daher festgestellt werden, daß das Hauptargument von *Dansauer* und *Schellworth*, von Kausalität dürfe nur im Räumlichen die Rede sein, von der modernen exakten Philosophie bestätigt wird. Von dieser Tatsache wird man in der rechtswissenschaftlichen Diskussion ausgehen müssen.

4. Naturgemäß muß es auch auf psychischem Gebiet Determinationsverhältnisse geben, und in der Tat ist es ja die Hauptaufgabe der Psychologie, Abhängigkeitsverhältnisse im Seelischen zu ergründen. Andererseits wird man ohne weiteres zugeben müssen, daß die Determinationsverhältnisse auf psychischem Gebiet anders geartet sind als diejenigen, wie sie etwa auf mathematischem Gebiet (vgl. oben) vorliegen. Die Abgrenzung ist in dieser Hinsicht außerordentlich schwierig, weil in der modernen Philosophie eine präzise Bestimmung des Begriffs des Psychischen noch nicht gegeben werden kann (9). Gleichwohl hat dieser Begriff selbstverständlich seine wissenschaftliche Berechtigung, da doch ein gewisses Einverständnis hinsichtlich seiner Bedeutung vorherrscht; denn sicher ist jedenfalls das Psychische u. a. als Nichträumliches charakterisiert. Für die Abhängigkeitsverhältnisse auf psy-

chischem Gebiet hat die Wissenschaftssprache auch bereits einen besonderen Terminus, der diese Klasse von Determinationen von anderen deutlich unterscheidet. Man wird hier am besten von **Motivation** sprechen. Die Motivation unterscheidet sich also dadurch von der Kausalität, daß sie ein nichträumliches Determinationsverhältnis ist. Von anderen Erscheinungen der Determination hebt sich die Motivation gleichfalls deutlich ab, ohne daß aus den oben hinsichtlich des Begriffs des Psychischen erwähnten Gründen hierauf näher einzugehen ist. Klar beweist dies wiederum das bereits behandelte Beispiel der Mathematik. Ebenso wie dort von Kausalitätsverhältnissen nicht gesprochen werden konnte, kann auch nicht von Motivationen unter mathematischen Größen die Rede sein.

5. Bekanntlich nennt man dort, wo zwischen x und y die Kausalitätsbeziehung derart besteht, daß y von x determiniert ist, x die **Ursache** und y die **Wirkung**. Der Ursache entspricht bei Motivationsverhältnissen der Begriff des **Motivs**. Leider fehlt es an einer der Wirkung entsprechenden Bezeichnung für die Sphäre des Psychischen. *Dansauer* und *Schellworth* schlagen deshalb vor, hier von **Grund** und **Folge** zu sprechen und befinden sich damit in Übereinstimmung mit dem allgemeinen Sprachgebrauch; denn es ist durchaus üblich, bei psychischen Vorgängen zu sagen, das psychische Ereignis x sei der Grund, dessen Folge das psychische Ereignis y darstelle. Durch diese Bezeichnung wird der Unterschied der Sachlage bei Motivation und der Sachlage bei Kausalität gut zum Ausdruck gebracht. Gleichwohl wird man bei dieser Terminologie deshalb vorsichtig sein müssen, weil auch dort, wo es sich um Determinationsverhältnisse handelt, die zwar nicht kausal sind, aber auch nicht den Charakter von Motivationen haben, wie bei den erwähnten mathematischen Abhängigkeitsverhältnissen, ebenfalls von Grund und Folge gesprochen wird. Man wird es also am besten immer betonen müssen, wenn man von Grund und Folge im psychologischen Sinne spricht. Sogar die Ursache wird gelegentlich als Grund bezeichnet, wie dies u. a. auch *Schopenhauer* in jener bekannten Arbeit „Über die vierfache Wurzel des Satzes vom zureichenden Grunde" tat. Zur Unterscheidung wird dann in diesem Fall von einem „Realgrund" gesprochen. Um der Klarheit willen wird dieser Sprachgebrauch jedoch besser vermieden.

6. *Dansauer* und *Schellworth* bezeichnen die räumliche Sphäre auch als die objektive und die nichträumliche, psychische als die subjektive. Wenn vorher festgesetzt ist, daß die Begriffe **objektiv** und **subjektiv** allein in dieser Weise benutzt werden, dann ist von philosophischem Gesichtspunkt aus dagegen nichts einzuwenden — wenn man sich auch darüber klar sein muß, daß diese Begriffe außerordentlich Verschiedenes bedeuten können. In ganz anderem Sinne wird von objektiv und subjektiv z. B. hinsichtlich des Wertes von Erkenntnissen gesprochen. Dort versteht man unter objektiven Erkenntnissen solche, die allgemeingültig sind und absoluten Wahrheitswert haben, während subjektive

Erkenntnisse solche sind, die nur für bestimmte Individuen gelten und daher nur relativen Wahrheitswert besitzen. Diese erkenntnistheoretische Bedeutung hat hier ganz auszuschalten. Erwähnt sei schließlich auch, daß in der scholastischen Philosophie die Begriffe in umgekehrter Bedeutung gebraucht wurden. Während heute — abgesehen von der schon erwähnten erkenntnistheoretischen Bedeutung der Begriffe objektiv und subjektiv — subjektiv im allgemeinen das ist, was in der Sphäre des Ichs liegt, und als objektiv das bezeichnet wird, was nicht subjektiv, d. h. also außerhalb der Sphäre des Ichs im Gegenständlichen liegt, wurde in der Philosophie der Scholastik (insbesondere bei *Duns Scotus*) und späterhin bei *Berkeley* bis ungefähr zur Mitte des 18. Jahrhunderts unter objektiv gerade umgekehrt das verstanden, was bloß vorgestellt (nur psychisch), und unter subjektiv das, was gegenständlich ist (10). Bleibt man bei der Terminologie von *Dansauer* und *Schellworth* und weist hierauf hin, so sind die Bezeichnungen durchaus geeignet, den Sachverhalt klar zu bezeichnen: Kausalität ist Determination im objektiven, Motivation ist Determination im subjektiven Sinne.

Mit diesen Unterscheidungen sind die Verhältnisse für die hier zu erörternden Fragen genügend geklärt. Es mag indessen kurz darauf hingewiesen werden, daß streng genommen die Unterscheidung von objektiv und subjektiv in dem zuletzt genannten Sinne noch erhebliche Ungenauigkeiten aufweist. Vor allem *Mach* hat gezeigt, daß der Kreis des Subjektiven so begrenzt werden kann, daß vieles von dem, was zunächst dem Subjektiven zugeordnet wurde, objektiviert wird. Man denke etwa an den Begriff des Ichs, das über eigene Vorstellungen reflektiert. Hier erscheinen die Vorstellungen bereits als Objektives. Noch enger ist der Kreis des Subjektiven, berücksichtigt man das über das „Ich" reflektierende Ich.

7. Es versteht sich von selbst, daß auch die Ereignisse im Raum für das psychische Geschehen von Bedeutung sind. Das bedeutet also, daß die Kausalzusammenhänge nicht ohne Beziehung zu den Motivationen sind. Das zeigt gerade der Fall der Rentenneurose. Hier wird im Psychischen an ein räumliches Ereignis — den Unfall — angeknüpft. Auch der Unfall ist Bedingung für die Neurose. Er kann nicht hinweggedacht werden. Die Neurose wird unter anderem also auch durch ihn determiniert. Das Entscheidende ist jedoch, daß diese Determination nicht die Kausalität ist; denn Ursache der Neurose kann der Unfall überhaupt nicht sein, weil die Neurose ein reines nichträumliches Geschehen darstellt und der Begriff der Kausalität auf sie also gar nicht anwendbar ist. Nur als Motiv kann Räumliches in Betracht kommen.

II. Mit Hilfe der unter I. skizzierten logischen Analyse lassen sich nun klare Folgerungen für das Rentenneurosenproblem ziehen.

1. Zweifellos ist es eine Grundvoraussetzung des geltenden Rechts, daß ein Schadenersatzanspruch stets nur dann gegeben ist, wenn — um sogleich zur Frage der Unfallneurose überzugehen — zwischen dem Unfall und dem Schaden eine Beziehung besteht. Selbstverständlich

genügt nicht jede Beziehung; denn wegen des funktionalen Zusammenhangs des gesamten Seins, den *Hegel* in seinem bekannten Satz, daß die gesamte Welt sich ändern würde, wenn auch nur ein Stäubchen verlorenginge, veranschaulicht hat, würde sich zwischen irgendwelchen x und y stets eine Beziehung auffinden lassen.

Es fragt sich nun, ob es für die Annahme eines Schadenersatzanspruchs genügt, wenn irgendeine Determination zwischen Unfall und Schaden vorliegt, oder ob nicht vielmehr der Fall der kausalen Determination gegeben sein muß.

Würde die Rechtsordnung nichträumliche Ereignisse als Schaden überhaupt nicht in Betracht ziehen, dann wäre die Frage einfach zu beantworten, denn für Schadenersatzansprüche, bei denen der Schaden in der räumlichen Sphäre, wie z. B. bei der Sachbeschädigung, liegt, muß ein kausaler Zusammenhang vorliegen, wenn ein Anspruch gegeben sein soll. Nun werden im Schadenersatzrecht aber auch nichträumliche Erscheinungen berücksichtigt. Es sind dies die Fälle des sog. immateriellen Schadens. So schützen etwa § 824 BGB. den Kredit (ein psychisches Phänomen) und § 825 die Unbescholtenheit von Frauen. Aus der unter I. gegebenen Definition der Kausalität folgt, daß die hier für die Annahme eines Schadenersatzanspruchs erforderliche Determination keine räumliche sein kann; denn Kausalität war als Determination im Räumlichen bestimmt worden. Nichträumliches kann daher nicht in Kausalabhängigkeit zu irgend etwas stehen. Die Rechtsordnung berücksichtigt also auch nichtkausale Abhängigkeitsverhältnisse.

2. Es bleibt zu prüfen, wie sich die getroffenen Feststellungen auf die Behandlung der Rentenneurose im Recht auswirken. Unstreitig ist die Rentenneurose ein rein psychisches Phänomen, für das es keine physischen Korrelate gibt. Als solcher nichträumlicher Vorgang unterliegt die Rentenneurose, wie sich aus dem oben Gesagten ergibt, nicht der kausalen Determination. Als Abhängigkeitsverhältnis kommt in dieser Sphäre nur die Motivation in Betracht. Selbstverständlich steht der Unfall zur Neurose in einer Beziehung. Diese Beziehung ist jedoch, wie *Dansauer* und *Schellworth* mit Recht immer wieder betonen, nicht die Kausalität. Der Unfall ist also nicht Ursache der Neurose (vgl. oben, unter I, 7). Die Beziehung zwischen dem Unfall und der Neurose ist vielmehr die psychische Determination der Motivation. Der Unfall ist als Motiv für die Neurose determinierend. Wenn also ein Schadenersatzanspruch wegen einer derartigen Neurose gegeben sein soll, dann muß es sich um einen solchen Anspruch handeln, der auch bei nichträumlicher Determination vom Gesetzgeber gegeben ist. Da nach deutschem Recht jedoch immaterielle Schäden nur dort ersetzt zu werden brauchen, wo das Gesetz dies ausdrücklich anordnet, kommt es entscheidend darauf an, ob sich im Gesetz eine Stelle findet, die für den Fall der Rentenneurose, als einem immateriellen Schaden, einen Ersatzanspruch gibt. Namentlich genannt ist dieser Schadensfall nicht. Er kann aber auch nicht unter einen anderen gesetzlichen Tatbestand, der einen

Ersatzanspruch bei immateriellen Schäden gibt, in entsprechender Anwendung subsumiert werden. § 823 BGB. betrifft nur physische Schäden. Die Voraussetzungen zu seiner Anwendung bei der Rentenneurose sind daher nicht erfüllt (11).

Für die rechtliche Behandlung der Rentenneurose ergibt sich sonach folgendes:

a) Von einem kausalen Zusammenhang zwischen Unfall und Neurose kann keine Rede sein. Alle gesetzlichen Bestimmungen, die Schadenersatzansprüche für immaterielle Schäden nicht geben, fallen als Anspruchsgrundlage für den Schadenersatzanspruch eines Rentenneurotikers aus.

Die Frage, ob eine Rentenneurose physische Korrelate hat, oder ob sie eine Abfolge von rein psychischen Ereignissen darstelle, kann der Richter als medizinischer Laie nicht entscheiden. Hier muß die Meinung des psychiatrischen Sachverständigen allein maßgebend sein. Das sollte eigentlich selbstverständlich sein. Bei der Psychiatrie handelt es sich um eine Disziplin der medizinischen Wissenschaft, die dem Laien besonders schwer zugänglich ist. Hat der psychiatrische Sachverständige festgestellt, daß die Rentenneurose ein rein psychisches Phänomen ist, für das räumliche Ereignisse niemals als Ursache, sondern höchstens als Motiv in Betracht kommen, so ist damit die Frage, ob ein Kausalzusammenhang vorliegen kann, bereits entschieden. Nun ist es zwar richtig, daß die juristische Kausalitätslehre eine andere ist, als die naturwissenschaftliche. Das hängt damit zusammen, daß der streng philosophische Kausalitätsbegriff bei der Erforschung der Ursachen stets ins Unendliche führt, weil streng genommen für jedes räumliche Ereignis die Konstellation der gesamten räumlichen Welt kausal ist. In allen Wissenschaften müssen daher bestimmte Ursachen bei der Betrachtung von kausalen Verhältnissen beiseitegelassen werden. Das gilt ebenso für die medizinische Wissenschaft wie für die Rechtswissenschaft. Für eine Pistolenschußwunde ist auch der Erfinder des Pulvers kausal. Mit Recht läßt der Mediziner bei der Behandlung des Verletzten derartige Ursachen außer acht; aber auch der Strafrichter, der denjenigen, der diesen Schuß abgab, zu verurteilen hat, läßt den Erfinder des Pulvers als Ursache beiseite. Nun gibt es auch Fälle, wo der Jurist Ursachen mitberücksichtigt, die vom medizinischen Standpunkt aus irrelevant sind. Zweifellos weichen also hier die Kausalitätslehren voneinander ab. Dort jedoch, wo, wie im Falle der Rentenneurose, einwandfrei feststeht, daß Kausalität überhaupt nicht in Betracht kommen kann, kann die juristische Ursachenlehre nicht zu einem anderen Ergebnis kommen. Damit wird nicht etwa zum Ausdruck gebracht, daß der Richter irgendwie dem medizinischen Sachverständigen untergeordnet wird. Wenn schon von Unterordnung die Rede sein soll, dann höchstens von Unterordnung unter die Gesetze der Logik. Es ist eben eine logische Unmöglichkeit, dort von Kausalität zu sprechen, wo es sich um nichträumliches Geschehen handelt.

b) Die gesetzliche Grundlage für einen Schadenersatzanspruch wegen der Rentenneurose müßte also eine Bestimmung sein, die auch bei nichtkausalem Abhängigkeitsverhältnis zwischen Ereignis und Schaden einen Ersatzanspruch gibt. Nach geltendem Recht wäre dazu eine ausdrückliche Anordnung des Gesetzgebers erforderlich. Da sie in den in Frage stehenden Gesetzen fehlt, steht dem Rentenneurotiker kein Schadenersatzanspruch zu. Dem Richter, der dieser Konsequenz ausweichen will, bleibt jetzt nichts anderes übrig, wenn er einen Schadenersatzanspruch geben will, als folgendermaßen zu argumentieren:

Daß kein Kausalitätsverhältnis zwischen Unfall und Rentenneurose besteht, braucht nicht bestritten zu werden; daß aber überhaupt eine Determination zwischen dem Unfall und der Rentenneurose vorliegt, nämlich Motivation, gibt auch der medizinische Sachverständige zu; daß Determination im Sinne von Motivation vorliegt, möge genügen, um einen Schadenersatzanspruch zu geben.

Eine gesetzliche Grundlage für eine derartige Entscheidung läßt sich jedoch zur Zeit nicht aufzeigen. Sie würde auch zu ganz paradoxen Ergebnissen führen. Jedes Verhalten eines Menschen ist nämlich geeignet, Motivationen in der Psyche eines Mitmenschen herbeizuführen, wenn es nur überhaupt diesem bekannt wird. Man denke etwa an jenen Kranken, der an sensitivem Beziehungswahn leidet und sich von irgendeinem ihm sonst nicht näher bekannten Menschen verfolgt glaubt. Möglicherweise hat der „Verfolgte" seinem „Verfolger" nur für eine Viertelstunde zufällig in der Straßenbahn gegenüber gesessen, wobei ihn der „Verfolger", ohne sich etwas Besonderes dabei zu denken, mit Blicken streifte. Wegen der durch das psychische Leiden hervorgerufenen Schäden würde man jetzt das Vorliegen eines Schadenersatzanspruchs des Psychopathen gegenüber dem „Verfolger" erwägen müssen, wenn man den erwähnten Standpunkt vertritt, daß Motivation als Abhängigkeitsverhältnis zwischen schädigendem Ereignis und Schaden genügt.

Es darf in diesem Zusammenhang nicht eingewandt werden, daß es in einem solchen Falle, wie dem vorliegenden, an der Adäquanz der Verknüpfung fehlen würde, weil nach dem normalen Verlauf der Dinge das Verhalten eines Straßenbahnfahrgastes nicht zu Verfolgungsvorstellungen bei einem anderen Fahrgast führt; denn das Kriterium der Adäquatheit kann zur Lösung des Problems der Rentenneurose in der Rechtsprechung nicht führen, weil man sagen könnte, daß es dem üblichen Gang der Ereignisse entspricht, wenn ein Versicherter einen Unfall als Motivation zur Bildung einer Rentenneurose verwertet. Das Entscheidende ist eben, daß es nach der Systematik des geltenden Rechts auf keinen Fall zulässig ist, bei bloßer Motivation den für einen Schadenersatzanspruch erforderlichen Zusammenhang zwischen Ereignis und Schaden anzunehmen, es sei denn, der Gesetzgeber ordnet dies, wie in dem schon genannten Fall der Kreditschädigung, ausdrücklich an. Als Ergebnis kann sonach festgehalten werden, daß beim Vorliegen von Rentenneurose ein Schadenersatzanspruch nicht gegeben sein kann, weil erstens die medizinische Wissenschaft nachgewiesen hat, daß keine räumliche Verknüpfung zwischen dem Unfall und der Neurose besteht, daß es also am Kausalzusammenhang fehlt, und weil zweitens der Gesetzgeber das Bestehen eines Schadenersatzanspruchs für diesen Fall nicht festgesetzt hat, obwohl dies nach den Grundsätzen der geltenden Rechtsordnung erforderlich wäre, weil für nichträumliche Schäden nur dann Ersatz verlangt werden kann, wenn dies ausdrücklich bestimmt ist.

III. Im rechtswissenschaftlichen Schrifttum und in der Rechtsprechung ist man sich naturgemäß der Schwierigkeiten seit langem bewußt, die das Kausalproblem in sich birgt. Wenn nun auch die Philosophie diesen Fragenkomplex noch keineswegs endgültig erhellt hat — eine Selbstverständlichkeit im Hinblick auf das allgemein-menschliche Erkenntnisphänomen überhaupt —, so würden doch manche Fehlargumentationen, wie sie dann zu der eigenartigen Rechtsprechung bei der Rentenneurose führten, vermieden worden sein, wenn die oben skizzierten, von der wissenschaftlichen Philosophie erarbeiteten Ergebnisse rechtzeitig berücksichtigt worden wären.

1. Zu derartigen Gedankengängen, die über die erheblichen Schwierigkeiten hinweghelfen sollen, im Ergebnis jedoch auf eine geschickte Verschleierung der begrifflichen Verhältnisse hinauslaufen, gehört die vom Reichsgericht immer wieder getroffene Unterscheidung von „äußerem Anlaß" und „innerem Zusammenhang". Bekanntlich soll es für die Entscheidung, ob ein Kausalzusammenhang zwischen Unfall und Rentenneurose besteht, entscheidend darauf ankommen, ob der Unfall nur den äußeren Anlaß zur Entstehung der Neurose gegeben hat, oder ob ein innerer Zusammenhang zwischen Unfall und Neurose vorliegt. Daß mit dieser Unterscheidung streng genommen nichts gewonnen worden ist, wird sogleich erkannt, vergegenwärtigt man sich den logischen Gehalt der Begriffe „innen" und „außen".

Dies läßt sich am besten mit klassentheoretischen Mitteln zeigen. Um die Begriffe „innen" und „außen" sinnvoll anwenden zu können, muß nämlich eine Klasse irgendwelcher Gegenstände (12) — oder, wie man sich im Klassenkalkül auch ausdrückt: irgendwelcher Elemente — gegeben sein. Hat man nun eine solche Klasse α, so ist es sinnvoll zu sagen, irgendein x sei Element dieser Klasse oder es sei nicht Element dieser Klasse. Im letzten Falle drückt man sich logisch am korrektesten so aus, daß man sagt, x ist ein Element der Klasse non-α. Im ersten Fall kann nun gesagt werden, daß x hinsichtlich der Klasse α innen liegt, während es in bezug auf die Klasse non-α außen liegt. Berücksichtigt man die so analysierte Bedeutung der Begriffe „innen" und „außen", dann wird ersichtlich, daß es nicht möglich ist, im Hinblick auf irgendein x zu behaupten, es sei absolut innen, denn es lassen sich ohne weiteres andere Klassen bilden, deren Element x nicht ist, so daß x im Hinblick auf andere Klassen gleichzeitig außen liegen kann. Mindestens aber gilt folgendes: Ist z. B. β die Klasse, in bezug auf die x innen liegt, so liegt x auf jeden Fall außerhalb non-β. Die Behauptung, ein x liege absolut innen, ist daher notwendig falsch. Entsprechend liegt es natürlich im umgekehrten Fall, so daß man von einem x auch nicht behaupten kann es läge absolut außen.

Auf die hier zu erörternden Verhältnisse angewandt, ergibt sich daraus folgendes: Um genaue Unterscheidungen treffen zu können, hat man zunächst das Verhältnis der Begriffe innerer Zusammenhang und äußerer Anlaß zueinander abzugrenzen. Am genauesten wird man dabei verfahren, wenn man definiert, daß äußere Veranlassung diejenige Beziehung zwischen einer Ursache und einer Wirkung ist, welche nicht ein innerer Zusammenhang ist. Äußere Veranlassung ist hier also als Negation des inneren Zusammenhanges angegeben. Es ist nun nicht sinnvoll, allein zu behaupten, irgendein Zusammenhang sei ein innerer, denn es müßte erst — ungenau gesprochen — angegeben werden, inwiefern ein Zusammenhang ein innerer ist. Oder genauer: Es muß eine Klasse Z definiert werden, deren Elemente solche Zusammenhänge sind, die als innere Zusammenhänge bezeichnet werden können. Erst dann ist es möglich zu sagen, daß ein gegebener Zusammenhang kein innerer sei, d. h. daß er nicht Element jener Klasse Z sei. Zur Definition einer solchen Klasse innerer Zusammenhänge wäre es aber erforderlich, genau anzugeben, was man unter einem inneren Zusammenhang verstehen will. Überblickt man die Rechtsprechung, so sieht man, daß es überall da, wo von innerem Zusammenhang gesprochen wird, an genaueren Angaben darüber, was man darunter zu verstehen hat, fehlt.

Betrachtet man irgendwelche Kausalzusammenhänge, so möchte es vielleicht möglich sein, sie zu klassifizieren, so daß alsdann in bestimmten Fällen von einem sog. inneren Zusammenhang (sc. Kausalzusammenhang) gesprochen werden könnte. Gesetzt den Fall, man hätte eine derartige Klassengruppierung, so wäre jedoch für das Problem der Rentenneurose damit nichts gewonnen, denn die Frage, ob zwischen dem Unfall und der Neurose ein innerer Kausalzusammenhang besteht, oder ob lediglich das Verhältnis äußerer kausaler Veranlassung zwischen Unfall und Neurose gegeben ist, ist da, wo überhaupt kein Kausalzusammenhang besteht, gar nicht sinnvoll. Sinnvoll wäre es allenfalls, bei der allgemeineren Beziehung der Determination einen inneren Zusammenhang von einer äußeren Veranlassung zu sondern. Es ist jedoch schwer ersichtlich, nach welchen Prinzipien die Klassifizierung hier vorgenommen werden sollte. Im übrigen bezieht sich die Unterscheidung des Reichsgerichts in der Tat auch nur auf Kausalzusammenhänge. Es zeigt sich sonach, daß die Unterscheidung von innerem Zusammenhang und äußerer Veranlassung hier in keiner Weise weiterhilft, sondern höchstens das Bestehen eines Kausalzusammenhanges dort vortäuscht, wo es ihn nicht gibt.

2. Ebensowenig ist mit der Unterscheidung von wesentlichen und unwesentlichen Ursachen gewonnen. Auch hier handelt es

sich um Begriffe, die nicht als absolute Bestimmungen benutzt werden können. Irgendein x kann in einer Hinsicht wesentlich und in einer anderen unwesentlich sein. Entscheidend ist der Zweckzusammenhang; nur bei teleologischer Betrachtung läßt sich Wesentliches von Unwesentlichem trennen (13). Hierfür bietet die Unterscheidung zwischen medizinischem und juristischem Kausalzusammenhang ein deutliches Beispiel. Eine Ursache, die im Hinblick auf die Zwecke rechtlicher Betrachtung unwesentlich ist, kann hinsichtlich der Zwecke medizinischer Betrachtung wesentlich sein und umgekehrt. Um also exakt unterscheiden zu können, wann eine Ursache wesentlich oder unwesentlich ist, bedarf es einer genauen Analyse des Zweckzusammenhanges oder in der philosophischen Terminologie gesprochen, es bedarf der Aufstellung eines teleologischen Systems.

Käme es nun bei den hier zu besprechenden Problemen maßgeblich auf diese Unterscheidung an, so würde sich die Sachlage außerordentlich komplizieren. Hier liegt es jedoch so, daß es deshalb auf die Unterscheidung wesentlicher und unwesentlicher Ursachen nicht ankommen kann, weil diese Abgrenzung nur dort einen Sinn haben kann, wo ein Kausalzusammenhang in Betracht kommt, das ist aber gerade für die Relation zwischen Unfall und Neurose nicht der Fall.

3. Ebenso liegt es schließlich auch mit den in der Rechtsprechung sowohl als auch im rechtswissenschaftlichen Schrifttum heute anzutreffenden Versuchen, zwischen nahem und fernem, engem und losem, mittelbarem und unmittelbarem Kausalzusammenhang zu unterscheiden. Hierbei wird das Bestehen einer Kausalreihe vorausgesetzt, innerhalb deren jede Ursache eine andere Ursache als Vorgänger hat, also selbst gleichzeitig Ursache und Wirkung ist. Ein absoluter Maßstab kann auch in diesem Fall nicht gegeben werden. Stets ist es nämlich möglich, zwischen einer Ursache x und einer Wirkung y ein Zwischenglied zu denken, welches seinerseits Wirkung von x und Ursache von y ist (sog. innere Unendlichkeit des Kausalnexus). Es läßt sich also gar nicht exakt angeben, welche Ursache nah und welche fern ist. Denn wegen dieser inneren Unendlichkeit kann jede Ursache als ferne Ursache bezeichnet werden. Nur im Verhältnis der Ursachen zueinander lassen sich Vorgänger und Nachfolger und damit nahe und ferne Ursachen unterscheiden. Das gilt aber nur für den Fall, daß die beiden betrachteten Ursachen innerhalb einer geschlossenen Reihe liegen. In Wirklichkeit aber führt zu jeder Wirkung eine Kombination von vielen (genau: unendlich vielen) Ursachenreihen. So ergeben sich z. B. bei der Untersuchung der Ursachen für den Brand eines Hauses unter anderen zwei besonders deutlich voneinander abzugrenzende Ursachenreihen: Einmal die Kette jener Ursachen, die zu dem Blitzschlag geführt haben, und zum anderen die Kette der Ereignisse, die kausal dafür sind, daß an der betreffenden Stelle das abgebrannte Haus stand. Bei zwei Ursachen aus derartigen verschiedenen Reihen ist es aber nicht sinnvoll zu sagen, die eine sei Vorgänger oder Nachfolger der

anderen. In diesen Fällen ist es also ganz und gar unmöglich, zwischen nahem und fernem Ursachenzusammenhang zu unterscheiden.

Das gleiche gilt nun auch für die Unterscheidung von engem und losem Kausalzusammenhang. Denn wenn unter einem engen Ursachenzusammenhang nicht etwa das verstanden werden soll, was oben als innerer Zusammenhang erörtert worden war, so kann mit der Behauptung, zwischen *y* und *z* bestünde ein enger und zwischen *x* und *z* nur ein loser Kausalzusammenhang, nur gemeint sein, *x* sei in bezug auf *y* die fernere Ursache, bzw. die Ursache *y* liege näher an der Wirkung *z*. Das Begriffspaar enger und loser Ursachenzusammenhang bezeichnet dann also nur dasselbe wie das bereits erörterte Begriffspaar naher und ferner Ursachenzusammenhang. Was für das letztgenannte Begriffspaar soeben festgestellt wurde, gilt also auch für das erstgenannte.

Wegen der erwähnten inneren Unendlichkeit des Kausalnexus erweist sich auch die Unterscheidung von mittelbarem und unmittelbarem Kausalzusammenhang als nicht brauchbar. Eine unmittelbare Ursache könnte nur eine solche genannt werden, die in der Weise mit einer Wirkung im Zusammenhang steht, daß zwischen beiden nicht noch ein Zwischenglied liegt. Derartige Ursachen sind aber nicht angebbar. Wie bei der Unterscheidung von nahem und fernem Ursachenzusammenhang könnte auch hier höchstens innerhalb ein und derselben Ursachenreihe von einer Ursache *x* gesagt werden, sie sei mittelbare Ursache von *z*, während *y* unmittelbare Ursache sei, wenn nämlich *x* in dieser Reihe Vorgänger von *y* ist. Denn für die Frage der Vorgänger- oder Nachfolgerschaft innerhalb einer Reihe ist es naturgemäß unbeachtlich, ob und wieviel Zwischenglieder gegeben sind, so daß es auf das Problem der inneren Unendlichkeit bei dieser Betrachtungsweise nicht ankommt. Liegen aber die beiden miteinander verglichenen Ursachen in verschiedenen Reihen, so ist es wie gesagt prinzipell unmöglich, von einer der beiden Ursachen zu sagen, sie sei Vorgänger der anderen. In diesem Falle hat die Unterscheidung von Mittelbarkeit und Unmittelbarkeit keinen Sinn.

Es zeigt sich also, daß die drei zuletzt genannten Unterscheidungstypen nur in einem eng begrenzten Umfange brauchbar sind. Ganz und gar nicht führen diese Unterscheidungen verschiedener Arten von Kausalzusammenhängen aber, so kann auch für diese Fälle wiederholt werden, dort weiter, wo überhaupt kein Kausalzusammenhang vorliegt. Zur Lösung der Frage der rechtlichen Behandlung der sog. Rentenneurose liefern sie also keinen Beitrag.

IV. Bei den bisher angestellten Erwägungen, deren Ergebnisse mit denjenigen von *Dansauer* und *Schellworth* übereinstimmen, handelt es sich zunächst nur um den Versuch, allein mit den Mitteln logischer Analyse zur Klärung beizutragen. *Dansauer* und *Schellworth* berufen sich auf die durch *v. Kern* ausgebildete Erkenntnistheorie (14). Es ist nun ohne weiteres ersichtlich, daß es bei dem hier behandelten Problem nicht unbedingt erforderlich ist, sich erkenntnistheoretisch in bestimmter Weise festzulegen.

Versteht man in Übereinstimmung mit dem allgemeinen philosophischen Sprachgebrauch unter Erkenntnistheorie denjenigen Zweig der Philosophie, der sich mit der Frage nach den Voraussetzungen menschlicher Erkenntnis befaßt, wobei unter Erkenntnis das tatsächliche Haben von Sätzen einschließlich ihres Begründungszusammenhanges zu verstehen ist, dann sieht man, daß es auf diese Problematik dort, wo es sich allein um die logische Fragestellung handelt, nicht ankommt. Es ist hier nicht der Raum, die Unterscheidung von logischer und erkenntnistheoretischer Fragestellung genauer darzustellen. Ein Beispiel wird aber genügend erhellen, was hier gemeint ist. Für die Frage, ob der Satz $2 \times 2 = 4$ richtig ist (logische Fragestellung), ist es offenbar unbeachtlich, in welcher Weise dieser Satz als Erkenntnis gewonnen wurde (erkenntnistheoretische Fragestellung, die ihrerseits von der psychologischen wiederum streng zu scheiden ist). Das Ergebnis der logischen Frage ist unabhängig von demjenigen der erkenntnistheoretischen. Einen Ausnahmefall allerdings gibt es. Diese Ausnahme bildet die Erkenntnistheorie der Skepsis in ihrer extremsten Form, nach der es Erkenntnis überhaupt nicht geben soll. Bei dieser Auffassung würden in der Tat die Ergebnisse der Logik fragwürdig werden. Indessen widerspricht eine derartige Auffassung sich selbst, denn sie beansprucht ja ihrerseits Erkenntnis zu sein, wenn diese Theorie nicht sinnlos sein soll. Die erkenntnistheoretische Fragestellung braucht also in den vorliegenden Untersuchungen nicht berücksichtigt zu werden. Daraus ergibt sich aber, daß die Ergebnisse von *Dansauer* und *Schellworth* nicht etwa dadurch widerlegt werden könnten, daß sich die Erkenntnistheorie von *v. Kern* vielleicht widerlegen läßt.

Dies war insbesondere deshalb zu betonen, weil in der modernen Philosophie u. a. die Frage lebhaft umstritten ist, ob das Bestehen eines Kausalzusammenhanges zwischen den Elementen der Realität ein unabdingbares Erkenntnispostulat darstellt, ob es also unbedingt erforderlich ist, eine Kausalgesetzlichkeit als gegeben anzunehmen, wenn man überhaupt im realen Sein Erkenntnisse (d. h. also Sätze einschließlich ihres Begründungszusammenhangs) haben will (15). Auf diesen Streit braucht hier nicht eingegangen zu werden, ohne daß deshalb seine außerordentliche Bedeutung verkannt würde, weil die Rechtswissenschaft nach ihrer gesamten derzeitigen Struktur die Geltung des Kausalgesetzes voraussetzt. Dies zeigt sich ganz klar vor allem im Strafrecht, ebenso aber auch im Zivilrecht — bei dem letztgenannten insbesondere wiederum bei dem für die Frage der rechtlichen Behandlung der Rentenneurose entscheidenden Schadenersatzrecht. Die Relativierung der Kausalgesetzlichkeit wäre von der Rechtssystematik, so wie sie heute vorliegt, nicht zu bewältigen.

Daß die reichsgerichtliche Rechtsprechung zur Frage der sog. Rentenneurose einer Änderung bedarf, ergibt sich aus rein logischer Analyse der Begründungszusammenhänge. Einer Diskussion der erkenntnistheoretischen Grundlagen bedarf es daher nicht, wobei der Deutlichkeit halber betont sei, daß hier von Erkenntnistheorie in einem engeren Sinne die Rede ist; denn die Erkenntnistheorie im weiteren Sinne erörtert nicht nur die materiellen, sondern auch die formalen Voraussetzungen der Erkenntnis und umfaßt demnach insoweit auch die Logik, sodaß die vorstehenden Überlegungen doch auch erkenntnistheoretische Untersuchungen genannt werden könnten.

V. Anmerkungen

1. Vgl. *Dansauer* und *Schellworth*, Neurosenfrage, Ursachenbegriff und Rechtsprechung, Leipzig 1939, Heft 37 dieser Schriftenreihe.
2. Die beste Einführung in diese Logik gibt der Grundriß von *Hilbert* und *Ackermann*, Grundzüge der theoretischen Logik, 2. Aufl., Berlin 1938.
3. Vgl. *Carnap*, Die Mathematik als Zweig der Logik, Blätter für Deutsche Philosophie Bd. 4 S. 298—310.
4. Vgl. *Carnap*, Abriß der Logistik, Wien 1929, S. 85ff.
5. Streng genommen ist man damit noch nicht auf die allgemeinste logische Struktur zurückgegangen, denn die elementarste logische Struktur dieses Satzes liegt einfach darin, daß er eine Aussage, d. h. ein Gebilde ist, das richtig oder falsch sein kann. Im Aussagenkalkül der modernen Logik werden die logischen Gesetze dieser allgemeinsten logischen Gebilde behandelt. Für die hier zu erörternde Problematik ist es erforderlich, bereits auf etwas kompliziertere logische Verhältnisse einzugehen. Zum Aussagenkalkül vgl. *Hilbert* und *Ackermann* a. a. O. S. 3—35.
6. Aus den schon eingangs erwähnten Gründen muß auf eine exaktere Analyse der Determinationsbeziehung hier verzichtet werden. Die genaue Definition gibt *Carnap*, Abriß der Logistik, S. 86 unter D 4.
7. Zur genauen Analyse des Kausalitätsprinzips vgl. *Carnap* a. a. O. S. 86 unter 37b.
8. Statt vieler Stellen vgl. *Dansauer* und *Schellworth* a. a. O. in der Zusammenfassung S. 70—73, Nr. 7a.
9. So wird z. B. in dem außerordentlich genauen systematischen Wörterbuch der Philosophie von *Clauberg* und *Dubislav*, Leipzig 1923, S. 184 „das Psychische" äußerst vorsichtig einfach als das „Nichtphysische" definiert. Wenn eine solche Bestimmung auch logisch korrekt ist, so kann doch aus bloßen Negationen inhaltlich nur wenig gewonnen werden.
10. Vgl. *R. Eucken*, Geschichte der philosophischen Terminologie S. 68, 134, 203—204.
11. Wir stimmen hier mit etwas anderer Begründung mit dem Ergebnis von *Roßbach*, Rechtliche Betrachtungen zur sog. Unfallneurose, in diesem Heft S. 133ff. überein.
12. Der Begriff des Gegenstandes ist hier im weitesten Sinne, wie er von der Ontologie geprägt worden ist, angewandt. Zu den Gegenständen in dieser Bedeutung gehören also unter anderem auch psychische und geistige.

13. Vgl. *C. A. Emge*, Ein Rechtsphilosoph wandert durch die alte Philosophie, Berlin 1936, S. 15.
14. Vgl. vor allem *v. Kern*, Über den Ursprung der geistigen Fähigkeiten des Menschen, Berlin 1912, und *derselbe*, Die Grund- und Endprobleme der Erkenntnis, Berlin 1938.
15. Zur Einführung in die moderne Diskussion vgl. *Walter Dubislav*, Naturphilosophie, Berlin 1933, S. 151ff. Aus dem umfangreichen Schrifttum seien ferner noch genannt: *Nicolai Hartmann*, Die Frage der Beweisbarkeit des Kausalgesetzes, in Kant-Studien Bd. XXIV, S. 261—290; *M. v. Laue*, Die Lorenzkontraktion, in Kant-Studien Bd. XXVI, S. 692; *Heinrich Maier*, Philosophie der Wirklichkeit, Bd. 3: Die psychisch-geistige Wirklichkeit, S. 481ff.

Zur logischen Analyse der Kausalitätsformel im Strafrecht

In den folgenden Bemerkungen soll versucht werden zu zeigen, daß es möglich ist, eine rechtswissenschaftliche Streitfrage bereits durch Anwendung von sehr elementaren logischen Hilfsmitteln einer Klärung zuzuführen.

I.) Für die strafrechtliche Beurteilung eines bestimmten gegebenen Verhaltens V einer Person P ist es naturgemäß von grundlegender Bedeutung, ob zwischen V und dem im strafrechtlichen Sinne tatbestandsmäßigen Erfolg E ein Kausalzusammenhang gegeben ist. Besteht beispielsweise das Verhalten V in der Abgabe eines Pistolenschusses durch P und der tatbestandsmäßige Erfolg E in dem Tod der Person Q, so ist es für die Beantwortung der Frage, ob sich P durch sein Verhalten – nämlich die Abgabe des betreffenden Pistolenschusses – strafbar gemacht hat, naturgemäß von entscheidender Bedeutung, ob zwischen V und dem tatbestandsmäßigen Erfolg E – nämlich dem Tod von Q – ein Kausalzusammenhang besteht.

II.) Das Vorliegen eines Kausalzusammenhanges wird in der deutschen Strafrechtstheorie bekanntlich dann angenommen, wenn V – wie die meisten Autoren und Gerichte sich auszudrücken pflegen – die „condicio sine qua non" (c.s.q.n.) für E ist. Dies wird in etwas ausführlicher Fassung z.B. folgendermaßen formuliert:

a) Kausalität (Kausalzusammenhang) setzt voraus, daß ein bestimmtes Ereignis (die „Ursache", hier also der Willensakt und seine Betätigung) nicht hinweggedacht werden kann, ohne daß damit auch dessen „Wirkung" in ihrer konkreten Gestalt entfiele, mit anderen Worten, daß jenes Ereignis condicio sine qua non des Erfolges ist (*Mezger*[1]).
b) Eine Handlung ist dann kausal, wenn bei ihrem Wegfall der Erfolg entweder überhaupt nicht oder doch nicht auf dem Wege hätte eintreten können, wie er tatsächlich eingetreten ist (*Hartmann*[2]).
c) Ein Verhalten ist dann Ursache eines Erfolges, wenn dieser Erfolg mit dem Verhalten durch eine Reihe von Veränderungen gesetzmäßig verbunden ist (*Engisch*[3])

III.) Im vorliegenden Zusammenhang interessieren nicht die Einzelheiten der verschiedenen Formulierungen, denen aus der rechtswissenschaftlichen Literatur noch manche andere an die Seite gestellt werden könnte, sondern nur die logische Grundstruktur. Und zwar wird dieses Interesse durch eine Kontroverse hervorgerufen, die über die Frage der sog. Umkehrbarkeit der juristischen Kausalitätsformel entstanden ist.

a) In einer Untersuchung der strafrechtlichen Kausalitätsformel führt *Spendel*[4] aus, daß man zwischen einer positiven und einer negativen Fassung der Kausalitätsformel zu unterscheiden habe.

1) Die *positive* Formulierung lautet nach *Spendel:* „Eine Handlung gilt als kausal, wenn ohne dieselbe der konkrete Erfolg entfiele".[5] *Spendel* gibt auch noch eine ausführlichere Fassung. Diese kann aber im hier interessierenden Zusammenhang außer Acht gelassen werden.

2) Der *negativen* Formel gibt *Spendel* demgegenüber die Fassung: „Eine Handlung erscheint als nicht kausal, wenn ohne dieselbe der konkrete Erfolg auch eingetreten wäre".[6]

Spendel erklärt nun, daß die negative Formel sich nicht als zwingende Schlußfolgerung aus der positiven Fassung ergebe. Nach seiner Ansicht lasse sich aus der positiven Formel nur der Satz ableiten: „Wenn ohne die Handlung der Erfolg eintritt, ist die Handlung möglicherweise (wahrscheinlich) nicht kausal."[7] Denn, so argumentiert *Spendel*, mit der Aufhebung des Grundes sei nicht schon die Folge aufgehoben, sondern höchstens möglicherweise beseitigt.

b) Demgegenüber wird von *Engisch* geltend gemacht[8]: Bei den Formeln für die Prüfung der Frage, ob ein Kausalzusammenhang im strafrechtlich bedeutsamen Sinne vorliege, gehe es um die Definition des strafrechtlichen Kausalbegriffes. Für Definitionen gelte aber gerade der logische Grundsatz, den *Spendel* in Frage stelle, nämlich der Grundsatz der Umkehrbarkeit. Eine logisch befriedigende Definition liege nur bei einer Formel vor, die besage: „Kausalität liegt dann und nur dann vor, wenn..." . Unter dieser Voraussetzung aber sei der Schluß von dem Nichtpassen der positiven Formel auf das Vorliegen von Nichtkausalität, also auf die von *Spendel* sog. negative Formel, unabweislich.

IV.) Um zu einer überprüfbaren Analyse und damit zu einer Stellungnahme zu dieser Kontroverse zu kommen, ist es zunächst erforderlich, sich hinsichtlich der Kausalitätsformel auf eine möglichst eindeutige sprachliche Fassung festzulegen, da erst dann ein befriedigender Übergang von der natürlichen Sprache in eine Kalkülsprache möglich ist.

Da es, wie sich zeigen wird, zur Klärung der zur Debatte stehenden Kontroverse ausreichend ist, eine Untersuchung der in den Kausalitätsformeln auftretenden Wenn-so-Beziehung vorzunehmen, werde von folgender einfachen Fassung ausgegangen:

(1) V ist kausal für E, wenn E ohne V entfallen wäre.

Im Sinne des (unter I.) Gesagten wird mit V irgendein bestimmtes menschliches Verhalten und mit E irgendein bestimmter strafrechtlich relevanter Erfolg bezeichnet.

Dieser positiven Formel läßt sich sodann nachstehende negative gegenüberstellen:

(2) V ist nicht kausal für E, wenn E ohne V nicht entfallen wäre.

Es läßt sich zeigen, daß die Fassung der positiven Formel (1) hinsichtlich ihrer Wenn-so-Struktur den Formulierungen II) a) bis c) entspricht, wobei das, was nach dem Wenn folgt, in voller Absicht vernachläßigt wird. Analog hierzu ist auch in den

Formeln (1) und (2) das, was sich an das Wenn anschließt, für die hiesigen Überlegungen belanglos. Es wurde nur um der besseren Anschaulichkeit willen als eine der landläufigsten C.s.q.n.-Formulierungen angefügt.

Bei der Formel von *Engisch* ist die Entsprechung mit (1) ohne weiteres ersichtlich. Es hieß dort: „Ein Verhalten ist dann Ursache eines Erfolges, wenn...". Dies entspricht genau der Formulierung: „V ist kausal für E, wenn...".

Nicht viel anders liegt es bei der *Hartmann*'schen Fassung, denn, setzt man dort „Verhalten" für „Handlung" ein, bekommt man: „Ein Verhalten ist dann kausal, wenn...". Hier wird man dann ohne weiteres ergänzen können: „Ein Verhalten ist dann kausal für einen Erfolg, wenn...". Diese Ausdrucksweise aber entspricht hinsichtlich ihrer Wenn-so-Struktur der Formel (1).

Etwas komplizierter liegen die Verhältnisse bei der Formulierung von *Mezger.* Geht man schrittweise vor, kommt man jedoch auch hier zum gleichen Ergebnis. Zunächst kann man statt „Kausalität setzt voraus, daß..." unbedenklich sagen: „Kausalität liegt vor, wenn...". Sodann kann man die Ausdrücke „bestimmtes Ereignis" und „Wirkung" ohne weiteres nach vorn ziehen und erhält: „Kausalität zwischen einem bestimmten Ereignis und einer Wirkung liegt vor, wenn...". Hierfür darf man ohne Sinnveränderung sagen: „Ein bestimmtes Ereignis ist kausal für eine Wirkung, wenn...". Setzt man dann das Abkürzungszeichen V für „ein bestimmtes Ereignis" und E für „eine Wirkung" ein, so ergibt sich die Formel (1).

Die anschließenden Untersuchungen dürfen somit von dieser Formel – und damit zugleich auch von der Formel (2) – ausgehen. Zur besseren Klarstellung der Wenn-so-Beziehung seien jedoch die Formeln (1) und (2) durch folgende äquivalente Ausdrücke ersetzt:

(3) Wenn E ohne V entfallen wäre, so ist V kausal für E.

(4) Wenn E ohne V nicht entfallen wäre, so ist V nicht kausal für E.

V.) Bei einem Wenn-so-Satz von der Art der Kausalitätsformeln (3) und (4) ist als Erstes die Frage aufzuwerfen, ob er als beweisbare Behauptung (Theorem, Lehrsatz) oder als unbeweisbare Behauptung (Axiom, oberstes Prinzip) oder als Definition zu interpretieren ist, wobei im letztgenannten Fall der Satzteil vor dem Komma als Definiens und das, was sich dann anschließt, als Definiendum auszulegen wäre.

Im Folgenden soll die Formel (3) vorerst unter der Voraussetzung geprüft werden, daß eine Behauptung gemeint ist. Ob sie beweisbar ist oder nicht, das bleibe zunächst unberücksichtigt.

Um die Frage, wie es sich mit der sog. Umkehrbarkeit der Formel (3) verhält, entscheiden zu können, genügt ihre Übersetzung in eine Formel des elementaren zweiwertigen Aussagenkalküls. Zu diesem Zweck sei der von *Hilbert-Ackermann* im ersten Kapitel ihrer „Grundzüge der theoretischen Logik"[9] dargestellte Aussagenkalkül benutzt und vereinbart, daß X die Aussage „E wäre ohne V entfallen" und Y die Aussage „V ist kausal für E" bedeute.

Sobald man nun prüft, welche der im hier zur Anwendung gelangenden Aussagenkalkül vorkommenden logischen Grundverknüpfungen für die Wenn-so-Relation zwischen X und Y in Betracht kommt, wird man gewahr, wie ungenau der rechtswissenschaftliche Sprachgebrauch im vorliegenden Falle ist. Überhaupt ist es eine häufig anzutreffende Ungenauigkeit der natürlichen Sprachen, daß zwischen den verschiedenen Deutungsmöglichkeiten der Wenn-so-Beziehung nicht deutlich genug unterschieden wird, eine Unexaktheit, die sich sogar in Darstellungen der Aussagenkalküle einschleicht, wenn man ohne klärenden Zusatz sagt, es sei die durch die Wahrheitswertverteilung RFRR definierte Implikation als „Wenn-, so-" zu lesen.[10] Es sind vielmehr drei verschiedene Möglichkeiten zu unterscheiden. Sie sind durch die Wahrheitswertverteilungen RFRR, RRFR und RFFR charakterisiert und entsprechen den Redewendungen „Stets dann, wenn-, so-", „Nur dann, wenn-, so-" und „Stets dann und nur dann, wenn-, so-".

Man hat demnach folgende drei Definitionen:

(D 1.) $X \rightarrow Y$ (lies „Stets dann, wenn X, so Y") bezeichnet die Aussage, die stets dann und nur dann falsch ist, wenn X richtig und Y falsch ist. (Entspricht H/A S. 3, Definition 4.)

(D 2.) $X \Rightarrow Y$ (lies „Nur dann, wenn X, so Y) bezeichnet die Aussage, die stets dann und nur dann falsch ist, wenn X falsch und Y richtig ist.

(D 3.) $X \sim Y$ (lies „Stets dann und nur dann, wenn X, so Y) bezeichnet die Aussage, die stets dann und nur dann richtig ist, wenn X und Y beide richtig oder X und Y beide falsch sind. (Entspricht H/A S. 4, Definition 5.)

Mit *Scholz* kann man $X \sim Y$ auch kürzer als „genau dann, wenn X, so X" lesen.[11]

Um zum Ausdruck zu bringen, daß es sich in allen drei Fällen um Wenn-so-Verknüpfungen handelt, wird vorgeschlagen, in Abweichung vom üblichen Sprachgebrauch überall dort, wo es sich wie hier um die Analyse von Wenn-so-Ausdrücken handelt, zu sagen, daß durch D 1 die *extensive Implikation*, durch D 2 die *intensive Implikation* und durch D 3 die *gegenseitige Implikation* definiert sei.[12]

Für die Übersetzung der zur Diskussion stehenden Formel (3) in eine Formel des hier benutzten Aussagenkalküls stehen somit drei verschiedene Implikationsarten zur Verfügung und es zeigt sich, daß die Divergenz zwischen den Ansichten von *Engisch* und *Spendel* davon herrührt, daß beide Autoren von einer anderen Deutung der Implikation zwischen X und Y ausgehen.

Es ergeben sich also für (3):

(3a) $X \rightarrow Y$

(3b) $X \Rightarrow Y$

(3c) $X \sim Y$

und für (4)

(4a) $\overline{X} \rightarrow \overline{Y}$ (Lies: „Stets dann, wenn nicht X, so nicht Y")

(4b) $\overline{X} \Rightarrow \overline{Y}$

(4c) $\overline{X} \sim \overline{Y}$

Da *Engisch* die Redewendungen mit „dann und nur dann, wenn-, so-" ausdrücklich benutzt, kann es keinem Zweifel unterliegen, daß seine Auffassung der Kausalitätsformel zur Verwendung von (3c) führt.[13] Dementsprechend ist dann auch (4) in (4c) zu übersetzen. Und dann zeigt sich, daß die sog. Umkehrung – d.h. der Schluß von der positiven Formel (3c) auf die negative (4c) – in der Tat zwingend ist, denn die entsprechende, diesen Schluß abbildende Formel

(5) $(X \sim Y) \sim (\overline{X} \sim \overline{Y})$

ist als allgemeingültig beweisbar.[14] Aus der These „Stets dann und nur dann, wenn E ohne V entfallen wäre, so ist V kausal für E", kann somit stets auf die These „Stets dann und nur dann, wenn E ohne V nicht entfallen wäre, so ist V nicht kausal für E" geschlossen werden.

Durch dieses Ergebnis ist nun aber *Spendel* keineswegs widerlegt, da dieser im Gegensatz zu *Engisch* nicht von der Prämisse (3c) ausgeht. *Spendel* geht vielmehr von der Interpretation (3a) aus, denn er betont, daß die positive Formel nicht so verstanden werden dürfe, daß V „nur" kausal wäre, wenn-.[15] X ist bei seiner Auslegung also nur eine hinreichende, nicht auch eine notwendige Bedingung für Y. Das aber ist gerade das Charakteristikum der extensiven Implikation. Übersetzt man daher (3) mit (3a), so ist die Behauptung zutreffend, daß der Schluß von der positiven auf die negative Formel nicht zwingend ist, denn weder die Formel

(6) $(X \rightarrow Y) \sim (\overline{X} \rightarrow \overline{Y})$

noch die Formeln

(6a) $(X \rightarrow Y) \rightarrow (\overline{X} \rightarrow \overline{Y})$

(6b) $(X \rightarrow Y) \Rightarrow (\overline{X} \rightarrow \overline{Y})$

sind beweisbar. Vielmehr wird (6) falsch, falls X und Y verschiedene Wahrheitswerte haben, (6a) falsch, sofern X falsch und Y richtig ist, und (6b) falsch, wenn X richtig und Y falsch ist. Die extensive Implikation $\overline{X} \rightarrow \overline{Y}$ ist folglich nur möglicherweise richtig.[16]

Aus dem Gesagten erhellt, daß die zur Debatte stehende Kontroverse wegen des Verhältnisses zwischen der positiven und der negativen strafrechtlichen Kausalitätsformel jedenfalls dann gegenstandslos ist, wenn es sich bei dieser Formel um eine Behauptung handelt, bei der von einer unterschiedlichen Interpretation der Wenn-so-Relation ausgegangen wird. Die Frage, ob diese Behauptung ein Axiom oder ein Theorem darstellt, kann – wie sich jetzt endgültig erkennen läßt – in diesem Zusammenhang unberücksichtigt bleiben, da die Zulässigkeit oder Unzulässigkeit eines Schlusses von irgendeiner der positiven Formeln (3a-c) auf irgendeine der negativen Formeln (4a-c) offensichtlich davon unabhängig ist, ob die betreffende positive Formel als ableitbarer Lehrsatz (Theorem) oder aber als oberstes Prinzip (Axiom) auftritt.

VI.) Es bleibt indessen noch zu prüfen, welche Konsequenzen sich ergeben, wenn die Kausalitätsformel als Definition zu deuten ist, wie dies etwa die Ansicht von *Engisch* ist.

Hierzu ist zunächst festzustellen, daß eine solche Auffassung der Formel durchaus sinnvoll ist, denn im Bereich des Strafrechts wird man selbstverständlich die Frage zulassen müssen, wie die Kausalitätsbeziehung zu definieren ist, und es hat den Anschein, als ob auch manche andere Autoren mit der Aufstellung der Kausalitätsformel in der Tat eine Definitionsgleichung geben wollen. Die Formel (3) ist dann – sofern sie als explizite Definition gemeint ist – etwa folgendermaßen zu lesen: „Es werde vereinbart, daß mit dem Ausdruck (= Symbolkomplex) ‚V ist kausal für E' der Ausdruck (= Symbolkomplex) ‚E wäre ohne V entfallen' gemeint ist." Diese mehr oder weniger ungenaue Redeweise kann durch Übersetzung in eine Definitionsgleichung des Aussagenkalküls unter Verwendung der oben unter V.) festgesetzten Bedeutung der Symbole X und Y nachstehende Form annehmen:

(D 4.) $Y =_{Df} X$

Durch geeignete Einsetzung in die allgemein gültige Formel

(7) $X \sim X$

kann man aus Definitionsgleichungen der obigen Art bekanntlich stets zu Formeln übergehen, in denen an die Stelle des Definitionsgleichheitszeichens das Symbol der gegenseitigen Implikation (= Äquivalenz) tritt.[17] Im hier erörterten Falle gewinnt man somit die Formel:

(8) $Y \sim X$

Aus dieser positiven Formel kann man zwingend auf die negative Formel schließen, denn es gilt die allgemeingültige Formel:

(9) $(Y \sim X) \sim (\overline{Y} \sim \overline{X})$

Da die Glieder der gegenseitigen Implikation jederzeit vertauschbar sind, sind die Formeln (9) und (5) gleichwertig.

Für den Fall, daß die Kausalitätsformel als Definition zu deuten ist, zeigt sich damit, daß die These von *Spendel*, wonach der Schluß auf die negative Fassung nicht zwingend ist, nicht gehalten werden kann. Denn aus der Definitionsregel von der gegenseitigen Ersetzbarkeit der Definitionsglieder folgt, daß zwischen dem Definiendum und dem Definiens stets die intensive und zugleich auch die extensive Implikation gilt, daß also m.a.W. zwischen ihnen die „durch die Redewendung" stets dann und nur dann, wenn-, so-" charakterisierte Relation besteht.

Anmerkungen

1 *E. Mezger*, Strafrecht, I. Allgemeiner Teil, 2. Aufl. 1948, S. 53. – So oder so ähnlich formulieren die meisten Autoren und das Reichsgericht. Zur Information vgl.: *v. Liszt-Schmidt*, Lehrbuch des deutschen Strafrechts, Band I, allgemeiner Teil, 26. Aufl., 1932, S. 162. – *H. Welzel*, Das deutsche Strafrecht in seinen Grundzügen, 1947, S. 26. – *A. Schönke*, Strafgesetzbuch, Kommentar, 4. Auflage, 1949, S. 18. – Entscheidungen des Reichsgerichts in Strafsachen, Band 44, S. 244 und öfter.

2 *Hartmann*, Das Kausalproblem im Strafrecht, 1900, S. 77

3 *K. Engisch*, Die Kausalität als Merkmal der strafrechtlichen Tatbestände, 1931, S. 29 und ausführlicher S. 21

4 *G. Spendel*, Die Kausalitätsformel der Bedingungstheorie für die Handlungsdelikte, 1948

5 *Spendel* a. a. O. S. 14
6 *Spendel* a. a. O. S. 15
7 *Spendel* a. a. O. S. 41
8 *K. Engisch*, Vom Weltbild des Juristen, 1950, S. 130/133, Anm. 288
9 3. Aufl. 1949, S. 3 bis 35, im folgenden ohne Zusatz nur als H/A zitiert.
10 H/A S. 3 – *H. Scholz*, Grundzüge der mathematischen Logik, Teil I, 2. Aufl. 1950, S. 15 in Verbindung mit S. 20 ff. – *O. Becker*, Einführung in die Logistik, 1951, S. 11 u. 36
11 *H. Scholz* a.a.O. S. 15
12 Ebenso schon *U. Klug*, Zur Kritik des rechtsphilosophischen Utilitarismus, in „Archiv für Rechts- u. Sozialphilosophie", Band XXXVIII, S. 230/231
13 V. Weltbild d. J., S. 131. – Die Tatsache, daß *Engisch* die Kausalitätsformel als Definitionsgleichung auslegt, sei hier noch außer Acht gelassen. Erst unter VI.) wird darauf zurückzukommen sein.
14 Da dieser und ebenso alle weiteren hier in Betracht kommenden Beweise sehr einfach zu führen sind – sei es durch Einsetzung der Wahrheitswerte, sei es durch Ableitung aus den Axiomen des Aussagenkalküls von H/A – werde auf ihre Darstellung verzichtet.
15 *Spendel* a. a. O. S. 38. Auf keinen Fall liegt also nach *Spendel* die intensive Implikation (3b) vor.
16 Zum Auftauchen solcher Modalitäten im zweiwertigen Aussagenkalkül vgl. *O. Becker*, Einführung in die Logistik 1950, S. 39
17 Vgl. *A. Tarski*, Einführung in die mathematische Logik 1937, S. 21

Zur Problematik juristischer Definitionen

I. In methodologischen Untersuchungen zum deutschen Recht pflegt man bei der Erörterung der juristischen Definitionstechnik auf eine Entscheidung des *Reichsgerichts* aus dem Jahre 1879 hinzuweisen, in der das Gericht sich veranlaßt sah, den Begriff der Eisenbahn zu definieren (1). Diese Definition ist gut geeignet, um als Beispiel für typisch juristische Methodenfragen im Bereich der Definitionstheorie und ihrer Anwendungen herangezogen zu werden.

Da der Gesetzgeber für die Regelung von Rechtsfragen, die sich im Zusammenhang mit dem Eisenbahnbetrieb ergaben und die beispielsweise für die Schadensersatzhaftung von großer wirtschaftlicher Bedeutung waren und sind, den Begriff der Eisenbahn benutzt hatte, ohne ihn zu definieren, sah sich das Reichsgericht gezwungen, für diesen Begriff eine Definition zu geben. Es sollten damit die Grenzen des Anwendungsbereichs der besonderen für die Eisenbahnunternehmen bestimmten Normen möglichst genau angegeben werden. So kam es zu folgender, nicht selten auch als juristisches Kuriosum zitierten, aber durchaus ernst gemeinten Formulierung:

(D1) „Eine Eisenbahn ist ein Unternehmen, gerichtet auf wiederholte Fortbewegung von Personen oder Sachen über nicht ganz unbedeutende Raumstrecken auf metallener Grundlage, welche durch ihre Konsistenz, Konstruktion und Glätte den Transport großer Gewichtmassen, beziehungsweise die Erzielung einer verhältnismäßig bedeutenden Schnelligkeit der Transportbewegung zu ermöglichen bestimmt ist, und durch diese Eigenart in Verbindung mit den außerdem zur Erzeugung der Transportbewegung benutzten Naturkräften (Dampf, Elektricität, thierischer oder menschlicher Muskelthätigkeit, bei geneigter Ebene der Bahn auch schon der eigenen Schwere der Transportgefäße und deren Ladung, u.s.w.) bei dem Betriebe des Unternehmens auf derselben eine verhältnismäßig gewaltige (je nach den Umständen nur in bezweckter Weise nützliche, oder auch Menschenleben vernichtende und die menschliche Gesundheit verletzende) Wirkung zu erzeugen fähig ist."

Diese Definition wurde jahrzehntelang im Eisenbahnhaftpflichtrecht als maßgebend angesehen. So bemerkt z.B. Emil Böhmer in seinem Kommentar „Das Sachschadenhaftpflichtgesetz" (Berlin 1954, Anm. 6), das Reichsgericht habe schon in seinem Urteil vom 17.3.1879 eine „allerdings etwas umständliche" Begriffsbestimmung gegeben, in der die Merkmale der Eisenbahn zutreffend aufgeführt seien.

Im übrigen ist es nicht ohne Bedeutung für die logische Analyse der hier in Rede stehenden Definition, die näheren, überraschend modern wirkenden, gesellschaftspolitischen Motive des Reichsgerichts für seine Definitionsbemühungen kennenzulernen.

Nach deutschem Haftpflichtrecht haftet der Betriebsunternehmer einer Eisenbahn für Personen- und Sachschäden, die durch den Eisenbahnbetrieb verursacht worden sind, bekanntlich auch dann, wenn diese Schäden weder vorsätzlich noch fahrlässig verursacht wurden. Es gilt also nicht das sonst im Schadensersatzrecht, von wenigen Ausnahmen abgesehen, herrschende Verschuldensprinzip. Für die Eisenbahnunternehmen, ob sie nun staatliche oder private sind, kommt stattdessen die Gefährdungshaftung zur Anwendung. Diese viel weiter reichende Haftung wird damit begründet, daß der einzelne Bürger im Hinblick auf die besonderen Gefahren des Eisenbahnbetriebes eines besonderen Schutzes bedarf.

Das Reichsgericht hat nun in seiner hier zitierten Entscheidung festgestellt, daß es in der damaligen Zeit Tendenzen gab, die darauf gerichtet waren, die Eisenbahnunternehmen von der für sie recht harten Gefährdungshaftung so weit wie möglich zu befreien. Es sagt in dem Urteil hierzu: „Die Verkümmerung des Reichshaftpflichtgesetzes liegt in dem Sonderinteresse von Kreisen, welchen bedeutende materielle Mittel und thätige Organe zur Verfügung stehen. Die dadurch erzeugte (wenigstens unbewußt gegen den Willen des Gesetzgebers ankämpfende) Strömung hat sich eines Teiles der mit der Auslegung jenes Gesetzes sich befassenden Literatur bemächtigt, deren Ausführungen nicht ohne Einfluß auf die Urteile einzelner Gerichte geblieben sind."

In Erkenntnis dieses gesellschaftspolitischen Phänomens wollte das Reichsgericht eine Definition mit möglichst weitem Begriffsumfang geben und erklärte, daß dies dem Willen des Gesetzgebers entspreche. Wenn das Gesetz einen wichtigen Begriff nicht definiere, dann obliege den Gerichten die Aufgabe, „die dem gegebenen Gesetze immanenten Begriffs-Bestimmungen, -Unterschiede und -Konsequenzen, unter Verwertung der successiven, sich oft gegenseitig als Probe dienenden Anregungen der Doktrin, und der mannigfachen, den Lebensverhältnissen entspringenden Streitfälle, allmählich schärfer zu entwickeln." Bei der Bemühung um die Anwendung dieser Methode komme es vor allem auf den Endzweck des Gesetzes an. Diesem Gedankengang folgend gibt das Gericht zunächst eine Art Voraus-Definition und führt aus (2):

(D2) „Sprachlich bedeutet Eisenbahn ganz allgemein eine Bahn von Eisen zwecks Bewegung von Gegenständen auf derselben."

Verknüpft man diesen „Wortlaut mit dem Gesetzeszweck", heißt es dann weiter, so gelangt man „im Geiste des Gesetzes" – gemeint ist vor allem die Beachtung des teleologischen Aspektes – zu der oben unter (D1) zitierten Definition.

II. Nach der Definitionslehre der *klassischen Logik* hat man bekanntlich von der grundlegenden Unterscheidung zwischen *Nominal-* und *Realdefinitionen* auszugehen. In einer Definition der ersten Art wird nach traditioneller Auffassung nur die Bedeutung eines Sprachzeichens angegeben. Man nennt sie deshalb auch Worterklärungen. Realdefinitionen sollen demgegenüber das „Wesen" eines Gegenstandes bestimmen. Sie sind danach als Sacherklärungen zu charakterisieren. Im Einzelnen ist hier vieles strittig. Auf eine Analyse der obengenannten Definitionen des Reichsgerichts mit den Mitteln dieser Theorie ist hier nicht einzugehen. Man erkennt im übrigen leicht, daß die Definition (D2) offensichtlich eine Nominaldefinition sein sollte. Hierfür sprechen die Worte „Sprachlich bedeutet Eisenbahn". Mit der umfangreichen Definition (D1) glaubte man wohl, eine Realdefinition zu geben. Allerdings zeigen gerade diese Beispiele, wie wenig überzeugend die klassische Lehre ist. Auch (D1) kann zwanglos als Nominaldefinition interpretiert werden, denn (D1) sollte sicherlich den Wortlaut des Gesetzes klären. Andererseits kann man in (D2) wiederum eine Realdefinition sehen, denn diese Definition enthält ebenfalls eine – wenn auch weniger ins Einzelne gehende – Sacherklärung, so daß der Unterschied zum Sachgehalt von (D1) nur ein gradueller ist.

Ähnlich ist das Ergebnis, wenn man die Definitionen des Begriffs des Verbrechens in den Strafgesetzbüchern der Bundesrepublik Deutschland (3) und der Deutschen

Demokratischen Republik (4) miteinander vergleicht. Die Definition im StGB der Bundesrepublik Deutschland enthält § 12 Abs. 1. Sie ist kurz und lautet:

(D3) „Verbrechen sind rechtswidrige Taten, die im Mindestmaß mit Freiheitsstrafe von einem Jahr oder darüber bedroht sind."

Demgegenüber definiert der Gesetzgeber des StGB der Deutschen Demokratischen Republik:

(D4) „Verbrechen sind gesellschaftsgefährliche Angriffe gegen die Souveränität der Deutschen Demokratischen Republik, den Frieden, die Menschlichkeit und die Menschenrechte, Kriegsverbrechen, Straftaten gegen die Deutsche Demokratische Republik sowie vorsätzlich begangene Straftaten gegen das Leben. Verbrechen sind auch andere vorsätzlich begangene gesellschaftsgefährliche Straftaten gegen die Rechte und Interessen der Bürger, das sozialistische Eigentum oder andere Rechte und Interessen der Gesellschaft, die eine schwerwiegende Mißachtung der sozialistischen Gesetzlichkeit darstellen und für die deshalb eine Freiheitsstrafe von mindestens zwei Jahren angedroht ist oder für die innerhalb des vorgesehenen Strafrahmens im Einzelfall eine Freiheitsstrafe von über zwei Jahren ausgesprochen wird."

Nach der klassischen Theorie würde man hier vermutlich ebenfalls sagen, (D3) sei eine Nominal- und (D4) eine Realdefinition. Indessen paßt (D3) ohne Schwierigkeit in das bekannte Schema der Realdefinition, wonach es darauf ankommt, daß man jeweils das genus proximum (den nächsten Gattungsbegriff) und die differentia specifica (den artbildenden Unterschied) angibt. Das genus proximum bei (D3) sind die rechtswidrigen Taten und die differentia specifica ist das im Relativsatz genannte Merkmal, nämlich die betreffende besondere Strafmaßbestimmung. Die klassische Theorie ist somit wenig ergiebig. Die folgenden Ausführungen knüpfen an die moderne Unterscheidung zwischen syntaktischen und semantischen Definitionen an (5).

III. Geht man davon aus, daß eine *syntaktische Definition* eine Regel ist, die es erlaubt, ein Zeichen oder einen Zeichenkomplex durch ein anderes Zeichen oder einen anderen Zeichenkomplex zu ersetzen, dann erfüllen zunächst einmal alle vier bisher genannten Definitionen die Voraussetzung für syntaktische Definitionen. Sie lassen sich sämtlich als Definitionsgleichungen schreiben. Das Definiendum und das Definiens können genau unterschieden werden. Das Definiendum lautet bei (D2) „Eisenbahn". Das gleiche gilt für (D1), wo es nicht ausdrücklich genannt ist, aber entsprechend dem Kontext ergänzt werden muß. Bei (D3) und (D4) ist der Ausdruck „Verbrechen" das Definiendum. Alles übrige ist dann bei den in Rede stehenden vier Definitionen das Definiens. Man kann diese Definitionen in allen vier Fällen nicht nur als Definitionsgleichungen, sondern auch, falls man das vorzieht, als Definitions*äquivalenzen* (6) schreiben. Die definierten Ausdrücke sind sämtlich vermeidbar. Überall, wo sie in dem betreffenden Systemzusammenhang, für den sie definiert sind, vorkommen, können sie durch das Definiens ersetzt werden. Bei (D2) kann man also im Haftpflichtrecht stets, wo das Wort „Eisenbahn" vorkommt, dieses durch die Wortgruppe „Eine Bahn von Eisen zwecks Bewegung von Gegenständen auf derselben" ersetzen. Bei (D1) ist es nicht anders. Dort kann das Wort „Eisenbahn" mit dem allerdings sehr umständlichen Wortkomplex „Unternehmen gerichtet auf . . . usw." ausgetauscht werden, ohne daß sich der Sinn ändert. Entsprechendes gilt, wie hier nicht näher ausgeführt zu werden braucht, für die Definitionen (D3) und (D4). Daß bei (D4) zwei Sätze benutzt werden, ist kein Hindernis. Das Definiens braucht nur disjunktiv zusammengesetzt zu werden, d.h. in der Weise umformuliert zu werden, daß die verschiedenen definierenden Merkmale durch den Ausdruck „oder" miteinander verknüpft werden. Das Definiens erhält dann bei (D4) die Struktur: Verbrechen sind Taten von der Art a oder b oder . . . oder n.

In systematischen Darstellungen pflegt man *Definitionsgleichungen* oder *Definitionsäquivalenzen* in der Weise zu schreiben, daß auf der linken Seite der Gleichung oder Äquivalenz das Definiendum, also der zu definierende Ausdruck, und auf der rechten Seite das Definiens, also der definierende, meistens längere Ausdruck steht. Die Definition (D3) entspricht dieser Form genau. Das sprachliche Gleichheits- oder Äquivalenzsymbol ist das Wort „sind". Links von diesem Wort steht das Definiendum „Verbrechen" und rechts das längere Definiens „rechtswidrige Taten, die im Mindestmaß mit Freiheitsstrafe von einem Jahr oder darüber bedroht sind". Der deutsche Gesetzgeber hat es sich einfallen lassen, gelegentlich eine andere Ausdrucksweise zu verwenden. Bei *Klammerdefinitionen*, wie beispielsweise im § 1113 BGB, ist das Definiendum in eine Klammer rechts vom Definiens gesetzt. Das Symbol für das Gleichheits- oder Äquivalenzzeichen ist gespart. Man kann es sich leicht hinzudenken.

Definitionstheoretisch ist eine Klammerdefinition ebensowenig etwas besonderes wie die *Tabellendefinition*. Eine Definition der letztgenannten Art hat der Gesetzgeber im § 11 des StGB der BRD benutzt. Dort heißt es: „Im Sinne dieses Gesetzes ist 1. Angehöriger: wer zu den folgenden Personen gehört: a) Verwandte und . . . b) Personen, die . . . c) Pflegeeltern und Pflegekinder; 2. Amtsträger: wer . . . ". Hier werden in einem Paragraphen mehrere Ausdrücke definiert. Das Definiendum steht jeweils verbunden mit einer arabischen Nummer vor einem Doppelpunkt, dem Gleichheits- oder Äquivalenzsymbol. Das dem Doppelpunkt folgende ist dann das Definiens. Klammer- und Tabellendefinitionen lassen sich unschwer in die Schreibweise, wie sie bei (D3) verwendet wird, umschreiben. Für die im folgenden zu behandelnde Unterscheidung von syntaktischen, analytischen und synthetischen Definitionen ist die Schreibweise ohne Bedeutung.

IV. Mit der Feststellung, daß die erörterten Definitionen als syntaktische Definitionen gedeutet werden können, ist im hier interessierenden Zusammenhang noch nicht allzu viel gewonnen. Es ist damit nur gesagt, daß sie den formalen Mindestvoraussetzungen für Definitionen genügen. Ihre rechtstheoretische und rechtspraktische Relevanz gewinnen die in Rede stehenden Definitionen erst dadurch, daß sie ein Zeichen, das hier im nicht-formalisierten Bereich von in der natürlichen Sprache formulierten Systemen jeweils ein Wort ist, mit einer Bedeutung verknüpfen. Definitionen, die eine solche Relation herstellen, bei denen das Definiens die Bedeutung oder – wie man sich auch auszudrücken pflegt – den Sinn des Definiendums angibt, sind *semantische Definitionen.*

Wird in einer semantischen Definition eine schon bestehende Bedeutung angegeben, dann handelt es sich, wie man üblicherweise sagt, um eine *analytische Definition.* Sie ist eine „Zeichenerklärung" [Dubislav (7)], mithin eine „Feststellung über eine Sprache" [Eike von Savigny (8)]. Man kann auch sagen, eine analytische Definition sei die Niederschrift des Ergebnisses einer Untersuchung über einen bestehenden Sprachgebrauch. Deshalb wird sie gelegentlich auch lexikalische Definition genannt. Die oben angeführte Definition (D2) ist ein typisches Beispiel für eine analytische Definition, denn dort wird ausdrücklich auf einen bestehenden Sprachgebrauch Bezug genommen. Das Gericht setzt bei dieser Definition nicht fest, was es unter einer Eisenbahn verstehen will, sondern stellt lediglich eine in der Sprache vorgefundene Bedeutung fest.

Wird dagegen in einer semantischen Definition eine Bedeutung des Definiendums durch das Definiens erst festgesetzt, handelt es sich nach der herrschenden Terminologie um eine *synthetische Definition.* Sie ist eine Anordnung oder Konvention, in der eine Deutung vorgeschrieben oder vereinbart wird. Sie ordnet dem Definiendum einen bestimmten Sinn zu und ist somit eine „Zuordnungsdefinition" [Dubislav (9)], eine „Festsetzung für eine Sprache" [Eike von Savigny (10)], eine Vereinbarung über einen Sprachgebrauch. Die Definitionen, die der Gesetzgeber in ein Gesetz einbaut, sind solche synthetische Definitionen. Wie frei der Definierende ist, der hier die Bedeutung festsetzt und nicht feststellt, zeigt jenes berühmte Beispiel einer Badeordnung für ein Damenbad, wo es im Anschluß an den Satz „Zutritt ist nur Frauen gestattet" heißt: „Frau im Sinne dieser Badeordnung ist auch der Bademeister".

Definitionen im engeren Sinne sind in der Gruppe der semantischen Definitionen nur die synthetischen. Die analytischen sind Aussagen (Behauptungen, Hypothesen), die wahr oder falsch sein können, denn es ist zulässig und im Rahmen wissenschaftlicher Diskussionen sogar geboten, zu prüfen, ob die in einer analytischen Definition enthaltene Behauptung über das Bestehen des angegebenen Sprachgebrauchs zutreffend ist. Demgegenüber ist es nicht sinnvoll, nach dem Wahrheitsgehalt einer synthetischen Definition zu fragen. Eine „Feststellung über eine Sprache" kann wahr oder falsch sein. Eine „Festsetzung für eine Sprache" kann allenfalls auf ihre Zweckmäßigkeit hin untersucht werden (11). Erklärt jemand beispielsweise, der Begriff der Sache sei in § 90 des Bürgerlichen Gesetzbuches der BRD so und so definiert, dann ist es zulässig zu fragen, ob diese Behauptung wahr ist. Eine Besonderheit liegt allenfalls darin, daß sich diese Erklärung auf das Vorhandensein einer synthetischen Definition bezieht, denn in § 90 BGB hat der Gesetzgeber einen – übrigens juristischen – Sprachgebrauch festgesetzt, nicht etwa festgestellt. Feststellungen würden hier hinsichtlich des allgemeinen Sprachgebrauchs möglicherweise zu ganz anderen Definitionen führen. Gegenstand der überprüfbaren Erkenntnis ist also in diesem Fall nicht irgendein Vorgang in der Natur von der Art, die für naturwissenschaftliche Forschung von Interesse ist, sondern ein Ereignis aus dem Bereich menschlicher Handlungen, nämlich eine in der Wirklichkeit getroffene Anordnung über den Sprachgebrauch im Bürgerlichen Gesetzbuch.

V. Das besondere an dem vorgenannten Fall wird am besten deutlich, wenn man ihn auf die Unterscheidung zwischen *Metasprache* und *Objektsprache* anwendet. – Der Erläuterung der dem Juristen wohl nicht geläufigen Begriffe Metasprache und Objektsprache mag zunächst folgendes Beispiel dienen: Erklärt jemand in einem deutschen Text, die englische Sprache sei für die internationale Nachrichtenübermittlung besonders gut geeignet, so wird die deutsche Sprache als Metasprache benutzt, in der etwas über die englische Sprache ausgesagt wird. Die letztgenannte ist der Gegenstand, das Objekt, über den bzw. über das etwas ausgesagt wird. Die englische Sprache ist daher in diesem Beispiel eine Objektsprache. Das Begriffspaar steht in Parallele zu dem Begriffspaar Metatheorie und Objekttheorie, das der Darstellung der Struktur von Theorien über Theorien dient. – Bei jener Erklärung über § 90 BGB handelt es sich um eine in der Metasprache vorkommende analytische Definition, in der eine Feststellung über eine in der Objektsprache anzutreffende synthetische Definition, also eine Festsetzung (des Gesetzgebers) gemacht wird. Findet sich die erörterte Feststellung beispielsweise in der Begründung eines Gerichtsurteils, dann ist diese Aussage des Gerichts Bestandteil der Metasprache, in der etwas über die Sprache des Bürgerlichen Gesetzbuches, die in diesem Falle somit die Objektsprache ist, behauptet wird. Oder anders ausgedrückt: Bei dieser Konstellation ist die Sprache des Richters eine Meta- und die Sprache des Gesetzgebers eine Objektsprache.

Es versteht sich von selbst, daß es im rechtlichen Bereich auch Konstellationen gibt, bei denen die Sprache des Gesetzgebers die Metasprache und die Sprache des Richters die Objektsprache ist. Ein Beispiel hierfür sind Normen der Zivilprozeßordnung, in denen der Gesetzgeber angibt, in welcher Weise Gerichtsurteile formuliert werden sollen. Hier regelt das Gesetz die Sprache der Gerichte. Das ist in der Zivilprozeßordnung der BRD in § 313 geschehen, wo Form und Inhalt der Gerichtsurteile geregelt sind.

Ferner sind verschiedene Komplikationen denkbar: Es sei hier nur auf die folgenden hingewiesen:

Äußert sich ein Gericht in einem konkreten Urteil über die nach seiner Auffassung im § 313 ZPO vom Gesetzgeber zum Ausdruck gebrachte Meinung über Form und Inhalt von Urteilen, interpretiert also das Gericht den § 313 ZPO, dann ist die Sprache seines Urteils eine *Meta-Metasprache.*

Ähnlich liegt es bei einer in einem rechtswissenschaftlichen Lehrbuch anzutreffenden Feststellung über den Sprachgebrauch der Gerichte bei der Anwendung der oben als Beispiel herangezogenen, in § 90 BGB enthaltenen Definition. Die Feststellung im Lehrbuch ist eine analytische Definition (in einer Meta-Metasprache), die sich auf eine analytische Definition (in einer Metasprache, nämlich in der Sprache der Gerichte) bezieht, die sich ihrerseits auf eine synthetische Definition (in einer Objektsprache, nämlich in der Sprache des Bürgerlichen Gesetzbuches) bezieht. In diesem Fall ist die analytische Definition der Gerichte eine objektsprachliche Formulierung gegenüber der Sprache des Lehrbuchs und zugleich eine metasprachliche gegenüber der Sprache des Gesetzes in § 90 BGB.

Anknüpfend an die bereits erwähnte Terminologie kann man die Konstellation dieses letzten Beispiels bezeichnen als „Feststellung einer Feststellung über eine Festsetzung", oder personifiziert:

A hat festgestellt, daß B eine Festsetzung von C festgestellt hat.

Im Hinblick auf derartige sonstige Möglichkeiten für Kombinationen von analytischen und synthetischen Definitionen wird deutlich, daß Mißverständnisse bei juristischen Definitionen nahe liegen, – ein Handikap, das sich selbstverständlich in nichtjuristischen Anwendungsgebieten ebenfalls häufig zeigt.

VI. Versucht man eine Auswertung des Gesagten, so ergibt sich für die vier Definitionen (D1)–(D4) zunächst:

1. Die gegebenen Definitionen können unter verschiedenen Aspekten betrachtet werden. Es kann zunächst gefragt werden, ob sie logisch korrekt formuliert sind und ob sie als analytische oder synthetische Definition ausgelegt werden können. Aber auch noch ganz andere, praktisch bedeutsame Fragestellungen sind denkbar. Ohne Anspruch auf Vollständigkeit sei erwähnt, daß etwa geprüft werden kann, ob die Definitionen bestimmten psychologischen und soziologischen, sowie – in besonderen Zusammenhängen – ästhetischen Anforderungen genügen.

2. Fragt man nach der *logischen* Korrektheit einer Definition, so wird die betreffende Definition daraufhin untersucht, ob bei ihrer Formulierung die für syntaktische Definitionen geltenden Regeln eingehalten wurden. Auf einige dieser Regeln sei hier hingewiesen, wobei die Regeln, die bei Definitionen in streng formalisierten, also

beispielsweise in mathematisierten Systemen beachtet werden müssen, außer Acht gelassen werden (12). Als wichtigste Regeln, die auch in nicht-formalisierten Systemen beachtet werden müssen, sind – der Darstellung von E. von Savigny folgend – das Zirkelverbot, das Verbot der Mehrfachdefinition und das Verbot der nachträglichen Interpretation zu nennen. Diese drei Regeln lassen sich in einem Gebot zusammenfassen: Das Definiendum muß neu sein. Die zur Diskussion stehenden Definitionen (D1)–(D4) erfüllen diese Forderung.

a) Nach dem *Zirkelverbot* darf das Definiendum im Definiens nicht vorkommen, und zwar nicht nur im Definiens seiner eigenen, sondern auch nicht im Definiens einer systematisch vorangehenden Definition der Definitionskette. Nur so kann verhindert werden, daß ein Wort unmittelbar oder mittelbar durch sich selbst definiert wird. In (D1), (D3) und (D4) ist dies Verbot offensichtlich nicht verletzt. Bei (D2) könnte man zweifeln, weil im Definiens der Ausdruck „Bahn von Eisen" vorkommt. Bei genauer Betrachtung zeigt sich jedoch, daß hier kein Zirkel vorliegt. „Bahn von Eisen" besagt, daß die Bahn aus Eisen hergestellt ist. Damit ist der Sprachgebrauch für das Wort „Eisenbahn" bereits in einer bestimmten Weise festgelegt. Die Deutung, daß eine Eisenbahn eine Bahn zur Beförderung von Eisen ist, wird damit ausgeschlossen. Verletzt wäre das Zirkelverbot, wenn definiert wäre:

(D2a) „Eisenbahn ist eine Eisenbahn zwecks Bewegung von Gegenständen auf derselben."

b) Das *Verbot der Mehrfachdefinition* besagt, daß in ein und demselben System das betreffende Wort nicht einmal so und einmal anders definiert werden darf. Gegen diese Regel wird im Rahmen juristischer Argumentation nicht selten dadurch verstoßen, daß man einen Ausdruck X zunächst als undefinierten Ausdruck verwendet, dabei jedoch eine stillschweigend akzeptierte Bedeutung von X voraussetzt, später aber X ausdrücklich, und zwar anders definiert. Es leuchtet ein, daß mit Hilfe eines solchen Vorgehens in juristischen Diskussionen manipuliert werden kann. Noch leichter sind derartige Manipulationen, wenn X in dem betreffenden System überhaupt nicht definiert wird und an den verschiedenen Stellen, in denen X vorkommt, jeweils eine andere stillschweigend vorausgesetzte Definition unterstellt wird. Man erweckt dann den Anschein, als spreche man immer von X, so daß man zu überraschenden Folgerungen kommen kann, während man in Wirklichkeit einmal von X_1 und das andere Mal von X_2 spricht. Fälle der Verletzung des Verbots der Mehrfachdefinition sind die von Engisch behandelten und zutreffend so bezeichneten „gesetzestechnischen Widersprüche" (13). Die Definitionen (D1)–(D4) verstoßen nicht gegen das Verbot der Mehrfachdefinition, denn in den jeweiligen Systemen, das Haftpflichtrecht bei (D1) und (D2), sowie das Strafrecht bei (D3) und (D4), kommen die Definitionen nur einmal vor. Es werden auch an anderen Stellen des Systems keine anderen Definitionen stillschweigend vorausgesetzt.

c) Das *Verbot der nachträglichen Interpretation* betrifft eine Konstellation, die den geschilderten Manipulationsfällen ähnelt. Der Unterschied ist nur der, daß das Definiendum X an früherer Stelle des Systems vorkommt, indessen weder ausdrücklich noch stillschweigend definiert wurde. Die jetzt vorgenommene Definition von X muß nun derart sein, daß in dem System durch die nachträgliche Definition von X keine Widersprüche entstehen. Die Definition von X muß aus dem System ableitbar sein, ohne daß frühere Behauptungen nachträglich anders als zuvor interpretiert werden müßten. Hierin zeigt sich die Bedeutung dieser Regel für semantische Definitionen.

Wendet man sie auf die Definition (D1)–(D4) an, dann zeigt sich, daß die umfangreichen Definitionen (D1) und (D4) hinsichtlich der Einhaltung der Regel nicht ganz leicht zu überprüfen sind. Wenn beispielsweise in der juristischen Diskussion damit argumentiert wird, die Eisenbahndefinition des Reichsgerichts (D1) oder die gesetzliche Definition des Verbrechens (D4) seien zu weit, dann könnte damit ein Hinweis auf eine Verletzung des Verbots der nachträglichen Interpretation gemeint sein.

3. Ebenso ist die Frage nach der logischen Korrektheit gestellt – allerdings nicht nur sie allein –, wenn danach gefragt wird, ob eine juristische Definition *automationsfreundlich* ist. Es geht dann darum, ob die Formulierung für eine Verwendung im Rahmen einer elektronischen Datenverarbeitung geeignet ist. Damit ist ein Problem der *juristischen Informatik* angeschnitten, das hier nicht weiter verfolgt werden kann (14).

VII. In Anwendung des oben unter IV. und V. Gesagten ergibt sich sodann:

Eine für die rechtliche Erkenntnisgewinnung oft entscheidende Rolle spielt die Frage, ob eine vorkommende Definition eine *analytische* oder eine *synthetische* ist. Von ihrer Beantwortung hängt die Richtung einer Diskussion um eine Definition maßgeblich ab, denn wie gesagt, nur bei analytischen Definitionen kann um ihre Wahrheit oder Falschheit gestritten werden. Diskussionsobjekt bei synthetischen Definitionen kann lediglich ihre Zweckmäßigkeit sein.

1. Bei *Legaldefinitionen*, d.h. also bei Definitionen des Gesetzgebers, wird man meistens sagen können, sie seien Festsetzungen für den Gebrauch in der betreffenden Gesetzessprache, sie seien folglich synthetische Definitionen. Das wäre sicherlich die erste Antwort bei einer Prüfung von (D3) und (D4). Bei (D3) wird es bei diesem Ergebnis wohl sein Bewenden haben können. Die rein gesetzestechnische, die Sprache regelnde Bedeutung der Definition liegt auf der Hand.

2. Anders verhält es sich mit (D4). Auch hier gibt es eine gesetzestechnische, sprachregelnde Bedeutung. Gleichzeitig wird aber durch die Häufung der Begriffsmerkmale im Definiens die Frage provoziert, ob es denn wahr sei, daß das dort Gesagte den Ausdruck „Verbrechen" zutreffend charakterisiere. Kann man sich mit dem Hinweis begnügen, es handele sich um eine gesetzliche Festsetzung, die zweckmäßig oder unzweckmäßig sein mag, bei der aber die Frage, ob sie wahr sei, jedenfalls als sinnlos nicht gestellt werden dürfte? Bei der Lektüre dieser Definition drängt sich doch wohl die Einsicht auf, der Gesetzgeber selbst wollte nicht nur einen Sprachgebrauch regeln, sondern zugleich eine wahre Aussage machen, nämlich eine Feststellung über eine in der allgemeinen Sprachpraxis vorgefundene Bedeutung des Ausdrucks „Verbrechen" treffen. Der Gesetzgeber wäre in diesem Falle sicherlich der letzte, der den Anspruch auf Wahrheit nicht erheben würde. Gibt es somit *Definitionen, die zugleich analytisch und synthetisch* sind? Für juristische Definitionen muß diese Frage in einem allerdings stark eingeschränkten Sinne bejaht werden. Der Widerspruch, den diese Antwort enthält, kann folgendermaßen aufgelöst werden: Es muß unterschieden werden zwischen der Motivation des Definierenden und dem Definitionsergebnis. Das Motiv bei der Formulierung von (D4) war zweifellos die Gewinnung eines Ausdrucks, der im vorgegebenen marxistischen Sprachgebrauch eine zutreffende Aussage macht, also unter marxistischen Prämissen eine wahre Feststellung trifft. Das Ergebnis dieser Bemühung um diese analytische Definition wird sodann, um für die Rechtsanwendung zu eindeutigen Entscheidungen kommen zu können, in einer für den Strafrechtsbereich geltenden Festsetzung fixiert. Infolgedessen hat man es jetzt mit einer synthetischen Definition

zu tun. Die vermeintliche Paradoxie löst sich somit dahin auf, daß (D4) in zweierlei Weise – je nach dem Argumentationszusammenhang – gelesen werden kann, als analytische oder als synthetische Definition.

3. Bei Definitionen in den Begründungen von *Gerichtsentscheidungen*, in Schriftsätzen von Rechtsanwälten, in rechtswissenschaftlichen Abhandlungen, in juristischen Lehrbüchern usw. wird es sich in den meisten Fällen um analytische Definitionen handeln, da es bei ihnen um Feststellungen und nicht um Festsetzungen geht. Insofern unterscheiden sich juristische Abhandlungen in den meisten Fällen markant von mathematischen und logischen Untersuchungen. Bei einer neuen mathematischen Theorie werden vielfach neue Sprachregelungen nötig sein, während eine neue juristische Theorie in der Regel auf vorhandene Sprachregelungen aufbaut und durch analytische Feststellungen, in denen oft frühere andere analytische Feststellungen korrigiert werden sollen, neue Ergebnisse sucht. Als juristische Basis können hierfür das System des geltenden Rechts oder die Gewohnheit, traditionelle Gebräuche, historische Entwicklungen sowie dies alles in Kombination in Betracht kommen. Jedenfalls geht es immer um wahre oder falsche Feststellungen über die genannten Phänomene und nicht um Festsetzungen eines juristischen Sprachgebrauchs, es sei denn, die Festsetzungen eines jetzigen oder früheren historischen Gesetzgebers sind der Bestandteil der Untersuchung. Das ändert jedoch grundsätzlich nichts. Es liegt dann nur der oben in anderem Zusammenhang bereits erörterte metatheoretische Sonderfall von Feststellungen über Festsetzungen vor.

VIII. Gelegentlich ereignet es sich, daß der Gesetzgeber auf eine Definition verzichtet. Ein Beispiel hierfür ist der Begriff der Beleidigung im Strafrecht der Bundesrepublik. In § 185 StGB heißt es: „Die Beleidigung wird mit Freiheitsstrafe bis zu einem Jahr oder mit Geldstrafe und, wenn die Beleidigung mittels einer Tätlichkeit begangen wird, mit Freiheitsstrafe bis zu zwei Jahren oder mit Geldstrafe bestraft." Damit beauftragt der Gesetzgeber die Gerichte, eine synthetische Definition aufzustellen. Diese pflegen sich dabei der Unterstützung durch die Rechtswissenschaft zu bedienen. Hier sind dann die Theorien in Monographien und Lehrbüchern Vorschläge für synthetische Definitionen. In der Rechtspraxis wird der Auftrag des Gesetzgebers meistens in der Weise erfüllt, daß ein höchstes Gericht die erforderliche synthetische Definition in einem seiner Urteile formuliert. Soweit die Gerichte dann in späteren Entscheidungen diese Definition des höchsten Gerichts übernehmen und in ihren Begründungen wiederholen, ist die wiederholte, gleichlautende Definition eine analytische.

Einen Zwang zum Verzicht auf Definition gibt es selbstverständlich nicht. Der Begriff der Beleidigung wird beispielsweise im Strafrecht der DDR definiert. § 137 besagt dort (15):

(D5) „Eine Beleidigung begeht, wer die persönliche Würde eines Menschen durch Beschimpfungen, unsittliche Belästigungen oder andere Handlungen grob mißachtet oder das Andenken eines Verstorbenen grob verletzt."

Andererseits braucht es keinen Definitionsverzicht zu bedeuten, wenn das Definiendum im Gesetzestext selbst nicht genannt wird. So wird in § 112 des StGB der DDR der Straftatbestand des Mordes durch folgenden Text definiert (15):

(D6) „ (1) Wer vorsätzlich einen Menschen tötet, wird mit Freiheitsstrafe nicht unter zehn Jahren oder mit lebenslänglicher Freiheitsstrafe bestraft.

(2) Auf Todesstrafe kann erkannt werden, wenn die Tat

1. ein Verbrechen gegen die Souveränität der Deutschen Demokratischen Republik, den Frieden, die Menschlichkeit und die Menschenrechte oder ein Kriegsverbrechen ist oder aus Feindschaft gegen die Deutsche Demokratische Republik begangen wird;
2. mit gemeingefährlichen Mitteln oder Methoden begangen wird oder Furcht und Schrecken unter der Bevölkerung auslösen soll;
3. heimtückisch oder in besonders brutaler Weise begangen wird;
4. mehrfach begangen wird oder der Täter bereits wegen vorsätzlicher Tötung bestraft ist;
5. nach mehrfacher Bestrafung wegen Gewaltverbrechen (§§ 116, 117, 121, 122, 126, 216) begangen wird.

(3) Vorbereitung und Versuch sind strafbar."

Das Definiendum „Mord" ist nur in der Überschrift des § 112 StGB der DDR genannt. Eine Übersetzung in eine Definitionsgleichung ist ohne Schwierigkeiten zu bewerkstelligen. (D6) würde dann beginnen: „Mord ist die vorsätzliche Tötung eines Menschen. Sie wird mit Freiheitsstrafe . . . usw." Im StGB der Bundesrepublik Deutschland benutzt der Gesetzgeber eine andere Technik für die Definition des Mordes. Nicht die Tat, sondern der Täter werden definiert. In § 211 des StGB der BRD heißt es demgemäß:

(D7) „ (1) Der Mörder wird mit lebenslanger Freiheitsstrafe bestraft.

(2) Mörder ist, wer

aus Mordlust, zur Befriedigung des Geschlechtstriebes, aus Habgier oder sonst aus niedrigen Beweggründen, heimtückisch oder grausam oder mit gemeingefährlichen Mitteln oder um eine andere Straftat zu ermöglichen oder zu verdecken, einen Menschen tötet."

Die Umschreibung der Definitionsgleichung ist unproblematisch. Aus (D7) wird dann: „Mord ist die vorsätzliche Tötung eines Menschen aus Mordlust, zur Befriedigung des Geschlechtstriebes, . . . usw." Umgekehrt könnte man auch (D6) leicht in eine Definition des Täterbegriffs „Mörder" umformen.

IX. Da synthetische Definitionen im Recht eine wichtige Rolle spielen, ist die Frage der *Zweckmäßigkeit* für die juristische Definitionstheorie von erheblicher Relevanz, denn es geht um die Entscheidungskriterien für diese Art von Definitionen. Eine besondere Theorie der Zwecksetzung – man könnte sie *Teleologik* nennen – ist erforderlich. Zur Gewinnung von teleologischen Axiomen kommen die verschiedensten Gesichtspunkte in Betracht. Vollständigkeit kann im Rahmen dieser Abhandlung nicht erreicht werden.

1. In einer juristischen synthetischen Definition müssen, wenn sie für ihren Zweck als wirksamer Maßstab für die Gewinnung rechtlicher Entscheidungen geeignet sein soll, häufig *psychologische* Aspekte beachtet werden. Die Definition muß verständlich, einprägsam, klar, eindeutig, möglichst ideologiefrei und rational sein. Auch volkstümlich soll sie unter Umständen sein, damit der Bürger und insbesondere der Rechtssuchende sie tunlichst versteht. Sie muß ferner so sein, daß sie bei den Rechtsanwendern – den Richtern, Staatsanwälten, Beamten usw. – „ankommt" und nicht zu Mißverständnissen verleitet. Hat man in der Umgangssprache bereits einen einigermaßen klaren Ausdruck, kann gelegentlich auch ein *Verzicht* auf eine Definition aus *psychologischen* Gründen nahe gelegt sein. Man frage sich etwa nach der Unentbehrlichkeit und Brauchbarkeit der folgenden Legaldefinition aus einem Entwurf zur Änderung der Gewerbeordnung der Bundesrepublik (Bundestagsdrucksache 7/4846, betr. § 60b):

(D8) „ (1) Ein *Volksfest* ist eine im allgemeinen regelmäßig wiederkehrende, zeitlich begrenzte Veranstaltung, auf der eine Vielzahl von Anbietern Schaustellungen, Musikaufführungen, unterhaltende Vorstellungen oder sonstige Lustbarkeiten im Sinne des § 55 Abs. 1 Nr. 3 darbietet und Waren feilbietet, die üblicherweise auf Veranstaltungen dieser Art geboten werden.

(2) § 68a Satz 1 erster Halbsatz und Satz 2 sowie die §§ 69 bis 71a finden entsprechende Anwendung; jedoch bleiben die §§ 55 bis 60a und 60c bis 63 unberührt."

2. Diese zuletzt genannte Forderung kann dazu führen, daß auch irrationale, psychoanalytische und sonstige tiefenpsychologische Faktoren berücksichtigt werden. Das kann in besonders gelagerten Fällen dazu führen, daß Ungenauigkeiten in der Formulierung die rechtliche Steuerungsfunktion besser erreichen. Man kann bei dieser teleologischen Paradoxie von einer *Theorie der guten Fehler* sprechen. Sie läuft auf die teleologische Einsicht hinaus, daß es – überspitzt formuliert – Konstellationen gibt, bei denen Dummheit zweckmäßiger und demnach richtiger ist als Klugheit.

3. Zu den zu beachtenden psychologischen Gesichtspunkten gehört schließlich noch die Vermeidung aus aggressionserzeugenden, brutalisierenden, tabuverletzenden und ähnlichen, *einen Rechtsbruch provozierenden Sprachregelungen.*

4. Ferner ist für die Entscheidung über die Zweckmäßigkeit von synthetischen Definitionen die Beachtung von *soziologischen* Gesetzlichkeiten relevant, denn nur so ist die Wirksamkeit der rechtlichen Regelungen durch synthetische Definitionen prognostizierbar. Soweit gesellschaftspolitische Theorien für bestimmte Entwicklungsstadien die Überflüssigkeit des Rechts annehmen, würden zusammen mit den Rechtsnormen zwangsläufig die juristischen Definitionen überflüssig werden und wegfallen. Thesen dieser Art überschreiten die Grenzen ebenso der allgemeinen Soziologie wie insbesondere der Rechtssoziologie, soweit diese Wissenschaftsdisziplinen als *empirische* Forschungsunternehmen zu verstehen sind. Vielmehr ist damit der spekulative Bereich der *Rechtsmetaphysik* angesprochen. Man ist geneigt, einer solchen Traumvorstellung vom Überflüssigwerden des Rechts eine *Engel-Theorie* entgegen zu stellen. Nach dieser hiermit zur Diskussion gestellten Theorie würden rechtliche Regelungen und damit zugleich auch juristische Definitionen selbst dann unentbehrlich sein, wenn alle Menschen ausschließlich vom Willen für das Gute beherrschte Engel wären, denn mindestens müßte die Lösung denkbarer „schuldloser" Konfliktsituationen durch Rechtsnormen erfolgen. Woher sollten sich begegnende Engel sonst wissen, wie sie ohne Zusammenstoß aneinander vorbeifliegen können, wenn es keine Rechts- oder Links- und Oben- oder Untenverkehrsregel gäbe, und wenn nicht die Begriffe „rechts" und „links" usw. definiert wären?

Anmerkungen

(1) RGZ 1, 252 (= Entscheidungen des Reichsgerichts in Civilsachen, 1. Band, Leipzig 1880, S. 252), Urteil vom 18.3.1879, – Zitiert z.B. bei Jürgen Rödig, Logische Kriterien für die Verwendung von Legaldefinitionen, In: Rödig, J., Baden, E., Kindermann, H., Vorstudien zu einer Theorie der Gesetzgebung, Bericht der Gesellschaft für Mathematik und Datenverarbeitung, St. Augustin bei Bonn 1975, S. 40.

(2) A.a.O. S. 251.

(3) StGB vom 15.5.1871 in der Fass. der Bekanntmachung vom 2.1.1975 (BGBl I S. 1).

(4) StGB vom 12.1.1968 (Gbl I Nr. 1/1968).

(5) Aus dem neueren Schrifttum seien genannt:

5.1 Zur allgemeinen Definitionstheorie:

5.11 Dubislav, Walter, Die Definition, 3. Aufl., Leipzig 1931.

5.12 Essler, W.K., Wissenschaftstheorie, Band I: Definition und Redaktion, Freiburg–München 1970.

5.13 Kutschera, Franz von, Elementare Logik, Wien–New York 1967, S. 354 ff.

5.14 Menne, Albert, Einführung in die Logik, Bern–München 1966, S. 28 ff.

5.15 Savigny, Eike von, Grundkurs im wissenschaftlichen Definieren, München 1970.
5.2 Zu den juristischen Definitionen:
5.21 (Historisch): Ebel, Friedrich, Beobachtungen zur Gesetzestechnik im 19. Jahrhundert – dargestellt insbesondere an der Frage der Legaldefinitionen, in: Rödig, Jürgen (Hrsg.), Theorie der Gesetzgebung, Berlin–Heidelberg–New York 1976, S. 337 ff.
5.22 Klug, Ulrich, Juristische Logik, 3. Aufl., Berlin–Heidelberg–New York 1966, § 8: Grundlehren der Definitionstheorie.
5.23 Rödig, Jürgen, Axiomatisierbarkeit juristischer Systeme, in: Datenverarbeitung im Recht, Band 1, Heft 2/3, Sept. 1972, S. 187.
(6) v. Savigny (Anm. 5.15) S. 103.
(7) Dubislav (Anm. 5.11) S. 131.
(8) v. Savigny (Anm. 5.15) S. 22.
(9) Dubislav (Anm. 5.11) S. 106 ff.
(10) v. Savigny (Anm. 5.15) S. 23.
(11) Klug (Anm. 5.22) S. 90/91.
(12) Zur Einführung in die Definitionsregeln unter den strengeren Anforderungen in formalisierten Systemen vgl. v. Savigny (Anm. 5.15) vor allem S. 102–137.
(13) Engisch, Karl, Einführung in das juristische Denken, 5. Aufl., Stuttgart–Berlin–Köln–Mainz 1971, Kapitel VII, Abschnitt II, 1 (S. 157/158).
(14) Vgl. hierzu Fiedler, Herbert, Automatisierung im Recht und juristische Informatik, in: JuS 1970, 432–436, 552–556 und 603–607, sowie die Untersuchungen von Herbert Fiedler, Bruno Pultke, Richard Motsch, Börje Alpsten und Helmut Kramer, in: Studien zu einer Theorie der Gesetzgebung, hrsg. von Jürgen Rödig, Berlin–Heidelberg–New York 1976, S. 666 ff.
(15) In der Fassung vom 19.12.1974 (GBl I 1975 Nr. 3 S. 14).

Zur Lehre von den Kontrapositionsschlüssen

In der Lehre der traditionellen Logik, womit die im Wesentlichen auf Aristoteles und die Scholastik zurückzuführende vorlogistische Logik gemeint ist, versteht man bekanntlich unter einem Schluß die Ableitung eines Urteils aus mindestens einem anderen. Wenn die Ableitung des erschlossenen Urteils aus mehr als einem anderen erfolgt, spricht man von einem mittelbaren, andernfalls von einem unmittelbaren Schluß. Es liegt nahe, die traditionelle Lehre von den Schlüssen — das Kernstück der Logik — mit den Mitteln, welche die neue Logikforschung zur Verfügung stellt, zu überprüfen. Für die mittelbaren Schlußarten haben u. a. Hilbert und Ackermann eine eingehende Erörterung bereits vorgelegt [1]. Die unmittelbaren Schlüsse werden darin jedoch nur kurz gestreift. Um das Verhältnis der traditionellen Logik zur modernen Logik erneut zur Anschauung zu bringen, soll in den folgenden Untersuchungen ein Ausschnitt aus der klassischen Theorie von den unmittelbaren Schlußmodi im Lichte des Logikkalküls behandelt werden. Die sich hierbei herausstellenden Ergebnisse werden in gewisser Weise überraschend genannt werden können [2].

I.

Bevor die eigentliche Aufgabe, die Kalkülisierung, in Angriff genommen wird, müssen zunächst noch einige Unterscheidungen der traditionellen Logiktheorie genannt werden.

In der Lehre vom unmittelbaren Schließen werden neben anderen unmittelbaren Schlußarten auch die Gesetze für die Schlüsse durch sogenannte Umkehrung — Konversion im weiteren Sinne — gege-

[1] D. Hilbert und W. Ackermann, „Grundzüge der theoretischen Logik", 2. Auflage, Berlin 1938, S. 39 ff.

[2] Die hier veröffentlichten Untersuchungen lagen einem Referat zugrunde, das der Verfasser in dem von Dr. W. Britzelmayr geleiteten Münchener „Büro für logistische Forschungen" am 6. Oktober 1947 hielt. (Vgl. Band 1, S. 607, dieser Zeitschrift.)

ben. In der Theorie von diesen Umkehrschlüssen hat man schließlich zu unterscheiden zwischen dem Schluß durch eigentliche Umkehrung — Konversion im engeren Sinne — und demjenigen durch entgegensetzende Umkehrung, die Kontraposition. Im Anschluß an den Sprachgebrauch der Scholastik wird die zuletzt genannte Schlußweise conversio per contradictoriam genannt. Auf sie werden sich die hier angestellten Überlegungen beschränken.

Unter der Kontraposition eines — übrigens kategorischen — Urteils versteht man nun in der traditionellen Logik die Ableitung eines Urteils (der Konklusion) aus einem anderen (der Prämisse) in der Weise, daß bei Veränderung der Qualität des abgeleiteten Urteils in diesem als Subjekt die Negation des Prädikats des ursprünglichen Urteils und als Prädikat das ursprüngliche Subjekt auftritt. Bleibt hierbei die Quantität des ermittelten Urteils der des Ausgangsurteils gleich, so ist die Kontraposition, wie man sich auszudrücken pflegt, rein (conversio per contradictoriam pura). Wird jedoch auch die Quantität verändert, nennt man die Kontraposition unrein (conversio per contradictoriam impura). Zum Verständnis der Bedeutung des Gesagten müssen noch einige weitere Begriffe der traditionellen Logik herangezogen werden, um dann anschließend an Hand von Beispielen anschaulicher werden zu können.

Aus der traditionellen Einteilung der Urteile hinsichtlich der Quantität in allgemeine (universale) und besondere (partikuläre) und hinsichtlich der Qualität in bejahende (affirmative) und verneinende (negative) ergeben sich für die Kontraposition folgende vier kategorische Ausgangsurteile (Prämissen):

(1) Allgemein bejahend: Jedes *S* ist *P*. Oder, wie häufig auch gesagt wird, und womit das gleiche gemeint ist: Alle *S* sind *P*. In der Symbolik der traditionellen Logik schreibt man für dieses Urteil: *S a P*. *S* bezeichnet den Subjekts- und *P* den Prädikatsbegriff. Das Zeichen *a* gibt an, daß das Urteil universal und bejahend ist, und wird von „*a*ffirmo" (ich bejahe) hergeleitet.

(2) Allgemein verneinend: Kein *S* ist *P*. Symbolisiert: *S e P*. Das Symbol *e* ist dem Wort „n*e*go" (ich verneine) entnommen.

(3) Partikulär bejahend: Einige *S* sind *P*. In Zeichen: *S i P*. (Vgl. „aff*i*rmo".)

(4) Partikulär verneinend: Einige *S* sind nicht *P*. Symbolisiert: *S o P*. (Vgl. „neg*o*".)

Der quantitative Sonderfall der sog. einzelnen (singulären) Urteile und der qualitative Sonderfall der sog. unendlichen (limitativen) Urteile, die zwar in der klassischen Lehre vom Urteil behandelt werden, sind in der üblichen Lehre von den unmittelbaren Schlüssen nicht mitberücksichtigt. Es werden keine besonderen ihnen entsprechenden Kontrapositionsgesetze aufgestellt. Sie können deshalb auch hier fortgelassen werden.

Hingegen pflegt man die Kontrapositionsgesetze für kategorische und hypothetische Urteile gesondert zu formulieren. Die Unterscheidung dieser beiden Urteilsarten sei, wie man unscharf sagt, der Relation nach vorgenommen, im Gegensatz zur Einteilung der Urteile nach ihrer Qualität und Quantität. Während kategorische Urteile unbedingt setzende sein sollen, d. h. solche, in denen das *P* vom *S* „schlechthin und ohne Rechtfertigung" ausgesagt wird (z. B.: Jedes *S* ist *P*.), werden unter den hypothetischen solche verstanden, die bedingt setzende sind (z. B.: Immer, wenn *S* ist, ist *P*). Für die Kontraposition hypothetischer Urteile werden demgemäß die Prämissen folgendermaßen angesetzt:

(5) Allgemein bejahend: Immer, wenn *S* ist, ist *P*.
(6) Allgemein verneinend: Immer, wenn *S* ist, ist *P* nicht. Gelegentlich sagt man auch dasselbe meinend: Niemals, wenn *S* ist, ist *P*.
(7) Partikulär bejahend: Manchmal, wenn *S* ist, ist *P*.
(8) Partikulär verneinend: Manchmal, wenn *S* ist, ist *P* nicht.

Eine symbolische Fassung der hypothetischen Urteile, wie sie bei den kategorischen gegeben wird (*S a P*, *S e P*, usw.), ist in der traditionellen Lehre nicht üblich. Darin drückt sich die Erkenntnis aus, daß der Unterschied zwischen kategorischen und hypothetischen Urteilen ein logisch irrelevanter ist. Bei genauerem Zusehen läßt er sich als ein lediglich psychologischer entlarven. Demgemäß wird sich bei der Umschreibung der Urteilsformen (1) bis (8) in Formeln des Logikkalküls zeigen, daß für beide Arten nur eine Schreibweise erforderlich ist. In Übereinstimmung damit steht die Tatsache, daß es in der traditionellen Logik möglich ist, beliebig von der einen Ausdrucksweise in die andere überzugehen, ohne daß sich dadurch an der Struktur des Schließens irgend etwas ändern würde.

Der Vollständigkeit halber ist ferner darauf hinzuweisen, daß bei der Einteilung der Urteile nach ihrer Relation gewöhnlich noch die Klasse der einteilenden (disjunktiven) Urteile neben den Klassen der kategorischen und der hypothetischen angegeben zu werden pflegt. Da die traditionelle Theorie jedoch für diese ebensowenig wie für die limitativen und die singulären Urteile innerhalb der Lehre von der Kontraposition besondere Gesetze formuliert, können auch die einteilenden Urteile im vorliegenden Zusammenhang unerörtert bleiben.

II.

Für die Kontraposition sollen nun folgende Gesetze gelten: Allgemein bejahende Urteile sind sowohl rein als auch unrein kontraponierbar. Allgemein verneinende Urteile sind nur unrein kontraponierbar. Partikulär bejahende Urteile können weder rein noch unrein kontraponiert werden. Und partikulär verneinende Urteile sind nur rein kontraponierbar.

In der Form der kategorischen Urteile sind dementsprechend die nachstehenden Schlüsse stets vollziehbar:

(9) Jedes *S* ist *P*, ergibt kontraponiert: Kein *Non-P* ist *S*.
Abgekürzt:

$$\frac{S\,a\,P}{Non\text{-}P\;e\;S}\quad \begin{array}{l}\text{(Prämisse)}\\ \text{(Konklusion)}\end{array}$$

(10) Jedes *S* ist *P*, ergibt: Einige *Non-P* sind nicht *S*.
Abgekürzt:

$$\frac{S\,a\,P}{Non\text{-}P\;o\;S}$$

(11) Kein *S* ist *P*, ergibt: Einige *Non-P* sind *S*.
Abgekürzt:

$$\frac{S\,e\,P}{Non\text{-}P\;i\;S}$$

(12) Einige *S* sind nicht *P*, ergibt: Einige *Non-P* sind *S*.
Abgekürzt:

$$\frac{S\,o\,P}{Non\text{-}P\;i\;S}$$

Für das partikulär bejahende Urteil (3) *S i P* besteht keine stets zulässige Kontrapositionsmöglichkeit.

Da für hypothetische Urteile die gleichen Kontrapositionsgesetze gelten, ist zu formulieren [vgl. (5) bis (8)]:

(13) Immer, wenn *S* ist, ist *P*, ergibt: Immer, wenn *Non-P* ist, ist *S* nicht.

(14) Immer, wenn *S* ist, ist *P*, ergibt: Manchmal, wenn *Non-P* ist, ist S nicht.

(15) Immer, wenn S ist, ist P nicht, ergibt: Manchmal, wenn *Non-P* ist, ist S.

(16) Manchmal, wenn S ist, ist P nicht, ergibt: Manchmal, wenn *Non-P* ist, ist S.

In den Fällen (10), (11), (14) und (15) wird nicht nur die Qualität der Prämisse verändert — aus einem bejahenden Urteil wird ein negatives, bzw. umgekehrt —, sondern auch ihre Quantität, denn aus einem universalen Urteil wird in beiden Fällen ein partikuläres erschlossen. Die Kontraposition ist hier also unrein, während sie in den übrigen Fällen wegen Invarianz der Quantität rein durchgeführt ist.

Daß es sich bei den aufgezählten Kontrapositionsgesetzen um Gesetze handelt, bedeutet im Rahmen der traditionellen Theorie, es sollen diese Schlüsse stets zulässig sein. Daß aber daneben unter bestimmten Voraussetzungen in einzelnen Fällen nicht auch noch andere Kontrapositionen möglich sind, ist damit nicht gesagt. Man überzeugt sich leicht davon, daß z. B. unter der Bedingung der gleichzeitigen Geltung von $S\,a\,P$ sowohl als auch von $P\,a\,S$ sogar das partikulär bejahende Urteil $S\,i\,P$ kontraponiert werden kann, und zwar rein ebenso wie unrein. — Darüber, daß auch für die „stets zulässigen" Schlußarten eine allerdings stillschweigend vorausgesetzte Einschränkung gilt, wird unter VIII, 1 noch Näheres zu sagen sein.

Ein strenger und exakter Beweis für die Richtigkeit der Schlußgesetze wird in der traditionellen Logik nicht gegeben. Man begnügt sich, sie durch inhaltliche Beispiele oder anschauliche Überlegungen einsichtig und einleuchtend zu machen, obwohl die Schlußmodi rein formalen Charakter haben sollen und folglich mit dem Anspruch aufgestellt sind, unabhängig von dem bei ihrer praktischen Anwendung jeweils einsetzbaren Inhalt immer wahr zu sein. An Stelle eines Beweises verweist man auf die Evidenz der Schlußgesetze, also auf ein psychologisches Moment. Hier gänzlich anders und anspruchsvoller vorzugehen, ist eins der Charakteristika des Logikkalküls, die den Fortschritt der modernen Logik gegenüber der traditionellen besonders überzeugend verdeutlichen.

III.

Bevor zur Kalkülisierung geschritten wird, sei an Hand eines Beispiels die Bedeutung des Schließens mittels der conversio per contradictoriam für die Praxis erläutert:

In der juristischen Logik, die bisher mit den Mitteln der

modernen kalkülisierten Logik noch nicht bearbeitet wurde, soweit wir sehen, und worauf Engisch bereits mit Recht hinwies [3], spielt die Kontraposition unter dem in der reinen Logik in ihrer traditionellen Gestalt innerhalb der Lehre von den Schlüssen nicht gebräuchlichen Namen eines argumentum e contrario eine nicht unerhebliche Rolle [4]. Zum aktuellen Problem der juristischen Logik wurde dies argumentum in diesen Tagen durch die über den Anwendungsbereich des Kontrollratgesetzes Nr. 10 entbrannte Diskussion [5]. Da unter juristischer Logik keine Logik sui generis verstanden wird, sondern lediglich ein durch seinen besonderen Gegenstandsbereich charakterisierter angewandter Teil der reinen Logik kann ein Beispiel aus ihrem Rahmen zugleich der Erläuterung einer Problematik der reinen Logik dienen.

Anlaß zur Anwendung des Umkehrschlusses bietet in der juristischen Logik regelmäßig die Frage, ob daraus, daß eine von einem bestimmten Gesetz angeordnete Rechtsfolge R für eine bestimmte Klasse von Tatbeständen T stets eintritt, „per argumentum e contrario" folgt, daß die nicht zur Klasse T gehörigen Tatbestände der Rechtsfolge R nicht unterliegen. In der Sprache der traditionellen Logik ausgedrückt lautet demnach das Problem, ob der Umkehrschluß, der um der Abwechslung willen hypothetisch formuliert sei,

(17) immer, wenn R ist, ist T, ergibt: Immer, wenn *Non-T* ist, ist R nicht,

erlaubt ist, oder ob dem nicht so ist. Nach den Schlußgesetzen der traditionellen Logik ist dieser zulässig. Wie man unschwer erkennt, handelt es sich um eine Anwendung der reinen Kontraposition eines allgemein bejahenden Urteils. [Vgl. oben (13) und (9).] Es wird sich zeigen, daß dieser Schluß der Kritik mit den Mitteln der modernen Logik standhält und im Logikkalkül beweisbar ist.

Gelegentlich wird indessen in juristischen Diskussionen in diesem Zusammenhang voreilig als argumentum e contrario nachstehender schon nach den Regeln der traditionellen Logik unerlaubter Schluß benutzt:

---

[3] K. Engisch, „Logik der Rechtswissenschaft", in „Geistige Arbeit", 8. Jahrgang (1941), Nr. 7.

[4] Vgl. etwa für das Strafrecht: E. Kohlrausch, „Strafgesetzbuch mit Erläuterungen", 34. Auflage, Anmerkung 5 zu § 2. Für das Zivilrecht: Enneccerus und Nipperdey, „Lehrbuch des Bürgerlichen Rechts", 1. Band, 13. Bearbeitung, S. 136. Und allgemein: Bovensiepen, Art. Analogie, in „Handwörterbuch der Rechtswissenschaft" von Stier-Somlo und Elster, 1926—29, S. 135 — M. P. Fabreguettes, „La Logique judiciaire et l'art de juger", Paris 1914, S. 375/76.

[5] Vgl. G. Radbruch in „Süddeutsche Juristenzeitung", Sondernummer März 1947 Sp. 134; und Entscheidung des Oberlandesgerichtes Dresden vom 12. Februar 1947 in „Deutsche Rechts-Zeitschrift", Mai 1947, S. 165/166.

(18) Immer, wenn T ist, ist R, ergibt: Immer, wenn *Non-T* ist, ist R nicht.

Um konkreter zu werden, sei nunmehr unter Anwendung des Gesagten kurz auf die Diskussion um das erwähnte Kontrollratsgesetz Nr. 10 eingegangen. Es geht in der Debatte darum, ob der in diesem Gesetz aufgestellte Grundsatz der Nichtverjährung der Humanitätsverbrechen nur für diese selbst gilt, oder ob er auch auf andere ähnlich gelagerte Fälle Anwendung finden kann, die nicht zu dem begrenzten Kreis der von dem im Rede stehenden Gesetz definierten und geregelten Delikte zu zählen sind. Während nun einerseits die Auffassung vertreten wird, der Grundsatz der Nichtverjährung gelte auch über den Rahmen jenes Gesetzes hinaus, wird andererseits behauptet, es müsse ein Umkehrschluß angewandt werden, wonach aus dem Kontrollratsgesetz Nr. 10 folge, daß alle anderen dort nicht behandelten Delikte der Verjährung unterlägen.

Geht man auf die logische Struktur der einander gegenüberstehenden Thesen ein, so werden ihre Grenzen deutlich, und es läßt sich zeigen, wovon die Entscheidung der Kontroverse abhängig ist.

Logisch unzulässig ist die Argumentation, „das Kontrollratsgesetz Nr. 10 bestimme ausdrücklich, daß Unmenschlichkeitsverbrechen nicht verjähren, bringe damit aber auch eindeutig zum Ausdruck, daß alle anderen Vergehen, soweit sie nicht unter das Kontrollratsgesetz Nr. 10 fallen, der Verjährung unterliegen". — So die Beweisführung jener Entscheidung (Ablehnung des Antrags auf Eröffnung des Hauptverfahrens), die in der zitierten Oberlandesgerichtsentscheidung aufgehoben wurde.

Bezeichnet man mit *TK* die Klasse der Humanitätsverbrechen — genauer: die Klasse derjenigen Tatbestände, die unter das Kontrollratsgesetz Nr. 10 fallen —, und mit *RN* die Rechtsfolge der Nichtverjährung, so nimmt besagte Argumentation in der traditionellen Logik folgende Form an:

(19) Immer, wenn *TK* ist, ist *RN*, ergibt: Immer, wenn *Non-TK* ist, ist *RN* nicht.

Dieser Schluß stimmt mit (18) überein. (18) und (19) wären aber nur dann im Rahmen der traditionellen Lehre richtig, wenn der allgemeine Schluß

(20) $$\frac{S\,a\,P}{\textit{Non-}S\;e\;P}$$

(In Worten: Jedes S ist P, ergibt: Kein *Non-S* ist P) zulässig wäre. Das ist aber nicht der Fall, wofür in der klassischen Theorie zwar kein Beweis im strengen Sinne gegeben werden kann, wovon man sich aber an Hand von inhaltlichen Überlegungen zu überzeugen pflegt. Daraus, daß jeder Grieche sterblich ist, kann eben unmöglich geschlossen werden, kein Nicht-Grieche sei sterblich. Keineswegs folgt daraus, daß jedes *S* *P* ist, daß *P* nicht auch noch für andere Subjektsbegriffe zutrifft, — um in der Terminologie der traditionellen Logik zu bleiben. Nur unter der Voraussetzung nämlich, daß sich *S* und *P* decken, wie man sagt, wäre (20), und damit auch (18) und (19), zulässig.

Im Rahmen des Logikkalküls kann der Beweis für die Unzulässigkeit von (20) exakt geführt werden, wie weiter unten zu zeigen sein wird. (Vgl. IX.) Im Kalkül kann dann auch präzisiert werden, was man darunter zu verstehen habe, daß sich Subjektsbegriff *S* und Prädikatsbegriff *P* decken müßten.

Wendet man die conversio per contradictoriam auf die zur Debatte stehende juristische Streitfrage an, so nimmt der Umkehrbeschluß nach (13) die Form an:

(21) Immer, wenn *RN* ist, ist *TK*, ergibt: Immer, wenn *Non-TK* ist, ist *RN* nicht.

In der Symbolik der traditionellen Logik ist diese Kontraposition zu schreiben:

(22) $$\frac{RN\; a\; TK}{Non\text{-}TK\; e\; RN}$$

Der Schluß hat damit die Gestalt von (9) und entspricht den Kontrapositionsgesetzen. Betrachtet man ihn, so wird klar, wovon die Entscheidung abhängt. Die Richtigkeit des erschlossenen Urteils — der Konklusion — hängt von der Richtigkeit der Prämisse ab. Nur wenn diese gilt, gilt auch jenes. Ob die Prämisse gilt, ist aber eine definitorische Frage. Es ist zu prüfen, wie der Gesetzgeber die Klasse der nichtverjährenden Delikte definiert hat, und ob er sie überhaupt hat abschließend festsetzen wollen. Aus dem Satz, daß Humanitätsverbrechen nicht der Verjährung unterliegen, läßt sich in dieser Fassung nichts dafür folgern, ob das Prädikat der Nichtverjährbarkeit auch noch für andere Delikte zutreffen soll, oder ob das nicht der Fall ist. Hier hilft, wie die logische Analyse bereits mit den Mitteln der traditionellen Logik erweist, nichts anderes weiter als eine neue Festsetzung des Gesetzgebers oder eine Konvention seitens der das Gesetz Anwendenden (ständige einheitliche Praxis der Gerichte usw.).

Für (11) und (12) — bzw. (15) und (16) — lassen sich folgende Beispiele aus dem juristischen Bereich bilden, deren Umschreibung in die traditionelle Symbolik leicht vorgenommen werden kann:

Zu (11): Aus der Prämisse, daß kein Humanitätsverbrechen ein der Verjährung unterliegendes Delikt ist, folgt die Konklusion, daß einige der Verjährung nicht unterliegende Delikte Humanitätsverbrechen sind.

Zu (12): Daraus, daß einige Gewaltverbrechen Delikte sind, die nicht der Verjährung unterliegen, folgt durch reine Kontraposition, daß einige der Verjährung nicht unterliegende Delikte Gewaltverbrechen sind.

Auch aus dem für (11), bzw. (15), gegebenen Beispiel erhellt deutlich, daß die Entscheidung der juristischen Kontroverse davon abhängt, ob der Begriff der Humanitätsverbrechen sich mit dem der nicht der Verjährung unterliegenden Delikte deckt. Und dies wiederum ist keine Frage des richtigen Schließens, sondern der definitorischen Festsetzungen.

IV.

Bei der Kalkülisierung der Kontrapositionsschlüsse wird im Folgenden von dem heute allgemein angewandten Logikkalkül ausgegangen, wie ihn z. B. der an die „Principia Mathematica“ von A. N. Whitehead und B. Russell (2. Aufl. Cambridge 1925/27) sich anschließende „Abriß der Logistik“ von R. Carnap (Wien 1929) oder die „Grundzüge der theoretischen Logik“ von D. Hilbert und W. Ackermann (2. Aufl. Berlin 1938) darstellen. Die im einzelnen vorliegenden Unterschiede sind für die hier in Betracht kommenden Untersuchungen nicht von Bedeutung und können daher unberücksichtigt bleiben. Aus dem gesamten System des Logikkalküls wird im Nachstehenden der Funktionen- oder, wie Hilbert und Ackermann statt dessen sagen, Prädikatenkalkül zur Anwendung gelangen. Aus Zweckmäßigkeitsgründen wird — zum Teil im Anschluß an die von H. Scholz in seiner „Metaphysik als strenge Wissenschaft“ (Köln 1941) verwandten Symbole — in der Schreibweise von derjenigen, welche die genannten Systeme benutzen, abgewichen werden, um den Vergleich mit der traditionellen Logik zu erleichtern. Ferner wird die Umschreibung in die Formeln des Kalküls verhältnismäßig ausführlich behandelt werden, um die Überlegungen auch über den engeren Kreis der auf dem Gebiet der modernen Logikforschung Eingearbeiteten hinaus verständlich zu gestalten.

Um terminologisch Anschluß zu finden, werde zunächst vereinbart, daß künftig im Rahmen dieser Untersuchung die Bezeichnungen „Urteil“ und „Aussage“ so verwendet werden, daß beide ein und das selbe bezeichnen, nämlich ein sprachliches Gebilde, das entweder wahr oder falsch ist[6]. Es gibt also im hier benutzten Logikkalkül nur zwei Wahrheitswerte, den der Wahrheit und den der Falschheit. Insofern handelt es sich um eine z w e i w e r t i g e Logik, mit deren Mitteln die gegebenen Probleme bearbeitet werden sollen.

Das Urteil der traditionellen Logik „Jedes *S* ist *P*" besagt offensichtlich das selbe, wie das Urteil „Jedes *x*, das ein *S* ist, ist ein *P*". Drückt man die Eigenschaften „ist ein *S*" und „ist ein *P*" durch Funktionszeichen mit Leerstellen aus, so hat man für die genannten Eigenschaften die Zeichen *S()* und *P()* zu schreiben. Durch Einsetzung von *x* erhalten die Redeweisen „*x* ist ein *S*" und „*x* ist ein *P*" sodann die Form der Aussagefunktionen *S(x)*, bzw. *P(x)*.

Unter einer Aussagefunktion wird eine Funktion verstanden, aus der eine Aussage gewonnen werden kann. Und zwar gewinnt man aus der Aussagefunktion *S(x)* eine Aussage durch Einsetzen (Substituieren) typenmäßig passender Konstanten — der sog. Werte — an Stelle der Variablen. Bei der Aussagefunktion *S(x)* ist S das Zeichen für eine Variable, die irgendeine Eigenschaft bezeichnet. Das gleiche gilt für *P* in der Aussagefunktion *P(x)*. *S* und *P* sind also Eigenschaftsvariable. Hingegen bezeichnet die Variable *x* irgendwelche Gegenstände — im weitesten Sinne des Wortes —, denen die betreffenden Eigenschaften zukommen. Die Aussagefunktion *S(x)* besteht also nur aus Variablen. Sie kann daher weder wahr noch falsch sein. Sie nimmt vor der Substituierung keinen Wahrheitswert an. Setzt man nun z. B. an die Stelle der Eigenschaftsvariablen *S* die konstante Eigenschaft „Philosoph-Sein" oder, wie man auch sagt, den Wert „Philosoph-Sein" — abgekürzt etwa Phil — ein, so erhält man die neue Aussagefunktion *Phil(x)* — in Worten: „*x* ist ein Philosoph" —, die immer noch eine Funktion und keine Aussage ist, da sie weder wahr noch falsch sein kann. Erst, wenn man auch für *x* einen Wert substituiert — etwa „Leibniz" oder „Herr Schulze" —, wird aus der Aussagefunktion eine Aussage, die nun entweder wahr oder falsch ist. Man hat also: *Phil(L)* oder *Phil(Sch)*. Das sind die Aussagen: Leibniz ist ein Philosoph. Und: Herr Schulze ist ein Philosoph. Zur Erleichterung des Vergleichs mit der traditionellen Logik sei nochmals betont, daß für die Bezeichnung „Aussage" überall die Bezeichnung „Urteil" eingesetzt werden kann. Sachlich ändert sich dadurch nichts. Man kann also gemäß der getroffenen terminologischen

[6] Genauer definiert man seit F r e g e die Aussagen als sprachliche Gebilde, die entweder das Wahre oder das Falsche bezeichnen. Vgl. H. Scholz a. a. O., S. 25/26. Mit obiger Redeweise soll deshalb stets die Fregesche Festsetzung gemeint sein.

Vereinbarung auch von „Urteilsfunktionen" und den aus ihnen gewonnenen „Urteilen" sprechen.

Die in dem Urteil „Jedes *x*, das ein *S* ist, ist ein *P*" gemeinte Beziehung zwischen den Eigenschaften *S* und *P* ist die Wenn-so-Beziehung, die Implikationsrelation. Dies kommt in der traditionellen Logik bereits dadurch zum Ausdruck, daß man an der Stelle der kategorischen Urteilsform „Jedes *S* ist *P*" die hypothetische Form „Immer, wenn *S* ist, ist *P*" gebrauchen kann. Für „Jedes *x*, das ein *S* ist, ist ein *P*" kann man also auch sagen, ohne den Sinn zu ändern: „Immer, wenn *x* ein *S* ist, so ist *x* ein *P*". Für den nach Fortlassung von „Immer" entstehenden, hinsichtlich seiner Quantität noch unbestimmten Ausdruck „Wenn *x* ein *S* ist, so ist *x* ein *P*" werde nach Fortlassung der Klammern „*Sx seq Px*" geschrieben. Jetzt setzt man im Logikkalkül fest: Diese Formel bezeichnet diejenige Aussagefunktion, die bei Einsetzung von Konstanten — etwa *A* für *S*, *B* für *P* und *c* für *x* — dann und nur dann eine falsche Aussage ergibt, wenn *Ac* wahr und *Bc* falsch ist. (Streng genommen müßte es heißen: bei Einsetzung typenmäßig passender Konstanten. Da jedoch im hier in Rede stehenden Zusammenhang die Konsequenzen aus der Typentheorie nicht in Betracht kommen, wird künftig diese Einschränkung nicht mehr ausdrücklich erwähnt werden.)

Aus der Formel *Sx seq Px* kann noch nicht abgelesen werden, ob die angegebene Beziehung, wie man in der traditionellen Logik sagt, immer oder nur manchmal gelten soll. Die Quantität muß also noch angegeben werden. Zu diesem Zweck werden Quantifikatoren im Logikkalkül eingeführt, und zwar der G e n e r a l i s a t o r für die universalen und der P a r t i k u l a r i s a t o r für die partikulären Urteile. Als Generalisator wird das Symbol *O* (von „omnes") zusammen mit dem generalisierten Zeichen vor den in Klammern zusammenfassenden Ausdruck, auf den sich die Generalisierung erstrecken soll, gesetzt. Aus *Sx seq Px* entsteht durch Generalisation demnach die Formel: *Ox(Sx seq Px)*. Sie bedeutet in Worten: „Für jedes *x* gilt, *Sx* impliziert *Px*". Oder: „Für alle *x* gilt, wenn *Sx*, so *Px*". Oder schließlich: „Immer, wenn *x S* ist, so ist *x* auch *P*".

Bei der Partikularisierung verfährt man unter Verwendung des Zeichens *E* (von „existit") in analoger Weise. Man gewinnt dann die Formel: *Ex(Sx seq Px)*. Sie besagt: „Es gibt wenigstens ein *x*, für das gilt, *Sx* impliziert *Px*". Oder: „Es existiert mindestens ein *x*, so daß, wenn *Sx*, so *Px*". Man überzeugt sich übrigens leicht, daß die Formulierung „wenigstens ein" präziser ist als das traditionelle „einige" oder „manchmal", und daß in den Schlußarten der traditionellen Logik in der Tat stets diese genauere Deutung benutzt werden kann, bzw. schon immer stillschweigend benutzt worden ist. Die durch Generalisierung der Implikation *Sx seq Px* erhaltene Formel *Ox(Sx seq Px)* einerseits und die durch Partikularisierung der gleichen Implikation gebildete Formel *Ex(Sx seq Px)* andererseits sind die kalkülmäßigen Darstellungen des allgemein bejahenden und des partikulär bejahenden Urteils. [Siehe oben (1) und (5), bzw. (3) und (7).]

Setzt man ferner fest, daß die Schreibweise *non-Px* — und entsprechendes soll auch für *non-Sx* gelten — diejenige Aussagefunktion bezeichnet, die nach Einsetzung von Konstanten, etwa *B* für *P* und *c* für *x*, dann und nur dann eine wahre Aussage liefert, wenn *Bc* falsch ist, und folglich eine falsche Aussage liefert, dann und nur dann, wenn *Bc* wahr ist, dann nehmen das allgemein verneinende — (2) und (6) — und das partikulär verneinende Urteil — (4) und (8) — im Kalkül die Formen *Ox(Sx seq non-Px)* und *Ex(Sx seq non-Px)* an. Sie bedeuten: „Für jedes *x* gilt, wenn *Sx*, so *non-Px*". Und: „Es gibt wenigstens ein *x*, so daß, wenn *Sx*, so *non-Px*".

Damit ist die kalkülmäßige Darstellung der traditionellen vier Hauptarten von Urteilen gegeben, wie sie auch Jørgensen gibt[7]. Daß eine Rücksichtnahme auf die Unterscheidung von kategorischen und hypothetischen Urteilen in diesem Rahmen nicht notwendig ist, folgt nicht nur daraus, daß, wie gesagt, auch in der traditionellen Logik selbst innerhalb der Schlußlehre diese Unterscheidung ohne wesentliche Bedeutung ist, sondern vor allem auch daraus, daß die Formeln sich sowohl als Kalkülisierung der kategorischen als auch der hypothetischen Urteile deuten und lesen lassen. Bemerkenswert ist schließlich noch, daß sich bei der Kalkülisierung herausstellt, daß man im Logikkalkül mit nur zwei Quantifikatoren — *O* und *E* — auskommt, während in der klassischen Logik vier benutzt werden, nämlich *a*, *i*, *e* und *o*. Das hängt damit zusammen, daß die genannten Symbole der traditionellen Logik nicht nur Quantifikatoren, sondern zugleich auch noch Qualifikatoren sind, insofern sie eben nicht nur die Quantität, sondern darüber hinaus auch noch die Qualität der jeweiligen Urteile angeben.

Als Ausgangsurteile (Prämissen) kommen für die Kontraposition die folgenden Formeln in Betracht:

(23) *Ox(Sx seq Px)* (25) *Ex(Sx seq Px)*

(24) *Ox(Sx seq non-Px)* (26) *Ex(Sx seq non-Px)*

[7] Vgl. J. Jørgensen, „A Treatise of Formal Logic", Vol. II, Copenhagen und London 1931, S. 143.

Da die Beziehung zwischen der Prämisse und dem durch Anwendung der conversio per contradictoriam aus dieser gewonnenen Schlußurteil (Konklusion) wiederum die Implikation ist, nimmt der Schluß im Kalkül die Form einer Implikation zwischen Implikationen an. Ohne Rücksicht auf ihre Zulässigkeit lassen sich alsdann, ausgehend von den vier Prämissen, durch jeweilige Anwendung der reinen und der unreinen Kontraposition acht Schlüsse angeben. Diese nehmen im Kalkül die Gestalt der nachstehenden acht Formeln an:

(27) *[Ox(Sx seq Px)] seq [Ox(non-Px seqnon-Sx)]*
(Reine Kontraposition des allgemein bejahenden Urteils)

(28) *[Ox(Sx seq Px)] seq [Ex(non-Px seq non-Sx)]*
(Unreine Kontraposition des allgemein bejahenden Urteils)

(29) *[Ox(Sx seq non-Px)] seq [Ox(non-Px seq Sx)]*
(Reine Kontraposition des allgemein verneinenden Urteils)

(30) *[Ox(Sx seq non-Px)] seq [Ex(non-Px seq Sx)]*
(Unreine Kontraposition des allgemein verneinenden Urteils)

(31) *[Ex(Sx seq Px)] seq [Ex(non-Px seqnon-Sx)]*
(Reine Kontraposition des partikulär bejahenden Urteils)

(32) *[Ex(Sx seq Px)] seq [Ox(non-Px seq non-Sx)]*
(Unreine Kontraposition des partikulär bejahenden Urteils)

(33) *[Ex(Sx seq non-Px)] seq [Ex(non-Px seq Sx)]*
(Reine Kontraposition des partikulär verneinenden Urteils)

(34) *[Ex(Sx seq non-Px] seq [Ox(non-Px seq Sx)]*
(Unreine Kontraposition des partikulär verneinenden Urteils)

Um sich die Struktur der Formeln (27) bis (34) klar zu machen, vergegenwärtige man sich, daß jeweils der Ausdruck innerhalb der eckigen Klammern vor dem mittleren Implikationssymbol *seq* die Prämisse und derjenige innerhalb der eckigen Klammern hinter dem mittleren Implikationszeichen die Konklusion des Kontrapositionsschlusses abbildet.

Nach der Lehre der traditionellen Logik sollen die durch die Formeln (27), (28), (30) und (33) kalkülisierten Schlüsse — und nur diese — immer richtig sein, gleichgültig, welche inhaltlichen Überlegungen in jenen Formen angestellt werden.

V.

Im Rahmen des Logikkalküls kann jetzt genauer angegeben werden, was unter der noch unbewiesenen Behauptung zu verstehen sei, die Formeln (27), (28), (30) und (33) seien allgemeingültig. In diesen Formeln werden die Aussagefunktionen *Sx* und *Px* in einer bestimmten, durch die Implikationsbeziehung, die Negation und die Quantifikatoren festgelegten Weise miteinander verknüpft. Nach Einsetzung von Konstanten für *Sx* und *Px* gewinnt man also eine Verknüpfung von wahren oder falschen Aussagen. Diese Verknüpfung wird dann wiederum jeweils wahr oder falsch sein. Allgemeingültig ist nun eine Verknüpfung der Aussagefunktion *Sx* und *Px* dann, wenn sie nach Einsetzung von Konstanten an sämtlichen Stellen, wo die Variablen auftreten, immer wahr ist, gleichgültig welchen Wahrheitswert die durch Einsetzung der Konstanten gewonnenen Aussagen ihrerseits haben.

Ohne dies pünktlich angegeben zu haben, liegt gleichwohl auch schon der Schlußlehre in der traditionellen Logik ein entsprechender Allgemeingültigkeitsbegriff zugrunde. Man brachte dies dadurch zum Ausdruck, daß man den formalen Charakter der Lehre von den Schlüssen betonte und darauf hinwies, daß die Richtigkeit der zugelassenen Schlußmodi von dem Inhalt der durch diese Schlußarten miteinander verknüpften Urteile unabhängig sei. Unabhängigkeit vom Inhalt besagt aber zugleich Unabhängigkeit gegenüber dem Wahrheitswert, denn dieser hängt bei den im Schluß zueinander in Beziehung gesetzten Urteilen vom Inhalt ab.

Die Entscheidung, ob die hervorgehobenen Formeln tatsächlich allgemeingültig sind, kann auf verschiedenen Wegen gefunden werden. Daß sie überhaupt möglich ist, bedarf deshalb ausdrücklicher Erwähnung, weil bekanntlich eine allgemeine Lösung des Entscheidungsproblems, wie sie für den Aussagenkalkül vorliegt, für den Funktionenkalkül noch nicht bekannt ist und A. Church im Anschluß an Untersuchungen von K. Gödel sogar nachwies, daß sie wohl prinzipiell nicht gegeben werden kann [8]. Für Formeln des Funktionenkalküls, die nur einstellige Funktionen enthalten, stehen jedoch Entscheidungsmethoden zur Verfügung. Da in den hier zu prüfenden Formeln nur die einstelligen Funktionen *Sx* und *Px* vorkommen — zwei- bzw. dreistellige wären solche von der Form *Q(x, y)* und *R(x, y z)* [9] —, kann die Entscheidung über die behauptete Allgemeingültigkeit getroffen werden. Im Folgenden wird dabei das von W. Dubislav entwickelte Verfahren wegen seiner besonderen Anschaulichkeit benutzt werden [10].

Der Grundgedanke dieser Methode entspricht der angegebenen Be-

[8] Vgl D. Hilbert und W. Ackermann, a. a. O., S. 99, und die dort zitierten Arbeiten.

[9] Beispiele: x ist die Ursache von y. Abgekürzt: Urs(x, y). Und: x beweist dem y das z. Abgekürzt: Bw(x, y, z).

[10] „Die Philosophie der Mathematik in der Gegenwart", Berlin 1932, S. 22 ff.

deutung des Allgemeingültigkeitsbegriffes. Es werden in rein kombinatorischer Weise ohne Rücksicht auf inhaltliche Überlegungen in die Formeln nacheinander an die Stelle der Funktionen *Sx* und *Px* die möglichen Wahrheitswerte eingesetzt und dann die jeweils hieraus für die ganze Formel sich ergebenden Wahrheitswerte ermittelt. Ergibt sich bei jeder der denkbaren Kombinationen für die gesamte Formel jedesmal der Wahrheitswert „wahr“, so hat man damit die Allgemeingültigkeit bewiesen.

Hinsichtlich ihrer Wahrheitswerte lassen sich die Aussagefunktionen in „immer wahre“ *(W)*, „immer falsche“ *(F)* und „manchmal wahre und manchmal falsche“ *(U)* einteilen. Durch die Einführung des Wertes *U* wird nicht etwa der Rahmen der zweiwertigen Logik verlassen, denn *U* stellt eine Bewertung der Funktion, nicht der Aussage selbst, dar. *U* besagt lediglich, daß sich bei entsprechender Einsetzung von Konstanten in die Aussagefunktion nicht immer wahre und nicht immer falsche Aussagen ergeben, sondern bei der einen Substituierung wahre und bei der anderen falsche Aussagen. Das ändert ersichtlich nichts daran, daß im einzelnen Fall, entsprechend der Festsetzung für die zweiwertige Logik, die gewonnene Aussage nur entweder wahr oder falsch sein kann.

Für die Verteilung der drei Möglichkeiten *W*, *F* und *U* auf die beiden Funktionen *Sx* und *Px* ergeben sich $3^2 = 9$ denkbare Fälle. Denn entweder sind die durch Substituierung von Konstanten aus den Funktionen gelieferten Ausagen beide wahr, oder es ist die erste wahr und die zweite falsch, oder die erste falsch und die zweite wahr und so fort, so daß sich die nachstehende Werttafel ergibt:

(35)

	Sx	*Px*
1	W	W
2	W	F
3	F	W
4	F	F
5	U	W
6	W	U
7	U	F
8	F	U
9	U	U

Da die durch Einsetzung gewonnene Aussage *Ac* aus einer beliebigen Aussagefunktion *Tx* definitionsgemäß nur entweder wahr oder falsch sein kann, erhält man ferner folgende Tafel:

(36)

	Tx	Ac
1	W	W
2	F	F
3	U	W bzw. F

Bei der Festsetzung der Tafel (36) wurden inhaltliche Erwägungen über die bestimmte Art und Weise der Verteilung der Werte angestellt. Das wird auch bei den weiteren Werttafeln der Fall sein. Hierzu ist man berechtigt und gezwungen, sobald man sich im Rahmen eines als Logikkalkül gedeuteten Kalküls bewegt, denn dieser dient der Kalkülisierung des logischen Denkens und muß daher in sachdienlicher Weise deutbar sein. Andernfalls wäre er als Logikkalkül nicht geeignet und bliebe ein sog. abstrakter Kalkül [11].

Hat man eine Funktion Tx und partikularisiert sie durch Bildung der Formel $Ex(Tx)$, so kann man sagen: Ist Tx immer wahr, so auch der Ausdruck, „es existiert mindestens ein x, so daß Tx". Aber auch, wenn Tx nur manchmal wahr ist (manchmal aber falsch), gilt der Satz „es existiert mindestens ein x, so daß Tx". Für seine Wahrheit genügt es, wenn Tx wenigstens einmal wahr ist. Das ist indessen der Fall, wenn Tx manchmal wahr ist. Ist jedoch Tx immer falsch, so kann auch $Ex(Tx)$ nicht wahr sein. Auf Grund dieser Überlegung setzt man für die Partikularisation zweckmäßigerweise die Werttafel, wie folgt, fest:

(37)

	Tx	$Ex(Tx)$
1	W	W
2	F	F
3	U	W

Die Tafel (38) für die Generalisation ergibt sich aus analogen Erwägungen, wobei es einleuchtet, daß der Wert U für Tx zur Folge hat, daß der Ausdruck „für jedes x gilt Tx" falsch ist.

(38)

	Tx	$Ox(Tx)$
1	W	W
2	F	F
3	U	F

Für die Negation ergibt sich:

(39)

	Tx	$non\text{-}Tx$
1	W	F
2	F	W
3	U	U

[11] Über ungedeutete Kalküle vgl. K. Schröter, „Ein allgemeiner Kalkülbegriff", Leipzig 1941 (zugleich Heft 6 der neuen Folge der „Forschungen zur Logik und zur Grundlegung der exakten Wissenschaften"). Ferner zum Deutungs-

Schließlich ist für die weiteren Gedankengänge dieser Untersuchung noch die Aufstellung von Werttafeln für die Implikation („Wenn-so") und die Konjunktion („und") notwendig. Da in beiden Fällen zwei Funktionen miteinander verknüpft werden, kommen hier im Gegensatz zu den Tafeln (36) bis (39), wo es sich immer nur um die logische Operation mit e i n e r Funktion handelte, alle unter (35) aufgeführten neun Möglichkeiten in Betracht:

(40)

	Sx	*Px*	*Sx seq Px*
1	W	W	W
2	W	F	F
3	F	W	W
4	F	F	W
5	U	W	W
6	W	U	U
7	U	F	U
8	F	U	W
9	U	U	W bzw. U

Die Bedeutung dieser Festsetzung für die Implikationsbeziehung macht man sich leicht klar durch Überlegungen von der Art, wie sie als Beispiel für die Zeile 6 der Tafel (40) gegeben werde: Ist *Sx* immer wahr, *Px* jedoch nur manchmal wahr und manchmal falsch, dann ist der Ausdruck „wenn *Sx*, so *Px*" keinesfalls immer wahr, denn er ist für den Fall, daß *Px* falsch ist, falsch, da eine Implikation dann (und nur dann) falsch ist, wenn ihr Vorderglied wahr und ihr Hinterglied falsch ist. Dem zuletzt Gesagten entspricht auch die Festsetzung in Zeile 2 von (40). Für Zeile 6 gilt nun andererseits, daß *Px* manchmal wahr ist. In diesen Fällen ist die Implikation also wahr. Mithin ist sie manchmal wahr (wenn *Px* wahr ist) und manchmal falsch (wenn *Px* falsch ist). Auf Zeile 6 ist deshalb in der Kolonne unter der Implikation *Sx seq Px* der Wert *U* einzusetzen.

Unter der Voraussetzung, daß eine Konjunktion diejenige Verknüpfung zweier Aussagen ist, die dann und nur dann wahr ist, wenn beide Aussagen wahr sind, und in allen anderen Fällen falsch ist, erhält man diese Werttafel:

---

problem: H. S c h o l z, „Zur Erhellung des Verstehens", in Festschrift für E. Spranger, Leipzig 1942, S. 291—310.

(41)		Sx	Px	$Sx \& Px$
	1	W	W	W
	2	W	F	F
	3	F	W	F
	4	F	F	F
	5	U	W	U
	6	W	U	U
	7	U	F	F
	8	F	U	F
	9	U	U	F bzw. U

Da die Verknüpfungen $Sx \& Px$ und *non-(Sx seq non-Px)* gleichwertig (äquivalent) sind, kann die Tafel (41) aus der Tafel (40) abgeleitet werden, bzw. umgekehrt. Es ließe sich also eine der beiden entbehren [12].

VI.

Nachdem nunmehr alle erforderlichen Werttafeln gegeben sind, werde zur Veranschaulichung des hier benutzten Entscheidungsverfahrens mit Hilfe des sukzessiven Einsetzens der Werte *W*, *F* und *U* der Fall herausgegriffen, daß die aus *Sx* durch Einsetzung von Konstanten gewonnene Aussage wahr und die von *Px* gelieferte falsch ist. Ist z. B. (27) wirklich allgemeingültig, wie dies für die traditionelle Logik behauptet wird, so muß die gesamte Formel wahr sein, obwohl *Px* falsch ist. — Die genaueren, aber umständlichen Redeweisen von der Art „... die durch Einsetzung aus der Funktion gewonnene Aussage..." werden künftig der Einfachheit halber, da keine Verwechslungen mehr entstehen können, fortgelassen.

Bei Anwendung des Verfahrens auf (27) ergibt sich in dem herausgegriffenen Fall im einzelnen: Zunächst ist *W seq F* für *Sx seq Px* einzusetzen. Nach Tafel (40) Zeile 2 ergibt die Kombination von *W* für *Sx* und *F* für *Px* bei der Implikation *Sx seq Px* den Wert *F*. Da die Generalisation eines Ausdrucks, der den Wert *F* hat, gemäß Tafel (38) Zeile 2 den Wert *F* erhält, bekommt die Prämisse in (27) — also der Ausdruck, der durch die erste eckige Klammer zusammengefaßt ist: *Ox(Sx seq Px)* — den Wert *F*. Da nun aber nach Tafel (40) Zeile 3 und 4 eine Implikation immer dann wahr ist, wenn das Vorderglied falsch ist („Eine falsche Aussage impliziert alles."), ist jetzt bereits die Wahrheit von (27) für den herausgegriffenen Fall, daß *Sx* wahr, und *Px* falsch ist, bewiesen.

[12] Vgl. Hilbert und Ackermann, a. a. O., S. 8/9.

Zur Einführung in die Methode der Beweisführung mit Hilfe der Werttafeln sei aber gleichwohl noch der Wahrheitswert des Hintergliedes der Implikation — der Konklusion — durch sukzessives Einsetzen der Werte ermittelt: Für *non-Sx* ist nach Tafel (39) Zeile 1, da ja der Fall untersucht wird, daß *Sx* wahr ist, *F* und für *non-Px* nach (39) Zeile 2, da *Px* falsch sein soll, *W* zu substituieren. Der Ausdruck *non-Px seq non-Sx* (eingesetzt: *W seq F*) ergibt sodann gemäß Tafel (40) Zeile 2 den Wert *F*. Generalisiert erhält man hierfür nach (38) Zeile 2 den Wert *F*. Auch das Hinterglied der Implikation hat somit für wahres *Sx* und falsches *Px* den Wahrheitswert *F*. Für die gesamte Formel (27) bekommt man also in diesem Fall den Ausdruck *[F] seq [F]*. Nach (40) Zeile 4 nimmt diese Kombination den Wert *W* an. Damit ist dann die Wahrheit von (27) für den herausgegriffenen Fall bewiesen.

Zur Entscheidung der Allgemeingültigkeit von (27) hat man nun noch die übrigen acht der neun in Betracht kommenden Kombinationsmöglichkeiten [vgl. Tafel (35)] in gleicher Weise durchzuprüfen. Man erhält dann schließlich die Tafel I (s. Anhang), in deren letzter, rechter Hand befindlichen Kolonne nur *W*-Zeichen stehen. Formel (27) bleibt folglich bei allen Einsetzungen immer wahr und ist damit als allgemeingültig bewiesen. — Zum leichteren Verständnis der Tafel I des Anhangs vergleiche man, daß die Zeile 2 von links nach rechts gelesen nacheinander die durch Einsetzung gewonnenen Wahrheitswerte für den oben herausgegriffenen Fall von wahrem *Sx* und falschem *Px* angibt. An letzter Stelle rechts der Zeile 2 ist dann das Endergebnis *W* für diesen herausgegriffenen Fall notiert.

VII.

Bei Überprüfung der Formeln (27) bis (34) mit Hilfe der Dubislavschen Werttafeln erhält man folgende Ergebnisse:

1. Die nach der traditionellen Logik allgemeingültige reine Kontraposition des allgemein bejahenden Urteils ist auch als die sie abbildende Formel (27) im Logikkalkül allgemeingültig. (Vgl. das soeben unter VI Ausgeführte und Tafel I im Anhang.)

2. Die traditionell ebenso allgemeingültige unreine Kontraposition des allgemein bejahenden Urteils erweist sich in der Gestalt der Formel (28) im Kalkül als gleichfalls allgemeingültig, wie Tafel II zeigt.

3. Übereinstimmung zwischen der traditionellen und der modernen Logik herrscht ferner hinsichtlich der reinen Kontraposition des allge-

mein verneinenden Urteils. Sie gilt in beiden Systemen als nicht-allgemeingültig. Im Kalkül zeigt sich das bei der Formel (29) sogleich, wenn man sowohl für *Sx* als auch für *Px* den Wert *F* einsetzt. Da für *non-Px* nach (39) Zeile 2 *W* einzusetzen ist, bekommt die Implikation in der Prämisse nach (40) Zeile 3 den Wert *W* und in der Konklusion nach (40) Zeile 2 den Wert *F*. Generalisiert liefert sodann die Prämisse gemäß (38) den Wert *W* und die Konklusion nach (38) den Wert *F*, die gesamte Implikation also nach (40) Zeile 2 den Wert *F*. (29) ist folglich nicht allgemeingültig.

4. Keine Übereinstimmung besteht jedoch bei der unreinen Kontraposition des allgemein verneinenden Urteils. Im Gegensatz zur traditionellen Auffassung ist diese im Logikkalkül nicht allgemeingültig. Dies erkennt man für (30) ebenfalls dann, wenn man davon ausgeht, daß *Sx* und *Px* beide falsch sind. Da man nach (39) für *non-Px* bei falschem *Px* den Wert *W* einzusetzen hat, erhält man in der Prämisse *F seq W*. Das ergibt nach (40) *W*. Nach (38) erhält sodann die gesamte Prämisse den Wert *W*. Für die Konklusion bekommt man *F*, da *non-Px seq Sx* nach (39) und (40) bereits *F* ergibt, so daß auch die Partikularisation nach (37) Zeile 2 den Wahrheitswert *F* bekommt. Dann aber ist die gesamte Implikation nach (40) Zeile 2 mit *F* zu bewerten. Über die Gründe der Divergenz zwischen klassischer und moderner Theorie in bezug auf diesen Schlußmodus wird unter VIII, 1 noch Näheres gesagt werden.

5. Nicht-Übereinstimmung besteht ferner hinsichtlich der reinen Kontraposition des partikulär bejahenden Urteils, allerdings im umgekehrten Sinne, denn hier erweist sich der in der traditionellen Lehre nicht allgemeingültige Kontrapositionsschluß im Logikkalkül in der Form von (31) als allgemeingültig, wie Tafel III des Anhangs beweist. Über die Konsequenzen aus diesem überraschenden und dem inhaltlichen Denken erhebliche Schwierigkeiten bereitenden Ergebnis wird unter VIII, 2 einiges ausgeführt werden.

6. Bei der unreinen Kontraposition des partikulär bejahenden Urteils stimmen traditionelle und moderne Theorie wieder überein, denn die Nicht-Allgemeingültigkeit von (32) erweist sich bei der Einsetzung der Werte *W* für *Sx* und *U* für *Px*. Nach (40) Zeile 6 erhält man für die Implikation in der Prämisse *U* und für die gesamte Prämisse demnach gemäß (37) Zeile 3 den Wert *W*. Nach (40) Zeile 7 in Verbindung mit (39) hat die Implikation in der Konklusion den Wert *U*, folglich die ganze Konklusion nach (38) Zeile 3 den Wert *F*. Da die Prämisse den Wert *W* und die Konklusion den Wert *F* angenommen haben, ist der

Schluß, wie (40) Zeile 2 erweist, falsch. (32) ist also nicht allgemeingültig.

7. Nicht überein stimmen beide Lehren wieder bei der reinen Kontraposition des partikulären verneinenden Urteils, denn (33) erweist sich als nicht-allgemeingültig, während die traditionelle Lehre diesen Schluß für stets zulässig erklärt. Zum Beweise der Nicht-Allgemeingültigkeit von (33) sei wieder der Fall herangezogen, daß *Sx* und *Px* beide falsch sind. In der Prämisse hat man dann *F seq W* [nach (39)]. Das ergibt nach (40) *W* und nach (37) für die ganze Prämisse *W*. Für die Konklusion, die dieselbe ist wie diejenige von (30), bekommt man *F*. (Vgl. hier unter 4.) Nach (40) Zeile 2 ist dann der ganze Schluß falsch, womit die Nicht-Allgemeingültigkeit von (33) demonstriert ist.

8. Die unreine Kontraposition des partikulär verneinenden Urteils schließlich ist in beiden Systemen nicht-allgemeingültig. Bewertet man nämlich wiederum *Sx* und *Px* beide mit *F*, so gewinnt man zunächst für die Implikation in der Prämisse nach (39) Zeile 2 und (40) Zeile 3 den Wert *W*. Partikularisiert ergibt das nach (37) Zeile 1 ebenfalls *W*. Die Implikation in der Konklusion erhält nach (39) und (40) dagegen den Wert *F*, die Konklusion selbst daher gemäß (38) ebenfalls *F*. Infolgedessen ist nach (40) die gesamte Formel falsch. (34) ist demnach nicht allgemeingültig.

VIII.

Zu diesen Ergebnissen ist zu bemerken:

1. Insoweit als sich durch die Formalisierung ergab, daß zwei nach der traditionellen Lehre stets zulässige Schlußmodi im Kalkül nicht allgemeingültig sind — nämlich (30) und (33) —, liegt die Frage nahe, ob damit etwa der Nachweis erbracht ist, daß in der traditionellen Logik etwas Falsches gelehrt wurde. Das ist jedoch insofern nicht der Fall, als dort bekanntlich eine Voraussetzung gemacht wird, die im Logikkalkül nicht gefordert wird [13]. Es wird nämlich stets vorausgesetzt, daß das Urteil „Jedes *S* ist *P*" — und Gleiches gilt für die übrigen Urteile der traditionellen Logik — nur dann wahr ist, wenn es überhaupt Gegenstände gibt, die *S* sind, wenn also, wie man das auch ausdrücken kann, *Sx* nicht leer ist. Wie man weiß, wird diese einschränkende Voraussetzung im Logikkalkül nicht gemacht, um die Behandlung bestimm-

[13] Zum Folgenden vgl. Hilbert und Ackermann, a. a. O., S. 44, und H. Scholz, „Die mathematische Logik und die Metaphysik" in „Philosophisches Jahrbuch", 51. Band. 3. Heft, S. 12.

ter mathematischer Fragen zu ermöglichen. Will man die Sonderfälle der traditionellen Logik im Kalkül miterfassen, so hat man die Schlüsse durch konjunktive Beiordnung von *Ex(Sx)* zu erweitern. Statt (30) erhält man dann:

(42) { *[Ox(Sx seq non-Px)] & [Ex(Sx)]* } *seq [Ex(non-Px seq Sx)]*

Wie man erkennt, ist die Prämisse um die genannte Bedingung erweitert. In analoger Weise bekommt man statt (33):

(43) { *[Ex(Sx seq non-Px)] & [Ex(Sx)]* } *seq [Ex(non-Px seq Sx)]*

In dieser Form lassen sich die Schlüsse als allgemeingültig beweisen. (Vgl. die Tafeln IV und V des Anhangs.)

2. Auffällig und der besonderen Überprüfung wert scheint der Fall der reinen Kontraposition des partikulär bejahenden Urteils zu sein. Hier liegt es umgekehrt wie bei jenen beiden soeben erörterten Schlüssen. Während die Kontraposition hier nach der klassischen Lehre nicht allgemeingültig ist, erweist sie sich im Logikkalkül in der Gestalt der Formel (31) als allgemeingültig. Soweit die in Betracht kommende Literatur herangezogen werden konnte — zeitbedingte Gründe erschwerten eine vollständige Übersicht —, scheint ein derartiger Fall der Divergenz zwischen der traditionellen und der modernen Logik bisher noch nicht behandelt worden zu sein. Die Konsequenzen dieses Ergebnisses sind eigentümliche:

a) Da die Nicht-Allgemeingültigkeit in der traditionellen Theorie durch inhaltliche Erwägungen begründet wird, ergeben sich hier für das Verständnis Schwierigkeiten. Das kann durch folgende einfache Beispiele verdeutlicht werden: Unzulässig ist nach den traditionellen Kontrapositionsgesetzen der Schluß „Wenn mindestens ein Athener ein Philosoph ist, so ist mindestens ein Nicht-Philosoph nicht Athener". Die Prämisse kann offenbar auch dann richtig sein, wenn es keine Nicht-Athener gäbe. Unzulässig wäre ferner der Schluß „Wenn mindestens ein Planet ein von Menschen unbewohnter Stern ist, so ist mindestens ein nicht von Menschen unbewohnter Stern nicht Planet". Und schließlich wäre auch die folgende Kontraposition unerlaubt nach den klassischen Regeln: „Wenn mindestens ein Fall der Determination ein Fall der Kausalität ist, so ist mindestens ein Fall der Nicht-Kausalität ein Fall der Nicht-Determination." Bei Anwendung des diesen Untersuchungen zugrunde gelegten üblichen Logikkalküls sind jedoch alle drei Argumentationen zulässig, da sie sämtlich Anwendungsfälle der Formel (31) darstellen, wovon man sich durch entsprechende Einsetzungen leicht überzeugen kann.

b) Das Gesagte führt zunächst zu der Frage, ob die Umschreibung des Schlusses in eine Formel des Kalküls richtig durchgeführt wurde. Diese Frage ist zu bejahen, denn die Kalkülisierung entspricht der Bedeutung der benutzten logischen Symbole [14].

c) Sodann hat man zu untersuchen, ob der Allgemeingültigkeitsbeweis korrekt ist. Etwaigen Bedenken gegenüber der Dubislavschen Werttafelmethode kann entgegengehalten werden, daß die Allgemeingültigkeit der Formel (31) auch durch Ableitung aus den Axiomen des Prädikatenkalküls nebst den dazugehörigen Operationsregeln, wie sie Hilbert und Ackermann geben, bewiesen werden kann [15].

d) Unterliegen die Untersuchungen keinen Beanstandungen von der unter b) und c) skizzierten Art, steht man vor der Alternative, ob es sich bei der traditionellen Lehre, daß die reine Kontraposition des partikulär bejahenden Urteils nicht allgemeingültig ist, um eine fehlerhafte Denkgewohnheit handelt, oder ob der übliche Logikkalkül im Gegensatz zu der verbreiteten Ansicht, wie sie etwa von Hilbert und Ackermann vertreten wird, nicht in jeder Hinsicht geeignet ist, das logische Denken abzubilden [16], — soweit dies überhaupt im Rahmen einer zweiwertigen Logik geschehen kann. Es scheint also ein Deutungsproblem vorzuliegen. Der hier zur Diskussion gestellte Fall steht übrigens nicht alleine da. Die gleiche Problematik tritt in der Theorie der unmittelbaren Schlüsse auch noch bei der sog. eigentlichen Umkehrung — Konversion im engeren Sinne (vgl. oben unter 1) — auf. Nach der traditionellen Lehre ist bekanntlich das partikulär verneinende Urteil nicht stets rein konvertierbar. Aus der Prämisse „Einige *S* sind nicht *P*" darf man nicht schließen „Einige *P* sind nicht *S*". Diese traditionell nicht-allgemeingültige Konversion hat man im Kalkül wie folgt zu schreiben:

(44) *[Ex(Sx seq nonPx)] seq [Ex(Px seq non-Sx)]*

Auch diese Implikation erweist sich, wie Tafel VI zeigt, als allgemeingültig. Durch Ableitung aus den Axiomen läßt sich dieser den Regeln der traditionellen Logik widersprechende Schluß gleichfalls als allgemeingültig beweisen.

IX.

Abschließend sei noch auf die unter II angeschnittenen Fragen der juristischen Logik kurz eingegangen. Sie werden von den be-

[14] Vgl. J. Jørgensen, a. a. O., S. 143.

[15] A. a. O., S. 56/57. Das Nähere hierzu wird in einer künftigen Veröffentlichung des Verfassers ausgeführt werden.

[16] A. a. O., S. 1.

sprochenen Deutungsschwierigkeiten zunächst nicht betroffen, da bei ihnen partikuläre Urteile nicht zur Anwendung gelangen. Im Rahmen des Logikkalküls ergibt sich nunmehr:

1. Der Schluß (17) ist erlaubt, denn er ist eine Anwendung der bewiesenen Formel (27).

2. Der Beweis für die Nicht-Allgemeingültigkeit von (18), (19) und (20) ist mit Hilfe der Werttafeln leicht zu erbringen. Kalkülisiert nimmt die beanstandete Argumentation die Gestalt der Formel (45) an:

(45) *[Ox(Sx seq Px)] seq [Ox(non-Sx non-Px)]*

bzw. bei entsprechender Einsetzung nach (19):

(46) *[Ox(TKx seq RNx)] seq [Ox(non-TKx seq non-RNx)]*

Zum Beweise der Nicht-Allgemeingültigkeit werde der Fall gewählt, daß *Sx* falsch und *Px* wahr ist. Für die Implikation in der Prämisse hat man dann *F seq W* und erhält nach (40) hierfür *W*. Nach (38) gibt das für die ganze Prämisse *W*. Hingegen bekommt man für die Konklusion den Wert *F*, da die Implikation in ihr gemäß (39) *W seq F* ergibt und daher nach (40) *F* als Wert erhält, was für die Generalisation nach (38) ebenfalls auf *F* führt. Die Implikation zwischen Prämisse und Konklusion erhält danach gemäß (40) den Wert *F*.

Es läßt sich zeigen, welche zusätzliche Bedingung erfüllt sein muß, damit der Schluß allgemeingültig wird. Im Anschluß an (20) war ausgeführt worden, es sei hierzu erforderlich, daß sich Subjektsbegriff und Prädikatsbegriff deckten. Das heißt im Funktionenkalkül, daß neben *Sx seq Px* auch die umgekehrte Implikation gelten muß, also *Px seq Sx*. Die Aussagefunktionen müssen zueinander im Verhältnis der Äquivalenz stehen. Aus Gründen der Anschaulichkeit wird jedoch hier auf die Einführung der Äquivalenzbeziehung und der dazugehörigen Werttafel verzichtet. Stattdessen werden die beiden Implikationen *Sx seq Px* und *Px seq Sx* durch die Konjunktion in der Prämisse miteinander verknüpft. Das Ergebnis ist das gleiche [17]. Die neue Formel lautet sodann:

(47) { *Ox[(Sx seq Px) & (Px seq Sx)]* } *seq [Ox(non-Sx seq non-Px)]*

Und für das juristische Beispiel:

(48) { *Ox[(TKx seq RNx) & (RNx seq TKx]* } *seq [Ox(non-TKx seq non-RNx)]*

Der Allgemeingültigkeitsbeweis wird auf Tafel VII des Anhangs durchgeführt. Wie schon bei den Beweisen von (42) und (43) wird hierbei auch die für die Konjunktion festgesetzte Werttafel (41) benutzt. Die ermittelten Ergebnisse bestätigen in exakt kontrollierbarer Weise das

[17] Vgl. Hilbert und Ackermann, a. a. O., S. 8.

eingangs zu jener Streitfrage der juristischen Logik bereits Gesagte: Die Entscheidung der Kontroverse ist nicht eine Frage des Schließens, sondern ein definitorisches Problem. Auf die Setzung der Prämissen kommt es an.

Ein genaueres Eingehen auf die Probleme der juristischen Logik muß im Rahmen dieser Untersuchung unterbleiben. Nur zum Zwecke der Veranschaulichung der hier interessierenden Schlußform wurde ein Beispiel aus jenem Fragenkomplex angeführt, — womit an eine Tradition angeknüpft wurde, die sich auf Leibniz berufen kann. Den Untersuchungen von Viehweg verdankt man den erneuten Hinweis darauf, daß der Initiator der modernen Logikforschung juristische Beispiele im Rahmen logischer Untersuchungen besonders heranzog [18].

Anhang:

Tafel I:

(27) *[Ox(Sx seq Px)] seq [Ox(non-Px seq non-Sx)]*

(Zur Abkürzung wird innerhalb der Tafeln statt *non-* nur *n-* geschrieben, und statt *seq* nur *s.*)

	a *Sx*	b *Px*	c *Sx s Px*	d *n-Px*	e *n-Sx*	f *n-Px s n-Sx*	g *Ox(c)*	h *Ox(f)*	i *(g) s (h)*
1	W	W	W	F	F	W	W	W	W
2	W	F	F	W	F	F	F	F	W
3	F	W	W	F	W	W	W	W	W
4	F	F	W	W	W	W	W	W	W
5	U	W	W	F	U	W	W	W	W
6	W	U	U	U	F	U	F	F	W
7	U	F	U	W	U	U	F	F	W
8	F	U	W	U	W	W	W	W	W
9	U	U	W; U	U	U	W; U	W; F	W; F	W

(Durch „Bogen" werden die sich auf Grund vorheriger Bewertungen ergebenden Bindungen der Werte angezeigt. Etwa auftretende Mehrdeutigkeiten fallen spätestens in der letzten Kolonne rechter Hand fort.)

[18] Vgl. Th Viehweg, „Die juristischen Beispielsfälle in Leibnizens Ars Combinatoria" in „Beiträge zur Leibniz-Forschung", Reutlingen 1946.

Tafel II:

(28) *[Ox(Sx seq Px)] seq [Ex(non-Px seq non-Sx)]*

	a *Sx*	b *Px*	c *Sx s Px*	d *n-Px*	e *n-Sx*	f *n-Px s n-Sx*	g *Ox(c)*	h *Ex(f)*	i *(g) s (h)*
1	W	W	W	F	F	W	W	W	W
2	W	F	F	W	F	F	F	F	W
3	F	W	W	F	W	W	W	W	W
4	F	F	W	W	W	W	W	W	W
5	U	W	W	F	U	W	W	W	W
6	W	U	U	U	F	U	F	W	W
7	U	F	U	W	U	U	F	W	W
8	F	U	W	U	W	W	W	W	W
9	U	U	W;U	U	U	W;U	W;F	W	W

Tafel III:

(31) *[Ex(Sx seq Px)] seq [Ex(non-Px seq non-Sx)]*

	a *Sx*	b *Px*	c *Sx s Px*	d *n-Px*	e *n-Sx*	f *n-Px s n-Sx*	g *Ex(c)*	h *Ex(f)*	i *(g) s (h)*
1	W	W	W	F	F	W	W	W	W
2	W	F	F	W	F	F	F	F	W
3	F	W	W	F	W	W	W	W	W
4	F	F	W	W	W	W	W	W	W
5	U	W	W	F	U	W	W	W	W
6	W	U	U	U	F	U	W	W	W
7	U	F	U	W	U	U	W	W	W
8	F	U	W	U	W	W	W	W	W
9	U	U	W;U	U	U	W;U	W	W	W

Tafel IV:

(42) { *[Ox(Sx seq non-Px)] & [Ex(Sx)]* } *seq [Ex(non-Px seq Sx)]*

	a *Sx*	b *Px*	c *n-P*	d *Sx s n-Px*	e *Ox (d)*	f *Ex (Sx)*	g *(e) & (f)*	h *n-Px -s Sx*	i *Ex (h)*	j *(g) s (i)*
1	W	W	F	F	F	W	F	W	W	W
2	W	F	W	W	W	W	W	W	W	W
3	F	W	F	W	W	F	F	W	W	W
4	F	F	W	W	W	F	F	F	F	W
5	U	W	F	U	F	W	F	W	W	W
6	W	U	U	U	F	W	F	W	W	W
7	U	F	W	W	W	W	W	U	W	W
8	F	U	U	W	W	F	F	U	W	W
9	U	U	U	W;U	W;F	W	W;F	W;U	W	W

Tafel V:

(43) { *[Ex(Sx seq non-Px)] & [Ex(Sx)]*} *seq [Ex(non-Px seq Sx)]*

(Zur Abkürzung wird Tafel IV fortgesetzt:)

	k *Ex(d)*	l *(k) & (f)*	m *(l) s (i)*
1	F	F	W
2	W	W	W
3	W	F	W
4	W	F	W
5	W	W	W
6	W	W	W
7	W	W	W
8	W	F	W
9	W	W	W

Tafel VI:

(44) *[Ex(Sx seq non-Px)] seq [Ex(Px seq non-Sx)]*

	a *Sx*	b *Px*	c *n-Sx*	d *n-Px*	e *Sx s n-Px*	f *Ex(e)*	g *Px s n-Sx*	h *Ex(g)*	i *(f) s (h)*
1	W	W	F	F	F	F	F	F	W
2	W	F	F	W	W	W	W	W	W
3	F	W	W	F	W	W	W	W	W
4	F	F	W	W	W	W	W	W	W
5	U	W	U	F	U	W	U	W	W
6	W	U	F	U	U	W	U	W	W
7	U	F	U	W	W	W	W	W	W
8	F	U	W	U	W	W	W	W	W
9	U	U	U	U	W; U	W	W; U	W	W

Tafel VII:

(47) { *Ox[(Sx seq Px) & (Px seq Sx)]* } *seq [Ox(non-Sx seq non-Px)]*

	a *Sx*	b *Px*	c *Sx s Px*	d *Px s Sx*	e *(c) & (d)*	f *Ox (e)*	g *n-Sx*	h *n-Px*	i *n-Sx s n-Px*	j *Ox (i)*	k *(f) s (j)*
1	W	W	W	W	W	W	F	F	W	W	W
2	W	F	F	W	F	F	F	W	W	W	W
3	F	W	W	F	F	F	W	F	F	F	W
4	F	F	W	W	W	W	W	W	W	W	W
5	U	W	W	U	U	F	U	F	U	F	W
6	W	U	U	W	U	F	F	U	W	W	W
7	U	F	U	W	U	F	U	W	W	W	W
8	F	U	W	U	U	F	W	U	U	F	W
9	U	U	W; U	W; U	W; F; U	W; F	U	U	W; U	W; F	W

Bemerkungen zur logischen Analyse einiger rechtstheoretischer Begriffe und Behauptungen*

Daß durch die Anwendung der in der modernen Logik entwickelten Methoden der logischen Analyse auch die Lösung von Problemen der Rechtstheorie entscheidend gefördert werden kann, wird heute kaum noch ernstlich bezweifelt. Folgerungen für die rechtstheoretische Forschung werden aus dieser Einsicht indessen nur relativ selten gezogen. Im folgenden soll versucht werden, Ansätze für derartige Möglichkeiten zu skizzieren. Gegenstand der Überlegungen werden dabei die sogenannte Imperativentheorie, der Begriff der Norm und die Logik der Normen sein.

1. In der modernen Rechtstheorie wird die Auffassung, Rechtsnormen seien prinzipiell Sollenssätze, häufig vertreten. Dabei ist mit dieser Ansicht, wie sie in jüngerer Zeit etwa von ENGISCH[1], EMGE[2], Heck[2a], KELSEN[3] und RADBRUCH[3a] vorgetragen wird, nicht gemeint, daß der tatsächliche Sprachgebrauch so sei, sondern daß man aus systematischen Gründen zur Annahme dieser These, die oft als Imperativentheorie bezeichnet wird, gezwungen werde. Gelegentlich knüpft man an diese Feststellung — selbstverständlich ohne sie damit irgendwie systematisch unterbauen zu wollen — einen psychologisch be-

* Die hier vorgelegten Überlegungen waren zum Teil der Gegenstand von Vorträgen, die der Verfasser am 13. und 14. Oktober 1960 an den Universitäten Stockholm und Uppsala gehalten hat.

[1] *Engisch, Karl,* Einführung in das juristische Denken, 2. Aufl., Stuttgart 1959, S. 21; ders., Logische Studien zur Gesetzesanwendung, 2. Aufl., Heidelberg 1960, S. 1ff.

[2] *Emge, Carl August,* Vorschule der Rechtsphilosophie, Berlin 1925, S. 29, 31ff.; ders., Einführung in die Rechtsphilosophie, Frankfurt/M. und Wien 1955, S. 138, 142ff., insbes. S. 143/144.

[2a] *Heck, Philipp,* Interessenjurisprudenz, Tübingen 1933, S. 10.

[3] *Kelsen, Hans,* Reine Rechtslehre, 2. Aufl., Wien 1960, S. 15, 16.

[3a] *Radbruch, Gustav,* Vorschule der Rechtsphilosophie, 2. Aufl., Göttingen 1959, S. 87.

merkenswerten negativen Wertakzent. „Die Imperativentheorie stellt sich", wie ENGISCH[4] schreibt, „als eine Art von rechtsphilosophischem Pessimismus dar." Alles Positive, was das Recht gewähre, scheine nach der Imperativentheorie nur im Nichtgebundensein durch Imperative, im Freisein von „lästigem Fordern" und „strengem Sollen" zu bestehen. Ähnlich äußert sich EMGE[5]. In der Notwendigkeit, beim Recht von einem Sollen ausgehen zu müssen, liege ein eigentümlich negatives Moment. Insofern sei der Pessimismus die Grundlage der juristischen Anschauung, und der Jurist sei Misanthrop. — Gelegentlich führt das Phänomen des Sollenssatzes allerdings auch zu einer ziemlich überraschenden Hochstimmung. So etwa, wenn JUNG unter Bezugnahme auf einen Roman von Hermann BURTE die etwas wunderliche These vertritt, das Höchste in der Welt sei der Befehl[6].

Es fragt sich indessen, ob es einen solchen „Zwang zum Sollen" im Sinne einer logischen Notwendigkeit gibt.

2. Geht man von der semantischen Erwägung aus, daß es nicht sinnvoll zu sein scheint, von einer Rechtsnorm zu sagen, sie sei wahr oder falsch, liegt es nahe, für die Abbildung der logischen Strukturen von Rechtsnormen nach besonderen Kalkülen außerhalb des Rahmens der üblichen Aussagen- und Prädikatenlogik zu suchen. Es bieten sich deshalb die Modalkalküle, die BECKER und VON WRIGHT[7] vorgelegt haben, an. Sie seien hier herangezogen:

a) Bekanntlich benutzt VON WRIGHT in dem von ihm Deontic Logic genannten Kalkül Handlungen (acts) als Grundbegriffe, auf die zwei deontische Operatoren P (abgeleitet von permitted) und O (abgeleitet von obligatory) angewandt werden. Ist eine Handlung A erlaubt, so wird der Satz, A ist erlaubt, im Kalkül geschrieben: PA. Hierbei ist das Symbol P, das die Modalität des Erlaubtseins ausdrückt, der einzige undefinierte deontische Operator. Soll zum Ausdruck gebracht werden, daß eine Handlung A verboten ist, so kann das mit Hilfe der Negation geschehen, indem man $\neg$ (PA) — lies: es ist falsch, daß A erlaubt ist — schreibt. Und der Satz, daß A geboten ist, erhält die Form $\neg$ (P $\neg$ A), die besagt, es ist falsch, daß Nicht-A, d. h. das Nichtvollziehen der Handlung A, erlaubt ist. Als abkürzende Schreibweise führt VON WRIGHT für $\neg$ (P $\neg$ A) die Form OA ein. Sie entspricht der Redeweise: A ist

[4] A. a. O. Einführung, S. 25.

[5] A. a. O. Einführung, S. 139.

[6] *Jung, Erich,* Deutsche Rechtsphilosophie, München 1935, S. 36.

[7] *Becker, Oskar,* Untersuchungen über den Modalkalkül, Meisenheim/Glan 1952; *von Wright, George Henrik,* Deontic Logic, in: Mind, Vol. LX, Nr. 237 (1951), S. 1ff.

geboten. Es wird also der Operator O definitorisch in den Kalkül als abgeleitetes Symbol mit Hilfe des Operators P eingefügt. Da OA zugleich bedeutet, daß die Handlung A vollzogen werden soll, oder kürzer: A soll sein, hat man es hier mit einem für die Darstellung von Sollenssätzen geeigneten Kalkül zu tun, der auf dem Grundbegriff der Erlaubnis oder, was dasselbe besagt, auf dem Grundbegriff des Dürfenssatzes aufbaut und bei dem der Begriff des Gebotes, also des Sollenssatzes, lediglich ein abgeleiteter, prinzipiell ausmerzbarer Begriff ist. — Zur Sprachregelung sei bemerkt, daß hier und im folgenden die Ausdrücke „Gebot" und „Sollenssatz" sowie „ist geboten" und „soll sein" stets synonym verwendet werden. Das gleiche gilt für die Bezeichnungen „Erlaubnis" und „Dürfenssatz" bzw. „ist erlaubt" und „darf sein".

b) Etwas anders geht BECKER bei der normativ-juristischen Deutung seines Modalkalküls vor[8]. Als normative Modi ersten Grades werden das Geboten- und das Erlaubtsein zugrunde gelegt, und zwar als Operatoren in bezug auf irgendwelche Handlungen p, q, r oder die entsprechenden Unterlassungen $\neg$ p, $\neg$ q, $\neg$ r. Für den Imperativ „die Handlung p ist geboten" — oder kürzer: „p soll sein" — wird hier geschrieben: G p. Und dem Satz „p ist erlaubt" („p darf sein") entspricht die Schreibweise E p. Daß p verboten ist, kann demgemäß durch G $\neg$ p oder durch $\neg$ Ep ausgedrückt werden. Zu lesen wäre die erste Formel als „die Unterlassung von p ist geboten" oder „p soll nicht sein" und die zweite als „p ist nicht erlaubt". Dies entspricht genau dem deontischen Kalkül von VON WRIGHT; denn von O $\neg$ A, was dem G $\neg$ p bei BECKER entspricht, kann man ex definitione über $\neg$ (P $\neg$ $\neg$ A) zu $\neg$ (PA) übergehen. Obwohl BECKER von den beiden Modi G und E ausgeht, braucht auch bei seinem Kalkül nur einer der beiden zugrunde gelegt zu werden. Benutzt man das Erlaubtsein als undefinierten Grundbegriff, dann kann Gp als abkürzende Schreibweise für $\neg$ E $\neg$ p eingeführt werden. Auch hier hat man dann einen normativen Kalkül, in dem der Begriff des Sollens grundsätzlich überflüssig ist.

c) Aufbauend auf den Kalkülen, die VON WRIGHT und BECKER vorgelegt haben, läßt sich demnach schon mit sehr elementaren Mitteln zeigen, daß es nicht erforderlich ist, Rechtsnormen als Sollenssätze zu interpretieren. Das Sollen braucht kein Grundbegriff der Rechtstheorie zu sein. Man ist in der Wahl des normativen Grundmodus frei. Es kann für die Darstellung eines Rechtsnormensystems die Sprache der Sollenssätze (S-Sprache) in vollem Umfang durch eine Sprache der Dürfenssätze (D-Sprache) oder auch durch eine Sprache der Verbotssätze (V-Sprache)

[8] A. a. O. S. 40ff.

ersetzt werden. Dies zeigt folgender Überblick, wobei H und I irgendwelche Handlungen und die Negationen $\neg$ H und $\neg$ I die Unterlassungen dieser Handlungen bedeuten, ferner E den Operator „ist erlaubt“ (= „darf sein“), G den Operator „ist geboten“ (= „soll sein“) sowie V den bei Becker und von Wright nicht benutzten Operator „ist verboten“:

aa) Semantische Regelungen in der *D-Sprache:*

E H bedeutet: Die Handlung H ist erlaubt. H darf sein. Sodann wird definiert:

$$G\,H =_{Df} \neg E \neg H$$

Das Definiens bedeutet: Die Unterlassung von H ist nicht erlaubt.
Das Definiendum bedeutet: Die Handlung H ist geboten. H soll sein.

$$V\,H =_{Df} \neg E\,H$$

Das Definiens bedeutet: Die Handlung ist nicht erlaubt.
Das Definiendum bedeutet: Die Handlung ist verboten.

bb) Semantische Regelungen in der *S-Sprache:*

G H bedeutet: Die Handlung H ist geboten. H soll sein. Definitionen:

$$E\,H =_{Df} \neg G \neg H$$

Das Definiens bedeutet: Die Unterlassung von H ist nicht geboten.
Das Definiendum bedeutet: H ist erlaubt.

$$V\,H =_{Df} G \neg H$$

Das Definiens bedeutet: Die Unterlassung von H ist geboten.
Das Definiendum bedeutet: H ist verboten.

cc) Semantische Regelungen in der *V-Sprache:*

V H bedeutet: Die Handlung H ist verboten. Eine dem Dürfen und Sollen bei aa) und bb) entsprechende Ausdrucksweise für das Verbot fehlt in der deutschen Sprache.
Definitionen:

$$E\,H =_{Df} \neg V\,H$$

Das Definiens bedeutet: H ist nicht verboten.
Das Definiendum bedeutet: H ist erlaubt.

$$G\,H =_{Df} V \neg H$$

Das Definiens bedeutet: Die Unterlassung von H ist verboten.
Das Definiendum bedeutet: H ist geboten.

Der Überblick zeigt, daß in der D-Sprache die Modaloperatoren G und V prinzipiell überflüssig sind. Alle Ausdrücke, in denen sie vorkommen, lassen sich durch Rückübersetzung so umformen, daß man allein mit dem Operator E auskommt. Das bedeutet nicht mehr und nicht weniger, als daß man Rechtsnormsysteme ohne die Benutzung von Sollenssätzen darstellen kann. Andererseits zeigen die Regelungen der S- und der V-Sprache, daß man in analoger Weise auch auf Dürfens- und Verbotssätze verzichten kann. Diese wechselseitige Austauschbarkeit ist der formallogische Sachverhalt, den EMGE offenbar meint, wenn er von der gleichen logischen Dignität des Sollens und Dürfens spricht[9]. Allerdings muß man hinzufügen, daß sich die Äquivalenz darüber hinaus auch noch auf den Modus des Verbotenseins erstreckt.

Eine bemerkenswerte Konsequenz dieser Feststellung dürfte die Erkenntnis sein, daß man in der Rechtstheorie auf eine Imperativentheorie vollkommen verzichten kann. Man braucht, um mit WITTGENSTEIN[10] zu sprechen, nur ein anderes „Sprachspiel" zu wählen, und sogleich verschwindet der Anlaß für jenen eingangs erwähnten rechtsphilosophischen Pessimismus. Aus dem juristischen „Misanthropen" wird ein „Philanthrop", wenn man die D-Sprache wählt.

Angewandt auf die Ethik ergibt sich die Möglichkeit, den kategorischen Imperativ von KANT[11] durch eine „kategorische Erlaubnis" zu ersetzen. Aus der strengen Pflichtethik wird dann eine äquivalente „freundliche Erlaubnisethik"; aber auch die Umformung in eine, um im Bilde zu bleiben, noch strengere „Verbotsethik" ist zulässig. Man sieht hier, wie bedenklich es ist, systematische Aussagen mit emotionalen Qualitäten zu verknüpfen. Analoges gilt für KANTS „Allgemeines Prinzip des Rechts", bei dem ebenfalls auf den Modus des Sollens verzichtet werden kann[12].

Vereinbart man, daß die drei Begriffe des Sollens-, Dürfens- und Verbotssatzes Teilklassen der Klasse der Direktiven sind, dann darf man den obigen Überblick einen Ansatz zu einer *„Logik der Direktiven"* nennen.

Verwendet man die Bezeichnung Norm wie KELSEN[13] in Abweichung von dem üblichen Sprachgebrauch ebenfalls als Oberbegriff für jene drei

[9] *Emge, Carl August,* Vorschule der Rechtsphilosophie, S. 29.

[10] *Wittgenstein, Ludwig,* Philosophische Untersuchungen, Frankfurt/M. 1960, S. 293ff., 478.

[11] *Kant, Immanuel,* Kritik der praktischen Vernunft, 1. Teil, 1. Buch, 1. Hauptstück § 7.

[12] *Kant, Immanuel,* Metaphysik der Sitten, 1. Teil: Metaphysische Anfangsgründe der Rechtslehre, Einleitung in die Rechtslehre, § C.

[13] A. a. O. S. 4.

Teilklassen der Direktiven, dann ist man berechtigt, in entsprechender Weise von einer „*Logik der Normen*" zu sprechen.

Terminologische Divergenzen, die sich durch den von KELSEN benutzten Ermächtigungsbegriff ergeben und auf die hier nicht näher eingegangen werden kann, dürften sich leicht ausgleichen lassen. BECKER a. a. O. S. 46 verwendet ausdrücklich „erlauben" und „ermächtigen" synonym.

d) Als Beispiele für Gesetze einer derartigen Logik der Direktiven bzw. Logik der Normen seien die folgenden genannt:

aa) $$E\,(H \,\&\, I) \rightarrow E\,H \,\&\, E\,I$$

Dieses Gesetz erwähnt BECKER a. a. O. S. 43, VON WRIGHT a. a. O. S. 13. Zur Erläuterung der Nichtumkehrbarkeit dieser Implikation benutzt BECKER eine Wahlrechtssituation. Es bedeute etwa H die Handlung des Wählens der Partei A und I das Wählen der Partei B. Dann gilt E H & E I. Es ist aber nicht erlaubt, A und B gleichzeitig zu wählen, d. h. E(H & I) gilt nicht.

bb) $$(GH \vee GI) \rightarrow G(H \vee I)$$

Vgl. BECKER a. a. O. S. 43 und VON WRIGHT a. a. O. S. 13. Auch diese Implikation gilt nicht in umgekehrter Richtung.

cc) Ein weiteres Gesetz wäre nach VON WRIGHT a. a. O. S. 5 die Implikation:

$$(E\,H \rightarrow E\,I) \rightarrow (\neg\, E\,I \rightarrow \neg\, E\,H)$$

Der in der juristischen Logik oft erwähnte Umkehrschluß, das sog. Argumentum e contrario, erhält in dem hier benutzten Direktiven- bzw. Normenkalkül unter Benutzung der intensiven Implikation[14] die folgende allgemeingültige Form:

$$(E\,H \Rightarrow E\,I) \rightarrow (\neg\, E\,H \rightarrow \neg\, E\,I)$$

e) Eine Anwendung im speziellen Bereich der Strafrechtsdogmatik ergibt sich bei logischer Analyse der Begriffe des gebotenen, des erlaubten und des verbotenen Risikos sowie der hiermit zusammenhängenden weiteren strafrechtsdogmatischen Begriffe der *Sozialkongruenz* und der *Sozialadäquanz*[15]. Hinzuzufügen ist allerdings der im Strafrechtssystem

[14] *Klug, Ulrich,* Juristische Logik, 2. Aufl., Berlin/Göttingen/Heidelberg 1958, S. 33, 34; und S. 132 die Formel (10.5.) zum Umkehrschluß. Kritisch dazu vgl. *H. Fiedler* in: Archiv für Rechts- und Sozialphilosophie, Bd. XLV (1959), S. 439.

[15] *Klug, Ulrich,* Sozialkongruenz und Sozialadäquanz im Strafrechtssystem, in: Festschrift für *Eberhardt Schmidt,* Göttingen 1961, S. 249ff.

bisher nicht berücksichtigte Begriff der *Sozialantinomie*. Im Rahmen der Lehre von den Strafbarkeitsvoraussetzungen ist eine sozialkongruente Handlung ein gebotenes, eine sozialadäquate Handlung ein erlaubtes, eine sozialantinomische Handlung ein verbotenes Verhalten. Die Darstellung in dem angewandten Kalkül bereitet keine Schwierigkeiten. Es habe daher bei diesem Hinweis sein Bewenden.

f) Kompliziertere logische Verhältnisse ergeben sich dann, wenn es sich z. B. darum handelt, daß eine Erlaubniserteilung angeordnet wird. Hier kommt man zu einem modalen Stufenkalkül, wie ihn BECKER im Rahmen seines normativ-juristisch gedeuteten Modalkalküls erwähnt[16]. Ordnet etwa der Gesetzgeber an, daß bestimmte Verwaltungsstellen eine bestimmte Handlung H zu erlauben haben, dann ergibt sich der zusammengesetzte Modalausdruck:

$$G\,E\,H$$

Für die Erlaubnis, die Handlung H anzuordnen, ergibt sich:

$$E\,G\,H$$

Als weitere Kombinationen der beiden modi G und E kommen noch in Betracht

$$G\,G\,H$$

und

$$E\,E\,H$$

Auch bei einem Zweistufenkalkül, wo es sich also um Direktiven über Direktiven oder Normen über Normen handelt, kann auf Sollenssätze nach Maßgabe der oben erwähnten D-Sprache verzichtet werden; denn unter Benutzung der entsprechenden Definitionen kann statt

$$G\,E\,H$$

der zusammengesetzte Modalausdruck

$$\neg E \neg E\,H$$

benutzt werden. An die Stelle von

$$E\,G\,H$$

tritt dann

$$E \neg E \neg H$$

und von

$$G\,G\,H$$

[16] A. a. O. S. 45, 46.

kommt man über

$$\neg E \neg \neg E \neg H$$

zu

$$\neg E E \neg H .$$

Der Vollständigkeit halber sei noch erwähnt, daß man selbstverständlich auch allein mit dem bei von Wright und Becker nicht benutzten Modus V, also mit einer V-Sprache auskommen kann. Anstelle von

$$E E H$$

wäre dann

$$\neg V \neg V H$$

zu schreiben.

3. Man wird sich indessen fragen müssen, ob es für die logische Analyse von Rechtsnormensystemen überhaupt nötig ist, sich auf Modalkalküle zu stützen. Das ist jedenfalls dann nicht erforderlich, wenn man das Sollen, das Dürfen und das Verbotensein als Eigenschaften interpretiert; denn dann kann man den üblichen Prädikatenkalkül zur Darstellung der logischen Strukturen benutzen. Deutet man außerdem auch das Handlungsein als eine Eigenschaft, kommt man zu Prädikaten von Prädikaten, also zu einem Stufenkalkül. Eine solche Darstellung wäre von der gleichen Anschaulichkeit wie die im vorstehenden skizzierten Modalkalküle, hätte aber den Nachteil, daß sich die bekannten, für den Stufenkalkül charakteristischen, mit der Typentheorie und anderen Problemen zusammenhängenden kalkültechnischen Schwierigkeiten einstellen würden.

Es lassen sich aber, wie bereits an anderer Stelle gezeigt[17], die in Betracht kommenden Grundstrukturen auch im einfachen Prädikatenkalkül abbilden. Will man z. B. sagen, daß bestimmte Handlungen H' erlaubt sind, kann man

$$(x)\,(H'\,(x) \rightarrow E(x))$$

schreiben. Und daß eine bestimmte Handlung H' geboten ist, kann ebenfalls mit Hilfe der Eigenschaft des Erlaubtseins ohne die Verwendung eines das Gesolltsein ausdrückenden Prädikates folgendermaßen zum Ausdruck gebracht werden:

$$(x)\,(\neg H'\,(x) \rightarrow \neg E\,(x))$$

Hiervon ausgehend können dann die weiteren Möglichkeiten leicht entwickelt werden.

[17] *Klug,* Juristische Logik, 2. Aufl., S. 153.

4. Ein anderer, soweit ersichtlich bisher noch nicht beschrittener Weg[17a] zur logischen Analyse von Rechtsnormensystemen und sonstigen Systemen von Direktiven führt über die folgende Abwandlung der Deutung des üblichen zweiwertigen Aussagenkalküls:

a) An die Stelle der Aussagen treten als Grundbegriffe die Normen p, q, r . . ., verstanden als Direktiven im oben erwähnten Sinne. Die Norm p kann also ein Sollenssatz oder ein Dürfenssatz oder ein Verbotssatz sein.

b) Während unter einer Aussage ein sprachlicher Ausdruck verstanden wird, der entweder wahr oder falsch ist, sei unter einer Norm p der sprachliche Ausdruck einer Direktive, d. h. eines Sollens-, Dürfens- oder Verbotssatzes verstanden, die entweder gültig (G) oder ungültig (U) ist. Die Norm p kann also keinen Wahrheitswert, sondern nur einen Geltungswert, nämlich entweder G oder U haben.

c) Auf Grund dieser semantischen Regelung ergibt sich alles Weitere für die Interpretation des Aussagenkalküls als eines Normenkalküls zwangsläufig. Syntaktisch ändert sich nichts. An die Stelle der Wahrheitswerttafel tritt die Geltungswerttafel. Aus der Negation der Aussage wird die Negation der Norm. Daraus folgt: Wenn die Norm p gültig ist, ist $\neg$ p ungültig. Und ist p ungültig, so ist $\neg$ p gültig.

An die Stelle der Aussagenverknüpfungen treten die Normenverknüpfungen. Die Normenimplikation p $\rightarrow$ q besagt, daß die Norm p hinreichende Bedingung ist für die Norm q. Aussagenkalkül und Normenkalkül sind bei dieser Auffassung strukturgleich, isomorph. Den aussagenlogischen Gesetzen entsprechen daher isomorphe normenlogische Gesetze.

Aus der Zahl dieser Gesetze[18] seien lediglich herausgegriffen:

aa) Das Identitätsprinzip: $p \equiv p$

Es besagt im Normenkalkül, daß eine Norm stets mit sich selbst äquivalent ist.

bb) Das Nichtwiderspruchsprinzip: $\neg (p \,\&\, \neg p)$

Das Prinzip besagt, daß die Konjunktion einer Norm mit ihrem Negat stets zur Ungültigkeit führt, oder genauer: daß die Ungültigkeit der aus der Norm p und ihrem Negat zusammengesetzten Norm stets gültig ist,

[17a] Jetzt auch *Schreiber, Rupert,* „Logik des Rechts", Berlin/Göttingen/Heidelberg 1962, S. 26, 39 und 65 ff.

[18] Für die aussagenlogischen Gesetze vgl. u. a. *Bocheński, J. M.,* und *Menne, Albert,* Grundriß der Logistik, Paderborn 1954, §§ 5 und 6; und *Carnap, Rudolf,* Einführung in die symbolische Logik, 2. Aufl., Wien 1960, Kapitel 8.

gleichgültig ob p selbst gültig oder ungültig ist. In diesen Zusammenhang gehört auch das Gesetz

$$(p \,\&\, \neg p) \rightarrow q,$$

in dem zum Ausdruck gebracht wird, daß die widersprüchliche Setzung einer Norm und ihres Negates jede Norm impliziert. Dies normlogische Gesetz entspricht dem aussagenlogischen Gesetz „ex falso sequitur quodlibet".

cc) Das Prinzip der doppelten Negation: $\neg \neg p \equiv p$
Das Prinzip bringt zum Ausdruck, daß die Ungültigkeit der Ungültigkeit einer Norm der Gültigkeit dieser Norm äquivalent ist.

dd) Das Prinzip vom ausgeschlossenen Dritten: $p \vee \neg p$
Die Norm p ist gültig oder ungültig, ein Drittes gibt es nicht.

ee) Ein Gesetz von der Reduktion der Implikation:

$$(p \rightarrow q) \equiv (\neg p \vee q)$$

Hier wird die Bedeutung der Normenimplikation besonders klar; denn nach dieser Formel ist der Ausdruck, daß die Norm p die Norm q impliziere, gleichwertig dem Ausdruck, daß p ungültig oder q gültig sei.

ff) Normlogische reductio ad absurdum:

$$(p \rightarrow q) \,\&\, (p \rightarrow \neg q) \rightarrow \neg p$$

Wenn die Norm p die Norm q und zugleich ihr Negat impliziert, so ist p ungültig.

gg) Normlogischer modus ponendo ponens:

$$((p \rightarrow q) \,\&\, p) \rightarrow q$$

Falls p q impliziert und p gesetzt ist, dann q.

hh) Normlogischer modus tollendo tollens:

$$[(p \rightarrow q) \,\&\, \neg q] \rightarrow \neg p$$

Falls p q impliziert und non-q, dann non-p.

5. Glaubt man, zur Darstellung der logischen Struktur von normativen Systemen nicht mit zwei Geltungswerten auskommen zu können, lassen sich auch mehrwertige Kalküle als Normenlogik deuten. Für einen dreiwertigen Normenkalkül könnte, wie BOCHEŃSKI-MENNE erwähnen, etwa festgelegt werden, daß eine Norm p *vollgültig, teilweise gültig* oder *ungültig* sein kann[19]. Hieraus ergeben sich dann bemerkenswerte andere

[19] Vgl. *Boche'ski-Menne* a. a. O. § 25 mit weiteren Hinweisen vor allem auf *Łukasiewicz, Post* und *Reichenbach*.

normlogische Gesetze. So tritt z. B. an die Stelle des Satzes vom ausgeschlossenen Dritten das Prinzip vom ausgeschlossenen Vierten.

6. Als erste Ergebnisse der skizzierten Ansätze kommen die nachstehenden Thesen in Betracht:

a) Es besteht keine zwingende Notwendigkeit, Rechtsnormen in Sollenssätzen zu formulieren. Auf eine *Imperativentheorie* kann man verzichten.

b) *Der Begriff der Norm* ist als rechtstheoretischer Grundbegriff nur dann nicht zu eng und deshalb nur dann nicht ungeeignet, wenn er im Sinne des Begriffs der Direktive als Oberbegriff für Sollens-, Dürfens- und Verbotssätze definiert wird.

c) Für die Abbildung der Logik der Direktiven bzw. der *Logik der Normen* gibt es mannigfache Möglichkeiten, sei es im Bereich der Modalkalküle, sei es im Rahmen der üblichen, nur anders zu interpretierenden zwei- oder mehrwertigen Kalküle.

d) Besonders brauchbar für rechtstheoretische Analysen scheint die Umdeutung des traditionellen Aussagenkalküls mit zwei Wahrheitswerten in einen isomorphen *Normenkalkül* mit zwei Geltungswerten zu sein.

e) Die von KELSEN[20] aufgeworfene Frage, wie logische Prinzipien, insbesondere der Satz vom Widerspruch und die Regeln der Schlußfolgerung, auf das Verhältnis zwischen Rechtsnormen angewendet werden können, wenn diese Prinzipien nur auf Aussagen anwendbar sind, die wahr oder unwahr sein können, und auf die KELSEN antwortet, daß diese Anwendung indirekt, nämlich vermittelt durch die Anwendung auf Sätze über Normen, erfolge, kann wie folgt beantwortet werden:

Die Frage der Anwendung logischer Prinzipien auf Systeme von Rechtsnormen ist lediglich ein Problem der Semantik. Es bestehen keine prinzipiellen Hindernisse für die Interpretation von geeignet erscheinenden Kalkülen als normenlogische Systeme. Daß die Frage gestellt werden muß, ob ein gegebener Kalkül sich für die Darstellung einer Normenlogik eignet, ist nichts Besonderes. Auch die Deutung eines Kalküls als Aussagen- oder Prädikatenkalkül setzt selbstverständlich ein solches Geeignetsein voraus. Die von KELSEN herangezogene Prämisse, daß logische Prinzipien nur auf Aussagen, die wahr oder unwahr sein können, anwendbar sind, braucht nicht übernommen zu werden. Die genaue Begründung für die Eignung eines Kalküls zur in Rede stehenden Interpretation ist ein Problem der Metalogik, also der auf die Logik selbst bezogenen Grundlagenforschung.

[20] A. a. O. S. 77.

Rechtslücke und Rechtsgeltung

A. Zum Stand des Problems der Lücke im Recht

I. Von Lücken im Recht wird im Rahmen juristischer Argumentation oft gesprochen. Das Problem der Lücke ist offensichtlich für die Praxis und für die Theorie des Rechts bedeutungsvoll. Bei seiner Diskussion wird man am zweckmäßigsten so vorgehen, daß man nacheinander die drei Fragen erörtert:

1. Was ist eine Lücke im Recht?
2. Unter welchen Bedingungen kommen Lücken im Recht vor?
3. Wie werden Lücken im Recht beseitigt?

Der Terminus Recht wird hier in seiner weitesten Bedeutung als Normensystem, System von Direktiven usw. benutzt.

II. Die Frage, *was eine Lücke im Recht sei,* hat im rechtswissenschaftlichen Schrifttum die verschiedensten Antworten gefunden. Man pflegt sich jedoch im allgemeinen darin einig zu sein, daß von einer Lücke in einem vorgegebenen Normensystem N gesprochen wird, wenn es einen Sachverhaltstyp St gibt, der von N nicht geregelt wird, obwohl man eine Regelung von St durch N „erwartet" hat. Der Grund für diese „Erwartung" wird meist im „Rechtsgefühl" gesehen. Im einzelnen werden mancherlei Arten von Lücken unterschieden, wobei allerdings die systematischen und die genetischen Merkmale oft nicht genau genug auseinandergehalten werden. Hauptsächlich werden folgende meist paarweise miteinander verbundene Lücken-Arten genannt (vgl. hierzu NIPPERDEY, §§ 58, 59):

1. *Echte und unechte Lücken*: Eine echte Lücke ist, wie man zu sagen pflegt, das Fehlen einer erwarteten Regelung von St durch N. Manche nennen diese Lücke auch eine *eigentliche* Lücke. Eine unechte – oder auch *uneigentliche* – Lücke wird dagegen angenommen, wenn St durch N geregelt ist, diese Regelung aber als falsch angesehen wird. Die unechte oder uneigentliche Lücke wird deshalb vielfach auch eine *rechtspolitische* oder *kritische* Lücke genannt. Fehlt eine Regelung von St durch

N und gilt gleichzeitig der Satz, daß alle Sachverhalte, die nicht geregelt sind, nicht geregelt sein sollen, so hat man es nach dieser Meinung ebenfalls mit einer unechten Lücke zu tun, denn St ist dann dadurch von N geregelt, daß N nicht eingreift, sondern die Ordnung von St der Willkür der Beteiligten überläßt. Von einer Lücke wird hier dann gesprochen, wenn diese Art der negativen Regelung als falsch angesehen wird. Auch diese Lücke ist also eine unechte Lücke. Sie bildet einen Unterfall der oben genannten unechten Lücke. Zur Vermeidung von Verwechslungen hat ENGISCH vorgeschlagen, die Sprachregelung folgendermaßen festzulegen: Der Oberbegriff ist der Mangel in Bezug auf N. Dieser Mangel kann entweder eine Lücke oder ein Fehler sein. Unter einer Lücke soll dann allein die *echte* Lücke verstanden werden, während die *unechte* Lücke nur noch ein Fehler genannt werden soll. (ENGISCH 1, S. 94). Ähnlich unterscheidet GURADZE (S. 172) zwischen der echten Lücke als einer *Regelungslücke de lege lata* einerseits und der unechten Lücke, die er einen *Fehler de lege ferenda* nennt, andererseits.

2. *Absichtliche und unabsichtliche Lücken*: Bei diesen Lücken-Arten kommt es auf den Willen desjenigen an, der N festgesetzt hat. Will er die Lücken, um ihre Ausfüllung anderen, also etwa den Gerichten, zu überlassen, dann ist die Lücke eine absichtliche. Diese Lücke wird deshalb oft auch eine *gewollte* oder *bewußte* Lücke genannt. Der Gegenbegriff ist die unabsichtliche oder *ungewollte* oder *unbewußte* Lücke.

3. *Primäre und sekundäre Lücken*: Primäre Lücken sind solche, die schon bei der Entstehung von N vorhanden waren, sekundäre dagegen solche, die erst später – etwa durch eine nachträgliche Änderung der Verhältnisse – aufgetreten sind.

Bei den sekundären Lücken wird von manchen noch ein Unterschied gemacht zwischen solchen, die durch eine Änderung der tatsächlichen Verhältnisse, insbesondere durch technische Fortschritte entstehen, und solchen, die sich durch geänderte Wertungen ergeben, indem man z. B. später ein Verhalten als nicht strafwürdig ansieht, das bei Erlaß der betreffenden Normen für strafwürdig gehalten wurde (ENGISCH 1, S. 90). Andererseits werden die primären Lücken gelegentlich noch in *unentschuldbare* und *entschuldbare* eingeteilt, je nachdem ob die Lücken durch ein versehentliches Übersehen von möglichen Lebensfällen seitens desjenigen, der N erlassen hat, entstanden ist, oder ob das nicht der Fall war. Die erstgenannten, unentschuldbaren sind nach HECK hauptsächlich Anschauungslücken (ENGISCH 1, S. 90).

4. *Gesetzes- und Rechts-Lücken*: Bei dieser Unterscheidung werden zwei verschiedene Normensysteme N_1 und N_2 als bestehend vorausgesetzt, so daß die Lücken danach eingeteilt werden, ob es sich um das Fehlen einer erwarteten Regelung von St durch N_1 oder durch N_2 handelt. Unter einem Gesetz wird ein von einem Gesetzgeber erlassenes positives Normensystem (N_1) verstanden. Das Recht wird dabei als übergeordnetes Normensystem (N_2) angesehen. Es wird infolgedessen vielfach übergesetzlich genannt. Das Gesetz ist nach dieser Auffassung ein empirisches Normensystem, das Recht jedoch ein nicht-empirisches, d. h. apriorisches Normensystem.

5. *Vorläufige Gesetzeslücke*: Dieser Begriff baut auf der Unterscheidung zwischen Gesetzes- und Rechts-Lücken auf. Es werden also ebenfalls zwei Normensysteme vorausgesetzt, und zwar eine positive Gesetzesordnung – sie werde wiederum mit N_1 bezeichnet – und eine übergesetzliche Rechtsordnung, die N_2 genannt sei. Eine vorläufige Gesetzeslücke (Engisch 1, S. 87) liegt vor, wenn eine für St erwartete Regelung durch N_1 fehlt, diese Lücken aber mit Hilfe von N_2 ausgefüllt werden. Die Gesetzeslücke ist mithin vorläufig, weil die Regelung von St durch N_2 an die Stelle der fehlenden Regelung von St durch N_1 tritt. Man hat es hier also mit einer vorläufigen *Gesetzes*lücke zu tun, nicht aber mit einer *Rechts*lücke.

6. *Immanente und transzendente Lücken*: Diese beiden Lücken-Arten setzen wiederum das Bestehen von zwei verschiedenen Normensystemen N_1 und N_2 voraus. Bei beiden Lücken handelt es sich jedoch um das Fehlen einer erwarteten Regelung von S durch ein und dasselbe System N_1. Immanent ist die Lücke dann, wenn sie sich aus N_1 ergibt, transzendent aber dann, wenn sie sich aus N_2 ergibt. M. a. W.: Bei der immanenten Lücke wird die durch das Fehlen der Regelung von S durch N_1 enttäuschte Erwartung aus N_1 begründet. Im Falle der transzendenten Lücke wird dagegen die durch das Fehlen der Regelung von S durch N_1 enttäuschte Erwartung aus N_2 begründet. Ist N_1 beispielsweise ein positives Gesetz und N_2 ein Naturrechtssystem, dann besagt die hier in Rede stehende Unterscheidung:

Sowohl bei der immanenten als auch bei der transzendenten Lücke handelt es sich um eine *Gesetzes*lücke, also um das Fehlen einer erwarteten Regelung von S durch das Gesetz. Von einer immanenten Lücke wird gesprochen, wenn sich die enttäuschte Erwartung aus dem Gesetz selbst herleitet. Eine transzendente Lücke liegt dagegen vor, wenn die enttäuschte Erwartung sich nicht aus dem als lückenhaft angesehenen Gesetz, sondern aus dem Naturrecht ergibt. In beiden Fällen ist im Rahmen dieses Beispiels die Lücke aber eine Gesetzeslücke, keine Naturrechtslücke.

7. *Lücke und rechtsleerer (rechtsfreier) Raum*: Die Abgrenzung der Lücke von dem rechtsleeren Raum bereitet im bisherigen rechtstheoretischen Schrifttum Schwierigkeiten, obwohl man sich im allgemeinen darin einig ist, daß es Sphären gibt, die der rechtlichen Normierung überhaupt nicht zugänglich und deshalb rechtsleer sind. Schwierig ist die Abgrenzung zum Lücken-Begriff, weil es nach der üblichen Terminologie absichtliche Lücken gibt, und man deshalb nicht einfach definieren kann, der rechtsfreie Raum sei der Bereich der absichtlich nicht geregelten Sachverhalte. ENGISCH schlägt vor, von einem rechtsleeren Raum dann und nur dann zu sprechen, „wenn ein Verhalten oder ein sonstiger Sachverhalt rechtlich weder verboten noch erlaubt noch geboten, weder mißbilligt noch gebilligt, weder Gegenstand eines Tatbestandes noch Inhalt einer Rechtsfolge ist" (ENGISCH 1, S. 100). Hieraus ergibt sich nach ENGISCH, daß nicht jeder rechtsleere Raum eine Rechtslücke ist, denn es bedeutet zum Beispiel das Schweigen des Rechts bei straflosen Taktlosigkeiten und bei straflosen Indiskretionen – zum Unterschied von strafbaren Beleidigungen und von strafbaren Geheimnisbrüchen – keine Rechtslücke. Solche Verhaltensweisen fallen in den rechtsleeren Raum. Die gesuchte Unterscheidung ergibt sich dadurch, daß „de lege lata wohl Lücken ausfüllbar sind, nicht aber rechtsfreie Stellen" (ENGISCH 1, S. 100/101).

8. *Kollisions-Lücke*: Wenn sich zwei Normen eines Normensystems kontradiktorisch oder konträr widersprechen, ohne daß geregelt ist, welche Norm nunmehr angewandt werden soll, dann entsteht eine Kollisions-Lücke. Daß zwei dem gleichen System N zugehörige sich widersprechende Normen gleichzeitig gelten, ist logisch unmöglich. „Entweder muß eine oder es müssen beide weichen. Welche der beiden Folgerungen zu ziehen ist, richtet sich nach der erkennbaren oder zu vermutenden Auffassung des Normgebers" (NAWIASKY, S. 142). Kann nicht festgestellt werden, welche Norm die andere verdrängt, so ist keine gültig. Es entsteht eine Kollisions-Lücke. (Ebenso NIPPERDEY, S. 339.)

9. Als eine besondere Lücken-Art nennen manche noch die *technische* Lücke. Sie liegt vor, wenn der Normengeber eine allgemeine Norm an-

geordnet hat ohne zugleich ihre nähere Ausgestaltung geregelt zu haben. Ein Beispiel hierfür wäre es, wenn in N angeordnet ist, daß bei Vorliegen von St. eine Gebühr gezahlt werden muß, ohne daß gesagt ist, welche Behörde für die Erhebung dieser Gebühr zuständig sein soll. Meistens wird hier an Versehen des Normengebers gedacht. Konstituierend ist das für den Begriff der technischen Lücke jedoch nicht. Die Unvollständigkeit könnte auch auf einer Absicht beruhen, also eine absichtliche Lücke sein. Weitgehend übereinstimmend mit diesem Begriff der technischen Lücke ist der von MEIER-HAYOZ und anderen benutzte Begriff der *Lücke intra legem* (MEIER-HAYOZ, S. 147/148). Die „Blankettnormen" (wie etwa die Verweisung auf die „guten Sitten") sowie die „Wert- und Würdigungsbegriffe" sollen hierher zählen, weil sie nur Gesetzesrahmen geben, die noch der Ausfüllung bedürftig sind. Alle Lücken, welche keine Lücken intra legem sind, stellen nach dieser Sprachregelung Lücken *praeter legem* dar. Dorthin sollen dann sowohl die echten als auch die unechten Lücken gehören (MEIER-HAYOZ, S. 148/149). Das Verhältnis zu den immanenten und transzendenten Lücken ist im Schrifttum nicht immer deutlich angegeben. In der Regel scheint man anzunehmen, daß die immanenten mit den Lücken intra legem und die transzendenten mit den Lücken praeter legem identisch sind.

III. Im Hinblick auf die nicht geringe Zahl von verschiedenen Lükken-Arten, die im seitherigen Schrifttum behandelt werden, ist es nicht überraschend, daß die Frage *unter welchen Bedingungen Lücken im Recht vorkommen,* sehr unterschiedlich beantwortet wird. Es ist üblich, die Stellungnahme zum Positivismusproblem in der Rechtsphilosophie hier für entscheidend zu halten.

1. In denjenigen Theorien des Rechts, die den Positivismus ablehnen und davon ausgehen, daß es ein *übergesetzliches, überpositives Recht* gibt, das unabhängig von den Gesetzgebungsakten eines empirischen Gesetzgebers ist, nimmt man allgemein an, daß es keine Rechts-Lücken sondern nur Gesetzes-Lücken geben kann. (Vgl. u. a. WIEACKER, S. 6 u. 17.) Da es keine Rechtslücke gibt, sind die Gesetzes-Lücken nur vorübergehend, vorläufige Lücken, denn sie können durch die Normen des übergesetzlichen Rechts ausgefüllt werden. Die philosophische Grundlage dieser These, die das Lücken-Problem prinzipiell zum Verschwinden bringt, ist die metaphysische Hypothese, daß es für alles Sein einen Sinn, ein Telos gibt, und daß es infolgedessen grundsätzlich

möglich sein muß, für jedes menschliche Verhalten zu entscheiden, ob es jenem Sinn entspricht. Jedes Verhalten kann also grundsätzlich von jenem teleologischen Gesamtzusammenhang nur entweder richtig oder unrichtig sein. Das gilt auch für rechtliche Regelungen. (Vgl. hierzu die Richtigkeitslehre von EMGE, S. 93 ff. sowie ders. zum teleologischen Gesamtzusammenhang, ebenda S. 196–198 und 372). Auf Grund ähnlicher Überlegungen erklärte beispielsweise STAMMLER, daß es Lücken nur beim „geformten", d. h. positiven Recht gebe. „Das Recht als solches liefert immer eine Antwort von einer sachlich voll befriedigenden Art" (STAMMLER, § 132).

In ähnlicher Weise schalten auch andere Theorien des überpositiven Rechts das Lücken-Problem aus. Das gilt besonders für die gesellschaftsideologisch gebundenen Auffassungen. Ein markantes Beispiel dieser Art bildete die nationalsozialistische Rechtstheorie, nach der in einem Staat, in dem das staatlich gesetzte Recht nicht einzige Erscheinungsform des Rechts sei, von einer lückenlosen Geschlossenheit des Rechts gesprochen werden könne, weil sich aus der Gesamtheit der „volklichen Lebensordnung" auch eine gesetzlich nicht geregelte Frage lösen lasse. (Hierzu kritisch mit Nachweis ENGISCH 1, S. 87).

Von einer Lückenlosigkeit des Rechts als dem seinsabhängigen ideologischen Überbau über den gesellschaftlichen Verhältnissen geht ferner folgerichtig die Rechtstheorie des dialektischen Materialismus aus, und daß schließlich die konsequenten Naturrechtstheorien von einer Lückenlosigkeit des Naturrechts ausgehen, versteht sich von selbst. In allen Theorien und Ideologien dieser Art sind etwaige Gesetzeslücken wie gesagt immer nur vorübergehende und vorläufige Lücken, die sich stets mit Hilfe der jeweils vorausgesetzten überpositiven Normen ausfüllen lassen.

2. Vom Standpunkt des *Rechtspositivismus* aus sind die Auffassungen, ob es Rechtslücken geben könne, oder ob die Rechtsordnung stets als lückenlos und geschlossen gedacht werden müsse, geteilt. Beide Meinungen werden vertreten.

a) Die Möglichkeit von Rechtslücken nimmt – auf dem Boden des Positivismus stehend – beispielsweise NAWIASKY an. Er geht unbedenklich davon aus, daß es möglich ist, in einer positiven Rechtsnorm keine Antwort auf eine Frage zu finden, die man zur Anwendung des Gesetzes beantworten muß. Dieser Fall soll vor allem dann vorkommen können, wenn sich gleichrangige Individualinteressen gegenüberstehen, zwischen denen entschieden werden muß (NAWIASKY, S. 142). Unter Bedingungen solcher Art entsteht nach dieser Theorie eine *echte* Lücke. Dagegen muß man nach NAWIASKY eine Lücke unecht nennen, wenn eine Regel für einen Spezialfall deswegen vermißt wird, weil die vorhandene allgemeine Regel darauf nicht zu passen scheint, „sei es aus sachlichen, sei es aus Gründen der Gerechtigkeit" (S. 142). Hier *fehle* keine Rechtsnorm, sondern die gegebene mißfalle dem Rechtsanwender, infolgedessen handele es sich hier um eine *unechte* Lücke. Diese bilde kein rechtliches, sondern ein rechtspolitisches Problem (NAWIASKY, S. 143). Eine nähere Analyse, in der angegeben würde, was das heißen soll, daß eine gesuchte Antwort in einer Rechtsnorm nicht zu ermitteln sei, findet sich bei NAWIASKY allerdings nicht. – Gleichfalls vom Standpunkt des Positivismus ausgehend nahm ZITELMANN (S. 9) demgegenüber an, das Recht sei wegen des für den Richter geltenden Rechtsverweigerungsverbots ein „lückenloses Ganzes", nur das Gesetz habe Lücken.

b) Theorien dieser Art hält KELSEN – gleichfalls auf dem Boden des Rechtspositivismus stehend – für verfehlt, und zwar aus folgenden Gründen: Nach der üblichen Lücken-Theorie sei das geltende Recht in einem konkreten Fall nicht anwendbar, wenn sich keine generelle Rechtsnorm auf diesen Fall beziehe. Hieraus folgere dann die traditionelle Lücken-Theorie, es müsse das Gericht, das den betreffenden Fall zu entscheiden habe, jene Lücke durch Erzeugung einer entsprechenden Rechtsnorm ausfüllen. Das Wesentliche dieser Argumentation liege darin, daß die Anwendung des geltenden Rechts nicht möglich sei, da es an der notwendigen Prämisse, der generellen Norm, fehle. Nach KELSEN ist diese Theorie irrig, weil sie auf der Ignorierung der Tatsache beruhe, daß, wenn die Rechtsordnung keine Pflicht eines Individuums zu einem bestimmten Verhalten statuiere, sie dieses Verhalten erlaube. Die Rechtsanwendung sei also logisch nicht ausgeschlossen (KELSEN 1, S. 251). Selbst die sogenannten technischen Lücken sind nach KELSEN nicht anzuerkennen. Nach der traditionellen Auffassung soll eine technische Lücke vorliegen, wenn der Gesetzgeber etwas zu normieren unterlassen hat, was er hätte normieren müssen, wenn es technisch überhaupt möglich sein soll, das Gesetz anzuwenden. Nach KELSEN 1 (S. 254) hat man es hier entweder mit einer unechten Lücke zu tun, bei der die bestehende rechtliche Regelung nach den Maßstäben eines Wunschrechtes kritisiert wird oder es liegt eine Unbestimmtheit vor.

Eine solche Unbestimmtheit ist nichts besonderes. Sie ergibt sich aus dem Rahmencharakter der stets mehr oder weniger abstrakten generellen Norm. KELSEN führt als Beispiel hierfür den Fall an, daß ein Gesetz die Wahl eines Organs anordnet, ohne das Wahlverfahren zu regeln. Hier entsteht nach KELSEN deshalb keine Lücke, weil bei einer derartigen Unbestimmtheit der Norm jede beliebige Art der Wahl – nach dem Proporz oder Majorz, öffentlich oder geheim usw. – gesetzmäßig ist. Das zur Durchführung der Wahl befugte Organ kann hier nach seinem Ermessen das Wahlverfahren bestimmen. Die Grundlage der KELSENschen These von der Lückenlosigkeit des Rechts basiert auf der *„negativen Norm"*: „wozu man nicht verpflichtet ist, das zu tun oder zu lassen, ist man frei" (KELSEN 2, S. 14). Daraus ergibt sich, daß dann, wenn eine rechtliche Regelung fehlt, keine ergänzungsbedürftige Lücke entsteht, sondern ein nicht geregelter rechtsfreier Raum, in dem man sich nach Belieben verhalten darf.

3. Unabhängig von der Stellungnahme zur Diskussion über den Rechtspositivismus wird gelegentlich eine lückenlose Geschlossenheit einer positiven Rechtsordnung dann bejaht, wenn der Richter verpflichtet ist, im Falle des Befaßtwerdens mit einer Rechtssache eine von rechtlichen Erwägungen getragene Entscheidung zu liefern (ENGISCH 1, S. 99). Wenn also das *Rechtsverweigerungsverbot* – wie etwa in Art. 4 des französischen Code civil – besteht und der Richter auf jede rechtliche Frage eine Antwort geben muß, dann kann nach dieser Meinung keine Lücke entstehen. Allerdings wird gegen diese Geschlossenheitsthese geltend gemacht, das Bestehen eines Rechtsverweigerungsverbots sei kein logisches Erfordernis jeder Rechtsordnung. Das Verbot gelte nicht a priori (ENGISCH 2, S. 155).

IV. Auf die Frage, *wie werden Lücken im Recht beseitigt,* werden im traditionellen, rechtstheoretischen Schrifttum zahlreiche Antworten versucht. Gute Übersichten enthalten ENGISCH 2, Kapitel VII, MEIER-HAYOZ, S. 156 f. und NIPPERDEY, §§ 58 u. 59. Um den hier gegebenen Rahmen nicht zu überschreiten, können nur einige dieser Antworten genannt werden:

1. Meistens wird empfohlen, es zunächst mit der Anwendung bestimmter traditioneller logischer Schlußformen zu versuchen. Gemeint sind hier vor allem der Ähnlichkeitsschluß (argumentum a simile) und der Umkehrschluß (argumentum e contrario).

2. Gelingt es nicht, mit diesen oder ähnlichen Argumentationen die

Lücke im Anschluß an das Gesetz auszufüllen, dann pflegt man allgemeine *Maximen* heranzuziehen. Als solche werden vor allem genannt: die allgemeinen Grundsätze des Rechts, der Geist der Rechtsordnung, die Wertungen bestimmter gesellschaftlicher Gruppen, das richtige Recht, die Rechtsidee, das Naturrecht usw. (ENGISCH 2, S. 151 und NIPPERDEY, § 58).

3. Sogar der Gesetzgeber selbst äußert sich gelegentlich über die Frage, wie Lücken auszufüllen sind. Das bekannteste Beispiel hierfür ist Art. 1 des Schweizerischen Zivilgesetzbuchs. Dort heißt es im Absatz 2 und 3: „Kann dem Gesetze keine Vorschrift entnommen werden, so soll der Richter nach Gewohnheitsrecht und, wo auch ein solches fehlt, nach der Regel entscheiden, die er als Gesetzgeber aufstellen würde. Er folgt dabei bewährter Lehre und Überlieferung." Die mit dieser Bestimmung dem schweizerischen Richter vorgeschriebene Methode der Lücken-Füllung bedeutet nach MEIER-HAYOZ (S. 157/158) positiv, daß der Richter zur Bildung einer Rechtsregel berufen sei, und zwar in umfassender Würdigung der generell-abstrakten Interessenlage, unter dem Gesichtspunkt der Realien, der Gerechtigkeit und der Rechtssicherheit. Außerdem werde durch diesen Artikel negativ Stellung genommen gegen andere Möglichkeiten richterlichen Vorgehens. Der Hinweis auf die Realien bedeute, daß der Richter die Tatsachen des Lebens, die Verkehrssitten usw. zu berücksichtigen habe. Der Hinweis auf die Gerechtigkeit enthalte eine Bezugnahme auf die Normen der Moral.

4. Unter Umständen kann es sinnvoll sein, *Lücken zu erzeugen*. Nach NIPPERDEY kommt dies für abändernde Rechtsfindung in Betracht. Er nennt eine solche, den Anwendungsbereich beschränkende, Tätigkeit *Restriktion*. Sie soll der Verbesserung des im Gesetz nur unvollkommen zum Ausdruck gebrachten Rechtsgedankens dienen. (NIPPERDEY, S. 347/348). Methodisch bemerkenswert ist an diesem Gedanken, daß hier der Lückenausfüllung eine Lückenerzeugung vorangeht. Für die Lückenausfüllung gilt dann das oben Gesagte.

B. Analyse und Kritik

Entsprechend der obigen Skizze des Problemstandes sollen im folgenden der Begriff der Rechtslücke, die Theorien über die Möglichkeit von Rechtslücken und die Ansichten über die Methoden der Lückenausfüllung zum Gegenstand von einigen analytischen und kritischen Bemerkungen gemacht werden.

I. Zunächst ist zu fragen, unter welchen Voraussetzungen von einem *objektiven* Lückenbegriff im Recht gesprochen werden kann. Dabei sind Begriffsmerkmale, die mit Erwartungen, Wünschen, Billigungen, Mißbilligungen, Kritik, Absichten, rechtspolitischen Wertungen, Verschulden, Anschauungen u. ä. zusammenhängen, als nichtobjektive, vorwiegend psychologische Merkmale, die nur zu einem *subjektiven* hier nicht interessierenden Lückenbegriff führen können, auszuschalten.

1. Geeignet für die *Definition* eines *objektiven* Lückenbegriffs ist der relationslogische Begriff der Isomorphie. (Vgl. zum folgenden CARNAP, S. 74 ff. und KLUG 1, S. 87 ff.). Im einzelnen sei deshalb von nachstehenden Festsetzungen ausgegangen:

a) N sei eine geordnete endliche Klasse von Normen. Diese Klasse werde ein Normensystem genannt.

b) S_N sei die endliche Klasse von Sachverhaltstypen, die durch N geregelt sind.

c) S_W sei die endliche Klasse der in der räumlich und zeitlich abgegrenzten Wirklichkeit vorkommenden Sachverhaltstypen.

– In a), b) und c) ist jeweils von *endlichen* Klassen die Rede. Das vereinfacht die logische Analyse und entspricht zudem dem üblichen Verfahren des Juristen. Für a) leuchtet das ohne weiteres ein, denn die Rechtsanwendung setzt voraus, daß es nicht unendlich viele anzuwendende Normen gibt. Entsprechendes gilt aber ebenfalls für b) und c), denn für die Rechtsanwendung ist es erforderlich, daß auch die Zahl der zu berücksichtigenden Sachverhalts*typen* endlich ist. Im übrigen ist das im Rahmen juristischer Typisierungen leicht zu erreichen. Man braucht sich nur der bekannten elementaren Einteilungsmethode zu erinnern, bei der einfach zwischen den beiden Gruppen A und Nicht-A unterschieden wird.

d) N_U werde ein *umfassendes* oder *totales Normensystem* dann und nur dann genannt, wenn S_N und S_W isomorph sind.

e) S_N und S_W sind isomorph – oder haben, wie man auch sagt, dieselbe Struktur, wenn es eine zweistellige Relation R – den sog. Korrelator – gibt, die so beschaffen ist, daß sie S_N auf S_W abbildet. Dies ist dann der Fall, wenn folgende Bedingungen erfüllt sind: (1) R ist eineindeutig. (2) Die Elemente von S_N sind Erstglieder von R. (3) Die Elemente von S_W sind Zweitglieder von R.

Durch Anwendung der Negation kann nunmehr definiert werden:

f) N_{non-U} ist ein *nicht-umfassendes Normensystem* dann und nur dann, wenn S_N und S_W nicht isomorph sind.

Da es beim nicht-umfassenden Normensystem N_{non-U} denkbar ist, daß N_{non-U} kein Element von S_W regelt, bedarf es noch einer Festsetzung für den Begriff eines partiellen Normensystems.

g) S_T sei eine (nicht-leere) Teilklasse von S_W.

N_P sei dann und nur dann ein *partielles Normensystem,* wenn S_N mit einer Teilklasse S_T von S_W isomorph ist, und die Anzahl der Elemente von S_T kleiner ist als die Anzahl der Elemente von S_W.

h) Ein partielles Normensystem N_P werde ein *lückenloses* oder *geschlossenes Normensystem* N_G genannt, wenn zu den Elementen von N_P die Norm gehört, daß außer S_N keine weiteren Sachverhaltstypen durch N_P geregelt werden sollen.

i) Ein partielles Normensystem N_P werde ein *autonom-lückenhaftes Normensystem* N_{AL} genannt, wenn zu den Elementen von N_P die Norm gehört, daß außer den zu S_N zählenden Sachverhaltstypen noch mindestens ein weiterer Sachverhaltstyp St durch N_P geregelt werden soll. Bezeichnet man diejenige Teilklasse von S_W, die aus den Sachverhaltstypen gebildet wird, die durch N_P geregelt werden sollen, als S_O, so kann man auch sagen, N_{AL} sei dadurch charakterisiert, daß S_N – also die Klasse der durch das Normensystem N_P geregelten Sachverhaltstypen – und S_O – d. h. die Klasse derjenigen Sachverhaltstypen, die durch das Normensystem N_P geregelt werden sollen, *nicht isomorph* ist. Dabei ist definitionsgemäß vorausgesetzt, daß sich die fehlende Isomorphie aus den Normen des Systems N_P selbst ergibt und nicht aus irgend einem Metasystem von Normen. – Ein Beispiel hierzu wird im folgenden noch zu behandeln sein.

j) Die Klasse der autonom lückenhaften Normensysteme werde mit ALN bezeichnet.

k) Ein partielles Normensystem N_P werde ein *heteronom-lückenhaftes* Normensystem N_{HL} genannt, wenn es ein mit N_P nicht identisches Normensystem MN gibt, zu dessen Elementen die Norm gehört, daß außer den durch N_P geregelten Sachverhaltstypen noch mindestens ein weiterer Sachverhaltstyp St durch N_P geregelt werden soll. – Ebenso wie bei dem unter i) definierten autonom-lückenhaften Normensystem N_{AL} sind auch hier beim heteronom-lückenhaften Normensystem N_{HL} die Klasse der durch N_P geregelten Sachverhaltstypen und die Klasse derjenigen Sachverhaltstypen, die durch N_P geregelt werden sollen, *nicht isomorph.*

l) Die Klasse der heteronom-lückenhaften Normensysteme werde mit HLN bezeichnet.

Der Begriff der Rechtslücke läßt sich nun am zweckmäßigsten nicht explizit, sondern *implizit definieren*:

m) Eine *Lücke im Recht* besteht stets dann, wenn das betreffende Recht ein Element von ALN oder von HLN ist. Im ersten Fall kann man von *autonomen* und im zweiten Fall von *heteronomen* Lücken sprechen.

2. Akzeptiert man die vorstehenden Festsetzungen, so ergibt sich:

a) Der Begriff der Lücke im Recht läßt sich ohne Verwendung von psychologischen und genetischen Begriffsmerkmalen definieren. Es genügt die Angabe von rein formalen Strukturen.

b) Als undefinierte Grundbegriffe, die nicht zu dem benutzten Logikkalkül zählen, wurden vor allem die Begriffe Sachverhaltstypen und Normen benutzt. Hinsichtlich des zuletzt genannten sei noch bemerkt, daß unter einer Norm hier ein Satz mit direktivem Inhalt verstanden wird, also ein Satz, der entweder ein Gebots- oder ein Erlaubnis- oder ein Verbotssatz ist. Weitere Elemente, der mit N bezeichneten Klasse von Sätzen, sind solche Sätze, die innerhalb eines Normensystems gewisse Hilfsfunktionen ausüben. Zur Klasse N gehören daher auch Sätze, welche der Interpretation von Gebots-, Erlaubnis- und Verbotssätzen dienen und die infolgedessen nur in einem mittelbaren Sinn Sätze mit direktivem Inhalt sind. Es kann insoweit auf den üblichen juristischen Sprachgebrauch Bezug genommen werden.

c) Die obige Definition ist unabhängig von einer Stellungnahme zum Positivismusstreit. Sie kann also innerhalb der verschiedensten rechtsphilosophisch und ideologisch gebundenen Normensysteme angewandt werden. Das gilt auch für die heteronomen Lücken, denn das hier definitionsgemäß vorauszusetzende System MN, das Normen über Normen enthält und demzufolge in der Ausdrucksweise der modernen Logik ein Metasystem ist, braucht nicht als Naturrecht oder als Moralgesetz usw. gedeutet zu werden. Heteronome Lücken eines Landesgesetzes können sich beispielsweise aus den Normen des Bundesrechts ergeben. Das System MN wäre dann ebenfalls ein Normensystem des positiven Rechts.

d) Der Erläuterung der Definitionen mögen ferner die folgenden Hinweise dienen: Den Begriff der Isomorphie, der aus der Relationslogik stammt, kann man sich durch den Begriff der Entsprechung veranschaulichen. Dieser wird beispielsweise häufig für die Rechtsvergleichung benutzt. Sind zwei Rechtssysteme so aufgebaut, daß jedem Rechtsinstitut des einen Systems ein Rechtsinstitut des anderen entspricht, dann sind sie isomorph. Sie lassen sich dann, wie man zu sagen pflegt, auf einander abbilden. – Ein geschlossenes Normensystem N_G im Sinne von h) ist zum Beispiel das rechtsstaatliche Strafrecht, zu dem die Norm nulla poena sine lege gehört. Hier gibt es keine Lücke. Was nicht ausdrücklich für strafbar erklärt wurde, das ist nicht strafbar. – Ein autonom-lückenhaftes Normensystem N_{AL} im Sinne der Definition i) wäre etwa ein Gesetz, in dessen erstem Paragraphen die Rechtsfolgen für die Sachverhaltstypen St_1, St_2 und St_3 bestimmt seien, in dem aber dann nur die Rechtsfolgen für St_1 und St_2 geregelt wären, während die Rechtsfolgen für St_3 ungeregelt bleiben würden. Ein Beispiel aus dem Steuerrecht wäre die gesetzliche Anordnung einer Zahlungsverpflichtung, deren Höhe an zwei verschiedenen Stellen des Gesetzes verschieden angegeben ist. Durch diesen Widerspruch bleibt der betreffende Sachverhaltstyp ungeregelt. Gleichzeitig aber hat das Gesetz zum Ausdruck gebracht, daß es hier regeln will, und daß eine Zahlungsverpflichtung entstanden ist, nur weiß man nicht in welcher Höhe. Die Lücke ergibt sich also aus dem Gesetz selbst, ist somit autonom. – Ein heteronom-lückenhaftes Normensystem N_{HL} liegt vor, wenn ein Bundesgesetz die Regelung eines Sachverhaltstyps durch ein Landesgesetz rechtswirksam angeordnet hat, diese landesrechtliche Regelung aber unterblieben ist.

e) Irgendwie ontologisch oder in sonstiger Weise gebunden sind die hier vorgelegten Definitionen nicht, sofern man von der Bindung an die logischen Gesetze der Definitionstheorie und von der Verknüpfung mit teleologischen Maximen – den Zweckmäßigkeitserwägungen – absieht. Andere Definitionen bleiben möglich. So könnte man von Rechtslücken schon bei Unklarheiten, Unbestimmtheiten und Mehrdeutigkeiten der Normensysteme sprechen. Hier kämen *semantische* oder *syntaktische* Lücken in Betracht. Sie würden möglicherweise den in manchen Fällen, wie etwa beim Steuerrecht, an sich denkbaren Einsatz von elektronischen Datenverarbeitungsmaschinen für die Rechtsanwendung (vgl. KLUG 2) verhindern.

II. Bei analytisch-kritischer Betrachtung der traditionellen Lücken-Begriffe und der Auffassungen über die Möglichkeiten von Rechtslükken lassen sich mit Hilfe der hier vorgeschlagenen Begriffsbestimmung manche Unklarheiten beseitigen:

1. Beim Begriff der *echten Lücke* erweist sich das Begriffsmerkmal „Fehlen einer erwarteten Regelung von St durch N" als eine Konsequenz aus der ungenauen Sprache des Normengebers. Da es nämlich nur selten für zweckmäßig gehalten wird, innerhalb oder außerhalb eines Normensystems – also autonom oder heteronom – ausdrücklich anzuordnen, daß außer den geregelten Sachverhaltstypen S_N keine weiteren geregelt werden sollen, befindet sich der Normenanwender oft im Unklaren. Da er durch keine Norm gezwungen wird, das ihn interessierende Normensystem als ein lückenloses und geschlossenes anzusehen, darf er eine ihm nicht billigenswert erscheinende Nicht-Regelung als eine Lücke „empfinden" und eine Regelung „erwarten". Die geklärte logische Struktur der solchermaßen „empfundenen" Lücke dürfte in der Regel die der heteronomen Lücke sein, weil die Empfindung zumeist an ein vorgeordnetes Metasystem (Konvention, Moralgesetz, Verfassung usw.) anknüpft. Soweit eine sog. *unechte* Lücke nicht das Fehlen einer Regelung, sondern das Falschsein einer vorhandenen Regelung anzeigt, empfiehlt es sich, der Sprachregelung von ENGISCH (S. 94) zu folgen und nicht von einer Lücke, sondern von einem Fehler zu sprechen.

2. Die *absichtlichen, gewollten* und *bewußten* Lücken sind im Rahmen der hier vorgenommenen Analyse uninteressant, weil sie nur die psychisch-genetische Seite betreffen. Logische Besonderheiten bieten sie nicht.

3. Das gleiche gilt für die *primären* und *sekundären* Lücken. Das entscheidende Kriterium ist hier die Entstehungszeit. Durch diesen die Genesis betreffenden Gesichtspunkt wird an der logischen Struktur nichts geändert. Bei der Aufgliederung der sekundären Lücken in solche, die – wie man in der traditionellen Theorie zu sagen pflegt – durch eine Änderung der tatsächlichen Verhältnisse, insbesondere durch technische Fortschritte, entstehen, und solche, die sich durch veränderte Wertungen ergeben, handelt es sich ebenfalls um keine logisch gebotene Einteilung, sondern nur um genetische Unterschiede. Nach der Struktur sind diese Lücken heteronom. – Ferner versteht es sich von selbst, daß auch die „Entschuldbarkeit" einer Lücke zur Genesis gehört.

4. Bei dem Begriffspaar *Gesetzes-* und *Rechtslücken* bestehen hinsichtlich der logischen Struktur der beiden Arten keine Unterschiede. Falls die Gesetzes- und die Rechtsordnung als verschiedene Normen-

systeme angesehen werden und gleichzeitig angenommen wird, daß die Gesetzesordnung der Rechtsordnung „unterworfen" ist, besteht zwischen beiden Systemen das Verhältnis von Metasystem zu Objektsystem. Es ist dann die Gesetzesordnung das Objektsystem, das durch die Rechtsordnung als Metasystem geregelt wird. Gesetzeslücken sind dann in der Regel heteronome Lücken.

5. Bei der *vorläufigen Gesetzeslücke* ergibt sich die Besonderheit dieses Begriffs nicht aus der logischen Struktur, sondern aus der historisch-genetischen Situation.

6. Wie oben bereits erwähnt wurde, setzt die Unterscheidung von *immanenten* und *transzendenten* Lücken das Bestehen von zwei verschiedenen Normensystemen voraus. Die Struktur der immanenten Lücke ist die der autonomen und die der transzendenten ist die der heteronomen Lücke.

7. Der Begriff des *rechtsleeren Raumes,* dessen Abgrenzung von der Rechtslücke in der traditionellen Rechtstheorie immer wieder diskutiert wird, läßt sich unter der Voraussetzung eines lückenlosen, geschlossenen Normensystems N_G – auf der Basis der Definitionen B I 1 g) und h) – exakt bestimmen, denn man kann definieren:

RL_N werde der *rechtsleere oder rechtsfreie Raum* in Bezug auf das Normensystem N genannt dann und nur dann, wenn RL_N die nicht-leere Durchschnittsklasse von S_W und dem Negat von S_T bezeichnet, und N Element von N_G ist.

Abgekürzt ausgedrückt ist hiernach also die Klasse der Sachverhaltstypen, die nicht durch N geregelt sind, der rechtsleere Raum in Bezug auf N, sofern N ein lückenloses Normensystem ist. Die oben erwähnten Beispielsfälle der Taktlosigkeit und der Indiskretion fallen in den rechtsleeren Raum, weil die Lückenlosigkeit des strafgesetzlichen Normensystems besteht. Hier gilt der *„negative Grundsatz"*, daß alle Verhaltensweisen, die nicht vom Strafgesetz mit Strafe bedroht werden, straffrei sind.

Aus der Unterscheidung von Gesetzes-Lücke und Rechts-Lücke ergibt sich eine weitere Möglichkeit für eine genaue Grenzziehung. Nimmt man zum Beispiel an, ein Gesetz GN sei autonom oder heteronom lückenhaft und das Recht RN lückenlos, dann gibt es unter den in der Definition genannten Bedingungen einen rechtsleeren Raum in Bezug auf RN. Die von GN nicht geregelten Sachverhaltstypen sind dann entweder von RN geregelt oder fallen in den für RN definierten rechtsleeren Raum. Für die erste Gruppe besteht dann also eine Gesetzeslücke, sie liegt aber nicht im rechtsleeren Raum.

8. Die *Kollisions-Lücke* ist auch nach den hier vorgeschlagenen Definitionen eine Lücke. Aus der Existenz der beiden einander widersprechenden Normen kann entnommen werden, daß der Normengeber den betreffenden Sachverhalt, auf den sich jene Normen beziehen, regeln wollte. Durch den die betreffenden Normen aufhebenden Widerspruch ist diese Regelung nicht zustandegekommen. Es gibt also neben den geregelten Sachverhaltstypen S_N mindestens einen weiteren Sachverhaltstyp, der in dem Normensystem geregelt werden sollte. Das Normensystem ist also im Sinne der Definition B I 1 i) autonom lückenhaft.

9. Bei den *technischen Lücken* kommt es für die Frage, ob eine Lücke im hier definierten Sinne vorliegt, wiederum entscheidend darauf an, ob das betreffende Normensystem im Sinne der Definition B I 1 h) als lückenloses oder im Sinne von i) oder k) als lückenhaftes interpretiert werden muß. Beide Fälle sind denkbar. Die in diesem Zusammenhang in der Rechtspraxis oft auftretenden Zweifel hängen mit der üblichen Ungenauigkeit der Sprachregelung des Normengebers zusammen. Lücken *intra legem* sind autonome und Lücken *praeter legem* heteronome Lücken.

10. Wie oben unter A III. gezeigt wurde, kommt sowohl bei den positivistischen als auch bei den nicht-positivistischen Rechtstheorien die These vor, daß es keine Rechtslücke gebe. Bei den zuletzt genannten Rechtstheorien hängt dies mit einer metaphysischen Grundkonzeption zusammen, die sich wegen ihrer irrationalen Prämissen rationaler Kritik weitgehend entzieht. Anders ist es bei der vor allem von KELSEN verteidigten positivistischen Lückenlosigkeitstheorie. Anhand der hier zur Diskussion unterbreiteten Definitionsvorschläge ergibt sich für diese These:

Die Auffassung von KELSEN ist folgerichtig. Sie geht von anderen Prämissen aus als die hier vorgetragene Lückentheorie. Infolgedessen besteht kein Widerspruch. Betrachtet man nämlich ein Normensystem für sich allein und geht von dem in der Tat allgemeingültigen (weil wie alle logischen Gesetze tautologischen) normlogischen Gesetz – der „negativen Norm“ – aus, daß ein Normensystem, das keine Pflicht eines Individuums zu einem bestimmten Verhalten festgesetzt hat, dieses Verhalten in das Belieben des Normadressaten stellt, so folgt daraus, daß die Anwendung des betreffenden Normensystems nicht logisch unmöglich ist. Anwenden in diesem Sinne lassen sich auch Normensysteme mit autonomen oder heteronomen Lücken der oben definierten Art. Das steht aber nicht im Gegensatz zu der Feststellung, daß bestimmte Sachverhaltstypen in dem Normensystem ungeregelt sind, obwohl sie nach den Normen des betreffenden Normensystems oder nach den Normen eines anderen (positiven oder nicht-positiven) Normensystems geregelt sein sollen. Der Unterschied der beiden Positionen besteht darin, daß KELSEN unter einer Lücke einen Fall der Nichtanwendbarkeit eines Normensystems, dessen Möglichkeit er mit Recht wegen der erwähnten „negativen Norm" bestreitet, versteht, während der hier benutzte Lückenbegriff einen Mangel, nämlich fehlende Isomorphie zwischen geregelten und zu regelnden Sachverhaltstypen bezeichnet, der eine Normanwendung selbstverständlich logisch nicht unmöglich macht. Nur so ist es auch zu erklären, daß moderne Rechtsordnungen ausdrückliche oder stillschweigend vorausgesetzte *Rechtsverweigerungsverbote* für die Richter sinnvoll enthalten können.

III. Aus der sehr umfangreichen Theorie der *Rechtslückenausfüllung* (vgl. ENGISCH 2, S. 134 ff. und NIPPERDEY §§ 58, 59) seien hier nur die nachstehenden Problemkreise kurz analysiert und kritisch gewürdigt:

1. Die Heranziehung von allgemeinen *Maximen* bedeutet ihrer logischen Struktur nach die Bezugnahme auf ein Metasystem. Da derartige Normensysteme höherer Stufe selten genau formuliert sind, ist dieses Verfahren außerordentlich unexakt und weitgehend willkürlich. Die hierdurch entstehenden Gefahren für die Rechtssicherheit können im Laufe der Zeit durch eine kontinuierliche Rechtsprechung gemindert werden. Rechtstheoretisch läuft diese Methode auf eine allmähliche Erweiterung des Normensystems hinaus.

2. Die methodische Funktion einer Ergänzungsanweisung von der Art des *Art. 1 des Schweizerischen ZGB* ist ebenfalls die Erweiterung des Normensystems nach Maßgabe eines Metasystems, das dem Richter nur ungenau bekannt ist, und für dessen Ermittlung er möglicherweise die einzige Instanz ist.

3. Etwas präziser ist die Anwendung des Ähnlichkeitsschlusses (*argumentum a simile*) und des Umkehrschlusses (*argumentum e contrario*). Indessen leiden diese Argumentationen gleichfalls häufig unter der unexakten Formulierung der Normen.

Beim Ähnlichkeitsschluß hängt das vor allem damit zusammen, daß selten genau definiert ist, was unter einer Ähnlichkeit verstanden werden soll. Formallogisch zwingend ist das argumentum a simile nur, wenn es in einen Deduktionsschluß überführt wird. Das kann durch die Definition eines Ähnlichkeitskreises geschehen. (Vgl. KLUG 1, S. 124ff.).

Beim argumentum e contrario entstehen häufig dadurch Schwierigkeiten, daß der Normengeber es versäumt klarzustellen, welcher Art die Implikationsrelation zwischen den Rechtsvoraussetzungen und den Rechtsfolgen sein soll. In Frage kommen bei Zugrundelegung der üblichen zweiwertigen Aussagenlogik die extensive („Stets dann, wenn"), die intensive („Nur dann, wenn") und die gegenseitige („Genau dann, wenn") Implikation. (Vgl. KLUG 1, S. 35). Zulässig ist der Umkehrschluß von der Negation der Rechtsvoraussetzungen RV auf die Negation der Rechtsfolgen RF nur, wenn zwischen RV und RF die intensive oder die gegenseitige Implikation besteht.

Unzutreffend gesehen wird häufig der Zusammenhang zwischen dem Ähnlichkeits- und dem Umkehrschluß. Es ist falsch anzunehmen, daß stets wenn ein Ähnlichkeitsschluß zur Debatte stehe, immer auch ein Umkehrschluß in Frage käme. So z. B. NAWIASKY, S. 147/148. Beide Argumentationen sind in der Regel unabhängig von einander. Besteht beispielsweise zwischen RV und RF die extensive Implikation, so kann bei geeigneter Definition der Klasse der miteinander ähnlichen Elemente ein argumentum a simile in Betracht kommen. Ein Umkehrschluß wäre hier jedoch, wie das oben Ausgeführte zeigt, unzulässig. (Näheres vgl. KLUG 1, S. 134 ff.).

C. Der Begriff der Rechtsgeltung und seine Auswirkungen auf das Lückenproblem

In der Rechtstheorie und zugleich in der Rechtspraxis wird nicht selten von *Geltungslücken* gesprochen. Man sagt dann etwa von irgendwelchen Normen, daß ihre Geltung nicht lückenlos sei. Daß hier ein anderer Begriff als derjenige der Rechtslücke gemeint ist, läßt sich leicht daran erkennen, daß von einer Geltungslücke auch in Bezug auf ein lückenloses Normensystem gesprochen werden kann.

I. Zur Klärung des Verhältnisses zwischen Geltungs- und Rechtslücken ist es zunächst erforderlich, den Geltungsbegriff als solchen zu analysieren. Hierbei kann – bei allerdings teilweise geänderter Terminologie – an die Untersuchungen von EMGE (S. 315 f.) angeknüpft werden.

1. Wenn der Jurist nach der Geltung einer Norm fragt, meint er in erster Linie *juristische Geltung.* Gilt eine Norm in diesem Sinne, dann ist gemeint, daß sie nach den für den Erlaß von Normen maßgeblichen Bestimmungen in Kraft getreten ist. Es wird also etwa geprüft, ob die Verfassungsbestimmungen über die Gesetzgebung hinsichtlich der Beschlußfassung der parlamentarischen Instanzen, bezüglich der Verkündung usw. eingehalten sind. Ist dem so, dann gilt die Norm im juristischen Sinne. Sind jene Bestimmungen nicht eingehalten worden, fehlt es beispielsweise an der korrekten Verkündung, dann hat die Norm keine juristische Geltung erlangt. Entsprechendes gilt für die juristische Geltung von Normen des Richter- und Gewohnheitsrechts. Sie gelten im juristischen Sinne, wenn die positiv-rechtlichen Voraussetzungen für die Entstehung von Richter- oder Gewohnheitsrecht erfüllt sind. Die juristische Geltung ist ein Problem des positiven Rechts. Es geht bei ihr um die sogenannte Legalität im weitesten Sinne.

2. Nicht um Legalität und Positivität sondern – wie man sagen kann – um Legitimität geht es bei der *ethischen Geltung* von Normen. Hier handelt es sich um die Frage, ob die jeweilige Norm „echt verpflichtet" (EMGE, S. 323), d. h. ob sie durch übergeordnete Bestimmungen legitimiert ist. Diese ethische Geltung steht beispielsweise zur Diskussion, wenn darüber gestritten wird, ob eine juristisch geltende Norm – etwa eine Bestimmung über einen Ersatzdienst für Kriegsdienstverweigerer oder eine Norm, die „Rassentrennung" anordnet – wirklich befolgt werden soll. Hier werden Normen des positiven Rechts an Moralnormen oder an Naturrechtsprinzipien oder an sonstigen überpositiven Bestimmungen – also nicht-positiven Metanormen – gemessen. Gelegentlich wird deshalb in diesem Zusammenhang statt von ethischer von naturrechtlicher Geltung gesprochen. Dies bedeutet jedoch eine unzweckmäßige Einschränkung, weil auch andere als naturrechtliche Maximen als maßgeblich behauptet werden. Zu denken wäre etwa an die im dialektischen Materialismus vertretene Lehre von der Bindung des positiven Rechts an die absolut gesetzte gesellschaftliche Entwicklung.

3. Von anderer Art als die ethische Geltung im vorbezeichneten Sinne ist diejenige Geltung, bei der es nicht um die Frage geht, ob eine Norm wirklich befolgt werden soll, sondern um die Frage, ob die Norm selbst so ist, wie sie nach Moralnormen oder nach sonstigen überpositiven Normen sein soll, wobei die Möglichkeit offen bleibt, daß ihre Befolgung in einer bestimmten Situation ethisch nicht gefordert ist. Hier

wird man im Anschluß an EMGE von *idealer Geltung* einer Norm zu sprechen haben. Um diese Art der Geltung geht es bei STAMMLERS Lehre vom „Richtigen Recht", wobei hier unter Recht das positive Recht zu verstehen ist, so daß es zweckmäßiger wäre, hier stets nur vom „richtigen Gesetz" zu sprechen. Jedenfalls darf die ideale Geltung einer Norm nicht mit ihrer ethischen Geltung verwechselt werden, weil diese beiden Geltungsformen, bezogen auf ein und dieselbe Norm, divergieren können. Diese Möglichkeit läßt sich auf die paradox anmutende Formel bringen, daß es in einer bestimmten Situation moralisch richtig sein kann, ein moralisch nichtiges Gesetz nicht zu befolgen.

4. Fragt man, ob eine Norm von den Normadressaten tatsächlich befolgt wird, dann fragt man nach ihrer *realen Geltung*. Man prüft bei dieser Fragestellung die faktische Wirksamkeit der Norm. Die reale Geltung von Normen ist Gegenstand von empirischen Untersuchungen, also z. B. von demoskopischen Befragungen, von Justizstatistiken usw. Es ist also Sache der *Rechtstatsachenforschung* zu ermitteln, ob eine Norm real gilt, oder ob das nicht der Fall ist.

5. In der deutschen Rechtstheorie der Gegenwart wird insbesondere in strafrechtlichen Zusammenhängen gelegentlich von einer weiteren Geltungsart gesprochen, wenn z. B. in der Theorie des Finalismus die These vertreten wird, daß der Gesetzgeber beim Erlaß seiner Normen an sachlogische Gesetze gebunden sei. Hält er sich nicht an diese, dann haben seine Normen keinen ontologischen Bestand und müssen infolgedessen ungültig sein. (Vgl. WELZEL, aaO.). Akzeptiert man diese an sich nicht unbedenkliche an metaphysische Voraussetzungen gebundene These und ihre problematische Verifikation (KLUG 3), dann ist es sinnvoll, von der besonderen Art der *ontologischen Geltung* von Normen zu sprechen.

6. Eine weitere Geltungsart kommt ins Blickfeld, wenn man berücksichtigt, daß eine Norm zur Diskussion stehen kann, der weder juristische noch ethische und auch nicht reale Geltung zukommt, die aber gleichwohl eine Relation zwischen der Norm selbst und den Normadressaten konstituiert. Man wird hier von *soziorelativer Geltung* sprechen können.

Ein Beispiel wäre ein nicht korrekt verkündetes, sittenwidriges Gesetz, nach dem sich niemand richtet. Eine solche Norm wäre von den Gerichten nicht zu beachten, weil sie juristisch ungültig wäre. Sie hätte als sittenwidrige Norm auch keine ethische Geltung und reale Geltung würde fehlen, weil sie nicht befolgt würde. Gleichwohl bleibt eine Relation zwischen der Norm und den vergeblich angesprochenen Normadressaten bestehen. Sie kann trotz juristischer, ethischer und realer Irrelevanz nicht mehr „weggedacht" werden. Sie hat noch eine auf ein soziologisches Minimum reduzierte Geltung, weil es Normadressaten gibt, an die sie sich richtet, und denen gegenüber sie insoweit gilt. Daß dies immer noch Geltung ist, zeigt sich daran, daß sich eine Geltungsbereichsgrenze angeben läßt, denn nicht zu diesem Bereich gehören die von jener Norm Nicht-Angesprochenen.

7. Denkbar ist es ferner, daß einer Norm ein gesellschaftlicher Rang zuerkannt wird, das sie gewissermaßen "Publicity" hat, obwohl sie vielleicht von niemandem befolgt wird und ihr infolgedessen die reale Geltung fehlt. Man kann hier von *dekorativer Geltung* der Norm sprechen. Als Beispiel kämen die Normen eines gesellschaftlichen „Ehrenkodex", die möglicherweise weder juristisch, noch ethisch, noch real gelten, in Betracht. In den meisten Fällen derartiger Normen wird allerdings mit der dekorativen Geltung die reale zugleich gegeben sein. Indessen besteht hierfür kein logischer Zwang.

8. Einer Norm kann ferner *ästhetische Geltung* zukommen. Sie kann in diesem Sinne eine „elegante normative Lösung" schwieriger Situationen sein. Diese Art der Geltung kann sich mit anderen treffen, es sind aber auch Divergenzen möglich.

9. Im Rahmen juristischer Argumentationen über die Geltung von Normen kann es sodann vorkommen, daß die Meinung vertreten wird, eine bestimmte Norm gelte nicht, weil sie in sich widerspruchsvoll sei. Hier steht die *logische Geltung* in Frage. Erklärt z. B. ein Gerichtshof, daß ein Gesetz nicht anzuwenden sei, weil es einen Widerspruch enthalte, so leitet es aus der fehlenden logischen Geltung den Fortfall der juristischen Geltung der Norm her.

Bekanntlich unterscheidet man in der modernen Logiktheorie zwischen logischer Syntax und Semantik. Dementsprechend kann man bei dem Begriff der logischen Geltung die besonderen Arten der *syntaktischen* und der *semantischen Geltung* unterscheiden. Da das Fehlen der Widerspruchsfreiheit ein syntaktischer Mangel ist, hat die Norm in dem zuletzt erwähnten Beispiel keine logisch-syntaktische Geltung. Die semantische Geltung würde z. B. fehlen, wenn eine Norm so formuliert ist, daß ihre syntaktische Struktur zwar nicht beanstandet werden kann, dagegen nicht eindeutig feststellbar ist, was sie meint, wenn sie m. a. W.

nicht „verständlich" ist. Das ist der Fall, wenn es keine eindeutige Koppelung gibt zwischen den in der Norm benutzten Ausdrücken und den Gegenständen, auf die sich die Ausdrücke beziehen.

II. Die vorstehende Tabelle der Geltungsbegriffe beansprucht keine Vollständigkeit. Eine reizvolle Aufgabe, deren Lösung im Rahmen dieser Untersuchung nicht angestrebt werden kann, wäre es, die denkbaren Kombinationsmöglichkeiten zwischen den genannten Geltungsarten zu ermitteln. Auf einige wurde bei der Erläuterung der einzelnen Geltungsbegriffe bereits kurz hingewiesen. Im übrigen weiß der Jurist, daß es geradezu paradoxe Konstellationen geben kann. Erwähnt sei nur, daß nach Maßgabe bestimmter vorausgesetzter Moralnormen die ethische Geltung trotz Fehlens der idealen und der juristischen Geltung gegeben sein kann. Eigentümlich, aber durchaus denkbar wäre ferner eine Konstellation, bei der die juristische Geltung trotz Fehlens der logischen Geltung angenommen werden kann. Dies könnte dann der Fall sein, wenn die logische Geltung wegen semantischer Unklarheit fehlt, die Norm aber juristische Geltung beibehält, weil sie von den die Norm anwendenden Richtern „umgedeutet" werden kann.

III. In Bezug auf jede der genannten Geltungsarten kann es bei entsprechender Sachverhaltsgestaltung sinnvoll sein zu sagen, daß die Geltung nicht vollständig, sondern lückenhaft sei. Jeder Geltungsart entspricht eine bestimmte *Geltungslücke*. Berücksichtigt man dies, dann zeigt sich, daß die in der Rechtstheorie oft diskutierte Lückenproblematik komplexer ist, als man gemeinhin anzunehmen pflegt. Es ergeben sich zahlreiche Überschneidungsmöglichkeiten, denn Lückenlosigkeit in einem Sinne bedeutet nicht stets Lückenlosigkeit im anderen und umgekehrt. Drei Gesichtspunkte seien herausgegriffen:

1. In Bezug auf die *reale* Geltung muß erfahrungsgemäß stets mit Geltungslücken gerechnet werden. Der Fall, daß eine Norm von allen Normadressaten befolgt wird, dürfte kaum vorkommen. Das gilt gleichmäßig für geschlossene lückenlose Normensysteme wie für solche mit autonomen oder heteronomen Lücken. Andererseits kann es vorkommen, daß sich eine Rechtslücke kaum real auswirkt, weil sich die Normadressaten so verhalten, daß die Lücke de facto als ausgefüllt angesehen werden kann.

2. Bei Stammlers bereits erwähnter These, daß es Lücken nur bei Gesetzen und sonstigem positivem Recht gebe, das Recht als solches aber lückenlos sei, zeigt sich das Phänomen der Lückenentstehung und der

Lückenausfüllung, die Richtigkeit der Auffassung STAMMLERS einmal vorausgesetzt, im Bereich der Normen selbst nicht ihrer Geltung. Reale und juristische Geltung des nicht-positiven Rechts können gleichwohl lückenhaft sein, wenn man es nicht befolgt und es nicht in juristisch verbindlichen Normen positiviert ist.

3. Für den Naturrechtler wäre der Begriff der ethischen Geltungslücke eine contradictio in adiecto. Umgekehrt müßte der Relativist von der Zwangsläufigkeit von ethischen Geltungslücken überzeugt sein.

D. Zusammenfassung

1. Der Lückenbegriff erweist sich im rechtlichen Bereich als ein vielschichtiges Phänomen. Rechtslücken und Geltungslücken sind als klassifizierende Oberbegriffe zu unterscheiden.

2. Es gibt keinen absoluten Lückenbegriff. Maßgebend sind die jeweiligen Definitionen. Es kommt mithin auf die Sprachregelungen an. Eine Bindung besteht nur in logischer und teleologischer Hinsicht.

3. Die Definition von Lückenbegriffen, die nur von objektiven Strukturkriterien abhängig sind, ist mit Hilfe des Isomorphiebegriffs möglich.

4. Da definitorische Festsetzungen den Ausschlag geben, ist der Streit, ob es Rechtslücken gibt, oder ob Rechtsordnungen vielmehr stets lückenlos sind, müßig. Beide Positionen sind zulässig und können in sich folgerichtig sein.

Verzeichnis des zitierten Schrifttums

CARNAP	R. Carnap, Einführung in die symbolische Logik, 2. Aufl. 1960.
EMGE	C. A. Emge, Einführung in die Rechtsphilosophie, 1955.
ENGISCH 1	K. Engisch, Der Begriff der Rechtslücke, in: Sauer-Festschrift, 1949, S. 85 ff.
ENGISCH 2	K. Engisch, Einführung in das juristische Denken, 3. Aufl. 1964.
GURADZE	H. Guradze, Norm und Wert, in: Sozialwissenschaft und Gesellschaftsgestaltung, Festschrift für Gerhard Weisser, 1963, S. 161 ff.
HECK	Ph. Heck, Gesetzesauslegung und Interessenjurisprudenz, 1914.
KELSEN 1	H. Kelsen, Reine Rechtslehre, 2. Aufl. 1960.
KELSEN 2	H. Kelsen, Zur Theorie der Interpretation, in: Revue internationale de la théorie du droit, Bd. VIII, 1934, S. 9 ff.

KLUG 1	U. Klug, Juristische Logik, 2. Aufl. 1958.
KLUG 2	U. Klug, Elektronische Datenverarbeitungsmaschinen im Recht, in: Festschrift für Hermann Jahrreiss, 1964, S. 189 ff.
KLUG 3	U. Klug, Der Handlungsbegriff des Finalismus als methodologisches Problem, in: Philosophie und Recht, Festschrift für Carl August Emge, 1960, S. 33 ff.
MEIER-HAYOZ	A. Meier-Hayoz, Artikel I ZGB, in: Berner Kommentar zum Schweizerischen Zivilrecht, 1962.
NAWIASKY	H. Nawiasky, Allgemeine Rechtslehre, – System der rechtlichen Grundbegriffe, 2. Aufl. 1948.
NIPPERDEY	L. Enneccerus und H. C. Nipperdey, Allgemeiner Teil des Bürgerlichen Rechts, 15. Aufl. 1959.
STAMMLER	R. Stammler, Lehrbuch der Rechtsphilosophie, 3. Aufl. 1928.
WELZEL	H. Welzel, Das neue Bild des Strafrechtssystems, 4. Aufl. 1961.
WIEACKER	F. Wieacker, Gesetz und Richterkunst, 1958.
ZITELMANN	E. Zitelmann, Lücken im Recht, 1903.

Sonderfragen

Phänomenologische Aspekte der Strafrechtsphilosophie von Kant und Hegel

Die philosophische Grundwissenschaft, die *Edmund Husserl* als Phänomenologie entwickelt, und die *Gerhart Husserl* auf Grundlagenprobleme des Rechts angewandt hat, läßt sich in verschiedener Weise interpretieren. Diese Auslegungsmöglichkeiten ergeben sich einmal daraus, daß die Phänomenologie bekanntlich schon in dem Lebenswerk von *Edmund Husserl* im Laufe der Zeit unterschiedliche Formen angenommen hat und zum anderen daraus, daß der jeweilige Stand philosophischer und wissenschaftstheoretischer Grundlagenforschung zu neuen Perspektiven und damit zu neuen Interpretationsmöglichkeiten führt.

Die historisch-genetische Analyse der Entwicklung der Phänomenologie einerseits sowie ihrer Spiegelung in der nachfolgenden Philosophie und Wissenschaftstheorie andererseits wäre gewiß eine reizvolle Aufgabe. Im folgenden soll jedoch systematisches Interesse im Vordergrund stehen. Ausgehend von der Auffassung der Phänomenologie als einer besonderen Methodenlehre sollen einige Ausschnitte aus der Strafrechtsphilosophie von *Kant* und *Hegel* kurz angeleuchtet und phänomenologischer Kritik unterzogen werden, wobei sich verschiedene Möglichkeiten der Analyse auf Grund unterschiedlicher Interpretationen der phänomenologischen Methode ergeben werden. Es versteht sich für eine rechtsphilosophische Skizze von der vorliegenden Art von selbst, daß Vollständigkeit nicht angestrebt werden kann. Indessen wäre vielleicht einiges erreicht, würden sich neue Ausblicke oder auch nur neue Fragen ergeben.

Zwei Interpretationen sollen aus der Fülle der sich anbietenden Auslegungsmöglichkeiten für den Begriff der phänomenologischen Methode herausgegriffen werden. Die erste schließt sich an traditionelle Auffassungen an. Die zweite stellt den Versuch dar, der Phänomenologie mit Hilfe des Handwerkszeugs der modernen Methodentheorie einen neuen Aspekt abzugewinnen. Im Interesse der Methodenklarheit muß aber betont werden, daß in beiden Fällen Hypothesen aufgestellt werden, für die das Verlangen nach historischer Verifizierung ausgeschlossen sein soll. Es kann hier nur um das systematische Problem gehen, welche Prämissen vorauszusetzen sind, und welche Folgerungen sich aus ihnen ergeben.

I

Unter Phänomenologie in einem *ersten* Sinne sei jene Methode verstanden, die üblicherweise durch den Begriff der sog. »Wesensschau« charakterisiert wird. Diese Wesensschau ist nach *Edmund Husserl* eine eigenständige Denkmethode. Sie ist weder ein psychologisches noch ein formallogisches Verfahren. Charakteristisch für diese Methode ist die sog. *eidetische Reduktion.* Eine solche Reduktion bedeutet, daß der untersuchte Gegenstand zum Objekt eines geistigen Anschauens gemacht wird, und dabei alles, was lediglich subjektiv, nur existenziell und unwesentlich ist, eingeklammert wird. Als phänomenologisch erfaßt gilt hierbei nur das in dieser Weise unmittelbar Gegebene, nicht das Erschlossene. Dies Verfahren ist nicht mit Intuition und Abstraktion im üblichen denk-psychologischen und formallogischen Sinne identisch. Es steht, wie man zu sagen pflegt, zwischen ihnen. »Zu den Sachen selbst!«, lautet die oft zitierte, die phänomenologische Methode in einer anschaulichen Kurzformel zusammenfassende Parole.

Kriterium für die zutreffende Erfassung des Wesens der Phänomene ist die Evidenz, in der sich der geschaute Gegenstand selbst gibt. Den Vorwurf, durch dieses Entscheidungskriterium liefere sich die Wesensschau der Relativität psychischer Faktoren — die Phänomenologie also dem Psychologismus — aus, suchte *Edmund Husserl* bekanntlich dadurch zu entgehen, daß er eine »transzendentale Theorie der Evidenz« aufstellte. Nach dieser Theorie ist die Evidenz eine von der Erfahrung unabhängige — apriorische — Strukturform des Bewußtseins.[1]

Ob diese Methodenlehre nicht doch eine Rückkehr zum Psychologismus bedeutet, mag hier undiskutiert bleiben. Auch im übrigen werde sie hypothetisch akzeptiert, um ihre Anwendung auf strafrechtsphilosophische Probleme zu versuchen.

II

In den »Ideen zu einer reinen Phänomenologie und phänomenologischen Philosophie« weist *Edmund Husserl* darauf hin, daß die Phänomenologie keine empirische sondern eine *apriorische* Wissenschaft sei. »Reine Wesenswahrheiten enthalten nicht die mindeste Behauptung über Tatsachen«.[2] Hieran anknüpfend kann der phänomenologischen Methode eine *zweite*, sich an die moderne Wissenschaftstheorie und Logik anschließende *Deutung* gegeben werden, und zwar indem man folgendermaßen vorgeht:

Zunächst ist davon auszugehen, daß es sich bei der so interpretierten phänomenologischen Methode um ein Verfahren zur Gewinnung von Sätzen handelt.

Diese Sätze dürfen keine Tatsachenbehauptungen zum Ausdruck bringen. Sie sollen jedoch wahr sein.

[1] *Edmund Husserl,* Formale und transzendentale Logik, Halle 1929, § 107 (S. 249 ff).

[2] Bd. I², S. 13.

Unter diesen Voraussetzungen kann dann die phänomenologische Methode als ein Verfahren interpretiert werden, bei dem es darum geht, in Bezug auf irgendeinen Gegenstand die auf diesen Gegenstand anwendbaren Sätze zu ermitteln, in deren Axiomensystemen keine Sätze über empirische Tatsachen, also insbesondere keine sog. Protokollsätze vorkommen.

Hält man die obige unter I dargestellte erste Deutung der phänomenologischen Methode für eine Verfahrensbeschreibung, in die irrationale Faktoren eingegangen sind, dann mag die hier skizzierte zweite Deutung als ein Versuch der rationalen Interpretation und Entmythologisierung ausgelegt werden. Indessen ist es nicht zwingend erforderlich, die beiden hier hypothetisch zugrunde gelegten Auffassungen als kontrovers zu betrachten.

III

Die Verwirklichung der *eidetischen Reduktion*, also der phänomenologischen Methode im Sinne von I, ist schwierig, wenn Wesenseinsichten im positiven Sinne gewonnen werden sollen. Das zeigt sich im Rahmen strafrechtsphilosophischer Bemühungen sofort, wenn man beispielsweise versucht, das Wesen der staatlichen Strafe durch eidetische Reduktion zu ermitteln, und bei diesem Versuch — so wie es von dieser Methode gefordert wird — gerade nicht nach dem fragt, was hic et nunc in einer empirisch nachprüfbaren Weise allgemein unter der Strafe verstanden wird. Was ist »die Sache selbst« bei der staatlichen Strafe? Merkmale wie »Reaktion« — im Sinne von Beantwortung — und »Sanktion« in spezifischer Ausgestaltung als Gruppenantwort und Gruppensanktion scheinen sich als wesensgemäß aufzudrängen. Hinzu kommen wohl zur Gruppensanktion deren Bezogenheit auf den Einzelnen innerhalb oder außerhalb der Gruppe und als qualitatives Moment die Rechtsminderung mit ihrer komplizierten auf Regelsysteme bezogenen Struktur.

Soziologische, normative und teleologische Komponenten müssen berücksichtigt werden, — und anderes mehr.

Leichter ist der Weg der negativen Philosophie. Die Feststellung, daß bestimmte Merkmale und Eigenschaften bei eidetischer Reduktion »durchzustreichen« sind, weil sie sich als nur subjektiv oder lediglich existenziell und daher nicht als wesentlich erweisen, scheint eindeutiger und schneller zu treffen zu sein. Die Funktion phänomenologischer Kritik ist bei komplexen Begriffen offenbar eher zu erfüllen.

Hieran kann angeknüpft werden, versucht man eine kritische Sicht einiger klassischer Positionen der Strafrechtsphilosophie bei *Kant* und *Hegel*. Herausgegriffen sei zunächst eine Auswahl viel berufener Thesen von *Kant:*

1) Nach *Kant* ist das Strafrecht »das Recht des Befehlshabers gegen den Unterwürfigen, ihn wegen seines Verbrechens mit einem Schmerz zu belegen.«[3] Eine These dieser Art, die übrigens bei *Kant* ohne Begründung schlicht aufgestellt wird, ist eine rechtstheoretische Behauptung. *Gerhart Husserl* hat schon früh und — aus der Sicht der Phänomenologie — mit Recht darauf hingewiesen, daß die phänomenologische Methode der eidetischen Reduktion auch in der rechtstheoretischen Forschung anwendbar ist. Es komme nur darauf an, »den Forschungsgegenstand zur Selbstgegebenheit zu bringen, sodaß er nun in seiner Wesensganzheit unverhüllt da ist.«[4]

Was bei der entsprechenden *Reduktion* des vorgefundenen Rechtsstoffes jeweils bleibt, »ist ein transzendentales Rechtsphänomen, in dem der real daseiende Rechtssachverhalt auf sein rechtslogisches Sein-können reduziert erscheint«.[5] Allerdings können bei Handhabung dieser Reduktionsmethode Fehler un-

[3] Metaphysik der Sitten, hrsg. von Karl Vorländer, Hamburg 1954, S. 158.
[4] *Gerhart Husserl,* Der Rechtsgegenstand, Berlin 1933 S. 158.
[5] *Gerhart Husserl,* Der Rechtsgegenstand, Berlin 1933 S. V.

terlaufen. »Es besteht hier vor allem die Gefahr einer Apriorisierung empirischer Sachverhalte.«[6]

Versucht man *Kants* These mit Hilfe dieser Methode zu analysieren, so zeigt sich, daß *Kant* das Wesen des Strafrechts bei weitem nicht trifft, und zwar aus mehreren Gründen, von denen zwei besonders deutlich sind: Zunächst einmal setzt das Strafrecht keine Unterwerfungsrelation voraus. Die als das Verhältnis zwischen dem Befehlshaber und dem »Unterwürfigen« bzw. dem Unterworfenen, wie nach heutigem Sprachgebrauch gesagt werden muß, angegebene soziologische Struktur ist keine notwendige Bedingung für das Gegebensein von Strafrecht. Es handelt sich nur um ein existenzielles Merkmal, das aus den tatsächlichen Verhältnissen absolutistischer Herrschaftsordnungen in der Zeit von *Kant* hergeleitet ist. Strafrecht wäre beispielsweise auch in einer auf Gleichberechtigung beruhenden Gesellschaftsordnung möglich. Nicht einmal Unfreiwilligkeit bei der Hinnahme der Strafe ist vorausgesetzt. Die freiwillige Auslösung und Hinnahme der Bestrafung ändert am Strafcharakter des betreffenden Eingriffs nichts.

Entsprechendes zeigt sich beim zweiten Aspekt. Es ist ein altes Vorurteil, wenn man meint, für das Wesen des Strafrechts sei die Belegung des Delinquenten mit einem Schmerz — die Zufügung eines Übels, — wie in der modernen Strafrechtstheorie meistens formuliert wird, — ein notwendiges Merkmal. Hier mengen sich subjektives und existenzielles in die Betrachtung. Der zuschauende Außenstehende mag den strafenden Eingriff aus seiner persönlichen Sicht als schmerzhaft empfinden. Für die Strafrechtsstruktur ist diese Wirkung der Strafe nicht wesentlich. Selbst wenn der Bestrafte die Reaktion der Gesellschaft aus besonderen Gründen tiefenpsychologischer oder pragmatischer Art sogar als angenehm empfinden würde, änderte dies nichts

[6] Ebenfalls a. a. O., S. V.

entscheidendes am Strafcharakter der Rechtsminderung. Subjektive und existenzielle Begleiterscheinungen berühren das Wesen der Strafe und des Strafrechts nicht. Die aus der Geschichte der Strafrechtspraxis bekannten Fälle der Verbrechensbegehung zum Zwecke der Provokation einer Todesstrafenverhängung, bei denen mithin die Herbeiführung des Todes des Täters, der den Selbstmord scheut, das Motiv für die Straftat ist, zeigen die Streuungsbreite existenzieller Möglichkeiten, die am Phänomen der Strafe als solcher nichts ändern.

Für moderne Sicht folgt aus dieser Demonstration, daß im Gegensatz zur verfehlten Wesensbestimmung *Kants* andere empirische Funktionen des Strafrechts, wie etwa die Resozialisierung des Täters, die Beseitigung barbarischer und menschenunwürdiger Härten und anderes mehr mit dem Wesen des Strafrechts durchaus vereinbar sind.

2) Für *Kant* kann nach einer weiteren immer wieder von den Strafrechtsjuristen der klassischen Schule zitierten These nur das Wiedervergeltungsrecht, das ius talionis, die Qualität und Quantität der Strafe bestimmt angeben. »Alle anderen (sc. Kriterien) sind hin und her schwankend und können, anderer sich einmischender Rücksichten wegen, keine Angemessenheit mit dem Spruch der reinen und strengen Gerechtigkeit enthalten«.[7] In die Redeweise der Phänomenologie übersetzt, besagt diese Auffassung, daß erstens der Vergeltungscharakter zum Wesen der Strafe gehört, und daß zweitens dieses Wesensmerkmal Kriterien zur Verfügung stellt, mit deren Hilfe in jedem konkreten Fall die Frage entschieden werden kann, welches nach Art und Umfang die gerechte Strafe ist, die für einen bestimmten Täter verhängt werden muß.

Was den ersten Gesichtspunkt anlangt, so wird man aus phänomenologischer Sicht sagen können, daß sich ein Aspekt des

[7] *Kant* a. a. O., S. 159, 160.

Wesens der Strafe in der Tat dann mit dem allerdings denkpsychologisch erheblich vorbelasteten und deshalb an sich besser zu vermeidenden Ausdruck Vergeltung beschreiben läßt, wenn dieser Terminus deckungsgleich mit dem Begriff Reaktion (= Erwiderung, Antwort auf die Straftat) benutzt wird. Ist Vergeltung nichts anderes als Reaktion, dann bezeichnet dieser Ausdruck nur eine formale Beziehung und ist für die Deskription eines nicht-empirischen Wesensmerkmals geeignet. Denn offensichtlich trifft es zu, daß Strafe wesensmäßig stets Reaktion, d. h. Antwort auf ein Verhalten, auf eine Straftat im weitesten Sinne ist.

Über die Art und Weise des Reagierens der Gesellschaft auf die Straftat sagt diese Feststellung allerdings nichts. Gleichwohl war *Kant* anderer Ansicht, und damit ist der zweite Gesichtspunkt berührt. Wenn *Kant* meint, über jene formale Struktur hinaus, könnten aus dem Vergeltungsgedanken auch materiale Folgerungen abgeleitet werden, so läßt sich dies schwerlich halten. Das folgt nicht nur aus dem oft wiederholten und sicherlich richtigen Argument, Straftat und Strafe seien wegen der unterschiedlichen Raum- und Zeitkomponenten sowie wegen der individualitätsbedingten Persönlichkeitsdivergenzen zwischen Täter und Opfer nicht vergleichbar. Testfragen, die das strenge Vergeltungsprinzip ad absurdum führen, lassen sich in beliebiger Anzahl bilden. So z. B. die Frage: Welche Strafe fordert das ius talionis, wenn der einarmige Täter das zweiarmige Opfer so verletzte, daß es einen seiner beiden Arme verlor? Oder: Wie ist der vermögenslose Brandstifter zu bestrafen, der seinem Opfer einen Sachschaden von 15 Millionen DM zufügte? Diese Bedenken bedürfen keiner weiteren Ausführungen.

Indessen muß gefragt werden, wie es zu erklären ist, daß sich die Ansicht, es gäbe eine Entsprechung zwischen Tat und Strafe, so hartnäckig hält. Diese Frage führt zur Möglichkeit einer Ausschaltung eines Merkmals durch eidetische Reduktion. Eindeutige Zuordnung der Strafe zur Tat ist offensichtlich ein subjektives Merkmal. Viele, die über die Strafe und die Praxis der Strafjustiz reflektieren, meinen, es gäbe eine Vergeltungsskala für die Skala der zu bestrafenden Delikte, weil sie selbst über eine Vorstellung von einer solchen zuordnenden Skala verfügen. Sie haben das subjektive Empfinden von einer objektiven Einsicht. Sie glauben, daß sie nicht glauben, sondern erkennen. Aber dies eben ist ein subjektiver Faktor, der aus phänomenologischer Sicht bei der Ermittlung des Wesens der Strafe eingeklammert werden muß. Der Vergeltungsgedanke im Sinne eines materialen Kriteriums für das Strafmaß ist ein vielschichtiges denkpsychologisches Phänomen. Neben anderem ist er vor allem ein psychischer Verkrampfungszustand, der aus einer hauptsächlich rückschauenden Wertungserstarrung mit überwiegend emotionalen Komponenten resultiert und wohl nur durch vorwärtsgerichtete teleologische und rationale Aufgabenstellungen gelockert werden kann. Seelische Erscheinungen dieser oder ähnlicher Art können beim staatlichen Strafen als Begleiterscheinungen auftreten, sind aber nicht zwingend mit ihm verbunden. Sie sind dort, wo es sie gibt, existenzielle, aber nicht essenzielle Merkmale.

IV

Soweit in der Strafrechtsphilosophie von *Hegel* ebenfalls die Wiedervergeltung als Wesensmerkmal der Strafe angesehen wird,[8] läßt sich das über die Theorie von *Kant* zum Vergeltungsgedanken gesagte auf die Argumente von *Hegel* übertragen. Andere Thesen *Hegels* geben Anlaß zu weiteren Überlegungen.

1) Als ein Versuch echter Wesensschau könnte die bekannte

[8] Grundlinien der Philosophie des Rechts — mit den von *Gans* redigierten Zusätzen aus *Hegels* Vorlesungen — hrsg. von *Georg Lasson,* 3. Aufl., Leipzig 1930, § 101, S. 90.

Bestimmung der Strafe als »Negation der Negation« ausgelegt werden.[9] Es fragt sich, was hierzu aus phänomenologischer Sicht zu sagen ist.

Subjektives und existenzielles, nur »zufälliges«, sind deutlich eingeklammert. Die Charakterisierung als Negation der Negation ist sicherlich eine Strukturbeschreibung. Offen bleibt nur, ob sie die Struktur der Strafe zutreffend abbildet.

Soweit das Verhalten des Verbrechers als Negation beschrieben wird, ist damit offensichtlich negierendes Verhalten gemeint. Negierend darf dabei als das Recht negierend, also als rechtswidrig interpretiert werden. Die Negation, deren Subjekt der Delinquent ist, kann dann ausführlicher bestimmt werden als rechtswidriges Verhalten des Verbrechers gegenüber dem Tatopfer. Fährt man in entsprechender Weise fort, die benutzten Begriffe näher auszufüllen, dann zeigt sich, daß die Konstruktion einer Negation der Negation das Wesentliche am Phänomen der Strafe nicht treffen kann, weil es sich hier um eine nichtadäquate mehr oder weniger bildhafte Übertragung eines arithmetischen oder formallogischen Begriffs handelt, wobei noch nicht einmal deutlich wird, ob die Anleihe bei der Arithmetik oder bei der Logik gemacht wird.

Die Unangemessenheit der Parabel erweist sich bei dem Bemühen, den zweimal vorkommenden Begriff der Negation jedesmal im definitionsgleichen Sinne zu verwenden, — ein Vorgehen, das elementare logische Regeln vorschreiben. Da Negation als rechtswidriges Verhalten interpretiert wurde, ergibt eine entsprechende Einsetzung für Negation der Negation: Rechtswidriges Verhalten gegenüber rechtswidrigem Verhalten. Wird diese Ausdrucksweise in Analogie zu dem oben Gesagten ergänzt, dann besagt die Formel: Strafe ist ihrem Wesen nach rechtswidriges Verhalten der Vollzugsorgane gegenüber dem

[9] A. a. O. 61. Zusatz, S. 309.

rechtswidrigen Verhalten des Verbrechers gegenüber dem Tatopfer. Das ergibt keinen vernünftigen Sinn. Es ist deshalb zu fragen, ob eine andere Auslegung der Formel von *Hegel* besser gerecht wird.

Wird der Begriff der Negation zum Begriff der Negation des Rechts erweitert, dann erhält man die Aussage, Strafe sei die Negation des Rechts gegenüber der Negation des Rechts. Damit könnte gemeint sein, daß auf Verbrechen nicht mit Recht, sondern auch mit Unrecht reagiert werden dürfte, das Verbrechen den Verbrecher folglich rechtlos mache. Daß dies die Meinung *Hegels* nicht sein kann, zeigt sein Argument, daß die Strafe als etwas, was des Straftäters eigenes Recht enthalte, anzusehen sei, sodaß in ihr »der Verbrecher als Vernünftiges geehrt« werde.[10]

Deutet man Negation als Einschränkung und erweitert zugleich die Formel, daß die Strafe Negation der Negation sei, zu der Formel, Strafe sei Negation der Negation des Rechts, dann kommt man dem, was *Hegel* gemeint haben kann, anscheinend näher. Denn unter diesen Voraussetzungen kann man jetzt sagen: Strafe ist die Einschränkung der Einschränkung des Rechts. Ersetzt man den terminus Einschränkung durch den Ausdruck Aufhebung, dann lautet die *Hegelsche* Wesensbestimmung: Strafe ist die Aufhebung der Aufhebung des Rechts. Für die Richtigkeit dieser Interpretation kann angeführt werden, daß *Hegel* im Zusammenhang mit der Analyse des Strafbegriffs davon spricht, das Recht (— sc. das Strafrecht —) sei Aufhebung der Rechtsverletzung durch den Straftäter.[11]

Wie sehr dies nur eine bildhafte, subjektive Sicht ist, zeigt die Gegenüberstellung mit anderen strafrechtsphilosophischen Thesen von *Hegel*. So vertritt *Hegel*, wie man weiß, die Ansicht, der Staat sei berechtigt, die Todesstrafe zu verhängen. Er erklärt dies unter gleichzeitiger ausdrücklicher Ablehnung der Auffas-

[10] A. a. O. § 100, S. 90.
[11] A. a. O. 61. Zusatz, S. 309/310.

sung von *Beccaria.*[12] Nun läßt sich aber gerade diese Strafart — ihre an sich abzulehnende Zulässigkeit einmal unterstellt — in keiner Weise mit der Bestimmung der Strafe als Aufhebung der Aufhebung des Rechts in Einklang bringen. Hat der Täter jemanden getötet, so hat er das Lebensrecht seines Opfers negiert, mithin das Recht in einem bestimmten Bereich aufgehoben und Unrecht an seine Stelle gesetzt. Inwiefern durch die amtliche Tötung des Täters dieser Einbruch des Unrechts aufgehoben sein soll, ist rational nicht einsichtig. Man denke etwa an die durch das Verbrechen hervorgerufene rechtliche Schlechterstellung der Hinterbliebenen des Ermordeten. Von einer Aufhebung — und sei es auch nur von einer teilweisen Aufhebung — des Unrechts könnte doch wohl nur dann gesprochen werden, wenn der Mörder durch die Strafe veranlaßt würde, zur Wiedergutmachung einen Beitrag zu leisten. Genau dies aber wird durch seine Hinrichtung verhindert. Im übrigen muß man wohl gedankenlyrisch ganz besonders befähigt sein, um in der Enthauptung des Verbrechers seine Ehrung als Vernünftiges erkennen zu können.

Daß die Todesstrafe keine Negation der Negation des Rechts ist, sollte einleuchten. Das gleiche gilt aber auch für andere Strafarten. Durch die Entziehung der Freiheit bei der Gefängnisstrafe oder die Entziehung von Vermögenswerten bei der Geldstrafe wird die in einem Betrug liegende Aufhebung des Rechts sicherlich nicht aufgehoben, denn der verursachte Vermögensschaden wird durch diese Sanktionen nicht beseitigt oder auch nur eingeschränkt. Nicht das Strafrecht, sondern erst das Zivilrecht ist mit der Entstehung von Schadensersatzansprüchen und sonstigen Rechten auf eine Aufhebung der Aufhebung des Rechts gerichtet. Bei der Anwendung des Strafrechts und der Verwirklichung des staatlichen Anspruchs auf Duldung der Strafvollstreckung — nicht des staatlichen »Strafanspruchs«, wie

[12] A. a. O. § 100, S. 89.

es unlogischerweise in der deutschen Strafrechtswissenschaft und -praxis immer wieder heißt (als ob der Staat einen Anspruch auf seine — des Staates — Bestrafung hätte!) — wird somit die Negation des Rechts durch den Verbrecher nicht negiert. Sie bleibt bestehen. Durch die Strafe kommt eine neue Negation hinzu, nämlich die Negation von Rechten des Bestraften. Er muß die Aufhebung von Rechten dulden, die ihm zustünden, hätte er kein Verbrechen begangen.

Das Ergebnis der Analyse ist also die Feststellung, daß die Strafe, wendet man *Hegels* Begriffsapparatur an, wohl als Negation aufgefaßt werden kann, aber nicht als Negation der Negation, sondern als *Intensivierung der Negation.* Das Recht wird zweimal negiert. Das aber kann nicht das Wesen der Strafe sein. Die so plausibel wirkende Wesensbestimmung bei *Hegel* erweist sich damit als ein Rekurs auf einen bestimmten altbekannten, auf das Rachephänomen zurückweisenden Vorstellungstyp. Sie kann daher aus der Sicht der Phänomenologie nicht als das Resultat eidetischer Reduktion angesehen werden.

2) Der Vollständigkeit halber mag noch die Theorie über das Verhältnis von Zwang und Verbrechen als eine weitere strafrechtsphilosophische These von *Hegel,* die mit der Bestimmung der Strafe als Negation der Negation eng zusammenhängt, herangezogen und diskutiert werden.

Hegel geht davon aus, daß Zwang »als Äußerung eines Willens« sich begrifflich selbst aufhebe, weil Wille nur dort Dasein habe, wo er in Freiheit — sc. in Freiheit von Zwang — sei.[13] Daraus folge, »daß Zwang durch Zwang aufgehoben wird; er — sc. der Zwang — ist daher nicht nur bedingt rechtlich, sondern notwendig, — nämlich als zweiter Zwang, der ein Aufheben eines ersten Zwanges ist«.[14]

Aus der Sicht der Phänomenologie könnte es scheinen, als

[13] A. a. O. § 92, S. 85.
[14] A. a. O. § 93, S. 85.

würden hier in eidetischer Reduktion gewonnene Wesensmerkmale beschrieben. Eine genauere Betrachtung zeigt aber, daß dem nicht so ist. Zwang ist ein komplexer Begriff, bei dem weitere Reduktionen möglich und erforderlich wären. Man denke etwa an die Raum-Zeit-Komponenten, an Intensitätsfaktoren, an relationslogische sowie teleologische Strukturen und anderes mehr.

Für die spezifisch strafrechtsphilosophische Problematik interessiert aber vor allem die These von der Aufhebung des Zwangs durch den Zwang. Sie ist in der gleichen Weise unstimmig wie die Formel von der Negation der Negation. Auch hier stehen ungenaue Assoziationen und nebelhafte Bilder hinter den Begriffen. Man sieht förmlich, wie die Strafjustiz dem zuschlagenden Kriminellen in den Arm fällt. Die Hand mit dem Revolver wird mit Gewalt aus der Richtung gerissen. Mit Symbolen dieser Art wird manches deutlich, zugleich aber anderes undeutlich. Über die Aufhebung und Beseitigung des ersten Zwanges wird die Einsetzung des zweiten Zwanges leicht vergessen. Es wäre also falsch anzunehmen, die durch das Verbrechen gestörte Gleichgewichtslage der Friedensordnung des Rechts wäre durch die Anwendung des zweiten Zwanges wiederhergestellt. Erst die Aufhebung des zweiten Zwanges ohne Einsetzung eines dritten Zwanges könnte diese Wirkung haben. Genau dies aber beweist, daß die Einsetzung von Zwang kein essenzielles, sondern nur — und das allerdings in weitem Umfang — ein existenzielles Merkmal der Strafe und des Strafrechts ist.

Übrigens ist der Zwang nicht einmal ein wesentliches Merkmal der Straftat. In manchen Fällen charakterisiert gerade das Fehlen von Zwangsanwendung das betreffende Delikt und unterscheidet es dadurch von anderen ähnlichen Straftatbeständen. Das gilt beispielsweise für den Betrug im Gegensatz zur Erpressung. Hier wäre der von der Strafjustiz eingesetzte Zwang kein zweiter, sondern ein erster Zwang in der Sprache von *Hegel.* Die

Aufhebung dürfte in diesem Falle nicht durch einen zweiten Zwang, der ein Zwang gegen die Strafjustiz wäre, sondern nur durch eine Aktion ohne Zwang erfolgen.

Die Zwangtheorie erweist sich somit als ein Irrweg. Das kann Folgen für die Ausgestaltung des positiven Strafrechts haben. Der Verzicht auf den Einsatz von Zwang, dort wo er für Resozialisierung und Gesellschaftsschutz nicht erforderlich erscheint, ist also kein Verstoß gegen das »Wesen der Strafe«.

V

Die vorstehenden Untersuchungen gingen von dem Versuch aus, die phänomenologische Methode in traditioneller Weise auszulegen und anzuwenden. Das war eine Arbeitshypothese, deren Zweckmäßigkeit bestritten werden kann. Indessen ist den Gefahren, die möglicherweise dadurch hervorgerufen wurden, daß die hier zugrundegelegte Auffassung von der phänomenologischen Methode dem »eigentlichen«, diesen Namen verdienenden Verfahren nicht entspricht, wohl doch wenigstens zum Teil dadurch begegnet, daß die Methode nur als negatives Ausleseverfahren benutzt wurde.

Die Hauptschwierigkeiten bleiben das Fehlen eines phänomenologischen Beweisverfahrens und — damit zusammenhängend — das Fehlen von eindeutigen Entscheidungskriterien bei divergierenden Auffassungen über das, was sich bei einer Wesensschau ergibt. Die phänomenologische Methode bleibt in ihrer klassischen Form Deskription mit der Gefahr unberechtigter Verabsolutierung der Ergebnisse.

Aus der Sicht moderner Methodentheorie kann jedoch der eidetischen Reduktion eine Interpretation gegeben werden, die eine sinnvolle Einfügung in die Bemühungen um wissenschaftliche Erkenntnis erlaubt, und zwar indem man schrittweise von folgenden Überlegungen ausgeht:

Exakte Beweisführungen sind bekanntlich nur im Rahmen kalkülisierter Theorien möglich. Außerhalb dieser Theorien ist im günstigsten Falle die Entwicklung von Theorien denkbar, bei denen man sich im Prinzip jedenfalls darum bemüht, sich kalkülisierten Theorien anzunähern. Man kann hier von quasikalkülisierten Theorien und, soweit die Kalküle axiomatisch aufgebaut sind, von quasiaxiomatischen Theorien sprechen.[15]

Für kalkülisierte sowohl als auch für quasikalkülisierte Theorien benötigt man Metatheorien, in denen die kalkülisierten und die quasikalkülisierten Theorien zum Objekt der theoretischen Betrachtung gemacht worden sind. Diese Metatheorien können ihrerseits nicht kalkülisiert oder quasikalkülisiert sein, denn sonst hätte man Meta-Metatheorien nötig, in denen die Metatheorien ihrerseits zu Objekttheorien würden.

Fragt man sich, mit Hilfe welcher Methode man beim Aufbau einer solchen nicht kalkülisierten, letzten Metatheorie vorgeht, so könnte man als Antwort auf eine für diesen Zusammenhang neu interpretierte phänomenologische Methode verweisen. Ist die Objekttheorie axiomatisiert, dann würde die phänomenologische Methode dasjenige Verfahren sein, mit dessen Hilfe die Axiome aufgesucht und für die Objekttheorie festgelegt werden. Allerdings ist dabei zu berücksichtigen, daß die phänomenologische Methode in der Konzeption von *Edmund Husserl* nur der Gewinnung von apriorischen Erkenntnisen, d. h. von Erkenntnissen, die von der Erfahrung unabhängig sind, dienen soll. Angewandt auf den hier vorgeschlagenen metatheoretischen Einsatz folgt hieraus, daß die phänomenologische Methode nur für das Aufsuchen von solchen Axiomen oder sonstigen Voraus-

[15] Vgl. hierzu *U. Klug*, Juristische Logik, 3. Aufl., Berlin/Heidelberg/New York 1966, S. 16, 17, 89 (Anm. 223), 174; und *Karl Engisch*, Sinn und Tragweite juristischer Systematik, in »Studium Generale« 10. Jahrg. (1957), Heft 3, S. 176, 177.

setzungen für die Objekttheorie in Betracht kommt, die nicht empirisch sind.

Versucht man nun, die strafrechtsphilosophischen Theorien von *Kant* und *Hegel* mit Hilfe einer so verstandenen phänomenologischen Methode zu analysieren, dann stellt sich verhältnismäßig rasch heraus, daß die Ergebnisse mager sind. Die von *Kant* und *Hegel* vorgelegten Thesen lassen sich als von der Erfahrung unabhängige Grundlagenbehauptungen nicht halten, obwohl sie offensichtlich mit diesem Anspruch vorgetragen werden. Sie sind keine apriorischen Axiome oder Quasiaxiome. Ohne auf diese Problematik näher eingehen zu können, sei hier nur auf die folgenden Gesichtspunkte kurz hingewiesen:

1) Das soziologische Modell, das *Kant* seiner Strafrechtstheorie zugrundelegt, ist die empirisch vorgefundene Struktur des absolutistischen Obrigkeitsstaates seiner Zeit. Nur so ist die »Unterwürfigkeits«-These verständlich.

2) Das Axiom des Übelscharakters der Strafe würde, wollte man es anerkennen, eine nicht geringe Zahl von Anwendungsmöglichkeiten des Strafrechts ausscheiden.

3) Das Talionsprinzip mag als nicht-empirische Struktur interpretiert werden. Als Axiom oder Quasiaxiom anerkannt, würde es den Richter in vielen Fällen vor unlösbare Aufgaben stellen.

4) Schon aus logischen Gründen unhaltbar ist *Kants* berühmtes, der Erläuterung des Vergeltungsgedankens dienendes Beispiel, in dem er die Frage aufgreift, was mit dem letzten im Gefängnis befindlichen Mörder zu geschehen habe, »wenn sich die bürgerliche Gesellschaft mit aller Glieder Einstimmung auflöste (z. B. das eine Insel bewohnende Volk beschlösse, auseinander zu gehen und sich in alle Welt zu zerstreuen)«.[16] Dieser Mörder »müßte vorher hingerichtet werden, damit jedermann das wider-

[16] *Kant* a. a. O., S. 161.

fahre, was seine Taten wert sind, und die Blutschuld nicht auf dem Volke hafte, das auf diese Bestrafung nicht gedrungen hat«. Dieses Beispiel enthält einen Widerspruch, weil es nach der Prämisse gar kein Volk mehr geben kann, auf dem die »Blutschuld« haften könnte.[17] Hinzukommt die gerade in der Phänomenologie abgelehnte Irrationalität der Argumentation mit dem Begriff der »Blutschuld«, — einem terminus, der als besonders markantes Beispiel für wissenschaftlich unverbindliche Gedankenlyrik geeignet ist.

5) Bei den hier erörterten Thesen von *Hegel* sieht es nicht anders aus, obwohl die Formel von der Negation der Negation an sich eine apriorische, von Erfahrungen unabhängige Aussage ist. Sie gibt nur eine Struktur an, aber eben eine das Wesen der Strafe nicht angemessen — genauer: nicht isomorph — abbildende Struktur. Das gleiche gilt hinsichtlich der These von der Aufhebung des Zwangs durch den Zwang. Für beide Gesichtspunkte kann auf das oben unter IV Gesagte verwiesen werden.

6) Im übrigen erweist sich, daß die zunächst hypothetisch akzeptierte phänomenologische Methode im ersten Sinne als Vorstufe für die phänomenologische Methode im zweiten Sinne aufgefaßt werden kann. Wesensdeskriptionen sind dann in geklärter Deutung Aussagen über notwendige Bedingungen, also über intensive Implikationen,[18] die entweder selbst Axiome sind oder aus genau bestimmten Axiomen abgeleitet werden können, wobei die Axiome keine Tatsachenbehauptungen, d. h. keine empirischen Aussagen sein dürfen.[19]

Betrachtet man die strafrechtsphilosophischen Ausführungen bei *Kant* und *Hegel* in ihrer Gesamtheit, so stellt man jedoch

[17] Hierauf wurde schon hingewiesen in *U. Klug*, Abschied von Kant und Hegel, in: Programm für ein neues Strafgesetzbuch, hrsg. von *J. Baumann*, Frankfurt (Main) 1968, S. 40.

[18] Vgl. *U. Klug*, Juristische Logik, 3. Aufl., Berlin-Heidelberg-New York 1966, S. 32/33.

[19] Zur axiomatischen Methode vgl. *Klug* a. a. O., S. 15 ff und S. 172 ff.

fest, daß sie als Aussagematerial für phänomenologische Analysen im zweiten Sinne kaum geeignet sind. Die für eine axiomatische oder quasiaxiomatische Verwendung geeigneten Prämissen lassen sich ohne Vergewaltigung des Textes kaum herauspräparieren. Die Darstellung der Argumentationen bleibt sowohl bei Kant wie bei Hegel in wissenschaftlich nur selten verwertbaren Beschreibungen stecken. Aber diese Beschreibungen sind noch nicht einmal Deskription im Sinne von *Edmund Husserl*, sondern allenfalls eine unverbindliche Vorstufe hierfür.

7) Die hier skizzierten Überlegungen, die an mehreren Stellen nicht über Andeutungen und kurze Hinweise hinausgehen konnten, geben noch zu einer methodologischen Schlußbemerkung Anlaß:

Die beiden vorgetragenen Interpretationen der phänomenologischen Methode, für die sich einige Zusammenhänge nachweisen lassen, unterscheiden sich stark hinsichtlich der mit ihnen jeweils verbundenen Bewertung der gewonnenen Erkenntnisse. Bei der ersten Deutung besteht die Gefahr der Verabsolutierung der Ergebnisse. Die in der »Wesensschau«, wie man sagt, sichtbar gewordene »Selbstgebung des Gegenstandes« verführt zu der Annahme der Unumstößlichkeit der Resultate, denn wenn der Gegenstand »sich selbst« gibt, dann kann ja wohl eine Diskussion kaum mehr möglich sein.

Indessen sollte Einigkeit darüber bestehen, daß auch gegenüber einer These, in der behauptet wird, sie sei Selbstgebung des Gegenstandes, die Frage nach der Verifizierung zulässig und notwendig bleibt, es sei denn, man sieht in ihr ein Axiom oder ein Quasiaxiom. Wird aber die These als Axiom oder Quasiaxiom aufgestellt, dann wird ausdrücklich auf den Beweis verzichtet, woraus jedoch gleichzeitig die Austauschbarkeit der Thesen folgt.

Es wäre ein Gewinn, wollte man sich in der Strafrechtswissenschaft die hiermit zusammenhängende hypothetische Natur der Argumentationen deutlicher machen, als dies zuweilen geschieht. So ist beispielsweise der Streit um das »Wesen« des strafrechtlichen Schuldbegriffs entmythologisiert, wenn man sich klar darüber ist, daß weder der sog. psychologische noch der sog. normative *Schuldbegriff* einer absolut zu setzenden »Selbstgebung« des Gegenstandes und seiner Merkmale entspricht, sondern als das abzuleitende Ergebnis der jeweils gewählten Axiome oder Quasiaxiome angesehen werden muß. Von dieser Auswahl hängt es beispielsweise ab, ob der Vorsatz ein Schuld- oder ein Tatbestandsmerkmal ist. Im Hinblick auf seine wissenschaftliche Struktur ist der Schuldbegriff als ein *axiomatischer Schuldbegriff* zu charakterisieren. Welche Merkmale für ihn bestimmend sind, das hängt von den benutzten Basishypothesen — den Axiomen oder Quasiaxiomen — ab. So löst sich der Streit zwischen den Vertretern des psychologischen und den Vertretern des normativen Schuldbegriffs nahezu von selbst auf. Dabei läßt der axiomatische Schuldbegriff neben den beiden genannten noch andere Kombinationen von Schuldvoraussetzungen zu.

Beispielsweise kann er, um nur eine von verschiedenen Möglichkeiten zu erwähnen, als unabhängig von der Willensfreiheitshypothese und außerdem so definiert werden, daß nicht alle seelischen Beziehungen des Täters zur Tat und erst recht nicht die zum Taterfolg, zu dem möglicherweise gar keine seelischen Beziehungen bestehen, für die Schuld konstituierend sind. Ein so bestimmter Schuldbegriff wäre kein rein psychologischer, weil nur ein Teil der psychischen Beziehungen des Täters zur Tat als Schuldmerkmale angesehen werden, während ein anderer Teil zu den Tatbestandsmerkmalen gezählt wird. Und er wäre kein rein normativer, weil die Vorwerfbarkeit nicht als notwendige Schuldvoraussetzung angesehen wird, während die Gefährlichkeit der seelischen Einstellung zur Tat als normativ zu wertendes Schuldmerkmal erhalten bliebe.

Praktische Auswirkungen würde eine solche neutrale axiomatische (quasiaxiomatische) Betrachtungsweise in vielen strafrechtlichen Bereichen haben können. Es würde sich eine Auflokkerung dogmatisch erstarrter Positionen erzielen lassen. Nur auf ein Beispiel hierfür sei hingewiesen:

Der psychiatrische und der psychologische Sachverständige werden im Strafprozeß vorwiegend im Zusammenhang mit der Frage der Schuldfähigkeit nach §§ 51, 55 StGB hinzugezogen. Daß ihre Sachverständigentätigkeit grundsätzlich auch bei allen anderen subjektiven Strafbarkeitsvoraussetzungen in Betracht kommt, wird oft übersehen.[20] Wenn es, wie *Eberhard Schmidt* zutreffend sagt, die Aufgabe des Sachverständigen ist, dem Gericht bei seiner Erkenntnistätigkeit dadurch zu helfen, »daß er ihm aus seiner besonderen Sachkunde Erfahrungssätze übermittelt oder mit Hilfe seiner besonderen Sachkunde an ein vom Gericht dargebotenes oder an ein im gerichtlichen Auftrag ermitteltes Tatsachenmaterial Schlußfolgerungen auf rechtserhebliche Tatsachen knüpft«,[21] dann ist eine Anhörung des Psychiaters oder des Psychologen auch bei subjektiven Tatbestandsmerkmalen, also bei Absichten, Handlungstendenzen, Gesinnungsmomenten usw., denkbar. Das gleiche gilt für subjektive Rechtfertigungsmerkmale wie den Verteidigungswillen bei der Notwehr, das Rettungsmotiv beim übergesetzlichen Notstand usw. Weitere Einsatzmöglichkeiten bieten neben der Frage der Zurechnungsfähigkeit die übrigen Schuldvoraussetzungen. Zu nennen sind hier u. a. der Vorsatz mit seinen intellektuellen und voluntativen Voraussetzungen, die subjektiven Fahrlässigkeitsmerkmale, das Unrechtsbewußtsein und die subjektiven Elemente der Schuldausschließungsgründe. Psychologische und psychiatrische Fragestellungen können sich insbesondere im Zusammenhang

[20] Die folgenden Überlegungen wurden vom Verf. in einem am 14. 7. 1960 in Zürich gehaltenen Vortrag ausführlicher behandelt.

[21] Lehrkommentar zur StPO, Teil II, Göttingen 1957, Vorbem. 17 vor § 72.

mit Fällen des Tatbestands- oder des Verbotsirrtums ergeben. Überall kann es sein, daß psychiatrische oder psychologische Sachverständige in der Lage sind, dem Gericht bei der Erkenntnistätigkeit durch die Übermittlung von Erfahrungssätzen zu helfen.

Kommt nun das Gericht mit Hilfe der psychiatrischen Sachverständigengutachten etwa zum Ergebnis, daß in einem konkreten Einzelfall beim voll schuldfähigen (zurechnungsfähigen) Angeklagten der Vorsatz gefehlt hat, dann hat dies nicht »wesensmäßig« die Folge, daß die Schuld entfällt. Diese Rechtsfolge hängt lediglich von dem benutzten System der Schuldaxiome ab. Gehört der Vorsatz, wie dies die Auffassung der heutigen Rechtsprechung ist, zu den Schuldaxiomen, dann hat der Angeklagte nicht schuldhaft gehandelt. Anders sieht es aus, wenn die Axiome wie bei *Welzel* und den übrigen Vertretern des Finalismus in der Weise ausgetauscht sind, daß der Vorsatz zu den Tatbestandsmerkmalen zählt.[22] Dann wird die Schuldfrage garnicht mehr gestellt, weil es schon an der Tatbestandsmäßigkeit des Verhaltens des Angeklagten fehlt. Von dieser Basis aus müßten Psychiater und Psychologen in der Regel zunächst bei der Vorsatzprüfung als Helfer bei der richterlichen Erkenntnisgewinnung herangezogen werden und erst anschließend, wenn das Gericht zu dem Ergebnis gekommen ist, daß Vorsatz vorliegt, bei der Frage der Schuldfähigkeit.

Die Berücksichtigung des axiomatischen und quasiaxiomatischen Struktur der Begriffssysteme, das sollte an den vorstehenden Beispielen andeutungsweise demonstriert werden, steigert die dogmatische Flexibilität. Phänomenologische Argumente stehen nicht im Wege.

[22] Näheres vgl. *Hans Welzel,* Das deutsche Strafrecht, 10. Aufl., Berlin 1967, S. 61 ff.

Prinzipien der Reinen Rechtslehre

Magnifizenz, Exzellenz, Spektabilitäten!
Meine sehr verehrten Damen und Herren!

Es entspricht einer wohlbegründeten, guten Tradition, einen wesentlichen Teil der zum Gedächtnis eines verstorbenen Mitglieds einer Fakultät veranstalteten Feier der Würdigung seines wissenschaftlichen Lebenswerkes zu widmen. Wenn die dabei zu würdigende Lebensleistung von so hervorragender Bedeutung ist, und eine so weltweite Ausstrahlung hat, wie das Werk von *Hans Kelsen*, dann ist diese Würdigung eine Aufgabe, die im gesteckten Rahmen lediglich lösbar ist, bei einer Beschränkung, die zwangsläufig dazu führt, daß nur in großen Linien skizziert werden kann. In einem anderen Bild gesprochen: Es können nur Akkorde angeschlagen und Hauptmotive zum Erklingen gebracht werden in der Hoffnung, die zugrunde liegende Symphonie werde sich auf diese Weise zumindest erahnen lassen.

Aus dem außerordentlich umfangreichen Werk von *Hans Kelsen* – über 600 Publikationen zählt sein verdienstvoller Biograph *Métall* – sind vor allem die folgenden Hauptwerke von weitreichender Relevanz:

1. Die Staatslehre des Dante Alighieri, 1905, *Kelsens* erste Publikation überhaupt.
2. Hauptprobleme der Staatsrechtslehre entwickelt aus der Lehre vom Rechtssatz, 1910.
3. Das Problem der Souveränität und die Theorie des Völkerrechts, – Beitrag zu einer reinen Rechtslehre –, 1920.
4. Vom Wesen und Wert der Demokratie, 1920.
5. Der soziologische und der juristische Staatsbegriff, 1922.

6. Österreichisches Staatsrecht, 1923.
7. Allgemeine Staatslehre, 1925.
8. Reine Rechtslehre, 1. Aufl., 1934.
9. Das Recht der Vereinten Nationen (englisch), 1950.
10. Prinzipien des Internationalen Rechts (englisch), 1952.
11. Was ist Gerechtigkeit? 1953.
12. Reine Rechtslehre, 2. Aufl., (stark erweitert) 1960.

Von den wichtigsten Werken sind zahlreiche Übersetzungen erschienen. Insgesamt gibt es übersetzte Schriften in 23 Sprachen. Das Schrifttum *über* Kelsen ist unübersehbar.

Das zentrale Anliegen der rechtswissenschaftlichen Forschungen von *Hans Kelsen* war die Entwicklung und Weiterentwicklung einer »Reinen Rechtslehre«. Dies Problem beschäftigte ihn, seit er und solange er wissenschaftlich arbeitete. Den ersten Entwurf einer reinen Theorie des Rechts legte *Kelsen* schon in seinem ersten großen Werk vor, das 1910 unter dem Titel »Hauptprobleme der Staatsrechtslehre entwickelt aus der Lehre vom Rechtssatz« erschien, wobei daran erinnert sei, daß in der Reinen Rechtslehre bekanntlich im Gegensatz zu der von der Rechtsautorität gesetzten Rechtsnorm unter einem Rechtssatz eine Aussage der Rechtswissenschaft über Rechtsnormen verstanden wird.

Im Laufe der Jahre wurde zwar manches ausgefeilt und geändert. Die entscheidenden Positionen blieben aber erhalten. Das Erscheinen der 1. Auflage des »Reine Rechtslehre« genannten Werkes in Leipzig und Wien im Jahre 1934 stand somit keineswegs etwa am Beginn der Bemühungen um dieses Thema, sondern war die ausgewogene und immer wieder reflektierte systematische Zusammenfassung langjähriger rechtstheoretischer Analysen. Das Vorwort zur 1. Auflage konnte *Kelsen* daher mit den Sätzen beginnen:

»Mehr als zwei Jahrzehnte ist es her, daß ich unternommen habe, eine reine, das heißt: von aller politischen Ideologie und allen naturwissenschaftlichen Elementen gereinigte, ihrer Eigenart weil der Eigengesetzlichkeit ihres Gegenstandes bewußte Rechtstheorie zu entwickeln. Von allem Anfang an war dabei mein Ziel: Die Jurisprudenz, die – offen oder versteckt – in rechtspolitischem Raisonnement fast völlig aufging, auf die Höhe einer echten Wissenschaft, einer Geistes-Wissenschaft zu heben. Es galt ihre nicht auf Gestaltung, sondern ausschließlich auf Erkenntnis des Rechts gerichteten Tendenzen zu entfalten und deren Ergebnisse dem Ideal aller Wissenschaft, Objektivität und Exaktheit, soweit als irgend möglich anzunähern.«

Einige der Hauptlehren dieser Theorie seien im folgenden behandelt.

I.

Die Darstellung von Grundprinzipien der Reinen Rechtslehre wird mit der Klärung der Frage beginnen müssen, was man unter einer *reinen* Lehre des Rechts zu verstehen habe. Verschiedene, sehr unterschiedliche Interpretationsmöglichkeiten bieten sich an.

Es war vor allem *Kant*, der den Ausdruck »rein«, zwar nicht eingeführt, denn vor ihm sprachen u. a. schon *Descartes* von »pura mathesis« und *Leibniz* von »pure raison«, wohl aber zu einem der zentralen Begriffe seiner Philosophie entwickelt hat.

Deshalb liegt es nahe, zunächst einmal zu untersuchen, ob *Kelsen* an die Terminologie von *Kant* angeknüpft hat.

Kant versteht bekanntlich unter einer *reinen* Erkenntnis eine solche, die von Erfahrung unabhängig ist. Er nennt eine solche Erkenntnis auch eine *apriorische* und weist auf die Sätze der Mathematik als Beispiel für solche reinen, apriorischen, also nichtempirischen Erkenntnisse hin. Die Mathematik ist demnach als erfahrungsunabhängige Disziplin eine reine Theorie. Ein anderes Beispiel wäre die formale Logik. Das Hauptcharakteristikum reiner Theorien ist bei dieser Sprachregelung, daß die in ihnen gewonnenen Ergebnisse durch die Erfahrung, also etwa durch Beobachtungen, nicht widerlegbar sind. Ist also *Kelsens* Reine Rechtslehre als eine reine Theorie im Sinne von *Kant* zu verstehen?

Vor der endgültigen Beantwortung dieser Frage muß noch auf eine andere Auslegungsmöglichkeit für den Begriff der reinen Rechtslehre hingewiesen werden. Nicht selten wird nämlich mit dieser Bezeichnung eine *Naturrechtstheorie* gemeint, d. h. eine Lehre, in der die Kriterien für die Entscheidung der Frage entwickelt werden, ob die Normen einer positiven Rechtsordnung, also etwa die Normen eines empirischen in Raum und Zeit vorkommenden Gesetzes, gerechte Normen, ob sie sog. richtiges Recht und nicht womöglich gesetzliches Unrecht sind, wie beispielsweise die nationalsozialistischen Rassengesetze.

Das Gesagte sei an einem Beispiel aus der modernen Literatur erläutert: Im Zusammenhang mit der Kritik an einem Strafurteil schrieb *Thomas Mann* im Jahre 1927 in einem Brief an einen Richter zur ›Vertrauenskrise der Justiz‹: »Sie wissen so gut wie ich (niemandem kann es entgehen), daß wir seit mindestens zehn Jahren in einer Atmosphäre leben, in der die *Idee des reinen Rechts* zu verkümmern droht«.

Nur drei Jahre später wirft *Thomas Mann* in einem weiteren Brief, – diesmal ging es um den Strafprozeß gegen *Carl von*

Ossietzky, den späteren Friedens-Nobelpreisträger, – dem Reichsgericht vor, sein Urteil, so müsse man fürchten, sei »kein *Rechts*spruch im strengen und *reinen* Sinne des Wortes, sondern ein politischer Akt, der die Abneigung gewisser Mächte und Interessen gegen jede öffentliche Kontrolle zu decken bestimmt ist«.

Der in Rede stehende Ausdruck wird hier von *Thomas Mann* – wie man leicht erkennt – in einem doppelten Sinn verwendet, es kann wohl davon ausgegangen werden, daß reines Recht hier zugleich streng und exakt ausgelegtes, geltendes *positives Recht* und außerdem *richtiges Recht* oder *Naturrecht* bedeutet. Seine brieflich geäußerten Vorwürfe beanstanden die gescholtenen Urteile in beiden Richtungen.

Dem Ausdruck Reine Rechtslehre lassen sich somit zumindest drei Deutungen geben: Unter einer Reinen Rechtslehre kann eine apriorische Theorie des Rechts oder eine Theorie des positiven Rechts oder eine Naturrechtstheorie verstanden werden.

Hans Kelsen versteht nun unter seiner *Reinen Rechtslehre* ausschließlich eine Theorie des *positiven Rechts*, und zwar des positiven Rechts schlechthin, nicht einer speziellen Rechtsordnung, weder einer nationalen noch einer internationalen. Eine solche Theorie will ihren Gegenstand erkennen, versucht also nur die Frage zu beantworten, was und wie das positive Recht *ist*. Keine Antwort sucht sie auf die Frage, wie dieses Recht sein oder gemacht werden *soll*, denn sie ist *Rechtswissenschaft* und nicht Rechts*politik*.

Als *reine* Lehre vom Recht bezeichnet sie *Kelsen*, weil es ihr methodisches Grundprinzip ist, die Rechtswissenschaft von allen ihr fremden Elementen zu befreien. Das, was man bisher in der traditionellen Rechtswissenschaft vorfinde, sei, wie *Kelsen* ausführt, weit davon entfernt, dieser Forderung nach Reinheit zu entsprechen. In völlig kritikloser Weise habe sich Jurisprudenz mit Psychologie und Soziologie, mit Ethik und politischer Theorie vermengt. Wenn man die Reine Rechtslehre als die Erkenntnis des Rechts gegen diese Disziplinen abzugrenzen suche, so nicht, weil sie den Zusammenhang ignoriere oder gar leugne, sondern weil sie einen Methodensynkretismus, der das Wesen der Rechtswissenschaft verdunkele und die Schranken verwische, vermeiden wolle.

Der Begriff der Reinheit der Theorie wird demnach, wie man sieht, weder im Sinne eines *Kant*ischen Apriorismus, noch in der Bedeutung einer Naturrechtstheorie benutzt. Man kann somit von einer für die Rechtstheorie von *Kelsen* eigenständigen Bedeutung sprechen. Ein Zusammenhang mit dem Kantianismus oder Neukantianismus besteht grundsätzlich nicht.

Kelsen selbst wies für die Genesis und Systematik seiner Theorie darauf hin, daß seine Reine Rechtslehre als Fortentwicklung von Ansätzen verstanden werden kann, die sich schon im rechtswissenschaftlichen Positivismus des 19. Jahrhunderts ankündigten. *Georg Jellinek* nennt er seinen Lehrer. Er habe deshalb der Jurisprudenz keine völlige Richtungsänderung – auch dies erklärte er schon im Vorwort zur 1. Auflage seiner Reinen Rechtslehre mit aller Deutlichkeit – zugemutet, sondern nur, daß sie eine der Richtungen, zwischen denen sie unsicher hin und her schwankt, festhält. »Nicht so sehr die Neuheit als vielmehr die Konsequenz meiner Lehre«, schreibt er nicht ohne Understatement, »ist es, die den Aufruhr in der Literatur hervorruft«. Und schon dies allein lasse vermuten, daß sich in dem Kampf gegen die Reine Rechtslehre nicht nur wissenschaftliche, sondern vor allem politische und affektbetonte Motive auswirkten.

Kelsen wußte, wovon er sprach. Man rufe sich nur die primitiven, antisemitischen Angriffe *Carl Schmitts* und seiner Adepten gegen *Kelsen* und die *Wiener Schule* in die Erinnerung zurück, wie sie u. a. auf der von *Carl Schmitt* geleiteten Berliner Tagung »Die deutsche Rechtswissenschaft im Kampf gegen den jüdischen Geist« im Jahre 1936 unter der makabren Schirmherrschaft des Tagungs-Ehrenpräsidenten *Julius Streicher* geäußert wurden.

II.

Das *Recht*, auf das die reine Rechtserkenntnis gerichtet ist, und das demnach den Gegenstand dieser Erkenntnis bildet, ist eine normative Ordnung menschlichen Verhaltens, d. h. ein System von menschliches Verhalten regelnden Normen. Eine Norm sagt, daß ein Mensch sich in bestimmter Weise verhalten *soll*. Dabei wird das Wort »sollen« von *Kelsen* – wie auch sonst in seiner Rechtstheorie – in einer weiteren als der üblichen Bedeutung gebraucht. In diesem »Sollen« ist das »Dürfen« – auf Grund einer Erlaubnis – sowie das »Können« – auf Grund einer Ermächtigung – mit inbegriffen, denn eine Norm kann nicht nur *gebieten*, sondern auch *erlauben* und insbesondere *ermächtigen*.

Der zugrundeliegende Sachverhalt ist der Art, daß ein Individuum – es können auch mehrere sein – will, daß sich ein anderes Individuum in bestimmter Weise verhalten soll. Der erste Teil dieses Phänomens bezieht sich auf ein *Sein*, nämlich die Seins-Tatsache des Willensaktes, und der zweite auf ein *Sollen*. »Der Unterschied zwischen Sein und Sollen kann nicht näher erklärt werden. Er ist, wie *Kelsen* bemerkt, unserem Bewußtsein unmittelbar gegeben.« Hieran schließt sich dann sogleich die für die Reine Rechtslehre grundlegende Erkenntnis an, daß »daraus, daß etwas ist, nicht folgen kann, daß etwas sein soll, so wie daraus, daß etwas sein soll, nicht folgen kann, daß etwas ist«.

Es gehört zu den weltweiten Merkwürdigkeiten in der Rechtstheorie, daß dieser unumstößliche, logisch zwingende Satz in seiner harten Unerbittlichkeit immer wieder angegriffen wurde und wird. Andererseits betont *Kelsen* zu Recht: »Dieser Dualismus von Sein und Sollen bedeutet jedoch nicht, daß Sein und Sollen beziehungslos nebeneinander stehen.« Es kann vielmehr zwischen Sein und Sollen eine Entsprechung bestehen oder sie kann fehlen.

Aus dem Gesagten folgt: Die Rechtswissenschaft ist eine Wissenschaft von den Sollenssätzen, den Normen. Psychologie und Soziologie sind demgegenüber Seins-Wissenschaften, sie sind daher von der eigentlichen juristischen Fragestellung nicht mit erfaßt. In der Psychologie und in der Soziologie geht es um das reale Sein seelischer und gesellschaftlicher Erscheinungen, in der Rechtstheorie dagegen um die Geltung von Normen.

Ausgangspunkt für die weitere Analyse des positiven Rechtsbegriffs ist für *Kelsen* ferner – und darin unterscheidet er sich im Ansatz von *Kant*, der wie gesagt einen apriorischen, von der Erfahrung unabhängigen Rechtsbegriff zu entwickeln sucht, – eine empirische Untersuchung des nationalen und internationalen Sprachgebrauchs. Sein Ergebnis ist die Feststellung, daß ein Vergleich der Objekte, die bei den verschiedensten Völkern und zu den verschiedensten Zeiten als »Recht« bezeichnet werden, zeigt, daß sie alle sich als besonders geartete Ordnungen menschlichen Verhaltens darstellen.

Eine solche »Ordnung« besonderer Art ist in der Theorie *Kelsens* ein System von Normen, deren Einheit dadurch konstituiert wird, daß alle diese Normen denselben Geltungsgrund haben. Und dieser Geltungsgrund ist eine *Grundnorm*, aus der sich die Geltung aller zu der betreffenden Ordnung gehörigen Normen ableitet. Eine einzelne Norm ist eine *Rechts*norm dann und nur dann, wenn sie zu einer bestimmten Rechtsordnung gehört. Und sie gehört zu einer bestimmten Rechtsordnung, wenn ihre Geltung auf der Grundnorm dieser Rechtsordnung beruht.

Eine *Rechts*ordnung ist sodann in der Regel – nicht stets – eine *staatliche* Ordnung. Der Staat ist aber nach *Kelsen* »eine zentralisierte und in ihrem territorialen Geltungsbereich begrenzte Zwangsordnung«. Unter einer *positiven* Rechtsordnung ist nach *Kelsen* zu verstehen eine von Menschen für Menschen erlassene, zwangsandrohende Gesellschaftsordnung – und nun kommt noch hinzu: – die effektiv, d. h. im großen und ganzen wirksam ist. Konstituierende Merkmale des Rechtsbegriffs sind somit der Charakter des Rechts als einer Ordnung menschlichen Verhaltens, ferner als einer Zwangsordnung und als einer effektiven Ordnung.

Die Effektivität muß in der Weise gegeben sein, daß in einem bestimmten territorialen Bereich die Wirksamkeit der betreffenden Ordnung menschlichen Verhaltens die Wirksamkeit jeder anderen Zwangsordnung ausschließt. Das ist auch dort möglich, wo die durch diese Ordnung konstituierte Gemeinschaft nach außen eine nach positivem Völkerrecht verbrecherische Tätigkeit entfaltet. So kommt die Reine Rechtslehre zu dem schockierenden Ergebnis, daß selbst das Zwangsordnungssystem einer Räuberbande eine Rechtsordnung, genauer: eine positive Rechtsordnung sein kann. Als Beispiel nennt *Kelsen* – wohl aus Gründen des Taktes in die Geschichte *zurück*schauend – die Seeräuber-Staaten an der Nordwestküste Afrikas in Algier, Tunis und Tripolis, deren Schiffe vom 16.

bis zum Beginn des 19. Jahrhunderts durch Piraterie das Mittelmeer unsicher machten. Die interne Ordnung dieser Räuber-Staaten war offenbar in dem für den Rechtsbegriff konstituierenden Umfang effektiv.

An dieser Stelle ist *Kelsens* Rechtstheorie oft mißverstanden worden. Es wird vielfach übersehen, daß die rechtstheoretische Feststellung, eine bestimmte Gesellschaftsordnung sei eine Rechtsordnung, keinerlei Werturteil involviert. Vor allem enthält diese Erkenntnis keine Zu- oder Aberkennung eines Gerechtigkeitswertes, denn dieser ist nach der Reinen Rechtslehre kein Element des Rechtsbegriffs.

Kelsen exemplifiziert das mit einem eindrucksvollen historischen Beispiel: Für den Theologen *Augustinus* ist die Gerechtigkeit das ausschlaggebende Kriterium für die Unterscheidung zwischen Rechtsgemeinschaft und Räuberbande. In seiner *Civitas Dei* fragt Augustinus: »Was sind Reiche ohne Gerechtigkeit anderes als große Räuberbanden?« Daß die Gerechtigkeit indessen kein das positive Recht von anderen Zwangsordnungen unterscheidendes Merkmal sein kann, ergibt sich für *Kelsen* aus dem relativen Charakter des Werturteils, demzufolge eine Gesellschaftsordnung gerecht ist. Da *Augustinus* als gerecht eine Ordnung nur dann gelten läßt, wenn sie dem wahren Gott – das ist für ihn der jüdisch-christliche Gott, das sind für ihn aber nicht die Götter der Römer – gewährt, was ihm und nur ihm gebührt, nämlich die entsprechende Verehrung, die im Kultus zum Ausdruck kommt, kann eine Ordnung, die nicht dieser Forderung entspricht, kein Recht und die von ihr konstituierte Gemeinschaft kein Staat, sondern nur eine Räuberbande sein. Damit ist dem *römischen Recht* der Rechtscharakter abgesprochen.

Aber auch für die Gegenwart ergeben sich weitreichende

Folgerungen: Werde die Gerechtigkeit als Kriterium der als Recht zu bezeichnenden normativen Ordnung angenommen, warnt *Kelsen*, dann seien die kapitalistischen Zwangsordnungen der westlichen Welt, vom Standpunkt des kommunistischen Gerechtigkeitsideals, und die kommunistische Zwangsordnung der Sowjetunion, vom Standpunkt des kapitalistischen Gerechtigkeitsideals, keine Rechtsordnungen. Ein zu solcher Konsequenz führender Begriff des Rechts könne von einer positivistischen Rechtswissenschaft nicht akzeptiert werden.

Die Geschichte der Revolution liefert der Reinen Rechtslehre wichtige Präzedenzfälle: die französische und die russische Revolution. Nach dem Sieg der jeweiligen Revolutionäre verweigerten die anderen Staaten die Anerkennung der neu errichteten Zwangsordnungen als Rechtsordnungen und die Deutung der Akte der an die Macht gelangten Regierungen als Rechtsakte, im Falle der französischen Revolution u. a. wegen der Verletzung des monarchistischen Legitimitätsprinzips und bei der russischen Revolution u. a., weil das Privateigentum an den Produktionsmitteln abgeschafft worden war. Aus dem zuletzt genannten Grunde haben Gerichte der Vereinigten Staaten von Amerika Handlungen der neuen russischen Regierung nicht als Rechtsakte anerkannt, weil diese Handlungen nicht Akte eines Staates, sondern einer Gangsterbande seien. Später, als sich die revolutionär errichtete Zwangsordnung als dauerhaft erwies, wurde diese von der gleichen Justiz als Rechtsordnung, die nach dieser Ordnung konstituierten Inhaber der höchsten Gewalt als Regierung und ihre Handlungen als Rechtsakte anerkannt.

Man frage sich in diesem Zusammenhang, was aus einer Institution wie den Vereinten Nationen würde, wenn man nicht von einem Rechtsordnungsbegriff ausginge, wie ihn *Kelsen* in seiner Reinen Rechtslehre entwickelt hat.

III.

Naturgemäß gibt es neben den Rechtsnormen noch andere Normen, die das gegenseitige Verhalten der Menschen regeln. Solche anderen Normen sind die Moralnormen. Die auf ihre Erkenntnis und Beschreibung gerichtete Wissenschaftsdisziplin ist die Ethik. Der Unterschied zwischen *Recht und Moral* liegt nach der Reinen Rechtslehre darin, daß das Recht eine Zwangsordnung, die Moral aber eine Gesellschaftsordnung ist, die keine Sanktionen mit Zwangscharakter vorsieht.

Für wissenschaftlich-kritische Sicht kann es keine absolut geltenden Moralnormen geben, denn auch sie sind wie die Rechtsnormen von Menschen, etwa von einem Religionsstifter wie Jesus oder Mohammed gesetzt. Ebenso wie für die Rechtswissenschaft nur das positive Recht als Gegenstand in Betracht kommt, so kann nach *Kelsen* nur eine *positive Moral* Objekt einer wissenschaftlichen Ethik sein. Die damit als Grundlage vorausgesetzte *relativistische Wertlehre* bedeute aber nach seiner Ansicht nicht – wie vielfach mißverstanden werde –, daß es keine Werte und insbesondere keine Gerechtigkeit gäbe, vielmehr lediglich daß es keine *absoluten* Werte, also beispielsweise nur eine relative Gerechtigkeit gäbe. Es verstehe sich allerdings von selbst, daß eine bloß relative Moral nicht der absolute Maßstab für die Bewertung einer positiven Rechtsordnung sein könne. Mit wissenschaftlicher Erkenntnis ließe sich ein solcher Maßstab nicht ermitteln. Das besage aber nicht, daß man auf jeden Maßstab zu verzichten habe. Jedes Moralsystem könne als ein solcher Maßstab dienen. Aber man müsse sich, wenn man die Gestaltung einer positiven Rechtsordnung moralisch beurteile und etwa als gerecht oder ungerecht bewerte, bewußt bleiben, daß der Maßstab ein relativer, und eine andere Bewertung auf Grund eines anderen Moralsystems nicht ausgeschlossen sei.

Zu Vermeidung von Fehldeutungen sei also mit *Kelsen* betont: Niemand wird durch die Erkenntnisse dieser Art gehindert, Wertentscheidungen zu fällen und beispielsweise ausgehend von einem als rechtsstaatlich definierten Rechtswertsystem, – um ganz konkret zu werden – Gesetze, durch die rassische Gruppen diskriminiert werden, oder rechtspolitische Thesen, in denen etwa die Abschaffung der Grundrechte – so in einem deutschen Verfassungsrechtslehrbuch von 1939 – oder die Irrelevanz des Völkerrechts für besondere Kriege – so in einem Artikel eines deutschen Völkerrechtlers aus dem Jahre 1941 – als das zu bezeichnen, was sie sind, – Perversionen des Rechts durch pervertierte Rechtspolitik.

IV.

Bei genauerer Untersuchung der Rechtsordnungen zeigt sich aus der Sicht der Reinen Rechtslehre, daß Rechtsordnungen die Struktur eines *Stufenbaues* haben. Dieser Stufenbau besteht aus verschiedenen Ebenen von Normen, die zueinander im Verhältnis der Über- und Unterordnung stehen. Die Norm, durch die die Erzeugung von Normen geregelt wird, ist jeweils die höhere, und die von dieser Norm bestimmungsgemäß erzeugte Norm die niedere.

Die *Einheit der Rechtsordnung* wird hierbei durch den Zusammenhang hergestellt, der sich daraus ergibt, daß die Geltung der Norm, die nach den Bestimmungen einer anderen Norm erzeugt wurde, von der Geltung der übergeordneten erzeugenden Norm abhängig ist. Die letztgenannte ist hinsichtlich ihrer eigenen Geltung wiederum an eine andere noch höhere, sie erzeugende Norm gebunden. So entsteht ein Abhängigkeitsregreß, der, was die positiven, gesetzten Normen anlangt, schließlich bei der geltenden Verfassung endet.

Nach der Reinen Rechtslehre weisen Rechtsordnungen prinzipiell eine mindestens *dreigliedrige* Stufenordnung der Rechtsnormen auf. Auf der obersten Stufe dieses Modells stehen die *Verfassungsnormen*. Aus ihnen werden die zur mittleren Stufe gehörenden *generellen Normen*, und aus diesen sodann die *individuellen Normen* der untersten Stufe abgeleitet. Die individuelle Norm steht zu dem zu regelnden konkreten Sachverhalt in unmittelbarer Beziehung. Durch die individuelle Norm wird von der für die Entscheidung zuständigen Instanz dem Individuum ein bestimmtes Sollen auferlegt. Diese Instanz ist in der Regel das Gericht; die individuelle Norm ist meistens in einem Urteil formuliert. Die Befolgung kann notfalls durch Zwangsmaßnahmen durchgesetzt werden.

Das Gericht handelt bei der Festsetzung der individuellen Norm nach Maßgabe der Gesetze. Diese Gesetzesnormen sind die generellen Normen. Die Geltung der individuellen Norm leitet sich aus der Geltung der generellen her, die der generellen Normen aus der Geltung der Verfassungsnormen.

Bei Verfassungsnormen kann indessen, wie *Kelsen* bemerkt, von Geltung nur dann gesprochen werden, – sofern es sich um eine historisch erste Verfassung handelt, deren Geltung sich also nicht aus einer früheren Verfassung herleitet, – wenn eine Norm vorausgesetzt wird, derzufolge der als Verfassungsgebung zu deutende Akt als ein objektiv gültige Normen setzender Akt und die diesen Akt setzenden Menschen als verfassungsgebende Autorität anzusehen sind. Eine solche Norm muß vorausgesetzt werden, da sonst die Suche nach dem Geltungsgrund ins Endlose gehen würde.

Die Verkettung der einander in ihrer Geltung begründenden Normen muß somit bei einer endgültig höchsten Norm enden. Diese als höchste vorausgesetzte Norm nennt *Kelsen* die *Grund-*

norm. Zu ihrem Wesen gehört, daß sie sich unmittelbar auf eine bestimmte, tatsächlich gesetzte, im großen und ganzen wirksame Verfassung bezieht.

Diesem für positive Rechtsordnungen charakteristischen Geltungszusammenhang liegt nach *Kelsen* ein *normativer Syllogismus* zugrunde. In diesem Syllogismus bildet der die *Grundnorm* aussagende *Soll-Satz* »Man *soll* sich der tatsächlich gesetzten und wirksamen Verfassung gemäß verhalten« den Obersatz.

Der *Untersatz* ist ein *Seins-Satz*. Er lautet: »Die Verfassung X wurde tatsächlich gesetzt und *ist* wirksam.« – Der Ausdruck »wirksam« besagt: Die dieser Verfassung gemäß gesetzten Normen werden im großen und ganzen angewendet und befolgt.

Aus Obersatz und Untersatz folgt der *Schlußsatz*, die conclusio: »Man soll sich der Rechtsordnung gemäß verhalten.« Und das heißt: »*Die Rechtsordnung gilt.*«

Der Syllogismus stellt in dieser Fassung, die ihm *Kelsen* gegeben hat, eine gewisse Vereinfachung dar, die dem besseren Überblick dient. Die exakte logische Formalisierung wäre etwas umständlich und nicht unkompliziert, aber sie ist jedenfalls sowohl mit den Mitteln der aristotelischen, als auch mit dem Instrumentarium der modernen mathematisierten Logik möglich.

V.

Die *Grundnorm*, dieser wichtige von *Kelsen* entwickelte Begriff, ist keine gesetzte Norm des positiven Rechts. Sie ist auch, wie man aus dem Vorgesagten ersehen kann, keine Norm, die einen materialen Gehalt hat. Der *Inhalt* der positiven Verfassung, auf die sie sich bezieht, wird von ihr nicht bestimmt, nur deren *Geltung*. Die Grundnorm ist jedoch *vorausgesetzt*. Ohne diese Voraussetzung läßt sich die Geltung der höchsten materialen positiven Norm, der Verfassung, nicht ableiten.

Kritiker der Reinen Rechtslehre haben gelegentlich die Meinung vertreten, über die Annahme einer *Grundnorm* der in Rede stehenden Art werde das *Naturrecht*, das man eben zur Vordertür herausgeworfen habe, durch die Hintertür wieder hereingelassen. Das trifft nicht zu. Die Grundnorm ist keine Gerechtigkeitsnorm. Sie hat, wie gesagt, *keinen* Einfluß auf den Inhalt des durch sie als geltend erklärten positiven Rechts. Es ist deshalb – worauf *Kelsen* mit Nachdruck hinweist – nicht möglich, daß die positive Rechtsordnung, »das heißt eine im Wege der Gesetzgebung oder Gewohnheit erzeugte, im großen und ganzen wirksame Zwangsordnung, zu ihrer Grundnorm in Widerspruch steht, während sie zum Naturrecht, das beansprucht gerechtes Recht zu sein, durchaus in Widerspruch stehen kann«. Die Grundnorm kann nicht Wertmaß des positiven Rechts sein. Sie kann nicht die Funktion der ethisch-politischen Rechtfertigung des positiven Rechts sein. Man vergleiche mit dieser wissenschaftlichen und selbstkritischen Zurückhaltung beispielsweise die Bundesverfassung der Schweiz, die vor den ersten Sätzen mit den anspruchsvollen Worten »Im Namen Gottes des Allmächtigen« beginnt, oder die Präambel des Grundgesetzes der BRD, der Verfassung der DDR oder der Verfassung des Landes NRW.

Die *Naturrechtslehre* ist nach *Kelsen* eine *dualistische* Theorie, denn nach dieser Theorie gibt es neben dem Normensystem des positiven Rechts das Normensystem des Naturrechts. *Hans Kelsens* Reine Rechtslehre ist demgegenüber eine *monistische* Rechtslehre, weil es für sie nur *ein* Recht gibt, nämlich das positive Recht. Die Grundnorm ist kein von dem positiven Recht verschiedenes Recht, sie ist sein Geltungsgrund, nämlich »die *transzendental-logische Bedingung* seiner Geltung und hat als solche keinen ethisch-politischen, sondern einen *erkenntnistheoretischen* Charakter«.

Den Begriff der *transzendental-logischen* Bedingung entlehnt *Kelsen* per analogiam aus der Erkenntnistheorie von *Kant*. Diese Analogie berücksichtigt vor allem zwei Gesichtspunkte: Zunächst kommt in dieser Charakterisierung zum Ausdruck, daß eine solche Grundnorm *logisch* gefordert ist. Die Begründung der Geltung der Verfassungsnormen wäre ohne sie nicht möglich, weil es für diese keine übergeordneten positiven Normen gibt. Gäbe es sie, etwa in der Form einer Supraverfassung, dann könnte für diese wiederum die Frage aufgeworfen werden, aus welcher Norm die Geltung dieses Suprasystems von Normen hergeleitet wird, – und so weiter ad infinitum. Immer würde für den Anfang der Begründungskette eine solche Grundnorm vorausgesetzt werden müssen. Mit den Mitteln der axiomatischen Methode ließe sich diese These von *Kelsen* unschwer als zutreffend erweisen.

Sodann wird diese Grundnorm außerdem als eine *transzendentale* charakterisiert, weil es sich bei ihr nicht um eine empirische, gesetzte Norm handelt. Sie ist nicht von Menschen irgendwo und irgendwann einmal als positive Norm gesetzt worden. Sie ist kein raumzeitliches Phänomen. Sie ist so vorausgesetzt wie beispielsweise das Parallelen-Axiom in der euklidischen Geometrie, für das es ebenfalls keinen empirisch, d. h. durch Beobachtungen, zu führenden Beweis gibt, und das andererseits in gewissen nicht-euklidischen Geometrien als Axiom nicht vorausgesetzt wird.

Angemerkt sei, daß die Verwendung des Begriffs der Transzendentalität, dem es ohnehin – selbst bei *Kant* – an Eindeutigkeit mangelt, für die Reine Rechtslehre entbehrlich ist. Es genügt zur Chatakterisierung der Grundnorm darauf hinzuweisen, daß sie keine gesetzte positive, sondern eine *vorausgesetzte logische* Bedingung für die Geltung der positiven Verfassungsnormen ist.

VI.

Die Unterschiede beim Geltungszusammenhang innerhalb der Stufenordnung der Normen zeigen sich deutlich bei der Analyse der Kontrollmöglichkeiten:

Für die Kontrolle der Übereinstimmung von den durch die gerichtlichen Entscheidungen gesetzten individuellen Normen mit den für sie maßgeblichen generellen Normen – den Gesetzen – hat man seit altersher die klassischen Rechtsmittel, die zu höheren Gerichten führen, wie etwa Berufung, Revision, Appellation, Beschwerde und mancherlei weitere Arten.

Es war jedoch *Kelsens* Idee, sein »liebstes Kind«, wie er gelegentlich sagte, auch für die Prüfung der Frage, ob generelle Normen mit den Verfassungsnormen übereinstimmen, einen besonderen Gerichtshof – ein Verfassungsgericht – vorzuschlagen. Er verwirklichte diesen originären, bahnbrechenden Gedanken 1920 in der von ihm entworfenen, noch heute geltenden österreichischen Verfassung.

Die Frage scheint nahezuliegen, ob sich in Bezug auf das Verhältnis zwischen Verfassungsnorm und Grundnorm ebenfalls eine justizielle Kontrollinstanz denken läßt. Da es zwischen der Grundnorm und den Verfassungsnormen weder eine Übereinstimmung noch einen Widerspruch geben kann, wie dies die Darstellung im normativen Syllogismus besonders deutlich erkennen läßt, ist eine Kontrollinstanz weder nach den Modellen der klassischen Rechtsmittelinstanzen, noch nach dem Vorbild des Verfassungsgerichts denkbar. Hier zeigt sich erneut, daß die Lehre von der Grundnorm weit davon entfernt ist, eine Naturrechtstheorie oder ein sonstiges materielles Metanormensystem zu sein. *Kelsen* hat daher das Kontrollproblem für die Verfassungsnormen mit Recht als nicht existent angesehen. Allenfalls Naturrechtler könnten die These vertreten, ein Naturrechtsgerichtshof ließe sich konstruieren. Eine wissenschaftliche Begründung gäbe es auf der Grundlage der Reinen Rechtslehre für eine solche Auffassung allerdings nicht.

VII.

Für eine Theorie des positiven Rechts, wie sie von der Reinen Rechtslehre entworfen wird, ist der Zusammenhang zwischen *Geltung* und *Wirksamkeit* des Rechts von erheblicher Bedeutung. Es handelt sich hierbei um einen Spezialfall des Verhältnisses zwischen dem *Sollen* der Rechtsnorm und dem *Sein* der Naturwirklichkeit in Raum und Zeit.

Kelsen sieht, daß es erforderlich ist, hier zwischen zwei Extremen den richtigen Mittelweg zu finden.

Das eine Extrem sei die These, daß zwischen Geltung als einem Sollen und Wirksamkeit als einem Sein überhaupt keine Beziehung bestehe, daß also die Geltung des Rechts von seiner Wirksamkeit *völlig unabhängig* sei.

Das andere Extrem bringe die These zum Ausdruck, die Geltung des Rechts sei mit seiner Wirksamkeit *identisch*. Diese Auffassung läßt sich als *realistische*, jene als *idealistische* Theorie interpretieren.

Die idealistische *Unabhängigkeitsthese* ist falsch, weil es sich nach *Kelsen* nicht leugnen lasse, daß eine Rechtsordnung als Ganzes, ebenso wie eine einzelne Rechtsnorm ihre Geltung verliere, wenn sie aufhöre wirksam zu sein.

Außerdem bestehe insofern eine Beziehung zwischen dem Sollen der Rechtsnorm und dem Sein der Naturwirklichkeit, als die positive Rechtsnorm, um zu gelten, durch einen Seinsakt gesetzt werden müsse.

Die realistische *Identitätsthese* sei gleichfalls verfehlt, denn es könne nicht geleugnet werden, daß es zahlreiche Fälle gäbe, in denen Rechtsnormen als gültig angesehen werden, obgleich sie nicht oder noch nicht wirksam seien.

Die in der Reinen Rechtslehre vorgeschlagene *Lösung* besteht in der Erkenntnis, daß die Wirksamkeit der Rechtsordnung als Ganzes ebenso wie die Wirksamkeit einer einzelnen Rechtsnorm und der Normsetzungsakt *Bedingungen* der Geltung sind. Zwischen Bedingung und Bedingtem – Wirksamkeit und Geltung – besteht somit *Abhängigkeit*, aber keine Identität.

Andererseits ist die *Wirksamkeit* einer Rechtsordnung nach *Kelsen* ebensowenig wie die Tatsache ihrer Setzung der *Grund* ihrer *Geltung*. Der Hinweis auf die Wirksamkeit und die Setzung ist keine Antwort auf die Frage, warum die Normen einer bestimmten Rechtsordnung befolgt und angewendet werden sollen. Grund der Geltung, also der Grund dafür, daß die betreffenden Normen befolgt und angewendet werden sollen, ist vielmehr letztlich die vorausgesetzte *Grundnorm*, derzufolge man einer tatsächlich gesetzten, im großen und ganzen wirksamen Verfassung und daher den gemäß dieser Verfassung tatsächlich gesetzten, im großen und ganzen wirksamen Normen entsprechen soll.

VIII.

Kelsen unterscheidet zwischen *statischer* und *dynamischer Rechtstheorie.* Die statische hat das Recht als ein System von in Geltung stehenden Normen, das Recht in seinem Ruhestand, zum Gegenstand. Hingegen befaßt sich die dynamische Rechtstheorie mit dem Rechtsprozeß in dem das Recht erzeugt und angewendet wird. Für die dynamische Rechtstheorie ist demgemäß das Recht in seiner Bewegung das Forschungsobjekt.

Man kann diese Unterscheidung mit *Kelsen* aber auch so charakterisieren, daß man fragt, worauf bei den Objekten der rechtstheoretischen Analyse der Akzent ruht, auf den menschliches Verhalten regelnden Normen oder dem durch Normen geregelten menschlichen Verhalten. Im erstgenannten, der statischen Rechtstheorie entsprechenden Sinne ist die Erkenntnis auf die durch Akte menschlichen Verhaltens erzeugten, anzuwendenden oder zu befolgenden Rechtsnormen gerichtet. Um dynamische Rechtstheorie handelt es sich demgegenüber dann, wenn die Erkenntnis auf die durch Rechtsnormen bestimmten Akte der Erzeugung, Anwendung oder Befolgung gerichtet ist.

Von dieser Basis aus ergeben sich zahlreiche Anregungen für die moderne Rechtstheorie, auf die im hier gegebenen Rahmen nicht eingegangen werden kann.

IX.

Von einschneidender Relevanz ist sodann *Kelsens* Analyse des Verhältnisses von *Staat und Recht.* Der Grundgedanke seiner rechtstheoretischen Ergebnisse der Durchleuchtung dieses Problems läßt sich im Anschluß an das in der Reinen Rechtslehre und zuvor schon in seiner Monographie »Der soziologische und der juristische Staatsbegriff« (2. Aufl. 1928) gesagte in drei Thesen zusammenfassen:

1. Der Staat ist eine spezifisch *normative* Einheit und kein irgendwie kausalgesetzlich zu erfassendes Gebilde.
2. Der Staat ist als Ordnung die *Rechtsordnung* und als überindividueller Wille die *Personifikation* dieser Rechtsordnung.
3. Der übliche *Dualismus* von Staat und Recht stellt eine unzulässige Verdoppelung des Gegenstandes juristisch-normativer Erkenntnis dar.

Zur Begründung der Identitätsthese, einer berühmten, viel diskutierten und oft angegriffenen Theorie, weist *Kelsen* vor allem auf die Unmöglichkeit hin, den Staat als psychologisches insbesondere massenpsychologisches, oder als soziologisches Phänomen zu definieren, ohne das konstituierende Begriffsmerkmal der normativen Ordnung vorauszusetzen. Es gibt somit keinen gewissermaßen hinter der Rechtsordnung stehenden Staat als reales Wesen. Erkenntniskritisch gesehen bildet der Staat vielmehr als Personifikation der Rechtsordnung ein klassisches Beispiel für eine sog. *personifikative Fiktion* im Sinne der »*Philosophie des als ob*« von *Vaihinger*, einer Erkenntnistheorie, an die *Kelsen* ausdrücklich anknüpft.

Ist der Staat aber als eine Rechtsordnung erkannt, ist *jeder Staat ein Rechts-Staat*, der Ausdruck »*Rechtsstaat*« stellt damit einen *Pleonasmus* dar. An dieser Stelle ist *Kelsens* Rechtstheorie nicht selten mißverstanden worden, weil seine Gegner in der Regel außer Acht lassen, daß die Reine Rechtslehre eine Theorie des *positiven* Rechts ist. *Kelsen* betont deshalb mit Nachdruck, daß diese rechtstheoretische Erkenntnis »keinerlei politisches Werturteil« enthält.

Vom Standpunkt eines konsequenten Rechtspositivismus kann das Recht, ganz ebenso wie der Staat als nichts anderes erkannt werden denn als eine Zwangsordnung menschlichen Verhaltens, über deren Moral- oder Gerechtigkeitswert damit nichts ausgesagt ist.

Aus der These, Staat und Recht seien identisch, ist ferner von manchen vorschnell die Folgerung gezogen und *Kelsen* vorgeworfen worden, *der Staat könne kein Unrecht tun.* Auch hier hat man es, wenn man meint, es gäbe hier etwas zu attackieren, mit einem fundamentalen Mißverständnis zu tun, das nur entstehen kann, wenn die rechtstheoretische Basis der Reinen Rechtslehre außer Acht gelassen wird.

In der Tat findet sich bei *Kelsen* schon in der 2. Auflage (1928) der »Hauptprobleme der Staatsrechtslehre« (S. 246) der Hinweis, es unterscheide sich das Staatssubjekt – der Rechtsordnung gegenüber – von den übrigen Subjekten dadurch, daß die letzteren rechtswidrig handeln könnten, während dies beim Staate völlig ausgeschlossen sei, und zwar – wie hier zusammenfassend gesagt werden mag – ex definitione.

Gemeint ist damit eine zwingende Konsequenz aus der Identitätsthese. Diese hindert aber doch nicht, daß ein Mensch rechtswidrig handelt, und dies Unrecht dem Staat, dessen Organ die betreffende Person ist, zugerechnet wird. In der Reinen Rechtslehre wird demgemäß expressis verbis zutreffend darauf hingewiesen, es wäre falsch anzunehmen, daß die Zuschreibung eines Unrechts zum Staat einen logischen Widerspruch bedeuten würde. Als Beispiel wird das Unrecht einer Nichtleistung von Wiedergutmachungszahlungen für die Strafvollstreckung an einem Unschuldigen erwähnt·

Daß die Theorie des Dualismus von Staat und Recht so hartnäckig gegen die Identitätslehre verteidigt wird, ist nach *Kelsen* durch uneingestandene, vielleicht auch unbewußte politische Tendenzen zu erklären. Es bestehe, wie er schreibt, in gewissen Kreisen das Bedürfnis, bestimmte ordnungswidrige, aus der – sonst – als gültig vorausgesetzten Ordnung heraustretende und daher auf die Ordnungseinheit nicht beziehbare Handlungen bestimmter Personen in führender Staatsstellung dennoch zu rechtfertigen, sie nicht als rechtswidrige Kompetenzüberschreitung, sondern als Akt der Gesamtheit, sie – obwohl sie staatswidrig sind – doch als Staatsakte gelten zu lassen. Damit, daß der an sich rechtswidrige Akt dennoch als Staatsakt behauptet werde, sei ihm – auch wenn man die Identität vom Staat und Recht zu leugnen versuche – ja doch irgendeine Art von Rechtmäßigkeit zuerkannt. Man manipuliere in solchen Fällen eben neben der Rechtsordnung noch mit einer zweiten, die sog. *Staatsraison* darstellenden *Ordnung*, die hauptsächlich auf die Bedürfnisse gewisser oberster Organe abgestellt sei.

Zusammenfassend betont *Kelsen* als Ergebnis seiner Analyse, daß die Reduktion des überrechtlichen, metarechtlichen Staatsbegriffes auf den Begriff des Rechts die unerläßliche Vorbedingung sei für die Entwicklung einer echten Rechtswissenschaft als einer von allem – als Politik oder Soziologie verkleideten – Naturrecht gereinigten Wissenschaft vom positiven Recht. Auf sie ziele die Reine Rechtslehre, die zugleich die reine Staatslehre sei, weil alle *Staatslehre nur als Staatsrechtslehre* möglich, alles Recht aber Staatsrecht, wie jeder Staat Rechtsstaat sei.

Und diese methodenkritische Auflösung des Dualismus Staat – Recht ist für ihn, wie er mit dem unverwechselbaren Pathos des um die Wissenschaftlichkeit der Theorie des Rechts ringenden Forschers erklärt, »*zugleich die rücksichtslose Vernichtung einer der wirksamsten Legitimitäts-Ideologien*«. So erkläre sich »der leidenschaftliche Widerstand, den die traditionelle Rechts- und Staatstheorie der von der Reinen Rechtslehre begründeten These der Identität von Staat und Recht« entgegensetze.

X.

Das *Völkerrecht* ist in der Analyse der Reinen Rechtslehre eine weitgehend *dezentralisierte* Rechtsordnung, die eine gewisse Ähnlichkeit mit dem Recht primitiver Gesellschaften zeigt. Es fehlen, trotz mancher Ansätze, beim Völkerrecht arbeitsteilig funktionierende Organe für die Erzeugung und Anwendung seiner Normen. Die Dezentralisation drückt sich vor allem in der im völkerrechtlichen Bereich immer noch eine Rolle spielenden Technik der *Selbsthilfe* aus. Nicht zuletzt aus diesem Grunde spielt die Staatengewohnheit eine so wichtige Rolle im Völkerrecht.

Der moderne Staat ist demgegenüber eine *höchst zentralisierte* Rechtsordnung. Hier erfolgt die Konfliktlösung durch Entscheidung eines unabhängigen Gerichts mit obligatorischer Kompetenz und durch nach dieser Entscheidung handelnde Exekutivorgane. *Selbsthilfe* ist jedenfalls im Prinzip ausgeschaltet.

Ob das Völkerrecht Recht ist, hängt davon ab, ob es »eine als souverän vorausgesetzte Zwangsordnung menschlichen Verhaltens ist«. Die Frage ist für *Kelsen* zu bejahen.

1. Das Völkerrecht kennt Sanktionen besonderer Art: Die Repressalien und den Krieg. Die Repressalie ist ein auf die Verletzung bestimmter Interessen beschränkter, der Krieg ein unbeschränkter Eingriff in die Interessensphäre eines anderen Staates. Die Repressalie ist als Reaktion gegen eine Rechts-

verletzung zulässig. Der Krieg ist nach Ansicht von *Kelsen* ebenfalls nur als Reaktion gegen eine Rechtsverletzung erlaubt. Dieses sog. bellum justum-Prinzip liegt nach seiner Völkerrechtstheorie schon den Friedensverträgen, die den ersten Weltkrieg beendeten, zu Grunde. Später ist dann das Prinzip, das auf dem allgemeinen Notwehrgedanken aufbaut, durch den Briand-Kellog-Pakt und die Satzung der Vereinten Nationen zum Inhalt von Verträgen geworden, von denen vor allem die Satzung der Vereinten Nationen in dieser Hinsicht Geltung für alle Staaten der Welt in Anspruch nimmt.

2. Nun weist allerdings *Kelsen* zutreffend darauf hin, daß das Völkerrecht zwar als Zwangsordnung den nämlichen Charakter wie das staatliche Recht habe, es sich aber im übrigen von ihm unterscheide, weil es sich noch im Stadium weitgehender Dezentralisation befinde, ähnlich wie dies beim Recht primitiver Gesellschaften der Fall sei. Die Bildung der generellen Normen erfolge im Wege der *Gewohnheit* oder durch *Vertrag*, also durch die Glieder selbst und *nicht* durch ein besonderes *Gesetzgebungsorgan*.

Der Stufenbau der Normen des Völkerrechts kennt nach der Reinen Rechtslehre demgemäß drei Stufen. An der Spitze in der höchsten Stufe stehen die Normen des allgemeinen, weil alle Staaten verpflichtenden und berechtigenden Völkerrechts. Hierher gehört beispielsweise die Norm »pacta sunt servanda«.

Darunter in der 2. Stufe sind die Normen einzuordnen, die nicht für alle, sondern nur für je zwei oder eine größere Gruppe von Staaten gelten, also zum partikulären Völkerrecht, das vor allem als Vertragsvölkerrecht vorkommt, gehören.

Schließlich gibt es noch eine dritte und unterste Stufe, zu der die Normen zählen, die durch internationale Gerichte und andere durch Vertrag geschaffene internationale Organe erzeugt werden. Die Funktion eines solchen Organs beruht auf einem völkerrechtlichen Vertrag, also auf einer Norm der vorerwähnten 2. Stufe.

Fragt man nach dem *Geltungsgrund* des Völkerrechts, so bieten sich nach der Reinen Rechtslehre bekanntlich zwei Theorien an: Die eine geht vom *Primat der staatlichen Rechtsordnung*, die andere vom *Primat der Völkerrechtsordnung* aus. Beide aber gehen von der Einheit des Rechts aus, sind also *monistische* Theorien.

Im ersten Fall ist die auf eine wirksame Staatsverfassung bezogene Grundnorm zugleich der Geltungsgrund für die Völkerrechtsnormen. »Denn das Völkerrecht ist dann nur ein Bestandteil der als souverän vorgestellten staatlichen Rechtsordnung, deren Geltungsgrund die auf eine wirksame Verfassung bezogene Grundnorm ist,« wie *Kelsen* darlegt.

Im zweiten Fall ändert sicht die Situation. Hier wird das Völkerrecht als eine allen staatlichen Rechtsordnungen übergeordnete Rechtsordnung angesehen. Sie ist dann nicht Bestandteil der staatlichen Rechtsordnung. Aus der Überordnung des Völkerrechts folgt, daß dieses die staatlichen Rechtsordnungen in ihren Geltungsbereichen gegenseitig abgrenzt. Der Geltungsgrund der einzelstaatlichen Rechtsordnung ist hier eine positive, also gesetzte, nicht eine transzendental-logisch vorausgesetzte Völkerrechtsnorm, mithin keine Grundnorm.

Das Problem der Grundnorm verschiebt sich nämlich, wenn man vom Primat des Völkerrechts ausgeht. Geltungsgrund für alle Normen des Völkerrechts und zugleich des staatlichen Rechts kann dann nur die *Grundnorm des Völkerrechts* sein, die zugleich *unmittelbarer* Geltungsgrund des Völkerrechts und *mittelbarer* Geltungsgrund der staatlichen Rechtsordnung ist. *Kelsen* formuliert sie folgendermaßen:

»Die Staaten, das heißt die Regierungen der Staaten, sollen sich in ihren gegenseitigen Beziehungen so verhalten, oder, Zwang von Staat gegen Staat, soll unter den Bedingungen und in der Weise geübt werden, wie es einer gegebenen Staatengewohnheit entspricht.«

An die Stelle der staatlichen Verfassung tritt hier die Staatengewohnheit. *Kelsen* erklärt deshalb: »*Das ist die – rechtslogische – Verfassung des Völkerrechts.*« In der vorausgesetzten Grundnorm des Völkerrechts, die die Staatengewohnheit als rechtserzeugenden Tatbestand einsetzte, komme ein Prinzip zum Ausdruck, daß die Grundvoraussetzung alles Gewohnheitsrechtes sei. Dies besage: Der Einzelne solle sich so verhalten, wie sich die anderen in der Meinung, sich so verhalten zu sollen, zu verhalten pflegen. Wende man dieses Prinzip auf das Verhalten der Staaten, handelnd durch ihre Regierungsorgane, an, dann führe dies zu der erwähnten Formulierung der Grundnorm für das Völkerrecht.

Besonderen Wert legt *Kelsen* auf die Feststellung, daß in der Grundnorm des Völkerrechts keine Bejahung irgendeines dem positiven Recht transzendenten Wertes liege, auch nicht des Friedenswertes. Allerdings *können* die Normen des Völkerrechts und die des staatlichen Rechts den Friedenswert verwirklichen, wenn und sofern sie gelten. Aber sie gelten nicht, weil sie diesen Wert verwirklichen.

An dieser Stelle wird der Unterschied zwischen der Reinen Rechtslehre als einer Wissenschaft vom positiven Recht – hier des positiven Völkerrechts – und der Rechtspolitik besonders deutlich. Sind nämlich die Normen des zwischenstaatlichen Gewohnheitsrechts für eine effektive Friedenssicherung nicht geeignet, dann ist es ein rechts*politisches* Anliegen, sie zu ändern und durch wirksamere positive zu ersetzen.

In dem Gegensatz der beiden dargelegten monistischen Konstruktionen sieht *Kelsen* eine *Parallele* zum Gegensatz zwischen *subjektivistischer und objektivistischer Weltanschauung.* So wie die *subjektivistische* Anschauung vom eigenen, souveränen Ich ausgehe, um die Außenwelt zu begreifen, und daher diese nicht als Außen-, sondern als Innenwelt, als Vorstellung des Ich verstehen könne, so gehe die Konstruktion mit dem Primat der staatlichen Rechtsordnung vom eigenen souveränen Staat aus, um die Außenwelt des Rechts, das Völkerrecht und die anderen staatlichen Rechtsordnungen, zu begreifen. Bei dieser Konstruktion lasse sich das Außenrecht nur als Innenrecht verstehen. Wie dort von einem erkenntnistheoretischen Solipsismus könne man demzufolge hier von einem *Staatssolipsismus* sprechen. Der *objektivistischen* Gegenposition entspreche dann die Theorie vom Primat des Völkerrechts.

Und so wie die wissenschaftliche Erkenntnis der Welt durch diesen Gegensatz in keiner Weise berührt werde, weil die diese Welt beschreibenden Naturgesetze dieselben bleiben, so habe der Gegensatz zwischen den beiden juristischen Konstruktionen keinerlei Einfluß auf den Inhalt des Rechts, weder des Völkerrechts noch des staatlichen Rechts.

Der Gegensatz beider Konstruktionen beruhe vielmehr auf dem Unterschied *zweier Bezugssysteme*, die beide logisch gleich korrekt und gleich berechtigt seien. Das hat bemerkenswerte, oft übersehene Folgen: Daß, wie gesagt, beide Systeme gleich korrekt und gleichberechtigt sind, kann die Rechtswissenschaft nur feststellen. Die Entscheidung selbst liegt außerhalb der

Rechtswissenschaft und kann nur durch politische Erwägungen bestimmt werden.

Diejenigen, denen die *Souveränität* ihrer Staaten besonders wichtig erscheint, werden geneigt sein, die Theorie vom Primat der staatlichen Rechtsordnung vorzuziehen. Demjenigen aber, der die Förderung von *Weltrechtsorganisationen* anstrebt, wird die Konstruktion mit dem Primat des Völkerrechts näher liegen. Wissenschaftlich lassen sich indessen diese Tendenzen nicht rechtfertigen. Die Annahme, die erstgenannte Theorie begünstige eine imperialistische Politik, wird in der Reinen Rechtslehre ebenso als Trugschluß entlarvt, wie die umgekehrte, gleichfalls nicht selten anzutreffende Auffassung, daß die zweitgenannte Theorie, d. h. die Theorie vom Primat der Völkerrechtsordnung, für eine Weltfriedenspolitik günstiger sei. In Wahrheit stehen die beiden rechtstheoretischen Konstruktionen den beiden politischen Ideologien neutral und indifferent gegenüber. Beide Theorien lassen beide rechtspolitischen Positionen zu, und in der Aufdeckung von Trugschlüssen der geschilderten Art erweist sich die Reine Rechtslehre ihrer Zielsetzung gemäß als eine von fremden Elementen befreite, mithin »reine« Theorie.

XI.

Mit Recht weist *Kelsen* zu wiederholten Malen, bis hinein in die letzten Jahre seines arbeitsreichen Lebens eindringlich darauf hin, daß nach wie vor eine objektive, ihren Gegenstand nur beschreibende Rechtswissenschaft auf den hartnäckigen Widerstand aller jener stoße, die, die Grenzen zwischen Wissenschaft und Politik mißachtend, im Namen jener dem Recht einen bestimmten Inhalt vorschreiben, das heißt, das gerechte Recht und damit ein Wertmaß für das positive Recht bestimmen zu können glauben. Es sei insbesondere die wiedererwachte Metaphysik der Naturrechtslehre, die mit diesem Anspruch dem Rechtspositivismus entgegentrete.

Dem Problem der *Gerechtigkeit* wich *Kelsen* gleichwohl nicht aus. 1953 erschien seine Abhandlung »Was ist Gerechtigkeit?«. Und in der zweiten und letzten Auflage der Reinen Rechtslehre fügt er 1960 am Ende des Werkes eine umfassende Darstellung des Problems der Gerechtigkeit an. Zu diesem Anhang entschloß er sich, wie er schreibt, weil dieses Problem, das an sich außerhalb einer Rechtstheorie liege, die sich auf eine Analyse des positiven Rechts als der Rechtswirklichkeit beschränke, für die Rechtspolitik von entscheidender Bedeutung sei. Er charakterisiert seine Überlegungen als einen Versuch, das über das Gerechtigkeitsproblem und insbesondere über die Naturrechtslehre auszuführen, was von einem wissenschaftlichen Standpunkt hierüber zu sagen sei.

Im Mittelpunkt seiner Reflektionen stand der Fundamentalkonflikt zwischen Gewissen und Vernunft. »Wenn unser Gewissen absolute Rechtfertigung unseres Verhaltens fordert, schreibt *Kelsen* in seiner 1953 erschienenen Abhandlung, so ist unsere Vernunft nicht imstande, diese Forderung zu erfüllen. Das Absolute im allgemeinen und absolute Werte im besonderen sind jenseits der menschlichen Vernunft, für die nur eine bedingte und in diesem Sinn relative Lösung des Problems der Gerechtigkeit als des Problems der Rechtfertigung menschlichen Verhaltens möglich ist.«

Kelsens Analyse der zwei Grundtypen der Gerechtigkeitstheorie, des *metaphysisch-religiösen* und des *pseudorationalistischen* Typs, ist eindrucksvoll. Zur erstgenannten Gruppe werden die philosophische Ethik *Platos* und die *christliche Morallehre* gezählt. In der zweiten geht es um die bekannten Formeln »Jedem das Seine«, »Gleiches soll mit Gleichem erwidert werden«, »Jeder nach seinen Fähigkeiten, jedem nach seinen Bedürfnissen«, die Goldene Regel »Was Du nicht willst, daß man Dir tue, das tue auch einem anderen nicht«, um die inhaltlich leere Formel des »Kategorischen Imperativs« von *Kant*, die Mesótes-Doktrin von *Aristoteles* mit der Tugend als der Mitte zwischen den Extremen und schließlich um die These vom Ursprung des Naturrechts aus der Vernunft oder aus der Natur der Dinge und des Menschen.

Der Positivismus der Reinen Rechtslehre ist, wie sich ergab, eine relativistische Rechtstheorie, weil keine absoluten Wertentscheidungen vorausgesetzt werden. Nun leugnet *Kelsen*, wie ebenfalls schon erwähnt wurde, selbstverständlich nicht, daß Menschen das Verlangen haben und wohl immer haben werden, die Frage nach absoluten Werten und im Bereich des Rechts die Frage nach absoluter Gerechtigkeit aufzuwerfen. Aber, so führt er dazu aus, aus der Tatsache, daß ein solches Verlangen bestehe, könne man nicht folgern, daß dieses Verlangen im Wege rationaler Erkenntnis befriedigt werden könne. Die Wissenschaft vermöge nur zu zeigen, daß es sich um ein unlösbares Problem handle. Der Relativismus bringe uns zum Bewußtsein, daß wir selbst, jeder einzelne von uns, die Wahl haben. Niemand könne sie dem einzelnen abnehmen.

Aus *Kelsens* unerbittlich rationaler Sicht muß es der Rechtspositivismus in Kauf nehmen, daß sich viele von seinem Relativismus im Stich gelassen fühlen. Seine Antwort auf den letzten Seiten der Reinen Rechtslehre lautet: »Vom Relativismus im Stich gelassen fühlen sich alle jene, die diese Verantwortung nicht auf sich zu nehmen, die die Wahl auf Gott, die Natur oder die Vernunft zu schieben wünschen. Sie wenden sich vergeblich an die Naturrechtslehre. Denn wenn es gilt, die Wahl zu treffen, geben die verschiedenen Naturrechtslehren ebenso viele und ebenso verschiedene Antworten wie der relativistische Positivismus. Sie ersparen dem Individuum nicht die Wahl, aber jede dieser Naturrechtslehren gibt dem Individuum die Illusion, daß die Gerechtigkeitsnorm, die es wählt, von Gott, der Natur oder der Vernunft stammt, daher absolut gültig ist und die Möglichkeit der Geltung einer anderen ihr widersprechenden Gerechtigkeitsnorm ausschließt; und für diese *Illusion* bringen viele jedes *sacrificium intellectus.*«

Und in den abschließenden Sätzen der Monographie »Was ist Gerechtigkeit?« heißt es: »Ich habe diese Abhandlung mit der Frage begonnen: Was ist Gerechtigkeit? Nun, an ihrem Ende, bin ich mir wohl bewußt, diese Frage nicht beantwortet zu haben. Meine Entschuldigung ist, daß ich in dieser Hinsicht in bester Gesellschaft bin. Es wäre mehr als anmaßend, meine Leser glauben zu machen, mir könnte gelingen, was die größten Denker verfehlt haben. Und in der Tat, ich weiß nicht und kann nicht sagen, was Gerechtigkeit ist, die absolute Gerechtigkeit, dieser schöne Traum der Menschheit. Ich muß mich mit einer relativen Gerechtigkeit begnügen und kann nur sagen, was Gerechtigkeit für mich ist. Da Wissenschaft mein Beruf ist und sohin das wichtigste in meinem Leben, ist es jene Gerechtigkeit, unter deren Schutz Wissenschaft, und mit Wissenschaft Wahrheit und Aufrichtigkeit gedeihen können. Es ist die Gerechtigkeit der Freiheit, die Gerechtigkeit des Friedens, die Gerechtigkeit der Demokratie, die Gerechtigkeit der Toleranz«.

XII.

Erwägt man die Bedeutung der Reinen Rechtslehre und des übrigen Werkes von *Hans Kelsen* für die Gegenwart, so mag im Gedenken an diesen großen Lehrer des Rechts von dem vielen, was zu sagen wäre, dies hervorgehoben werden:

Daß die *rechtstheoretischen Anregungen* für die Entwicklung einer *exakten* Rechtswissenschaft, – die sich seit längerem auf dem Wege befindet –, vielfältig sind und bleiben werden, versteht sich nahezu von selbst. *Kelsen* hatte, wie er gesprächsweise erwähnte, insoweit große Hoffnungen.

Daß seine kritischen Analysen der Bemühungen um absolute Rechtswerte, um das Naturrecht, kurz um die *Metaphysik des Rechts* nicht mehr aus der *rechtsphilosophischen* Diskussion wegzudenken sind und zu immer wieder neuer Auseinandersetzung durch die logische Strenge ihrer Argumente herausfordern, darf als sicher gelten.

Bleibt zu bedenken: Wie stehen die Juristen in der Bundesrepublik – und ähnlich wird man für *Kelsens* Heimat, die Republik Österreich, sowie schließlich für alle Demokratien fragen müssen –, wie also stehen Rechtspraxis und Theorie des Rechts heute zum Rechtspositivismus? Gibt es eine endgültige Lösung der damit angesprochenen Grundlagenproblematik? Das ist sicherlich nicht der Fall, denn einen Abschluß menschlichen Erkenntnisstrebens kann es nicht geben. Aber das wird man sagen dürfen: Die Praktiker wie die Theoretiker des Rechts sind in der glücklichen Lage, im staatlichen, wie im überstaatlichen Bereich von positiven Verfassungsnormen, dem *Grundgesetz* einerseits, und positiven Völkerrechtsnormen, der *Charta der Vereinten Nationen* nebst den zugeordneten Bestimmungen andererseits, ausgehen zu können, die rechtspolitisch prinzipiell zufrieden stellen. Sie können, der Lehre von *Hans Kelsen* folgend, die rechtswissenschafliche und rechtspraktische Wohltat der *Legalität* ausschöpfen ohne den schwankenden Boden der *Legitimitätsideologien* mit ihren delphischen, vernebelnden Irrationalitäten betreten zu müssen.

Hans Kelsen hat den Weg dorthin gebahnt. Sein umfassender, klarer und humaner Geist wird noch weit in die Zukunft hinein wirken, in Europa und in der Welt.

Das Verhältnis zwischen der Europäischen Menschenrechts-Konvention und dem Grundgesetz

Geht man davon aus, daß die Gebote, Verbote und Erlaubnisse zweier verschiedener Normengruppen innerhalb ein und derselben Rechtsordnung nicht zu einander widersprechenden Ergebnissen führen sollen, dann muß es eine Regelung geben, nach der entschieden wird, welche Normengruppe maßgebend sein soll, falls es zu einem Widerspruch kommt. Das wichtigste, oft erwähnte Beispiel einer solchen ausdrücklichen Regelung für Widerspruchsfälle im geltenden deutschen Recht bildet die in Art. 31 GG enthaltene, reichlich theatralisch formulierte Anordnung „Bundesrecht bricht Landesrecht". In der klassischen Rechtstheorie wird dieses Problem bekanntlich als Frage nach dem Rangverhältnis zwischen den betreffenden Normengruppen behandelt. Die jeweils maßgebende Normengruppe, so pflegt man zu sagen, hat den höheren Rang. Eine Wirkung dieser Maßgeblichkeit bei entgegengesetzten Regelungen ist die Bindung der niederen Norm an die höhere, was besagt, daß die höhere nicht durch die niedere abgeändert werden kann. In diesem Sinne sind also Widerspruchsregelung und Abänderungsverbot die den Rang bestimmenden Merkmale. Ist die so definierte Rangordnung nicht festgelegt, kann erhebliche Rechtsunsicherheit die Folge sein.

Bedauerlicherweise besteht eine solche Unsicherheit hinsichtlich des Verhältnisses zwischen den Normen der Europäischen Konvention zum Schutze der Menschenrechte und Grundfreiheiten vom 4. 11. 1950 (MRK) und den Normen des Grundgesetzes der Bundesrepublik Deutschland vom 23. 5. 1949 (GG). Das gleiche gilt für das Verhältnis der Normen des Zusatzprotokolls zur MRK vom 30. 5. 1952 (ZP) zum GG. Im nachstehenden wird deshalb immer dann, wenn von der MRK die Rede ist, das ZP mit gemeint, es sei denn, etwas Gegenteiliges ist gesagt.

I

Zur Rangfrage werden vor allem folgende Meinungen vertreten:

1. Das GG ist das ranghöhere Normensystem. Während das GG Verfassungsrang hat, kommt der MRK nur der Rang eines einfachen Gesetzes zu.

2. Das GG und die MRK haben gleichen Rang. Auch der MRK kommt Verfassungsrang zu.

3. Die MRK ist das ranghöhere Normensystem. Während dem GG nur der Rang nationalen Rechts zukommt, hat die MRK den Rang einer supranationalen Normenordnung.

Die Begründung für die einzelnen Thesen zum Rangverhältnis sind unterschiedlich, und nicht immer werden im Schrifttum alle aus den jeweils benutzten Prämissen ableitbaren Konsequenzen gezogen.

Zu 1.: Die Auffassung, die MRK habe nur den Rang eines einfachen Gesetzes, das GG sei also als Verfassung von höherem Rang, wird in erster Linie damit begründet, daß die MRK keinen höheren Rang haben könne als dasjenige Gesetz, das die MRK in innerstaatliches Recht transformiert habe. Die Bundesrepublik Deutschland hat die Konvention durch Gesetz vom 7. 8. 1952 (BGBl II, S. 685, nebst Berichtigung in BGBl II, S. 953) und das Zusatzprotokoll durch Gesetz vom 20. 12. 1956 (BGBl II, S. 1879) in Bundesrecht umgewandelt. Beide Gesetze sind einfache Bundesgesetze. Infolgedessen, so sagen die Vertreter dieser Meinung, könne die MRK ihrerseits ebenfalls nur den Rang eines einfachen Bundesgesetzes haben [1].

Zu 2.: Die Gleichrangigkeit der beiden Normensysteme wird vor allem daraus hergeleitet, daß es sich bei den Normen der MRK — von einigen in diesem Zusammenhang unbeachtlichen Ausnahmen abgesehen — um allgemeine Regeln des Völkerrechts im Sinne des Art. 25 GG handelt [2]. Bei dieser Begründung könnte man auf den ersten Blick annehmen, sie spräche dafür, daß die MRK höheren Rang als das GG habe. Im Art. 25 GG ist jedoch nur davon die Rede, daß die allgemeinen Regeln des Völkerrechts den „Gesetzen" vorgehen sollen. Nach Auffassung des Bundesverfassungsgerichts (BVerfGE 6, 363) bedeutet dies lediglich, daß die allgemeinen Regeln des Völkerrechts zwar dem innerstaatlichen Gesetzesrecht, nicht aber dem Verfassungsrecht gegenüber den höheren Rang haben. Aus dem Vorrang

[1] Drews-Wacke, Allgemeines Polizeirecht, 7. Aufl. 1961, S. 131; Geck, Deutsches Verwaltungsblatt 1956, S. 525; Herzog, Archiv des Öffentl. Rechts Bd. 86 (1961), S. 237; Maunz-Dürig, Grundgesetz, Rd. Nr. 59 zu Art. 1; Modler, NJW 53, S. 532; Morvay, Zeitschrift für ausländisches öffentl. Recht und Völkerrecht Bd. 21 (1961), S. 100; Münch, JZ 1961, S. 154; Schätzel, Festschrift für Friedr. Giese, 1953, S. 229; Schwarz-Kleinknecht, StPO, 26. Aufl. 1966, Vorbemerkung 2 vor Art. 1 MRK; von Weber, MDR 1955, S. 388; Werner Weber in: Neumann-Nipperdey-Scheuner, Die Grundrechte, Bd. II, 1954, S. 337; Wendt, MDR 1955, S. 658; zum gleichen Ergebnis kommen u. a. folgende gerichtliche Entscheidungen: BVerfG, NJW 60, 1243/1244; OLG Bremen, NJW 60, 1266.

[2] Aus Art. 25 GG wird der Verfassungsrang einzelner geltender Bestimmungen oder der Verfassungsrang des gesamten normativen Teils der MRK von folgenden Autoren hergeleitet: Guradze, Der Stand der Menschenrechte im Völkerrecht, 1956, S. 172 ff.; Meyer-Lindenberg, Die Menschenrechte im Völkerrecht, in: Heft 4 der Berichte der Deutschen Gesellschaft für Völkerrecht, 1961, S. 105 und 122; von Stackelberg, NJW 60, 1265; vgl. auch hier unten Anm. 7.

gegenüber den einfachen Gesetzen ergibt sich dann bei dieser Argumentation die Gleichrangigkeit mit dem GG.

Als weitere Begründung wird für diese Ansicht auch auf Art. 1 Abs. II GG Bezug genommen. Durch diese Bestimmung werden in das System der verfassungsrechtlichen Normen auch diejenigen unverletzlichen und unveräußerlichen Menschenrechte mit einbezogen, die vom GG nicht ausdrücklich genannt sind. Dies soll aus dem im Art. 1 Abs. II GG enthaltenen Bekenntnis des GG zu den „unverletzlichen und unveräußerlichen Menschenrechten" folgen [3].

Ferner wird die Gleichrangigkeit von MRK und GG auch teleologisch begründet. Man weist dann darauf hin, daß Sinn und Zweck der MRK nur verwirklicht werden können, wenn der MRK Verfassungsrang zugesprochen wird, weil der nationale Gesetzgeber nur so an sie gebunden ist [4].

Schließlich wird gelegentlich noch so argumentiert, daß man sagt, die MRK habe zwar keinen Verfassungsrang, sondern nur den Rang eines einfachen Bundesgesetzes, sie sei aber „gesetzesfest", könne also nicht durch einfache Gesetze abgeändert werden [5]. Im Ergebnis läuft rechtslogisch auch diese Auffassung auf eine Ranggleichheit der beiden Normensysteme hinaus. Mit der eigenartigen Konstruktion der sog. „Gesetzesfestigkeit" will man offenbar nur die Möglichkeit der Verfassungsbeschwerde ausschalten, ohne gleichzeitig den Schutz vor Abänderungen durch einfache Bundesgesetze aufgeben zu müssen. Das gleiche hätte man auch dadurch erreichen können, daß man sagt, die MRK habe Verfassungsrang, sei aber kein Verfassungsrecht, so daß eine Verletzung nicht zum Gegenstand einer Nachprüfung durch eine Verfassungsbeschwerde gemacht werden kann.

Zu 3.: Die These vom höheren Rang der MRK wird vor allem damit begründet, daß die MRK in ihren wesentlichen Teilen überpositives, vorstaatliches Recht enthalte, das allen staatlichen Normen, seien sie einfaches Gesetzesrecht oder seien sie Verfassungsrecht, vorgehe [6].

Nach einer anderen Argumentation wird der höhere Rang aus der grundsätzlichen Überordnung des Völkerrechts über das innerstaatliche Recht hergeleitet [7]. Insbesondere wird hierzu für Konventionen von der Art der MRK

[3] ECHTERHÖLTER, JZ 55, 691/692.

[4] GURADZE, NJW 60, 1243, und jetzt wohl auch SCHORN, Die Europäische Konvention zum Schutze der Menschenrechte und Grundfreiheiten, 1965, Anm. 47 zur Präambel der MRK.

[5] SCHWARZ-KLEINKNECHT, a.a.O., Vorbemerkung 2 vor Art. 1 MRK.

[6] BAUMANN, Die Bedeutung des Art. 2 GG für die Freiheitsbeschränkungen im Strafprozeß, in: Festschrift für Eb. Schmidt, 1961, S. 529/530.

[7] WEISS, Die Europäische Konvention zum Schutze der Menschenrechte und Grundfreiheiten, in: Dokumente, herausgegeben von der Forschungsstelle für Völkerrecht und ausländisches öffentliches Recht der Universität Hamburg, Heft XV, 1954, S. 32; ZINN-STEIN, Die Verfassung des Landes Hessen, 1. Bd., 1954, Vorbemerkung II, 4 vor Art. 1 (S. 90); sowohl WEISS als auch ZINN-STEIN wenden in diesem Zusammenhang Art. 25 GG auf die MRK an.

auf den allgemeinen überpositiven und vorstaatlichen Rechtssatz „pacta sunt servanda" verwiesen [8]. Dieses Gebot binde nicht nur den Gesetzgeber beim Erlaß einfacher Gesetze, sondern zugleich den Verfassungsgesetzgeber.

II

Eine einheitliche Meinung über das Verhältnis zwischen MRK und GG hat sich bisher nicht entwickelt. Alle drei normenlogisch möglichen Positionen werden vertreten — wenn auch nicht immer ganz deutlich und konsequent. Die Praxis und die Mehrzahl der Autoren neigen dazu, der MRK nur den Rang eines einfachen Bundesgesetzes, dem GG also den höheren Rang zuzusprechen. Eine Änderung scheint sich indessen anzubahnen. In seiner ausführlichen Kommentierung der MRK nimmt SCHORN den Verfassungsrang der MRK an. Der in Vorbereitung befindliche Kommentar von GURADZE wird ebenfalls vom gleichen Rang der beiden Normensysteme ausgehen. Eine neue eingehendere Stellungnahme des Bundesverfassungsgerichts bleibt abzuwarten. Unter diesen Umständen kann der Versuch sinnvoll sein, dem Problem unter Heranziehung systematischer Argumente neue Aspekte abzugewinnen.

Erforderlich erscheint vor allem eine Berücksichtigung der Funktionen der MRK. Als Hauptfunktionen kommen hierfür in erster Linie die Garantiefunktion, die Bindungsfunktion und die Rechtsintegrationsfunktion in Betracht.

1. Unter der *Garantiefunktion* der MRK ist hier die Aufgabe der MRK zu verstehen, die Wahrung bestimmter Mindestrechte des Individuums sicherzustellen. Die Garantiefunktion hat *positive* Wirkungen insoweit, als sie Rechtspositionen feststellt und entsprechende Ansprüche gewährt. Sie hat *negative* Wirkungen insoweit, als sie die Eingriffsmöglichkeiten in Rechtspositionen begrenzt.

2. Unter der *Bindungsfunktion* hat man die Aufgabe der MRK zu verstehen, die nationale Rechtssetzung zur Einhaltung bestimmter Rechtsgrundsätze zu verpflichten. Infolge dieser Bindungsfunktion sind die Unterzeichnerstaaten in ihren rechtspolitischen Möglichkeiten nicht mehr frei.

3. Was die *Rechtsintegrationsfunktion* anlangt, so handelt es sich darum, daß die MRK mit ihren Funktionen — also insbesondere mit ihrer Garantie- und Bindungsfunktion — eine Mehrheit von staatlichen Rechtsordnungen erfaßt und hinsichtlich der in der MRK geregelten Rechte gleichmäßig regelt. Die Folge ist, daß in einem rechtlichen Kernbereich für die Unterzeichnerstaaten eine europäische Rechtsordnung entstanden ist. Diese kann sogar als ein erster Schritt zu einer europäischen Verfassungsordnung gedeutet werden [9].

---

[8] KRÜGER, Völkerrechts- und Verfassungswidrigkeit der Zölibatsklausel für Polizeivollzugsbeamte, in: Zeitschrift für Beamtenrecht 1955, S. 290.

[9] Ebenso PARTSCH, Die Entstehung der MRK, in: Zeitschrift für ausländisches öffentl. Recht und Völkerrecht Bd. 15, S. 633.

III

Versucht man die genannten Funktionen für eine Entscheidung der Frage nach dem Verhältnis zwischen der MRK und dem GG nutzbar zu machen, so bietet sich zunächst eine Analogie zu dem innerstaatlichen Verhältnis zwischen den Normen des Bundes- und denjenigen des Landesrechts an. Soweit der Bundesgesetzgeber für die Regelung einer Rechtsmaterie zuständig ist, bestehen für das Bundesrecht gegenüber den Landesgesetzgebern ebenfalls die Garantie-, die Bindungs- und die Rechtsintegrationsfunktion. In dem erwähnten Grundsatz „Bundesrecht bricht Landesrecht“ sind diese Wirkungen formelhaft zusammengefaßt.

Aber auch eine Analogie zu dem innerstaatlichen Verhältnis zwischen dem Verfassungsrecht und dem einfachen Gesetzesrecht kommt in Betracht. Denn es versteht sich von selbst, daß dem GG in bezug auf das einfache Gesetzesrecht — mag es im übrigen Bundes- oder Landesrecht sein — ebenfalls Garantie-, Bindungs- und Rechtsintegrationsfunktionen zukommen. Dementsprechend kann man die Formel bilden „Verfassungsrecht bricht einfaches Recht“. Anders ist es naturgemäß hier wie auch schon beim Verhältnis des Bundesrechts zum Landesrecht nur dann, wenn in dem jeweiligen Normensystem, dem in bezug auf eine andere Normenordnung Garantie-, Bindungs- und Rechtsintegrationsfunktionen zukommen, auf diese Funktionen für bestimmte Fallgruppen ausdrücklich oder stillschweigend verzichtet wird.

Wendet man die Grundgedanken dieser beiden Regelungen per analogiam auf die Problematik des Verhältnisses zwischen MRK und GG an, so wird die Formel „Europarecht bricht Nationalrecht“ nahegelegt. Verfolgte man diesen Gedanken weiter und würde an die Möglichkeit denken, daß eines Tages von den Vereinten Nationen doch noch eine Welt-Menschenrechtskonvention beschlossen würde, so ergäbe sich innerhalb der durch die genannten Formeln skizzierten Hierarchie der Normen gewissermaßen als weitere Systemstufe der Grundsatz „Weltrecht bricht Kontinentalrecht“. Der rechtsdogmatischen Phantasie wären aber selbst hiermit noch nicht die Grenzen gesetzt. Im Hinblick auf transplanetare oder gar interstellare Normenregelungen könnte schließlich noch der Satz „Kosmisches Recht bricht Weltrecht“ geprägt werden, wobei unter Weltrecht — hier wie auch in der vorangehenden Formel — nur globales Recht verstanden werden darf.

IV

Kehrt der juristische Kosmonaut von diesem Ausflug in den „Begriffshimmel“ auf den Boden nüchterner Tatsachen zurück, so wird er sich zunächst einmal gezwungen sehen, den Grundsatz „Europarecht bricht Nationalrecht“ abzuändern. Denn es scheint für den faktischen Rechtszustand in der heutigen historischen Situation unzulässig zu sein, einen so allgemeinen Satz wie den obigen über das Verhältnis zwischen dem europäischen und dem nationalen Recht aufzustellen — von den Formeln über globales und kosmisches Recht ganz zu schweigen. Schränkt man ihn auf die Formel „Europäisches Menschenrecht bricht Nationalrecht“ ein, dann wird er allerdings sogleich zum sinnvollen Diskussionsgegenstand.

Für das hier in Frage stehende Problem des Verhältnisses zwischen MRK und GG genügt sogar die noch speziellere Formulierung: „Europäisches Menschenrecht bricht nationales Verfassungsrecht“. Die entscheidende Fragestellung lautet dann: Gilt dieser Grundsatz? Dabei soll hier nur von juristischer Geltung, nicht von faktischer, ethischer oder einer sonstigen Geltungsart gesprochen werden [10]. Hierzu ist folgendes zu sagen:

1. Die zur Debatte stehende Frage ist nicht von der Art, daß ihre Beantwortung sich allein nach logischen Kriterien richten würde. Zwei Normensysteme lassen sich in den unterschiedlichsten Formen einander zuordnen. Man denke nur daran, daß es rechtshistorische Situationen gab, in denen der Satz „Landesrecht bricht Bundesrecht“ galt. Logisch „richtiger“ ist weder diese noch die umgekehrte Formel.

2. Es handelt sich hier um ein teleologisches Problem mit rechtslogischen Konsequenzen. Seine Lösung läßt sich bei Berücksichtigung der erwähnten Hauptfunktionen finden. Ist es in der Tat so, daß die MRK Garantie-, Bindungs- und Rechtsintegrationsfunktionen zu erfüllen hat, dann gilt der Satz, daß europäisches Menschenrecht nationales Verfassungsrecht bricht. Schon allein wenn die Garantiefunktion als teleologisches Axiom vorausgesetzt wird, ergibt sich ein logischer Widerspruch, falls man den Satz, daß europäisches Menschenrecht das nationale Verfassungsrecht bricht, nicht anerkennt. Man kann die Garantiefunktion der MRK einerseits und die Unabhängigkeit des GG von den Bestimmungen der MRK andererseits nicht gleichzeitig bejahen. Die Garantie von Mindestrechten durch die MRK wäre nicht effektiv, wenn der nationale Verfassungsgesetzgeber berechtigt wäre, ein von der MRK ausnahmslos garantiertes Recht einzuschränken, und sei es auch mit verfassungsändernder Mehrheit. Die Garantiefunktion führt notwendig zur Bindungsfunktion. Ohne Bindung gibt es nur eine lediglich Wünsche und Hoffnungen deklarierende Quasi-Garantie.

V

Berücksichtigt man die verschiedenen Thesen, die bisher zum Rangproblem entwickelt wurden, so zeigt sich bei Anwendung des Gesagten:

1. Die Annahme, das GG sei gegenüber der MRK das ranghöhere Nor-

---

[10] Zu den verschiedenen Geltungsbegriffen vgl. EMGE, Einführung in die Rechtsphilosophie, 1955, S. 315 ff., KLUG, Rechtslücke und Rechtsgeltung, in: Festschrift für H. C. Nipperdey, 1965, S. 89—92, und R. SCHREIBER, Die Geltung von Rechtsnormen, 1966.

mensystem, ist unzulässig, weil sie allen drei hier in Betracht gezogenen Funktionen der MRK widerspricht.

a) Wäre die Auffassung über den niedrigeren Rang der MRK richtig, würde es möglich sein müssen, garantierte Rechte der MRK durch Verfassungsänderung und folgerichtig sogar durch bloße Gesetzesänderung einzuschränken oder sogar abzuschaffen. Genau dies aber ist infolge der Garantiefunktion der MRK verboten.

b) Bei höherem Rang des GG entstünde ferner ein nicht aufhebbarer Widerspruch zur Bindungsfunktion der MRK, denn die rechtspolitischen Begrenzungen kämen nicht mehr zur Wirkung. Diese Bindungsfunktion wird nur erfüllt, wenn die MRK nicht allein, wie man gelegentlich sagt, „gesetzesfest", sondern auch — was bisher weitgehend übersehen wurde — „verfassungsfest" ist.

c) Aber auch der Rechtsintegrationsfunktion widerspräche die These vom niedrigeren Rang der MRK, denn diese Auffassung würde die Folge haben, daß der nationale Gesetzgeber die durch die MRK für die Menschenrechte gesetzte europäische Rechtsordnung jederzeit wieder national aufsplittern könnte.

d) Die Argumentation, es könne die MRK nur Gesetzesrang haben, weil ihr Rang nicht höher sein könne als der Rang derjenigen Normen, welche die MRK in innerstaatliches Recht transformiert hätten, und diese Normen hätten nun einmal lediglich Gesetzesrang, greift gegenüber den Folgerungen aus den genannten Funktionen der MRK nicht durch. Sie ist pseudologisch. Es gibt kein normenlogisches allgemeingültiges Gesetz, aus dem dies ableitbar wäre. Daß Normensysteme Normen enthalten, die höheren Rang haben als das System selbst, ist nichts Unmögliches und erst recht nichts Neues. So enthalten beispielsweise die geltenden strafverfahrensrechtlichen Gesetze der Bundesrepublik zahlreiche Normen höheren Ranges. Zu denken wäre etwa an § 136 a StPO. Das darin enthaltene Folterungsverbot hat auf jeden Fall mindestens Verfassungsrang. Aus dem materiellen Strafrecht könnte § 53 StGB als Beispiel herangezogen werden. Der Rechtfertigungsgrund der Notwehr würde kraft höheren Ranges selbst dann weitergelten, wenn § 53 StGB durch eine formal ohne weiteres mögliche einfache Gesetzesänderung gestrichen würde.

2. Die Ansicht, MRK und GG hätten gleichen Rang, läßt sich ebenfalls nicht aufrechterhalten. Diese These würde die MRK zwar vor Abänderungen durch einfache Gesetze schützen. Gesetzesfestigkeit wäre sichergestellt. Die MRK wäre indessen nicht verfassungsfest. Würde aber die MRK im Wege der Verfassungsänderung eingeschränkt werden können, dann widerspräche dies wiederum sowohl der Garantie- als auch der Bindungs- und der Rechtsintegrationsfunktion. Durch den Abschluß der MRK sollten die garantierten Menschenrechte und Grundfreiheiten nicht nur vor Einschränkungen durch

den einfachen Gesetzgeber, sondern selbstverständlich auch vor solchen durch den Verfassungsgesetzgeber geschützt werden.

a) Die Tatsache, daß es sich bei der MRK um ein Vertragswerk des Völkerrechts handelt, zwingt nicht zur Annahme der bloßen Gleichrangigkeit. (Vgl. hierzu oben unter I, zu 2 und 3). Die Normen des positiven Völkerrechts enthalten Normen, die unzweifelhaft der Disposition des Verfassungsgesetzgebers entzogen sind. Es gibt keine allgemeine Regel, die man in die Formel „Verfassungsrecht bricht Völkerrecht" bringen könnte. Die Annahme der Gleichrangigkeit zwischen allgemeinen Regeln des Völkerrechts i. S. des Art. 25 GG und dem Verfassungsrecht ist nur eine der möglichen normenlogischen Zuordnungen. Akzeptiert man die Widerspruchsregelung und das Abänderungsverbot, wie das hier geschehen ist (vgl. oben vor I), als die entscheidenden Kriterien für das Rangordnungsverhältnis zwischen Normensystemen, dann ist die völkerrechtliche Basis der MRK kein entscheidendes Merkmal für die Bestimmung des Rangverhältnisses zwischen MRK und GG. Im übrigen soll die Argumentation aus Art. 25 GG, recht verstanden, doch wohl nur besagen, daß die MRK zweifelsfrei den einfachen Gesetzen vorgehen solle, daß sie mithin nicht bloßen Gesetzesrang habe. Die Frage, ob die MRK nur Verfassungsrang oder höheren Rang habe, bleibt offen, wenn man sagt, sie habe jedenfalls *zumindest* Verfassungsrang.

b) Ganz analog liegen die Verhältnisse, wenn die Gleichrangigkeit von MRK und GG auf Art. 1 Abs. II GG gestützt wird. Es ist sicher richtig, daß die dort genannten „unverletzlichen und unveräußerlichen Menschenrechte" die Menschenrechte und Grundfreiheiten der MRK notwendig mit einschließen. Daraus folgt wiederum die negative Begrenzung, daß die MRK mindestens Verfassungsrang habe. Dagegen folgt daraus nicht, daß die MRK keinen höheren Rang haben könne.

c) Die Begründung der Gleichrangigkeit aus dem Zweck der MRK leuchtet nur zum Teil ein. Wenn gesagt wird, nur so sei der nationale Gesetzgeber an die MRK gebunden, dann wird übersehen, daß die Gesetzesfestigkeit allein nicht hinreicht, um die Normen der MRK in der Rechtswirklichkeit durchzusetzen und vor Einschränkungen durch den nationalen Gesetzgeber zu schützen. Die MRK kann ihren Zweck nur erreichen, wenn sie auch verfassungsfest ist — wenn sie also höheren Rang hat.

3. Die allein richtige These, die MRK sei ranghöher als das GG, wird im Schrifttum (vgl. oben unter I, zu 3) vor allem damit begründet, daß die MRK überpositives und vorstaatliches Recht enthalte. Obwohl nicht immer ganz deutlich wird, ob damit eine naturrechtliche Begründung gemeint ist, sei betont, daß die hier vorgetragenen Argumente unabhängig sind vom rechtsphilosophischen Positivismusstreit. Sie sollten vom Naturrechtler und Absolutisten ebenso akzeptiert werden können wie vom Positivisten und Relativisten, denn die Verbindlichkeit der MRK wurde hier vorausgesetzt, ohne daß die Frage zu entscheiden war, worauf diese Verbindlichkeit beruht.

Es kam nur auf das normenlogische Verhältnis zwischen MRK und GG an, und ferner darauf, daß dieses normenlogische Verhältnis nur unter Berücksichtigung der teleologischen Axiome der MRK, nämlich der Garantie-, der Bindungs- und der Rechtsintegrationsfunktion, zu klären war. Inwieweit diese Axiome ihrerseits begründungsbedürftig und begründungsfähig sind, ist eine rechtsphilosophische Frage, die in diesem Zusammenhang nicht gestellt ist. Es genügt für die Ermittlung des Rangverhältnisses, davon auszugehen, daß die Unterzeichner der MRK die Garantie von bestimmten Mindestrechten, die Bindung der nationalen Rechtssetzung und die europäische Integration der Menschenrechte und Grundfreiheiten gewollt haben. Aus diesen Prämissen leitet sich der höhere Rang der MRK her. Die Gegenposition setzt ein Bestreiten der Richtigkeit dieser Prämissen voraus.

VI

Für die Beantwortung der Frage, ob mit der Verletzung einer Bestimmung der MRK eine *Verfassungsbeschwerde* (§§ 90 ff. BVerfGG) begründet werden kann, ist es zunächst einmal erforderlich, zwischen denjenigen Bestimmungen der MRK, die bereits Inhalt des GG sind, und denjenigen, für die das nicht gilt, zu unterscheiden. Die Verfassungsbeschwerde zum Bundesverfassungsgericht kann von jedermann erhoben werden, soweit er behauptet, durch die öffentliche Gewalt in einem seiner Grundrechte oder in einem seiner in Artikel 33, 38, 101, 103 und 104 des GG enthaltenen Rechte verletzt zu sein. Soweit in diesen Normen des GG solche der MRK enthalten sind, ist die Zulässigkeit der Verfassungsbeschwerde unproblematisch.

Dieses Enthaltensein von Normen der MRK in den Normen des GG dürfte für einen weiten Bereich anzunehmen sein, zumal auch Normen als Bestandteil des GG gelten, die das GG nicht expressis verbis enthält, die also, bezogen auf das GG, ungeschriebene Normen sind. Man denke etwa an die Prinzipien der Rechtsstaatlichkeit, die das GG — von wenigen Ausnahmen abgesehen — nicht erwähnt hat, und auf deren Verletzung eine Verfassungsbeschwerde bekanntlich gestützt werden darf.

Einen wichtigen Teil der Rechtsstaatsgrundsätze — wie z. B. das „fair trial"-Prinzip mit seinen Ausgestaltungen — regelt die MRK (Art. 6). Eine Verletzung dieser Normen der MRK ist eine Verletzung ungeschriebener GG-Normen. Sie kann somit ohne weiteres mit der Verfassungsbeschwerde gerügt werden.

Entsprechendes ist für diejenigen Menschenrechte und Grundfreiheiten der MRK anzunehmen, die zu den in Art. 1 Abs. II GG genannten unverletzlichen und unveräußerlichen Menschenrechten zählen, und die nicht von den Grundrechten des GG bereits erfaßt sind. Durch Art. 1 Abs. II GG werden sie zu Normen, die zum Gegenstand einer Verfassungsbeschwerde gemacht werden können.

Schon diese Beispiele zeigen, daß sicherlich der größte Teil der Bestimmungen der MRK verfassungsbeschwerdefähig ist — wobei selbstverständlich hier nur diejenigen Bestimmungen der MRK in Rede stehen, die Menschenrechte und Grundfreiheiten regeln, also die Art. 2—18 MRK und die Art. 1 bis 3 ZP.

Insoweit ist die Rechtslage verhältnismäßig einfach. Es bleibt aber die Frage offen, ob die Verfassungsbeschwerde nach § 90 BVerfGG auch mit der Verletzung solcher Normen der zuletzt genannten Gruppe begründet werden kann, die Menschenrechte und Grundfreiheiten regeln, ohne daß diese Rechte in den Grundrechten des GG enthalten sind.

Diese Frage ist von denjenigen zu bejahen, die wie GURADZE [11] und SCHORN [12] den Begriff der Grundrechte in § 90 BVerfGG so auslegen, daß er die Menschenrechte und Grundfreiheiten der MRK einschließt. Diese Auffassung ist zutreffend, weil es für den objektiven und dem Wortlaut entsprechenden Sinn der interpretierten Bestimmung unbeachtlich ist, was sich „der Gesetzgeber" bei ihrem Erlaß gedacht hat, es also darauf, daß die MRK nach dem GG erlassen wurde, nicht ankommt. Gerade im Bereich des GG kommt einer solchen objektiven Auslegung besondere Bedeutung zu, wie beispielsweise ein Hinweis auf Art. 1 GG leicht zeigt, denn bei der Interpretation des Verfassungsbegriffs der Würde des Menschen kann ebenfalls nur der objektive Sinn, nicht die subjektive zeitgebundene Meinung der Verfasser des GG entscheidend sein.

Aber selbst wenn man dieser Argumentation nicht glaubt folgen zu können, müßte doch noch folgendes als Konsequenz der Tatsache, daß die Normen der MRK dem GG vorgeordnet sind, berücksichtigt werden:

Es ist zwar richtig, daß die rein logische Analyse des Verhältnisses zwischen den beiden Normensystemen, für sich genommen, keine eindeutige Entscheidung der Frage nach der Zulässigkeit der Verfassungsbeschwerde erlaubt. Ganz anders ist es aber, wenn die in den Begriffen Garantie-, Bindungs- und Integrationsfunktion zusammengefaßten teleologischen Prämissen hinzugenommen werden, wenn also berücksichtigt wird, daß die normenlogische Stufenordnung zugleich eine teleologische Rangordnung zum Ausdruck bringt. Denn diese Wertstruktur ergibt, daß die einschlägigen Normen des GG nur im Rahmen der rechtlichen Grenzen der Normen der MRK rechtswirksam sein können.

Daraus folgt, daß eine Entscheidung des Bundesverfassungsgerichts über eine Verfassungsbeschwerde niemals im Widerspruch zu den Normen der MRK erfolgen kann. Das Bundesverfassungsgericht muß demnach die MRK berücksichtigen und im Verfassungsbeschwerdeverfahren anwenden. Das bedeutet aber, daß sich schon die Verfassungsbeschwerde als solche auch auf die MRK erstreckt und deren Verletzung rügen darf.

[11] NJW 60, 1243.

[12] SCHORN, a.a.O., Anm. 50 vor Art. 1.

Dieser Zusammenhang wird deutlich, wenn man beispielsweise von dem Fall ausgeht, daß in einem Strafprozeß eine Norm der MRK verletzt wird, die nicht zu denjenigen Normen gehört, die bereits im GG enthalten sind. Legt der Betroffene nunmehr eine Verfassungsbeschwerde ein, dann kann die von dem Bundesverfassungsgericht vorzunehmende Prüfung der Frage, ob Grundrechte verletzt sind, nicht zur Abweisung der Verfassungsbeschwerde führen, wenn die Verletzung von Normen der MRK bestätigt werden muß. Das Ergebnis, „das GG ist nicht verletzt, sondern ‚nur' die MRK" wäre paradox. Es läge ein teleologischer Widerspruch vor, dessen Zulassung dem Gesetzgeber und der Rechtsprechung der Bundesrepublik durch die zwingende völkerrechtliche Bindung aus der rechtskräftigen Unterzeichnung der MRK verboten ist.

Das Ergebnis läßt sich in dem Satz zusammenfassen: Das Bundesverfassungsgericht ist „Hüter der Verfassung" und damit zugleich „Hüter der Menschenrechtskonvention". Ein Bundesverfassungsgericht, das nicht Hüter der MRK sein wollte, hätte sich selbst degradiert.

Quellenverzeichnis

Thesen zu einem kritischen Relativismus in der Rechtsphilosophie
In: Gedächtnisschrift für Gustav Radbruch, Hrsg. A. Kaufmann, S. 103–106. Göttingen: Vandenhoek & Ruprecht 1968

Zur Kritik des rechtsphilosophischen Utilitarismus
Archiv für Rechts- und Sozialphilosophie, Bd. 38, S. 222–234, 1949

Der Legalitätsbegriff
In: Deutsche Landesreferate zum V. Internationalen Kongreß für Rechtsvergleichung in Brüssel 1958, S. 47–58. Berlin: de Gruyter 1958

Kritik in strafrechtlicher und rechtsphilosophischer Sicht
Studium Generale, 12. Jg., H. 9, S. 579–583, 1959

Thesen für eine Analyse des Menschenbildes im Recht
Bisher nur in spanischer Fassung veröffentlicht: Tesis para un análisis de la idea del hombre dentro del derecho. In: Libro-Homenaje a la Memoria de Roberto Goldschmidt, Caracas 1967, S. 75–96, Traducción del alemán por Ricardo Azpurua Ayala

Universalität und Totalität
Die Fähre, Jg. 1, H. 4, S. 201–208, 1946

Der Rechtsstaat und die Staatsphilosophie der geordneten Anarchie
In: Staat – Recht – Kultur. Festgabe für Ernst von Hippel zu seinem 70. Geburtstag, S. 148–158. Bonn: Röhrscheid 1965

Ordnung und Gesellschaft
In: Das Problem der Ordnung, Hrsg. H. Kuhn, F. Wiedmann, S. 332–343. Meisenheim: Hain 1962

Die geordnete Anarchie als philosophisches Leitbild des freiheitlichen Rechtsstaats
In: Christen in der Demokratie, Hrsg. H. Albertz, J. Thomsen, S. 285–292. Wuppertal: Hammer 1978

Die Reine Rechtslehre von Hans Kelsen und die formallogische Rechtfertigung der Kritik an dem Pseudoschluß vom Sein auf das Sollen
In: Law, State, and International Legal Order: Essays in Honor of Hans Kelsen, S. 154–169, Hrsg. S. Engel, R.A. Métall. Knoxville: University of Tennessee Press 1964

Zum Problem der logischen und erkenntnistheoretischen Grundlagen der juristischen Kausalitätslehre
In: Rechtswissenschaft, Ursachenbegriff und Neurosenfrage (Arbeit und Gesundheit, Heft 39), S. 169–184. Leipzig: Thieme 1941

Zur logischen Analyse der Kausalitätsformel im Strafrecht
In: Kontrolliertes Denken. Festschrift für Wilhelm Britzelmayr, Hrsg. A. Menne, A. Wilhelmy, H. Angstl, S. 65–72. Freiburg-München: Alber 1951

Zur Problematik juristischer Definitionen
In: Gesetzgebungstheorie, Zivil- und Prozeßrecht; Gedächtnisschrift für Jürgen Rödig; S. 199–210. Berlin-Heidelberg-New York: Springer 1978

Zur Lehre von den Kontrapositionsschlüssen
Zeitschrift für Philosophische Forschung, Bd. III, H. 1, S. 1–27, 1948

Bemerkungen zur logischen Analyse einiger rechtstheoretischer Begriffe und Behauptungen
In: Logik und Logikkalkül, Hrsg. M. Käsbauer, F. v. Kutschera, S. 115–125. Freiburg-München: Alber 1962

Rechtslücke und Rechtsgeltung
In: Festschrift für Hans Carl Nipperdey, S. 71–94. München-Berlin: Beck 1965

Phänomenologische Aspekte der Strafrechtsphilosophie von Kant und Hegel
In: Phänomenologie, Rechtsphilosophie, Jurisprudenz; Festschrift für Gerhart Husserl; Hrsg. T. Würtenberger, S. 212–233. Frankfurt a. M.: Klostermann 1969

Prinzipien der Reinen Rechtslehre
(Kölner Universitätsreden, 52), S. 12–46. Krefeld: Scherpe 1974

Das Verhältnis zwischen der Europäischen Menschenrechts-Konvention und dem Grundgesetz
In: Gedächtnisschrift Hans Peters, Hrsg. H. Conrad, H. Jahrreiß, P. Mikat, H. Mosler, H. C. Nipperdey, J. Salzwedel, S. 434–444. Berlin-Heidelberg-New York: Springer 1967

GPSR Compliance

The European Union's (EU) General Product Safety Regulation (GPSR) is a set of rules that requires consumer products to be safe and our obligations to ensure this.

If you have any concerns about our products, you can contact us on ProductSafety@springernature.com

In case Publisher is established outside the EU, the EU authorized representative is:

Springer Nature Customer Service Center GmbH
Europaplatz 3
69115 Heidelberg, Germany

Batch number: 10854043

Printed by Printforce, the Netherlands